시집전상설(詩集傳詳說) 7
-시집전상설 13권 (詩集傳詳說 卷之十三)·시집전상설 14권 (詩集傳詳說 卷之十四)-

이 저서는 2017년 대한민국 교육부와 한국연구재단의 지원을 받아 수행된 연구임 (NRF-2017S1A5B4056044)

호산 박문호의 칠서주상설 26

시집전상설(詩集傳詳說) 7
-시집전상설 13권 (詩集傳詳說 卷之十三)·
시집전상설 14권 (詩集傳詳說 卷之十四)-

책임역주(주저자): 신창호
전임역주: 김학목·빈동철·조기영
공동역주: 김언종·임헌규·허동현

일러두기

1. 본서는 1921년 풍림정사(楓林精舍)에서 간행된 박문호의 『칠서주상설(七書註詳說)』(한국학중앙연구원 장서각 소장)을 저본으로 하였다. 아울러 아세아문화사(亞細亞文化社)에서 간행한 『호산전서(壺山全書)』(1~8, 1987~1990)를 참고하였고, <호산 박문호의 『칠서주상설』 연구번역총서>의 번호 순서는 『호산전서』(제4~5책)의 목차에 따랐다.

2. 원전(原典)은 직역(直譯)을 원칙으로 하되, 필요한 경우에는 현대적 의미를 고려하여 의역(意譯)하며 풀이하였다. 원문은 번역문과 함께 제시하되, 원문을 앞에 번역문을 뒤에 배치하였다.

3. 역주(譯註)의 경우 각주(脚註)로 처리하고, 간단한 용어나 개념 설명은 본문에서 그대로 병기하여 노출하였다(예: 잡기(雜記: 잡다하게 기록함)). 주석은 인용 출처 및 근거를 찾아 제시하고, 관련 자료의 원문 또는 번역문을 수록하였다. 내용이 중복되는 부분일지라도 편장이 달라질 경우에는 다시 수록하여 연구 토대 자료로서의 편리성을 도모하였다.

4. 원전의 원문은 칠서의 '경문(經文)', 주자의 주석인 '주주(朱註)', 박문호의 주석인 '상설(詳說)'로 구분하되, '경문-주주-상설'순으로 글자의 모양과 크기를 달리 하였다. 경문의 경우, 별도로 경문이라는 표시 없이 편장별로 번호를 붙였다(예: 『논어』「선진」1장 첫 구절은 「선진」이 『논어』의 제11편이므로 [11-1-1]로 표시; 나머지 경전도 편-장-절의 순서에 따라 번호를 매김).

5. 경전의 맨 앞부분에 '별도의 권(卷)으로 나누어져 있지 않는 부분'은 번의상 <권0>으로 표기하여 구분하였다.

6. 박문호의 주석인 '상설(詳說)'은 모든 구절에 ○를 붙여 의미를 분명하게 하였다.

7. 원문의 표점 작업은 연구번역 저본과 참고로 활용한 판본을 대조하여 정돈하였다. 『칠서주상설』 편제의 특성상, 혼란의 소지가 있는 부분은 번역에서 원전을 다시 제시하였다. 필요한 경우에는 원문이나 각주에서 경전(經傳: 『』)이나 편명(篇名: 「」), 구두(句讀: , ; : .) 인용문(따옴표: " "; ' ') 강조점(따옴표: ' ') 등을 구분하여 표시하였다.

8. 원전의 특성상, 경문의 바로 아래에 제시되어 있는 음운(音韻)이나 음가(音價)는 호산이 주자의 주석을 재인용한 것이 대부분이므로 상설(詳說)로 되어 있더라도 주주(朱註)로 처리하였다.

9. 원문이나 역주 가운데, 인명이나 개념어는 기본적으로 한글과 한문을 병기하되, 상황에 맞추어서 정돈하였다(예: 주자(朱子)의 경우, 때로는 주희(朱熹)로 표기하고, 개념어는 원문을 그대로 노출하기도 하고 풀이하기도 하였는데, 도(道)의 경우, 도리(道理), 이치(理致), 방법(方法) 등으로 해석함).

시집전상설 총 목차

시집전상설 1   시집전서상설(詩集傳序詳說)
　　　　　　　시강령상설(詩綱領詳說)
　　　　　　　시집전상설 1권 (詩集傳詳說 卷之一)
　　　　　　　시집전상설 2권 (詩集傳詳說 卷之二)
시집전상설 2   시집전상설 3권 (詩集傳詳說 卷之三)
　　　　　　　시집전상설 4권 (詩集傳詳說 卷之四)
시집전상설 3   시집전상설 5권 (詩集傳詳說 卷之五)
　　　　　　　시집전상설 6권 (詩集傳詳說 卷之六)
시집전상설 4   시집전상설 7권 (詩集傳詳說 卷之七)
　　　　　　　시집전상설 8권 (詩集傳詳說 卷之八)
시집전상설 5   시집전상설 9권 (詩集傳詳說 卷之九)
　　　　　　　시집전상설 10권 (詩集傳詳說 卷之十)
시집전상설 6   시집전상설 11권 (詩集傳詳說 卷之十一)
　　　　　　　시집전상설 12권 (詩集傳詳說 卷之十二)

시집전상설 7   **시집전상설 13권 (詩集傳詳說 卷之十三)**
　　　　　　　　시집전상설 14권 (詩集傳詳說 卷之十四)

시집전상설 8   시집전상설 15권 (詩集傳詳說 卷之十五)
　　　　　　　시집전상설 16권 (詩集傳詳說 卷之十六)
　　　　　　　시집전상설 17권 (詩集傳詳說 卷之十七)
시집전상설 9   시집전상설 18권 (詩集傳詳說 卷之十八)
　　　　　　　시서변설상설(상) (詩序辨說詳說 卷上)
　　　　　　　시서변설상설(하) (詩序辨說詳說 卷下)

차례

일러두기 / 4

시집전상설 13권 (詩集傳詳說 卷之十三)

3. 대아 (大雅 三)/ 14
3-1 문왕지십 1 (文王之什之一)/ 15

[3-1-1-1] 文王在上, 於昭于天,/ 15
[3-1-1-2] 亹亹文王, 令聞不已,/ 23
[3-1-1-3] 世之不顯, 厥猶翼翼. 思皇多士, 生此王國./ 30
[3-1-1-4] 穆穆文王, 於緝熙敬止./ 34
[3-1-1-5] 侯服于周, 天命靡常, 殷士膚敏, 祼將于京./ 38
[3-1-1-6] 無念爾祖. 聿修厥德./ 46
[3-1-1-7] 命之不易, 無遏爾躬/ 50
[3-1-2-1] 明明在下, 赫赫在上./ 62
[3-1-2-2] 摯仲氏任, 自彼殷商,/ 67
[3-1-2-3] 維此文王, 小心翼翼, 昭事上帝, 聿懷多福,/ 72
[3-1-2-4] 天監在下, 有命旣集./ 74
[3-1-2-5] 大邦有子, 俔天之妹./ 78
[3-1-2-6] 有命自天, 命此文王, 于周于京, 纘女維莘,/ 82
[3-1-2-7] 殷商之旅, 其會如林, 矢于牧野, 維予侯興./ 86
[3-1-2-8] 牧野洋洋, 檀車煌煌, 駟騵彭彭. 維師尚父,/ 90
[3-1-3-1] 緜緜瓜瓞 民之初生,/ 96
[3-1-3-2] 古公亶父, 來朝走馬,/ 104
[3-1-3-3] 周原膴膴 菫荼如飴./ 108
[3-1-3-4] 迺慰迺止, 迺左迺右,/ 114
[3-1-3-5] 乃召司空, 乃召司徒 ,俾立室家. 其繩則直,/ 117
[3-1-3-6] 捄之陾陾 度之薨薨,/122
[3-1-3-7] 迺立皐門, 皐門有伉,/ 126
[3-1-3-8] 肆不殄厥慍, 亦不隕厥問./ 130
[3-1-3-9] 虞芮質厥成, 文王蹶厥生./ 138
[3-1-4-1] 芃芃棫樸, 薪之槱之./ 149

[3-1-4-2] 濟濟辟王, 左右奉璋. 奉璋峨峨, 髦士攸宜./ 152
[3-1-4-3] 淠彼涇舟, 烝徒楫之./ 154
[3-1-4-4] 倬彼雲漢, 爲章于天./ 157
[3-1-4-5] 追琢其章, 金玉其相./ 160
[3-1-5-1] 瞻彼旱麓, 榛楛濟濟./ 166
[3-1-5-2] 瑟彼玉瓚, 黃流在中./ 169
[3-1-5-3] 鳶飛戾天, 魚躍于淵./ 173
[3-1-5-4] 淸酒旣載, 騂牡旣備./ 176
[3-1-5-5] 瑟彼柞棫 民所燎矣./ 178
[3-1-5-6] 莫莫葛藟 施于條枚./ 181
[3-1-6-1] 思齊大任, 文王之母./ 182
[3-1-6-2] 惠于宗公, 神罔時怨, 神罔時恫, 刑于寡妻./ 186
[3-1-6-3] 雝雝在宮, 肅肅在廟./ 190
[3-1-6-4] 肆戎疾不殄, 烈假不瑕./ 194
[3-1-6-5] 肆成人有德, 小子有造. 古之人無斁 譽髦斯士./ 199
[3-1-7-1] 皇矣上帝, 臨下有赫. 監觀四方, 求民之莫. 維此二國, 其政不獲. 維彼四國,
         爰究爰度. 上帝耆之, 憎其式廓. 乃眷西顧, 此維與宅./ 203
[3-1-7-2] 作之屛之, 其菑其翳. 修之平之, 其灌其栵. 啟之辟之, 其檉其椐 攘之剔之,
         其檿其柘. 帝遷明德, 串夷載路. 天立厥配, 受命旣固./ 206
[3-1-7-3] 帝省其山, 柞棫斯拔, 松柏斯兌. 帝作邦作對, 自大伯王季. 維此王季, 因心
         則友. 則友其兄, 則篤其慶. 載錫之光, 受祿無喪, 奄有四方./ 210
[3-1-7-4] 維此王季, 帝度其心, 貊其德音. 其德克明. 克明克類, 克長克君. 王此大邦,
         克順克比. 比于文王, 其德靡悔. 旣受帝祉, 施于孫子./ 214
[3-1-7-5] 帝謂文王, 無然畔援, 無然歆羨, 誕先登于岸. 密人不恭, 敢距大邦, 侵阮徂
         共. 王赫斯怒, 爰整其旅, 以按徂旅, 以篤於周祜, 以對于天下./ 217
[3-1-7-6] 依其在京, 侵自阮疆, 陟我高岡. 無矢我陵, 我陵我阿. 無飮我泉, 我泉我池.
         度其鮮原, 居岐之陽, 在渭之將. 萬邦之方, 下民之王./ 221
[3-1-7-7] 帝謂文王, 予懷明德, 不大聲以色, 不長夏以革. 不識不知, 順帝之則. 帝謂
         文王, 詢爾仇方, 同爾兄弟, 以爾鉤援, 與爾臨衝, 以伐崇墉./ 225
[3-1-7-8] 臨衝閑閑, 崇墉言言. 執訊連連, 攸馘安安. 是類是禡 是致是附. 四方以無
         侮. 臨衝茀茀 崇墉仡仡. 是伐是肆, 是絕是忽. 四方以無拂./ 230
[3-1-8-1] 經始靈臺, 經之營之. 庶民攻之, 不日成之. 經始勿亟, 庶民子來./ 235
[3-1-8-2] 王在靈囿, 麀鹿攸伏. 麀鹿濯濯, 白鳥翯翯 王在靈沼, 於牣魚躍./ 239
[3-1-8-3] 虡業維樅, 賁鼓維鏞. 於論鼓鐘, 於樂辟廱./ 241
[3-1-8-4] 於論鼓鐘, 於樂辟廱. 鼉鼓逢逢, 矇瞍奏公./ 244

[3-1-9-1] 下武維周, 世有哲王. 三后在天, 王配于京./ 246
[3-1-9-2] 王配于京, 世德作求. 永言配命, 成王之孚./ 248
[3-1-9-3] 成王之孚, 下土之式. 永言孝思, 孝思維則./ 250
[3-1-9-4] 媚玆一人, 應侯順德. 永言孝思, 昭哉嗣服./ 251
[3-1-9-5] 昭玆來許, 繩其祖武. 於萬斯年, 受天之祜./ 252
[3-1-9-6] 受天之祜, 四方來賀. 於萬斯年, 不遐有佐./ 254
[3-1-10-1] 文王有聲, 遹駿有聲. 遹求厥寧, 遹觀厥成, 文王烝哉./ 256
[3-1-10-2] 文王受命, 有此武功. 旣伐於崇, 作邑于豐, 文王烝哉./ 258
[3-1-10-3] 築城伊淢 作豐伊匹, 匪棘其欲. 遹追來孝, 王后烝哉./ 259
[3-1-10-4] 王公伊濯. 維豐之垣, 四方攸同, 王后維翰, 王后烝哉./ 262
[3-1-10-5] 豐水東注. 維禹之績. 四方攸同, 皇王維辟, 皇王烝哉./ 263
[3-1-10-6] 鎬京辟廱, 自西自東, 自南自北, 無思不服, 皇王烝哉./ 264
[3-1-10-7] 考卜維王, 宅是鎬京. 維龜正之, 武王成之, 武王烝哉./ 266
[3-1-10-8] 豐水有芑 武王豈不仕. 詒厥孫謀, 以燕翼子, 武王烝哉./ 267

시집전상설 14권(詩集傳詳說 卷之十四)

3-2. 생민지십 (生民之什 三之二)/ 274

[3-2-1-1] 厥初生民, 時維姜嫄, 生民如何. 克禋克祀, 以弗無子, 履帝武敏, 歆攸介攸止, 載震載夙, 載生載育, 時維后稷./ 274
[3-2-1-2] 誕彌厥月, 先生如達. 不坼不副, 無菑無害, 以赫厥靈. 上帝不寧, 不康禋祀, 居然生子./ 281
[3-2-1-3] 誕寘之隘巷, 牛羊腓字之. 誕寘之平林, 會伐平林. 誕寘之寒冰, 鳥覆翼之. 鳥乃去矣, 后稷呱矣. 實覃實訏 厥聲載路./ 283
[3-2-1-4] 誕實匍匐, 克岐克嶷. 以就口食, 蓺之荏菽, 荏菽旆旆, 禾役穟穟, 麻麥幪幪 瓜瓞唪唪/ 285
[3-2-1-5] 誕后稷之穡, 有相之道. 茀厥豐草, 種之黃茂. 實方實苞, 實種實褎 漸長也, 實發實秀, 實堅實好, 實穎實栗, 卽有邰家室./ 287
[3-2-1-6] 誕降嘉種, 維秬維秠 維穈維芑 恆之秬秠 是獲是畝, 恆之穈芑, 是任是負, 以歸肇祀./ 291
[3-2-1-7] 誕我祀如何, 或舂或揄, 或簸或蹂, 釋之叟叟, 烝之浮浮. 載謀載惟, 取蕭祭脂, 取羝以軷 載燔載烈, 以興嗣歲./ 292
[3-2-1-8] 卬盛於豆, 于豆于登. 其香始升, 上帝居歆. 胡臭亶時. 后稷肇祀, 庶無罪悔, 以迄于今./ 295
[3-2-2-1] 敦彼行葦, 牛羊勿踐履. 方苞方體, 維葉泥泥. 戚戚兄弟, 莫遠具爾. 或肆之

[3-2-2-2] 肆筵設席, 授几有緝御. 或獻或酢, 洗爵奠斚 醓醢以薦, 或燔或炙. 嘉殽脾臄, 或歌或咢./ 302

[3-2-2-3] 敦弓既堅, 四鍭既鈞. 舍矢既均, 序賓以賢. 敦弓既句, 既挾四鍭 四鍭如樹, 序賓以不侮./ 304

[3-2-2-4] 曾孫維主, 酒醴維醹. 酌以大斗, 以祈黃耈 黃耈台背, 以引以翼, 壽考維祺, 以介景福./ 309

[3-2-3-1] 既醉以酒, 既飽以德, 君子萬年, 介爾景福./ 313

[3-2-3-2] 既醉以酒, 爾殽既將, 君子萬年, 介爾昭明./ 314

[3-2-3-3] 昭明有融, 高朗令終. 令終有俶, 公尸嘉告./ 315

[3-2-3-4] 其告維何, 籩豆靜嘉, 朋友攸攝, 攝以威儀./ 317

[3-2-3-5] 威儀孔時, 君子有孝子. 孝子不匱, 永錫爾類./ 318

[3-2-3-6] 其類維何. 室家之壼, 君子萬年, 永錫祚胤./ 321

[3-2-3-7] 其胤維何. 天被爾祿, 君子萬年, 景命有僕./ 322

[3-2-3-8] 其僕維何. 釐爾女士. 釐爾女士, 從以孫子./ 323

[3-2-4-1] 鳧鷖在涇, 公尸來燕來寧. 爾酒既清, 爾殽既馨, 公尸燕飲, 福祿來成./ 324

[3-2-4-2] 鳧鷖在沙, 公尸來燕來宜. 爾酒既多, 爾殽既嘉. 公尸燕飲, 福祿來爲./ 326

[3-2-4-3] 鳧鷖在渚, 公尸來燕來處. 爾酒既湑 爾殽伊脯. 公尸燕飲, 福祿來下./ 327

[3-2-4-4] 鳧鷖在潨 公尸來燕來宗. 既燕于宗, 福祿攸降. 公尸燕飲, 福祿來崇./ 328

[3-2-4-5] 鳧鷖在亹 公尸來止熏熏. 旨酒欣欣, 燔炙芬芬. 公尸燕飲, 無有後艱./ 328

[3-2-5-1] 假樂君子, 顯顯令德. 宜民宜人, 受祿于天. 保右命之, 自天申之./ 329

[3-2-5-2] 干祿百福, 子孫千億. 穆穆皇皇, 宜君宜王. 不愆不忘, 率由舊章./ 331

[3-2-5-3] 威儀抑抑, 德音秩秩. 無怨無惡, 率由群匹. 受福無疆, 四方之綱./ 333

[3-2-5-4] 之綱之紀, 燕及朋友, 百辟卿士, 媚于天子. 不解于位, 民之攸墍/ 335

[3-2-6-1] 篤公劉, 匪居匪康, 迺埸迺疆, 迺積迺倉, 迺裹餱糧. 于橐于囊, 思輯用光, 弓矢斯張, 干戈戚揚, 爰方啓行./ 338

[3-2-6-2] 篤公劉, 于胥斯原, 既庶既繁, 既順迺宣, 而無永嘆. 陟則在巘 復降在原. 何以舟之, 維玉及瑤, 鞞琫容刀./ 341

[3-2-6-3] 篤公劉, 逝彼百泉, 瞻彼溥原, 迺陟南岡, 乃覯于京, 京師之野. 于時處處, 于時廬旅, 于時言言, 于時語語./ 344

[3-2-6-4] 篤公劉, 于京斯依. 蹌蹌濟濟, 俾筵俾几, 既登乃依. 乃造其曹, 執豕于牢, 酌之用匏, 食之飲之, 君之宗之./ 346

[3-2-6-5] 篤公劉, 既溥既長. 既景迺岡, 相其陰陽, 觀其流泉. 其軍三單, 度其隰原, 徹田爲糧, 度其夕陽, 豳居允荒./ 349

[3-2-6-6] 篤公劉, 于豳斯館. 涉渭爲亂, 取厲取鍛, 止基迺理, 爰衆爰有. 夾其皇澗

遡其過澗 止旅迺密, 芮鞫之卽./ 352

[3-2-7-1] 泂酌彼行潦, 挹彼注茲, 可以餴饎 豈弟君子, 民之父母./ 356
[3-2-7-2] 泂酌彼行潦, 挹彼注茲, 可以濯罍. 豈弟君子, 民之攸歸./ 359
[3-2-7-3] 泂酌彼行潦, 挹彼注茲, 可以濯漑. 豈弟君子, 民之攸墍./ 359
[3-2-8-1] 有卷者阿, 飄風自南. 豈弟君子, 來游來歌, 以矢其音./ 360
[3-2-8-2] 伴奐爾游矣, 優游爾休矣. 豈弟君子, 俾爾彌爾性, 似先公酋矣./ 361
[3-2-8-3] 爾土宇昄章, 亦孔之厚矣. 豈弟君子, 俾爾彌爾性, 百神爾主矣./ 363
[3-2-8-4] 爾受命長矣, 茀祿爾康矣. 豈弟君子, 俾爾彌爾性, 純嘏爾常矣./ 364
[3-2-8-5] 有馮有翼, 有孝有德, 以引以翼, 豈弟君子, 四方爲則./ 365
[3-2-8-6] 顒顒卬卬, 如圭如璋, 令聞令望. 豈弟君子, 四方爲綱./ 368
[3-2-8-7] 鳳凰于飛, 翽翽其羽, 亦集爰止. 藹藹王多吉士, 維君子使, 媚于天子./ 369
[3-2-8-8] 鳳凰于飛, 翽翽其羽, 亦傅于天. 藹藹王多吉人, 維君子命, 媚于庶人./ 371
[3-2-8-9] 鳳凰鳴矣, 于彼高岡, 梧桐生矣. 于彼朝陽, 菶菶萋萋, 離離喈喈./ 372
[3-2-8-10] 君子之車, 旣庶且多. 君子之馬, 旣閑且馳. 矢詩不多, 維以遂歌./ 373
[3-2-9-1] 民亦勞止, 汔可小康. 惠此中國, 以綏四方. 無縱詭隨, 以謹無良, 式遏寇虐, 憯不畏明, 柔遠能邇, 以定我王./ 375
[3-2-9-2] 民亦勞止, 汔可小休. 惠此中國, 以爲民逑. 無縱詭隨, 以謹惛怓, 式遏寇虐, 無俾民憂. 無棄爾勞, 以爲王休./ 379
[3-2-9-3] 民亦勞止, 汔可小息. 惠此京師, 以綏四國. 無縱詭隨, 以謹罔極, 式遏寇虐, 無俾作慝, 敬愼威儀, 以近有德./ 380
[3-2-9-4] 民亦勞止, 汔可小愒 惠此中國, 俾民憂泄. 無縱詭隨, 以謹醜厲, 式遏寇虐, 無俾正敗. 戎雖小子, 而式弘大./ 381
[3-2-9-5] 民亦勞止, 汔可小安. 惠此中國, 國無有殘. 無縱詭隨, 以謹繾綣, 式遏寇虐, 無俾正反. 王欲玉女, 是用大諫./ 382
[3-2-10-1] 上帝板板, 下民卒癉 出話不然, 爲猶不遠. 靡聖管管, 不實於亶. 猶之未遠, 是用大諫./ 384
[3-2-10-2] 天之方難, 無然憲憲. 天之方蹶, 無然泄泄. 辭之輯矣, 民之洽矣. 辭之懌矣, 民之莫矣./ 387
[3-2-10-3] 我雖異事, 及爾同僚. 我卽爾謀, 聽我囂囂. 我言維服, 勿以爲笑. 先民有言, 詢于芻蕘./ 389
[3-2-10-4] 天之方虐, 無然謔謔. 老夫灌灌, 小子蹻蹻 匪我言耄, 爾用憂謔, 多將熇熇 不可救藥./ 391
[3-2-10-5] 天之方懠, 無爲夸毗, 威儀卒迷. 善人載尸. 民之方殿屎(히), 則莫我敢葵. 喪亂蔑資, 曾莫惠我師./ 393
[3-2-10-6] 天之牖民, 如壎如篪 如璋如圭, 如取如攜, 攜無曰益, 牖民孔易. 民之多

辟, 無自立辟./ 395

[3-2-10-7] 价人維藩, 大師維垣, 大邦維屏, 大宗維翰. 懷德維寧, 宗子維城, 無俾城壞, 無獨斯畏./ 397

[3-2-10-8] 敬天之怒, 無敢戲豫, 敬天之渝, 無敢馳驅. 昊天曰明, 及爾出王. 昊天曰旦, 及爾游衍./ 399

시집전상설 13권
詩集傳詳說 卷之十三

3. 대아 (大雅 三)

朱註
說見小雅.

詳說

○ 音現.
'현(見)'의 음은 '현(現)'이다.

○ 朱子曰 : "大雅, 平易明白, 正大光明, 非聖賢, 不能爲."1)
주자가 말하였다 : "「대아」의 평이하고 명백하며 정대하고 광명한 것은 성현이 아니면 할 수 없는 것이다."2)

○ 勿軒熊氏曰 : "於其咏歌洋溢之中, 凜然有嚴重齊莊之意, 善觀詩者, 但玩其辭氣, 亦足以識先王之雅道矣."3)
물헌 웅씨가 말하였다 : "넘치도록 읊고 노래하는 가운데 엄격하게 임중하고 정성스러우며 공경하는 의미가 있으니, 시를 잘 읽는 자는 단지 그 말의 기운만 완미해도 선왕의 바른 도를 충분히 알 수 있을 것이다."4)

---

1) 『시전대전(詩傳大全)』에 주자의 말로 실려 있다.
2) 『시전대전(詩傳大全)』에는 "주자가 말하였다 : '「대아」는 성현이 아니면 할 수 없는 것으로 평이하고 명백하며 정대하고 광명하다.(朱子曰 : 大雅非聖賢, 不能爲, 平易明白, 正大光明.)"라고 되어 있다.
3) 『시전대전(詩傳大全)』에 물헌 웅씨의 말로 실려 있다.
4) 『시전대전(詩傳大全)』에는 "물헌 웅씨가 말하였다 : '살펴보건대, …. 이제 그 시를 외우면, 넘치도록 읊고 노래하는 가운데 엄격하게 엄중하고 정성스러우며 공경하는 의미가 있어 오히려 흥기할 수 있으니, 하물며 그 음악을 직접 들었음에야 말해 무엇 하겠는가? …. 시를 잘 읽는 자는 단지 그 말의 기운만 완미해도 선왕의 바른 도를 충분히 알 수 있을 것이다.(勿軒熊氏曰 : 按, …. 今誦其詩, 則於其詠歌洋溢之中, 而凜然有嚴重齊莊之意. 猶使人有所興起, 況親聞其樂者乎. …. 觀詩者, 但玩其辭氣, 亦足以識先王之雅道矣.)"라고 되어 있다.

3-1 문왕지십1(文王之什之一)

[3-1-1-1]
文王在上, 於昭于天,

문왕이 위에 계시어 아, 하늘에 밝게 계시니,

詳說

○ 音烏, 下同.5)
'오(於)'의 음은 '오(烏)'로 아래에서도 같다.

○ 叶 鐵因反.6)
'천(天)'은 협운으로 음은 '철(鐵)'과 '인(因)'의 반절이다.

周雖舊邦, 其命維新. 有周不顯, 帝命不時.

주나라가 비록 오래된 나라이나 천명은 새롭도다.
주나라가 드러나지 않을까? 상제의 명이 때에 맞지 않을까?

詳說

○ 叶, 上紙反.
'시(時)'는 협운으로 '상(上)'과 '지(紙)'의 반절이다.

文王陟降, 在帝左右.

문왕의 오르내리심이 상제의 좌우에 계시니라.

詳說

○ 叶, 羽己反.7)

---

5) 音烏, 下同 : 『시전대전(詩傳大全)』에도 동일하게 되어 있다.
6) 叶 鐵因反 : 『시전대전(詩傳大全)』에도 동일하게 되어 있다.
7) 叶, 羽己反 : 『시전대전(詩傳大全)』에도 동일하게 되어 있다.

'우(友)'는 협운으로 '우(羽)'와 '기(己)'의 반절이다.

朱註

賦也. 於, 歎辭, 昭, 明也. 命, 天命也. 不顯, 猶言豈不顯也.
부(賦)이다. 오(於)는 감탄사이고, 소(昭)는 밝음이며, 명(命)은 천명이다. 불현(不顯)은 '어찌 드러나지 않을까?'라고 말하는 것과 같다.

詳說

○ 安成劉氏曰 : "雅頌稱不顯, 凡十二. 此詩三, 大明崧高韓奕淸廟維天之命執競烈文, 各一, 皆與此詩同義, 思齊抑, 則辭指有不同者."[8]

안성 유씨가 말하였다 : "아송(雅頌)에서 '드러나지 않을까?'라고 한 것은 모두 12번이고, 여기의 시에서는 3번이며, 「대명(大明)」·「숭고(崧高)」·「한혁(韓奕)」·「청묘(淸廟)」·「유천지명(維天之命)」·「집경(執競)」「열문(烈文)」에서는 각기 한 번으로 모두 여기의 시와 같은 의미인데, 「사제(思齊)」와 「억(抑)」에서는 말의 가리킴에 다른 것이 있다."[9]

朱註

帝, 上帝也. 不時, 猶言豈不時也. 左右, 旁側也. ○ 周公追述文王之德, 明周家所以受命而代商者, 皆由於此
제(帝)는 상제이다. 불시(不時)는 '어찌 때에 맞지 않을까?'라고 하는 것과 같다. 좌우(左右)는 곁이다. ○ 주공이 문왕의 덕을 추구하여 말해 주나라 왕실에서 천명을 받아 상나라를 대신한 것이 모두 여기에서 말미암았음을 밝혀서

詳說

○ 安成劉氏曰 : "一二三章, 專言受命之事, 四章以下, 兼言代商

---

[8] 『시전대전(詩傳大全)』에 안성 유씨의 말로 실려 있다.
[9] 『시전대전(詩傳大全)』에는 "안성 유씨가 말하였다 : '아송(雅頌)에서 「드러나지 않을까?」라고 한 것은 모두 12번이고, 여기의 시에서는 3번이며, 「대명(大明)」·「숭고(崧高)」·「한혁(韓奕)」·「청묘(淸廟)」·「유천지명(維天之命)」·「집경(執競)」·「열문(烈文)」에서는 각기 한 번으로 모두 여기의 시와 같은 의미인데, 「사제(思齊)」와 「억(抑)」에서는 각기 한 번으로 말의 가리킴에 다른 것이 있다.'(安成劉氏曰 : 雅頌稱不顯, 凡十二, 此詩三. 大明及崧高韓奕淸廟維天之命執競烈文, 各一, 皆與此詩同義, 思齊抑各一, 則辭指有不同者.)"라고 되어 있다.

之事, 皆由文王之德所致."10)

안성 유씨가 말하였다 : "1장·2장·3장에서는 오로지 명을 받는 일에 대해 말하였고, 4장 이후로는 상나라를 대신하는 일에 대해 말하였으니, 모두 문왕의 덕으로 말미암아 이룬 것이다."11)

朱註
以戒成王.
성왕을 경계한 것이다.

詳說
○ 新安胡氏曰 : "此篇作於成王之時."12)
신안 호씨가 말하였다 : "이 편은 성왕의 때에 만들어진 것이다."13)

朱註
此章言文王旣沒,
여기의 장에서는 문왕이 이미 별세하였는데

詳說
○ 華谷嚴氏曰 : "文王未嘗稱王, 曰文王者, 追稱之也."14)
화곡 엄씨가 말하였다 : "문왕은 왕이라고 칭한 적이 없으니, 문왕이라고 하는 것은 후대에 추존하여 칭한 것이다."

朱註

---

10) 『시전대전(詩傳大全)』에 안성 유씨의 말로 실려 있다.
11) 『시전대전(詩傳大全)』에는 "안성 유씨가 말하였다 : '주나라 왕가가 명을 받은 것이 문왕에서 시작된 것은 진실로 문왕의 덕으로 말미암아 이룬 것이니, 1장·2장·3장에서는 오로지 명을 받는 일에 대해 말한 것이다. 주나라 왕가가 상나라를 대신한 것이 무왕에서 시작된 것도 문왕의 덕으로 말미암아 이룬 것이니, 4장 이후로는 상나라를 대신하는 일에 대해 겸하여 말하였다.'(安成劉氏 : 周家受命, 始於文王, 固由文王之德所致, 一章二章三章, 則專言受命之事也. 周家代商, 始於武王, 亦由文王之德所致, 四章以下, 則兼言代商之事也.)"라고 되어 있다.
12) 『시전대전(詩傳大全)』에 신안 호씨의 말로 실려 있다.
13) 『시전대전(詩傳大全)』에는 "신안 호씨가 말하였다 : '이 편은 주공이 성왕의 때에 만든 것으로 주나라 왕가가 천명을 받은 연유를 근본적으로 미뤄 아름다움을 문왕에게 돌린 말이다.'(新安胡氏曰 : 此篇周公作於成王之時, 推本周家受天命之由, 而歸美文王之詞.)"라고 되어 있다.
14) 『시전대전(詩傳大全)』에 화곡 엄씨의 말로 동일하게 실려 있다.

而其神在上
그 신이 위에 있어

|詳說|

○ 補沒神字.
'몰(沒)'자와 '신(神)'자를 더하였다.

|朱註|

昭明于天,
하늘에 밝게 계시니,

|詳說|

○ 鄱陽董氏曰 : 聖人淸明在躬, 志氣如神, 故其沒也, 精神在天, 與天爲一, 文王在上, 尊瞻之辭也. 於昭于天, 嘆其德之昭明, 上徹于天, 與天同德也."15)
반양 동씨가 말하였다 ·"성인은 청명이 몸에 있고 지기가 신과 같기 때문에 사후에도 정신이 하늘에서 하늘과 하나가 되니, 문왕이 위에 계신다는 것은 우러러 보는 말이다. '아, 하늘에 밝게 계신다.'는 것은 그 덕의 밝게 빛남이 위로 하늘에 통해 하늘과 덕을 같음을 탄식한 것이다."16)

|朱註|

是以周邦雖自后稷始封, 千有餘年,一而其受天命, 則自今始也
이 때문에 주나라가 비록 후직이 봉해짐으로부터 천여 년이 지났으나, 천명을 받은 것은 지금으로부터 시작됨을 말한 것이다.

---

15) 『시전대전(詩傳大全)』에 반양 동씨의 말로 실려 있다.
16) 『시전대전(詩傳大全)』에는 "반양 동씨가 말하였다 : '주한상이 말하였다 : 사람이 죽으면 각기 그 근본이 되는 몸으로 돌아가기 감에 백은 음이기 때문에 내려와 아래에 있고, 혼은 기로 양이기 때문에 올라가서 위에 있다. 하물며 성인은 청명이 몸에 있고 지기가 신과 같기 때문에 사후에도 정신이 하늘에서 하늘과 하나가 된다. 문왕이 위에 계신다는 것은 우러러 보는 말로 「아, 하늘에 밝게 계신다.」는 것은 그 덕의 밝게 빛남이 위로 하늘에 통해 하늘과 덕을 같음을 노래한 것이다.'(鄱陽董氏曰 : 朱漢上云, 人之死, 各返其根體, 魄隆也, 故降而在下, 魂氣陽也, 故升而在上. 況聖人淸明在躬, 志氣如神, 故其沒也, 精神在天, 與天爲一. 文王在上, 尊瞻之辭也, 於昭于天, 歎其德之昭明, 上徹于天, 與天同德也.)"라고 되어 있다.

詳說

○ 朱子曰 : "命如何受於天. 只是人與天同, 積仁累義到此時, 人心奔趨, 自有不容已.17)

주자가 말하였다 : "명은 어떻게 해야 하늘에서 받는가? 오직 사람이 하늘과 같아져서 인의를 누적함이 이때에 와서 사람들이 마음으로 달려오는 것을 스스로 받아들일 수 없게 되어야 하는 것이다."18)

朱註

夫文王在上而昭于天,
문왕이 위에서 하늘에 밝게 계시면

詳說

○ 音扶.
'부(夫)'의 음은 '부(扶)'이다.

○ 承上句.
위의 구를 이어받았다.

則其德顯矣, 周雖舊邦, 而命則新,
그 덕이 드러나고, 주나라가 비록 오래된 나라이나 명은 새롭다면

詳說

○ 承上句.
위의 구를 이어받았다.

朱註

---

17) 『시전대전(詩傳大全)』에 주자의 말로 실려 있다.
18) 『시전대전(詩傳大全)』에는 "물었다 : '천명을 받는 것은 어떻게 하는 것입니까?' 주자가 말하였다 : '명을 어떻게 해야 하늘에서 받겠습니까? 오직 사람이 하늘과 같아져야 하니, 주나라가 후직 이후로 인의를 누적함이 이때에 와서 사람들이 마음으로 달려오는 것을 스스로 받아들일 수 없게 되어야 하는 것입니다.' (問 : 受天命如何. 朱子曰 : 命如何受於天. 只是人與天同, 周自后稷以來, 積仁累義到此時, 人心奔趨, 自有不容己.)"라고 되어 있다.

則其命時矣. 故又曰, 有周豈不顯乎, 帝命豈不時乎
그 명이 이때에 내린 것이다. 그러므로 또 "주나라가 어찌 드러나지 않겠는가. 상제의 명이 어찌 이때에 하지 않겠는가."라고 하였으니,

詳說
○ 臨川王氏曰 : "不顯, 所以甚言其顯, 不時, 所以甚言其時, 唯其德之顯, 所以爲命之時."19)
임천 왕씨가 말하였다 : "'드러나지 않을까?'라는 것은 드러남을 심하게 말한 것이고, '때에 맞지 않을까?'라는 것은 그 때임을 심하게 말한 것이니, 그 덕의 드러남이 명의 때가 된 것일 뿐이라는 것이다."

朱註
蓋以文王之神在天
문왕의 신이 하늘에서

詳說
○ 又承上句.
또 위의 구를 이어받았다.

朱註
一升一降, 無時不在上帝之左右.
한 번 오르고 한 번 내림에 상제의 좌우에 있지 않을 때가 없었다.

詳說
○ 眉山蘇氏曰 : "聖人與天爲一, 故詩於天人之際, 多以陟降言之."20)
미산 소씨가 말하였다 : "성인은 하늘과 하나이기 때문에 시에서는 하늘과 사람의 사이에 대해 대부분 오르내림으로 말한 것이다."21)

---

19) 『시전대전(詩傳大全)』에 임천 왕씨의 말로 동일하게 실려 있다.
20) 『시전대전(詩傳大全)』에 미산 소씨의 말로 실려 있다.
21) 『시전대전(詩傳大全)』에는 "미산 소씨가 말하였다 : '성인은 하늘보다 앞서 있어도 하늘이 어기지 않고, 하늘보다 뒤에 있어도 하늘의 때를 받들어 하늘과 하나가 되기 때문에 시에서는 하늘과 사람의 사이에 대해

○ 朱子曰 : "理是如此, 若道眞箇, 一上一下, 則不可."22)
주자가 말하였다 : "이치가 이와 같아 도가 진실하다는 것이니, 한 번 올라가고 한 번 내려간다는 것은 할 수 없는 것이다."23)

○ 慶源輔氏曰 : "蓋非貌說, 實理然也."24)
경원 보씨가 말하였다 : "사람의 모습으로 말한 것이 아니라 실제의 이치가 그렇다는 것이다."25)

朱註

是以子孫蒙其福澤, 而君有天下也.
이 때문에 자손들이 그 복택을 입어서 임금으로 천하를 소유한 것이다.

詳說

○ 補二句.
두 구를 더하였다.

○ 豐城朱氏曰 : "此章約言之, 四句已足, 言有盡, 而意無窮. 故反覆申言之, 德之顯, 卽於昭之謂也, 命之時, 卽維新之謂也, 陟降左右, 卽在上之謂也."26)
풍성 주씨가 말하였다 : "여기의 장에서 요약하여 말한 것으로는 네 구에서 이미 충분하니, 말에는 다함이 있지만 뜻에는 무궁하다. 그러므로 반복해서 거듭 말하였으니, 덕의 드러남은 곧 '아! 밝게 계신다.'는 말이고, 명의 때는 곧 '새롭

대부분 오르내림으로 말한 것이다.(眉山蘇氏曰 : 聖人先天而天弗違, 後天而奉天時, 與天如一, 故詩於天人之際, 多以陟降言之.)"라고 되어 있다.
22) 『시전대전(詩傳大全)』에 주씨의 말로 실려 있다.
23) 『시전대전(詩傳大全)』에는 "주자가 말하였다 : '문왕의 덕이 하늘과 합해 하늘과 함께 흘러가면서 어김이 없다는 말입니다.' 물었다 : '문왕이 오르락내리락 한다는 것은 무슨 말입니까?' 답하였다 : '이치가 이와 같아 도가 진실하다는 것이니, 한 번 올라가고 한 번 내려간다는 것은 할 수 없는 것입니다.'(朱子曰 : 言文王德, 合乎天, 與天同運而無違也. 問 : 文王陟降. 曰 : 理是如此, 若道真箇, 一上一下, 則不可.)"라고 되어 있다.
24) 『시전대전(詩傳大全)』에 경원 보씨의 말로 실려 있다.
25) 『시전대전(詩傳大全)』에는 "경원 보씨가 말하였다 : '문왕이 위에 계시어 아! 하늘에서 밝게 계시니 문왕의 오르내리심이 상제의 좌우에 계시니라.'라는 말은 바로 『중용』에서 이른바 「양양하게 그 위에 있는 듯하고 좌우에 있는 듯하다.」는 말과 같으니, 사람의 모습으로 말한 것이 아니라 실제의 이치가 그렇다는 것이다.'(慶源輔氏曰 : 文王在上, 於昭于天, 文王陟降, 在帝左右, 正與中庸所謂, 洋洋乎如在其上, 如在其左右之意同. 蓋非貌說, 實理然也.)"라고 되어 있다.
26) 『시전대전(詩傳大全)』에 풍성 주씨의 말로 실려 있다.

다.'는 말이며, 오르내리심이 좌우에 계심은 곧 '위에 계신다.'는 말이다."27)

朱註
春秋傳

『춘추전(春秋傳)』에

詳說
○ 左昭七年

『좌전』 소공 7년이다.

朱註
天王追命諸侯之辭曰, 叔父陟恪, 在我先王之左右, 以佐事上帝, 語意與此正相似. 或疑恪亦降字之誤

천왕이 제후를 추명한 말에 "숙부가 승천하여 우리 선왕의 좌우에 계시면서 상제를 도와 섬긴다."라고 하였으니, 말뜻이 이와 서로 유사하다. 어떤 이는 "각자(恪字) 또한 강자(降字)의 잘못된 글자이다."라고 의심하니,

詳說
○ 字與音, 皆相近, 故誤.

글자와 음이 모두 서로 가깝기 때문에 잘못된 것이다.

朱註
理或然也.

이치로는 혹 그럴 수 있다.

---

27) 『시전대전(詩傳大全)』에는 "풍성 주씨가 말하였다 : '여기 장의 의미는 요약하여 말하는 것인데 네 구에서 이미 충분하다. 오직 주공이 그 임금에게 고하여 경계함에 말에는 다함이 있지만 뜻에는 무궁했기 때문에 반복해서 거듭 말하였다. 덕의 드러남은 곧 「아! 밝게 계신다.」는 말이고, 명의 때는 곧 「새롭다.」는 말이며, 오르내리심이 좌우에 계심은 곧 「위에 계신다.」는 말이다. 그런데 「아 밝게 계신다.」는 것으로 신을 말하면서 「드러나지 않을까?」라는 말로 그 덕을 말한 것은 무엇 때문인가? 그 덕의 드러남은 사람에게 있는 것으로 말한 것이고, 그 신의 밝게 있는 것은 하늘에 있는 것으로 말한 것이다.(豐城朱氏曰 : 此章之意, 約言之, 而四句已足. 惟周公告戒其君, 言有盡而意無窮, 故反覆申言之. 其德之顯, 即於昭之謂也, 其命之時, 即維新之謂也, 其陟降在帝左右, 即文王在上之謂也. 然於昭, 以言其神, 而不顯, 又言其德, 何也. 其德之顯, 自其在人者言之也, 其神之昭, 自其在天者言之也.)"라고 되어 있다.

> 詳說

○ 論也.
경문의 의미 설명이다.

[3-1-1-2]
> 亹亹文王, 令聞不已,

힘쓰고 힘쓰신 문왕이 훌륭하신 명예가 그치지 아니하사,

> 詳說

○ 音尾.28)
'미(亹)'의 음은 '미(尾)'이다.

○ 音問.29)
'문(聞)'의 음은 '문(問)'이다.

> 陳錫哉周, 侯文王孫子,

주나라에 베풀어 주시되 문왕의 자손들에게 하시니,

> 詳說

○ 子, 奬里反.
'자(子)'는 협운으로 음은 '장(奬)'과 '리(里)'의 반절이다.

> 文王孫子, 本支百世, 凡周之士, 不顯亦世.

문왕의 자손들이 본손과 지손이 백세를 전할 것이며,
모든 주나라의 선비들도 드러나지 않을까 또한 대대로 하리로다.

> 詳說

○ 二世字, 自爲韻, 或云, 百亦二字爲韻, 恐不然. 蓋偶爾耳.

---
28) 音尾 : 『시전대전(詩傳大全)』에도 동일하게 되어 있다.
29) 音問 : 『시전대전(詩傳大全)』에도 동일하게 되어 있다.

두 번의 '세(世)'자는 운이 된다. 어떤 이는 '백(百)'자와 '역(亦)'자 두 글자가 운이라고 하는데, 그렇지 않은 것 같다. 대개 우연히 그렇게 된 것일 뿐이기 때문이다.

朱註

賦也. 亹亹, 强勉之貌.
부(賦)이다. 미미(亹亹)는 부지런히 힘쓰는 모양이다.

詳說

○ 上聲.
'강(强)'자는 상성이다.

○ 又見崧高.
또 「숭고(崧高)」에도 있다.

朱註

令聞, 善譽也. 陳, 猶敷也.
영문(令聞)은 좋은 명예이다. 진(陳)은 베푼다는 것과 같다.

詳說

○ 布也.
편다는 것이다.

朱註

哉, 語辭. 侯, 維也. 本, 宗子也. 支, 庶子也.
재(哉)는 어조사(語助辭)이다. 후(侯)는 유(維)이다. 본(本)은 적자이고, 지(支)는 서자이다.

詳說

○ 猶于也.
'재(哉)'는 '우(于)'와 같다.

○ 孔氏曰 : "適譬本榦, 庶譬其枝也."30)
공씨가 말하였다 : "적자는 비유하자면 근본 줄기이고, 서자는 비유하자면 그 가지들이다."

朱註
文王
문왕이

詳說
○ 承上章末文王, 此詩七章皆然.
위의 장 끝에서 문왕을 이어받은 것이니, 여기의 시에서 일곱 장이 모두 그렇다.

朱註
非有所勉也
억지로 힘쓴 바가 있는 것이 아니고,

詳說
○ 先反說.
먼저 반대로 설하였다.

朱註
純亦不已,
순수함이 또한 그치지 아니하여

詳說
○ 出中庸.
『중용』이 출처이다.

---

30) 『시전대전(詩傳大全)』에 공씨의 말로 동일하게 실려 있다.

朱註
而人見其若有所勉耳.
사람들이 힘쓰는 것이 있는 듯이 본 것이다.

> **詳說**
> ○ 補若字.
>> '약(若)'자를 더하였다.

朱註
其德不已,
그 덕이 그치지 아니하기

> **詳說**
> ○ 承上句.
>> 위의 구를 이어받은 것이다.

朱註
故今旣沒,
때문에 지금 이미 별세하였으나

> **詳說**
> ○ 補此句.
>> 이 구를 더하였다.

朱註
而其令聞猶不已也.
훌륭한 명성이 여전히 그치지 않았다.

> **詳說**
> ○ 三山李氏曰 :"有實必有名."[31]

삼산 이씨가 말하였다 : "실질이 있으면 반드시 이름이 있는 것이다."32)

○ 華谷嚴氏曰 : "誠之著也."33)
화곡 엄씨가 말하였다 : "정성이 드러난 것이다."34)

朱註
令聞不已,
훌륭한 명성이 그치지 않으니,

詳說
○ 承上句.
위의 구를 이어받은 것이다.

朱註
是以上帝敷錫于周.
이 때문에 상제가 주나라에 베풀어 주셨다.

詳說
○ 補上帝字.
상제라는 말을 더했다.

朱註
維文王孫子
그런데 문왕의 자손들에게 하시어,

---

31) 『시전대전(詩傳大全)』에 삼산 이씨의 말로 실려 있다.
32) 『시전대전(詩傳大全)』에는 "삼산 이씨가 말하였다 : '문왕이 힘쓰고 힘썼기 때문에 훌륭한 명예가 또한 그치지 않는 것이다. 대개 실질이 있는 경우에는 반드시 이름이 있다는 것이니, 진실로 근본이 없다면 어떻게 그치지 않겠는가?'(三山李氏曰 : 惟文王亹亹, 故其令聞亦不已. 蓋有實者, 必有名也. 苟爲無本, 安能不已乎.)"라고 되어 있다.
33) 『시전대전(詩傳大全)』에 화곡 방씨의 말로 실려 있다.
34) 『시전대전(詩傳大全)』에는 "화곡 방씨가 말하였다 : '문왕의 정성이 그치지 않아 훌륭한 명예가 그치지 않았으니, 이것은 정성이 드러난 것이다.'(華谷方氏曰 : 文王之誠不已, 而令聞亦不已, 此誠之著也.)"라고 되어 있다.

> 詳說

○ 略其一句.
그 한 구를 생략했다.

> 朱註

則使之本宗百世爲天子, 支庶百世爲諸侯,
그들에게 적자들은 백세토록 천자가 되고 서자들은 백세토록 제후가 되게 하며,

> 詳說

○ 補天子諸侯字.
천자와 제후라는 말을 더했다.

> 朱註

而又及其臣子, 使凡周之士
또 그 신자들에게 미쳐서 모든 주나라의 선비는

> 詳說

○ 孔氏曰 : "士者, 諸侯及王朝公卿大夫, 總稱.35)
공씨가 말하였다 : "선비는 제후와 왕조의 공경대부를 전부 칭한 것이다."36)

> 朱註

亦世世修德.
또한 대대로 덕을 닦아

> 詳說

○ 修德, 釋不顯,
덕을 닦는다는 것은 '드러나지 않을까?'라는 말을 풀이한 것이다.

---

35) 『시전대전(詩傳大全)』에 공씨의 말로 실려 있다.
36) 『시전대전(詩傳大全)』에는 "공씨가 말하였다 : '선비는 아래에서 심지어 제후와 왕조의 공경대부를 전부 칭한 것이다.'(孔氏曰 : 士者, 下至諸侯及王朝公卿大夫總稱.)"라고 되어 있다.

朱註
與周匹休焉.
주나라와 아름다움을 짝하게 한 것이다.

詳說
○ 申釋其意, 休, 卽德也. 匹, 合也. 此不顯, 與上章不顯, 相照應.
거듭 그 의미를 풀이하였으니, 아름다움은 곧 덕이다. '필(匹)'은 합한다는 것이다. 여기에서의 '드러나지 않을까?'라는 말은 위의 장에서 '드러나지 않을까?'라는 말과 서로 호응한다.

○ 三山李氏曰 : "豈不顯乎, 其亦世也."[37]
삼산 이씨가 말하였다 : "어찌 드러나지 않을까? 그 또한 대대로 이어지기 때문이라는 것이다."[38]

○ 華谷嚴氏曰 : "述文王德澤之遠也."[39]
화곡 엄씨가 말하였다 : "문왕의 덕과 은택이 심원함을 기술한 것이다."[40]

○ 豐城朱氏曰 : "上章言文王之德之神, 此章以下, 專言德者. 周公告戒成王, 固欲其法顯德保顯命, 非但欲其求之, 窈冥恍惚而已也."[41]
풍성 주씨가 말하였다 : "위의 장에서는 문왕 덕의 신묘함을 말하였고, 여기의 장 이하에서는 오로지 덕을 말하였다. 주공이 성왕에게 고하여 경계한 것은 진

---

[37] 『시전대전(詩傳大全)』에 삼산 이씨의 말로 실려 있다.
[38] 『시전대전(詩傳大全)』에는 "삼산 이씨가 말하였다 : '문왕의 자손뿐만 아니라 모든 주나라의 선비들도 또한 대대로 이어 하늘이 준 것을 드러내니, 문왕을 지극하다고 할 수 있는 것이다. 「어찌 드러나지 않을까 또한 대대로 하리로다.」라는 것은 대개 대대로 전해 영구하게 한다는 것을 말한 것인데, 「드러나지 않을까」라는 말로 감탄해서 그 말을 풍족하게 한 것이다.'(三山李氏曰 : 非特文王之子孫, 凡周之士, 亦皆世世, 而顯天之所以敷錫, 文王可謂至矣. 不顯, 亦世猶曰, 豈不顯乎其亦世也. 蓋言其傳世永久, 而以不顯二字歎之, 以足其辭也..)"라고 되어 있다.
[39] 『시전대전(詩傳大全)』에 화곡 엄씨의 말로 실려 있다.
[40] 『시전대전(詩傳大全)』에는 "화곡 엄씨가 말하였다 : '주나라의 신자들이 모두 밝고 걸출하게 해서 그 덕이 매우 드러나도록 하니, 또한 대대로 서로 전해져서 주나라와 아름다움을 짝하게 한다는 것이다. 여기에서는 문왕의 덕과 은택이 심원함을 기술한 것이다.(華谷嚴氏曰 : 使周之臣子, 皆光明俊偉, 其德甚顯, 亦世世相傳, 與周匹休焉. 此述文王德澤之遠也..)"라고 되어 있다.
[41] 『시전대전(詩傳大全)』에 풍성 주씨의 말로 실려 있다.

실로 드러나는 덕을 본받고 드러나는 명을 보전하도록 한 것이니, 그것을 구하게 했을 뿐만 아니라 그윽한 가운데 황홀하게 한 것이다."42)

[3-1-1-3]
世之不顯, 厥猶翼翼. 思皇多士, 生此王國.

대대로 전함이 드러나지 않을까 그 계책이 익익(翼翼)하도다.
훌륭한 많은 선비들이 이 왕국에 태어났도다.

詳說
○ 叶, 于逼反.43)
 '국(國)'은 협운으로 음은 '우(于)'와 '핍(逼)'의 반절이다.

王國克生, 維周之楨.

왕국에서 능히 길러내니 주나라의 기둥이로다.

詳說
○ 音貞
 '정(楨)'의 음은 '정(貞)'이다.

濟濟多士, 文王以寧.

제제(濟濟)한 많은 선비들이여 문왕이 이들 때문에 편안하시도다.

詳說
○ 上聲.
 '제(濟)'는 상성이다.

---

42) 『시전대전(詩傳大全)』에는 "풍성 주씨가 말하였다 : '위의 장에서는 문왕 덕의 신묘함을 말하였고, 여기의 장 이하에서는 오로지 덕을 말하였다. 주공이 성왕에게 고하여 경계한 것은 진실로 선왕의 드러나는 덕을 본받고 상천의 드러나는 명을 보전하도록 한 것이니, 그것을 구하게 했을 뿐만 아니라 그윽한 가운데 황홀하게 한 것이다.'(豊城朱氏曰 : 上章言文王之德之神, 此章以下, 專言德者. 周公告戒成王, 固欲其法先王之顯德, 保上天之顯命, 非但欲其求之, 窈冥恍惚而已也.)"라고 되어 있다.
43) 叶, 于逼反 : 『시전대전(詩傳大全)』에도 동일하게 되어 있다.

朱註
賦也. 猶, 謀, 翼翼, 勉敬也.
부(賦)이다. 유(猶)는 계책이고, 익익(翼翼)은 힘쓰고 공경함이다.

詳說
○ 慶源輔氏曰 : 勉則無怠, 敬則無他."44)
경원 보씨가 말하였다 : "힘쓰면 게으름이 없고, 공경하며 다른 것이 없다."45)

朱註
思, 語辭, 皇, 美, 楨, 榦也.
사(思)는 어조사(語助辭)이고, 황(皇)은 아름다움이며, 정(楨)은 동량이다.

詳說
○ 朱子曰 : "今人築牆, 必立一木, 於中爲骨, 謂之夜叉木, 橫曰楨直曰榦."46)
주자가 말하였다 : "오늘날 사람들이 담을 쌓을 때 반드시 나무 하나를 세워 가운데에 뼈대를 삼는 것을 '야차목(夜叉木)'이라 하는데, 가로의 나무를 정(楨)이라 하고, 세로의 나무를 간(榦)이라 한다."47)

朱註
濟濟多貌 ○ 此承上章
제제(濟濟)는 많은 모양이다. ○ 여기에서는 위의 장을 이어

詳說

---
44) 『시전대전(詩傳大全)』에 경원 보씨의 말로 실려 있다.
45) 『시전대전(詩傳大全)』에는 "경원 보씨가 말하였다 : '힘쓰면 게으름이 없고, 공경하며 다른 것이 없다. 계책이 이와 같으면 그 충성스러움과 정성을 알 수 있다.'(慶源輔氏曰 : 勉則無怠, 敬則無他. 謀, 猶如此, 則其忠誠可知矣.)"라고 되어 있다.
46) 『시전대전(詩傳大全)』에 주의 말로 실려 있다.
47) 『시전대전(詩傳大全)』에는 "주자가 말하였다 : '간(榦)은 담틀을 쌓을 때의 기둥이다. 오늘날 사람들이 담을 쌓을 때 반드시 나무 하나를 세워 가운데에 뼈대를 삼는 것을 '야차목(夜叉木)'이라 하는데, 가로의 나무를 정(楨)이라 하고, 세로의 나무를 간(榦)이라 한다.(朱子曰 : 榦者, 版築之楨榦. 今人築牆, 必一木, 於中爲骨, 謂之夜叉木, 橫曰楨, 直曰榦.)"라고 되어 있다.

○ 末句.
위의 장은 위의 장에서 끝의 구이다.

朱註
而言其傳世豈不顯乎, 而其謀, 猶皆能勉敬如此也
"대대로 전함이 어찌 드러나지 않겠는가. 그 계책을 오히려 모두 힘쓰고 공경하기를 이와 같이 한다."

詳說
○ 安成劉氏曰 : "兩其字, 皆指周士."48)
안성 유씨가 말하였다 : "두 번의 기자는 모두 주나라의 선비를 가리킨 것이다."

朱註
美哉此衆多之賢士,
아름답다. 이 많은 현사들이여!

詳說
○ 並該濟濟句.
'제제(濟濟)'의 구를 아울러 갖춘 것이다.

朱註
而生於此文王之國也.
이 문왕의 나라에서 태어났구나.

詳說
○ 補文字.
'문(文)'자를 더하였다.

---

48) 『시전대전(詩傳大全)』에 안성 유씨의 말로 동일하게 실려 있다.

朱註

文王之國, 能生此衆多之士,
문왕의 나라에서 능히 이 많은 선비들을 배출하였으니,

詳說

○ 長樂劉氏曰 : "本由文王敎化陶範而後生."49)
장락 유씨가 말하였다 : "본래 문왕 교화와 배양으로 말미암은 이후에 나오는 것이다."50)

○ 生此王國, 主士而言, 王國克生, 主周而言.
'이 왕국에 태어났다.'는 것은 선비를 위주로 말한 것이고, '왕국에서 능히 길러준다.'는 것은 주나라를 위주로 말한 것이다.

朱註

則足以爲國之幹, 而文王亦賴以爲安矣.
충분히 나라의 기둥이 되어 문왕 또한 이들에 힘입어서 편안한 것이다."라고 하였다.

詳說

○ 慶源輔氏曰 : "自文王時言, 則文王之身, 固以多士寧矣, 自成王時言, 則文王之神, 亦以多士寧也."51)
경원 보씨가 말하였다 : "문왕의 때로 말하면 문왕 자신은 진실로 많은 선비 때문에 편안했던 것이고, 성왕의 때로 말하면, 문왕의 신이 또한 많은 선비 때문에 편안했던 것이다."52)

---

49) 『시전대전(詩傳大全)』에 장락 유씨의 말로 실려 있다.
50) 『시전대전(詩傳大全)』에는 "장락 유씨가 말하였다 : '많은 선비들은 본래 문왕 교화와 배양으로 말미암은 이후에 나오는 것이고, 문왕의 나라는 또 많은 선비들을 기다린 다음에 편안한 것이니, 마치 사람이 밭을 일구는 데 부지런하면 도리어 자신을 봉양할 수 있고, 나무를 심는 것을 즐거워하면 도리어 자신을 의탁할 수 있는 것과 같다.(長樂劉氏曰 : 多士本由文王敎化陶範, 而後生也, 而文王之國, 又待多士以爲安焉, 猶人勤於菑田, 反以自養, 樂於植材, 反以自庇.)"라고 되어 있다.
51) 『시전대전(詩傳大全)』에 경원 보씨의 말로 실려 있다.
52) 『시전대전(詩傳大全)』에는 "경원 보씨가 말하였다 : '많은 선비들이 주나라에서 태어난 것이 바로 주나라의 기둥이 되는 까닭이다. 두 분의 정자께서 천하를 다스리는 도를 논함에 현재를 구하는 것을 급선무로 삼지 않은 적이 없는데, 이 때문에 그렇게 했다면 하늘이 주나라의 선비를 대대로 전해 드러나게 하는 것은 주의 선비를 위한 것이 아니라 바로 주나라를 위한 것이다. 그러니 문왕의 때로 말하면 문왕 자신은

朱註

蓋言文王得人之盛, 而宜其傳世之顯也

문왕이 인재 얻기를 많이 하니, 당연히 그 대대로 전함이 드러날 것이라는 말이다.

詳說

○ 論也.

경문의 의미 설명이다.

○ 安成劉氏曰 : "賢才之益於國者, 如此, 宜其子孫傳世之顯也."53)

안성 유씨가 말하였다 : "현재가 나라에 유익한 것이 이와 같다면 당연히 그 자손이 대대로 전해지면서 드러나는 것이다."

○ 華谷嚴氏曰 : "此章述周士之盛."54)

화곡 엄씨가 말하였다 : "여기의 장에서는 주나라의 선비들이 융성함을 서술하였다."55)

[3-1-1-4]

穆穆文王, 於緝熙敬止.

목목(穆穆)하신 문왕이여! 아, 경을 계속하여 밝히셨도다.

詳說

○ 七入反.56)

진실로 많은 선비 때문에 편안했던 것이고, 성왕의 때로 말하면, 문왕의 신이 또한 많은 선비 때문에 편안했던 것이다.'(慶源輔氏曰 : 多士之生於周國, 乃所以爲周國之楨榦也. 二程子論治天下之道, 未始不以求賢才爲先務者, 以此然, 則天之所以使周士傳世之顯者, 非所以爲周之士, 乃所以爲周之國也. 自文王之時言之, 則文王之身, 固以多士寧矣. 自成王之時言之, 則文王之神, 亦以多士寧也.)"라고 되어 있다.

53) 『시전대전(詩傳大全)』에 안성 유씨의 말로 거의 동일하게 실려 있다.
54) 『시전대전(詩傳大全)』에 화곡 엄씨의 말로 실려 있다.
55) 『시전대전(詩傳大全)』에는 "화곡 엄씨가 말하였다 : '담은 기둥에 의지하여 세워지고, 나라는 사람에 의지하여 세워지니, 여기의 장에서는 주나라의 선비들이 융성함을 서술하였다.(華谷嚴氏曰 : 墻待榦而立, 國恃人而立, 此章述周士之盛.)"라고 되어 있다.

'집(緝)'의 음은 '칠(七)'과 '입(入)'의 반절이다.

假哉天命, 有商孫子.
위대한 천명은 상(商)나라의 자손들에게 있었느니라.

詳說
○ 上聲.
'가(假)'는 상성이다.

商之孫子, 其麗不億, 上帝旣命, 侯于周服.
상나라의 자손들이 그 수가 억 뿐만이 아니었건만,
상제가 이미 명한지라 주나라에 복종하도다.

詳說
○ 叶, 蒲北反.57)
'복(服)'은 협운으로 음은 '포(蒲)'와 '북(北)'의 반절이다.

朱註
賦也. 穆穆, 深遠之意. 緝, 續, 熙, 明, 亦不已之意.
부(賦)이다. 목목(穆穆)은 심원(深遠)한 뜻이다. 집(緝)은 계속함이고, 희(熙)는 밝힘이니, 또한 그치지 않는 뜻이다.

詳說
○ 承前章.
앞의 장을 이어받은 것이다.

朱註
止, 語辭.

---
56) 七入反 : 『시전대전(詩傳大全)』에도 동일하게 되어 있다.
57) 叶, 蒲北反 : 『시전대전(詩傳大全)』에도 동일하게 되어 있다.

지(止)는 어조사(語助辭)이다.

> 詳說
> ○ 爲韻.
> 운이다.

> 朱註
> 假, 大, 麗, 數也. 不億, 不止於億也. 侯, 維也. ○ 言穆穆然文王之德, 不已其敬如此,
> 가(假)는 큼이다. 여(麗)는 수(數)이다. 불억(不億)은 억(億)에만 그치지 않는 것이다. 후(侯)는 유(維)이다 ○ 목목(穆穆)한 문왕의 덕이 경을 그치지 않음이 이와 같았으니,

> 詳說
> ○ 華谷嚴氏曰 : "中庸之至誠無息也."58)
> 화곡 엄씨가 말하였다 : "『중용』에서 지성은 쉼이 없다는 것이다."59)

> 朱註
> 是以大命集焉,
> 이 때문에 큰 명이 문왕에게 모인 것을

> 詳說
> ○ 一作天
> '대(大)'는 어떤 판본에는 '천(天)'으로 되어 있다.

> ○ 補集字.

---

58) 『시전대전(詩傳大全)』에 화곡 엄씨의 말로 실려 있다.
59) 『시전대전(詩傳大全)』에는 "화곡 엄씨가 말하였다 : '문왕의 덕의 모습은 목목(穆穆)하게 알 수 있기 때문에 「목목(穆穆)」으로 충분히 형용하는 것이다. 말하기 어려운 것은 마음의 경이기 때문이기 때문에 「아」로 드러낸 것이다. 「계속하여 밝히셨다.」는 것은 『중용』에서 지성은 쉼이 없다는 것이다.'(華谷嚴氏曰 : 文王德容, 穆穆然可見, 故穆穆, 足以形容之. 所難言者, 心之敬也, 故緝熙, 不足以發, 而又以於發之, 緝熙敬止者, 中庸之至誠無息也.)"라고 되어 있다.

'집(集)'자를 더하였다.

○ 慶源輔氏曰 : "程子曰, 毋不敬, 可以對越上帝, 觀文王詩, 可見矣."60)

경원 보씨가 말하였다 : "정자가 '불경하지 말고 상제를 대하듯이 해야 한다.'라고 한 것은 문왕의 시를 보면 알 수 있는 것이다."61)

朱註
以有商孫子觀之則可見矣.
상나라의 자손들로써 관찰하면 알 수 있다.

詳說
○ 補六字.
여섯 글자를 더하였다.

朱註
蓋商之孫子, 其數不止於億, 然以上帝之命, 集於文王, 而今皆維服于周矣.
상나라의 자손들이 그 수가 억에만 그치지 않았지만 상제의 명이 문왕에게 모였기 때문에 이제 모두 주나라에 복종하는 것이다.

詳說
○ 孔氏曰 : "服事也."
공씨가 말하였다 : "복종하여 섬기는 것이다."

○ 華谷嚴氏曰 : "此章述文王以敬德爲受命代商之由也."62)

---
60) 『시전대전(詩傳大全)』에 경원 보씨의 말로 실려 있다.
61) 『시전대전(詩傳大全)』에는 "경원 보씨가 말하였다 : '선생은 4장에 대해 말하면서 비로소 문왕이 성스러움으로 위에서 하늘과 밝게 계시면서 훌륭한 명예가 그치지 않은 것은 아 경을 계속해서 밝히는 것에 있을 뿐이라고 하였으니, 주공의 마음과 문왕의 덕을 깊이 체득했다고 할 수 있다. 정 선생이 「불경하지 말고 상제를 대하듯이 해야 한다.」라고 한 것은 문왕의 시를 보면 알 수 있는 것이다.(慶源輔氏 : 先生謂四章, 始言文王之所以聖與夫上昭于天, 不已其令聞者, 止在於敬之緝續熙明不已而已. 可謂深得周公之心及文王之德也. 程先生曰, 毋不敬, 可以對越上帝, 觀文王之詩, 則可見矣.)"라고 되어 있다.
62) 『시전대전(詩傳大全)』에 화곡 엄씨의 말로 동일하게 실려 있다.

화곡 엄씨가 말하였다 : "여기의 장에서는 문왕이 경의 덕을 가지고 명을 받아 상나라를 대신한 연유가 되었음을 기술하였다."

[3-1-1-5]
侯服于周, 天命靡常, 殷士膚敏, 祼將于京.

주나라에 복종하니 천명은 일정하지 않은지라.
은나라 선비 중에 아름답고 민첩한 자들이 주나라 서울에서 강신제를 돕도다.

詳說
○ 音灌.
  '관(祼)'의 음은 '관(灌)'이다.

○ 叶, 居良反.63)
  '경(京)'은 협운으로 음은 '거(居)'와 '량(良)'의 반절이다.

厥作祼將, 常服黼冔.

강신제를 돕는 자가 됨이여 항상 보상(裳)과 은(殷)나라 관(冠)을 쓰도다.

詳說
○ 音甫.64)
  '보(黼)'의 음은 '보(甫)'이다.

○ 況甫反.65)
  '후(冔)'는 '황(況)'과 '보(甫)'의 반절이다.

王之藎臣, 無念爾祖.

왕의 훌륭한 신하들은 너의 할아버지를 생각하지 않겠는가!

---
63) 叶, 居良反 : 『시전대전(詩傳大全)』에도 동일하게 되어 있다.
64) 音甫 : 『시전대전(詩傳大全)』에도 동일하게 되어 있다.
65) 況甫反 : 『시전대전(詩傳大全)』에도 동일하게 되어 있다.

詳說
○ 音盡.
'신(藎)'의 음은 '진(盡)'이다.

朱註
賦也. 諸侯之大夫, 入天子之國, 曰某士.
부(賦)이다. 제후국의 대부가 천자의 나라에 들어갈 때에 모사(某士)라고 말한다.

詳說
○ 出禮記曲禮.
『예기』「곡례」가 출처이다.

朱註
則殷士者, 商孫子之臣屬也.
그렇다면 은사(殷士)라는 것은 상나라 자손들의 신하들이다.

詳說
○ 如宋之大夫.
상나라 자손들의 신하들은 송의 대부와 같다.

朱註
膚, 美. 敏, 疾也. 祼, 灌鬯也. 將, 行也, 酌而送之也.
부(膚)는 아름다움이고, 민(敏)은 빠름이다. 관(祼)은 울창주를 땅에 부어 강신하는 것이다. 장(將)은 행함이니, 술을 떠서 올리는 것이다.

詳說
○ 華谷嚴氏曰 : "祼, 灌通. 宗廟有祼天地, 大神不灌.66)
화곡 엄씨가 말하였다 : "'관(祼)'은 '관(灌)'과 통한다. 종묘에서는 천지에 울창주를 부어 강신하고, 대신은 울창주를 부어 강신하지 않는다."67)

---

66) 『시전대전(詩傳大全)』에 화곡 엄씨의 말로 실려 있다.

○ 孔氏曰 : "殷士助祭灌時, 送爵行之.68)
공씨가 말하였다 : "은의 선비가 제사를 도와 울창주를 부어 강신할 때에 술잔을 올려서 행하는 것이다."69)

○ 祼將, 諺釋恐失文勢.
'관(祼)'과 '장(將)'은 『언해』에서 문세를 잘못한 것 같다.

朱註
京, 周之京師也.
경(京)은 주나라의 경사(京師)이다.

詳說
○ 作爲也.
만든 것이다.

朱註
黼, 黼裳也,
보(黼)는 보상(黼裳)이고,

詳說
○ 董氏曰 : "雖章數不同, 皆以黼爲裳."70)
동씨가 말하였다 : "장의 수가 같지 않을지라도 모두 보(黼)로 치마를 만든 것이다."71)

○ 孔氏曰 : "舉一章以表之耳."72)

---

67) 『시전대전(詩傳大全)』에는 "화곡 엄씨가 말하였다 : '···. 관(祼)과 관(灌)은 옛글자에서 통용된다. 종묘에서는 천지에 울창주를 부어 강신하고, 천신은 울창주를 부어 강신하지 않는다.'(華谷嚴氏曰 : ···. 祼灌, 古字通用. 宗廟有祼天地, 天神不灌.)"라고 되어 있다.
68) 『시전대전(詩傳大全)』에 공씨의 말로 실려 있다.
69) 『시전대전(詩傳大全)』에는 "공씨가 말하였다 : '소재가 「모든 제사에서 울창주를 부어 강신하는 것을 도와 행하는 일은 행하는 것으로 떠서 올리는 것을 하는 것이다.」라고 하였으니, 울창주를 부어 강신할 때에 술잔을 올려 행한다는 말이다.'(孔氏曰 : 小宰云, 凡祭祀贊祼將之事, 以將爲送, 言灌時送爵行之也. ···.)"라고 되어 있다.
70) 『시전대전(詩傳大全)』에 동씨의 말로 실려 있다.
71) 『시전대전(詩傳大全)』에는 "동씨가 말하였다 : '치마에 수를 놓은 것이 장의 수가 같지 않을지라도 모두 보(黼)로 치마를 만든 것이다.'(董氏曰 : 黼繡於裳, 雖章數不同, 皆以黼爲裳.)"라고 되어 있다.

공씨가 말하였다 : "한 장을 들어 드러낸 것일 뿐이다."73)

朱註
冔, 殷冠也.
호(冔)는 은나라 관이다.

詳說
○ 毛氏曰 : "夏后氏曰, 收周曰冕."74)
모씨가 말하였다 : "하후씨가 '거두기를 고룰 한 것을 호(冔)라고 한다.'라고 하였다."

朱註
蓋先代之後,
선대의 후예로

詳說
○ 帝王之後.
제왕의 후손이다.

朱註
統承先王, 修其禮物, 作賓于王家.
선왕을 계승하여 그 예물을 닦아 왕가의 손님이 된 것이다.

詳說
○ 出書微子之命.
『서경』「미자지명」이 출처이다.

---

72) 『시전대전(詩傳大全)』에 공씨의 말로 실려 있다.
73) 『시전대전(詩傳大全)』에는 "공씨가 말하였다 : '제복은 보(黼)로 그치지 않으니, 한 장을 들어 드러낸 것일 뿐이다.'(孔氏曰 : 祭服不止於黼, 擧一章以表之耳.)"라고 되어 있다.
74) 『시전대전(詩傳大全)』에 모씨의 말로 동일하게 실려 있다.

○ 九峯蔡氏曰 : "修其先王典禮文物, 以備一王之法, 以客禮遇
之."75)
구봉 채씨가 말하였다 : "선왕의 전례와 문물을 닦아 한 왕의 법을 갖추었으니,
객의 예로 맞이한 것이다."76)

○ 勿軒熊氏曰 : "此見周家忠厚之至."77)
물헌 웅씨가 말하였다 : "여기에서 주나라 왕가의 지극히 충후함을 알겠다."78)

朱註
時王不敢變焉, 而亦所以爲戒也
당시의 왕이 감히 이것을 변경하지 못하니, 또한 경계를 삼으려고 한 것이다.

詳說
○ 戒以天命易失之意.
천명을 잃기 쉽다는 의미로 경계한 것이다.

朱註
王, 指成王也. 藎, 進也, 言其忠愛之篤, 進進無已也. 無念, 猶言豈得無念
也. 爾祖, 文王也. ○ 言商之孫子, 而侯服于周, 以天命之不可常也. 故殷之
士, 助祭於周京, 而服商之服也. 於是呼王之藎臣, 而告之曰, 得無念爾祖文
王之德乎,
왕은 성왕(成王)을 가리킨다. 신(藎)은 나아감이니, 충애(忠愛)의 돈독함이 나아가
고 나아가 그치지 않는다는 말이다. 무념(無念)은 기득무념(豈得無念)이란 말과 같
다. 이조(爾祖)는 문왕이다. ○ 상나라의 자손들이면서 주나라에 복종함은 천명이
일정하지 않기 때문이다. 그러므로 은나라 선비가 주나라의 서울에서 제사를 도우

---

75) 『시전대전(詩傳大全)』에 구봉 채씨의 말로 실려 있다.
76) 『시전대전(詩傳大全)』에는 "구봉 채씨가 말하였다 : '선왕의 전례와 문물을 닦아 붕괴되지 않게 함으로써 한 왕의 법을 갖춘 것이다. 손님이 된다는 것은 객의 예로 맞이하는 것이다.(九峯蔡氏曰 : 修其先王典禮文物, 不使廢壞, 以備一王之法也, 賓, 以客禮遇之也.)"라고 되어 있다.
77) 『시전대전(詩傳大全)』에 물헌 웅씨의 말로 실려 있다.
78) 『시전대전(詩傳大全)』에는 "물헌 웅씨가 말하였다 : '여기에서 주나라 왕가의 지극히 충후함을 알겠다. 한 시대가 일어나 정삭을 고치고 복색을 바꾸어 새롭게 만든 정사를 보였을지라도 시서(詩書)에서 상고해보면, 한 시대의 예약은 진실로 폐해진 적은 없다. …'(勿軒熊氏曰 : 此見周家忠厚之至. 一代之興, 雖改正朔, 易服色, 以示作新之政, 然考之詩書, 則一代之禮樂, 固未嘗廢也. ….)"라고 되어 있다.

면서 상나라의 복장을 입은 것이다. 이에 왕의 신신(藎臣)들을 불러 "너의 할아버지인 문왕의 덕을 생각하지 않을 수 있겠는가!"라고 하였으니,

詳說

○ 照下章, 而補德字.
아래의 장을 참조해서 '덕(德)'자를 더한 것이다.

朱註

蓋以戒王而不敢斥言, 猶所謂敢告僕夫云爾.
왕에게 경계하려 하면서 감히 지적해서 말할 수가 없기 때문으로 이른바 '감히 복부(僕夫)에게 고한다.'는 것과 같은 것이다.

詳說

○ 見左襄四年.
『좌전』 양공 4년에 있다.

○ 安成劉氏曰 : "皆因卑達尊之意."[79]
안성 유씨가 말하였다 : "모두 비천한 것으로 말미암아 존귀한 것에 도달한다는 의미다."[80]

○ 華谷嚴氏曰 : "不念文王, 則周之孫子臣士, 又將服周之服, 而助祭於他人之廟矣."[81]
화곡 엄씨가 말하였다 : "문왕을 생각하지 않으면 주나라의 자손들과 신하들이 또 주나라의 옷을 입고 다른 사람의 사당에서 제사를 돕는다는 것이다."[82]

---

[79] 『시전대전(詩傳大全)』에 안성 유씨의 말로 실려 있다.
[80] 『시전대전(詩傳大全)』에는 "안성 유씨가 말하였다 : 「신신(藎臣)을 부르고 복부(僕夫)에게 고한다.」는 것은 그 모든 것이 비천한 것으로 말미암아 존귀한 것에 도달한다는 의미다.'(安成劉氏曰 : 呼藎臣, 告僕夫, 其皆因卑達尊之義乎.)"라고 되어 있다.
[81] 『시전대전(詩傳大全)』에 화곡 엄씨의 말로 실려 있다.
[82] 『시전대전(詩傳大全)』에는 "화곡 엄씨가 말하였다 : '문왕을 염두에 두지 않으면 그 단초를 잃어 주나라의 자손들과 신하들이 또 주나라의 옷을 입고 다른 사람의 사당에서 제사를 돕는다는 것이다. 여기의 장에서는 은나라 선비들이 강신제를 돕는 일을 기술하여 경계로 삼은 것이다.'(華谷嚴氏曰 : 不以文王爲念, 則將墜厥緒, 周之孫子臣士, 又將服周之服, 而助祭于他人之廟矣. 此章, 述殷士祼將之事, 以爲戒也.)"라고 되어 있다.

○ 三句, 論也.
　세 구는 경문의 의미 설명이다.

朱註
劉向曰, 孔子論詩, 至於殷士膚敏, 祼將于京, 喟然歎曰, 大哉, 天命,
유향(劉向)이 말하였다. "공자가 시를 논하다가 '은나라 선비 중에 아름답고 민첩한 자들이 주나라 서울에서 강신제를 돕는다.'는 것에서 위연히 탄식하면서 '위대하다. 천명이여!

詳說
○ 主周而言.
　주나라를 위주로 말한 것이다.

朱註
善不可不傳于後嗣,
선을 후사에게 물려주지 않으면 안된다.

詳說
○ 主殷而言.
　은나라를 위주로 말한 것이다.

朱註
是以富貴無常,
이 때문에 부귀가 무상하다.'라고 하셨으니,

詳說
○ 蓋因孟子仁不可爲衆之語, 而推演之耳
　대개 『맹자』에서 '어진 자에게는 무리로 할 수 없다.'는 말을 가지고 미루어 부연한 것이다.[83]

---

83) 『맹자』에서 '어진 자에게는 무리로 할 수 없다.' : 『맹자』「이루상」에 "공자가 '어진 자에게는 무리로 할 수 없으니, 나라의 군주가 어짊을 좋아하면 천하에 대적할 이가 없다.'라고 하셨다.(孔子曰 : 仁不可爲衆也,

朱註

蓋傷微子之事周, 而痛殷之亾也.

미자가 주나라를 섬긴 것을 서글퍼하고 은나라의 멸망을 애통해 하신 것이다."

詳說

○ 出漢書本傳.

『한서』「본전」이 출처이다.

○ 此又論其餘意.

여기에서는 또 그 나머지 의미를 논한 것이다.

○ 慶源輔氏曰 : "孔子乃殷後, 而向亦宗室也."[84]

경원 보씨가 말하였다 : "공자는 바로 은나라의 후예여서 향하는 것이 또한 종실이었던 것이다."[85]

○ 華谷嚴氏曰 : "此章述殷士祼將之事以爲戒也."[86]

화곡 엄씨가 말하였다 : "여기의 장에서는 은나라 선비들이 강신제를 돕는 일을 기술하여 경계로 삼은 것이다."[87]

夫國君好仁, 天下無敵.)"라는 말이 있다.
84) 『시전대전(詩傳大全)』에 경원 보씨의 말로 실려 있다.
85) 『시전대전(詩傳大全)』에는 "경원 보씨가 말하였다 : '은나라의 선비가 아름답고 민첩해서 주나라의 서울에서 강신제를 도울지라도 천명이 있는 곳은 감히 어길 수 없는 것이다. 이것은 성대한 덕의 일이니 한당 이후로는 모두 미치지 못하는 것이다. 은나라 선비들이 주나라의 옷을 입고 주나라에서 제사를 돕는 것은 가장 염두에 두어야 하는 것이고 가장 경계해야 하는 것이기 때문에 왕의 신신(藎臣)들을 불러 문왕의 덕을 염두에 두게 하라고 고하는 것이다. 유향이 기술한 공자의 말은 사람들이 읽게 하면 근심하며 생각하고 슬퍼하며 두려워 감당할 수 없는 것이 있다. 대개 공자는 바로 은나라의 후예여서 향하는 것이 또한 종실이었던 것이다.'(慶源輔氏曰 : 殷士雖膚敏, 而祼將于周京, 天命所在, 不敢違也. 此盛德之事, 漢唐以下, 皆不及矣. 夫以殷士殷之服, 而助祭于周焉, 最可念也, 最可警也, 故於此呼王之藎臣, 而告之使念文王之德焉. 劉向所述孔子之言, 使人讀之, 憂思慘怛, 有不能堪者. 蓋孔子乃殷後, 而向亦宗室也.)"라고 되어 있다.
86) 『시전대전(詩傳大全)』에 화곡 엄씨의 말로 실려 있다.
87) 『시전대전(詩傳大全)』에는 "화곡 엄씨가 말하였다 : '문왕을 염두에 두지 않으면 그 단초를 잃어 주나라의 자손들과 신하들이 또 주나라의 옷을 입고 다른 사람의 사당에서 제사를 돕는다는 것이다. 여기의 장에서는 은나라 선비들이 강신제를 돕는 일을 기술하여 경계로 삼은 것이다.'(華谷嚴氏曰 : 不以文王爲念, 則將墜厥緖, 周之孫子臣士, 又將服周之服, 而助祭于他人之廟矣. 此章, 述殷士祼将之事, 以爲戒也.)"라고 되어 있다.

[3-1-1-6]

無念爾祖. 聿修厥德.

너의 할아버지를 생각하지 않겠는가? 그 덕을 닦을지어다.

詳說

○ 于筆反.88)

'율(聿)'의 음은 '우(于)'아 '필(筆)'의 반절이다.

永言配命, 自求多福.

길이 천명에 합함이 스스로 많은 복을 구하는 길이니라.

詳說

○ 叶, 筆力反.89)

'복(福)'은 협운으로 '필(筆)'과 '력(力)'의 반절이다.

殷之未喪師, 克配上帝.

은나라가 무리를 잃지 않았을 때에는 능히 상제께 합했었느니라.

詳說

○ 去聲.

'상(喪)'은 거성이다.

宜鑑于殷. 駿命不易.

마땅히 은나라를 거울로 삼을지어다. 큰 명은 보전하기가 쉽지 않느니라.

詳說

○ 音峻.90)

---

88) 于筆反 : 『시전대전(詩傳大全)』에도 동일하게 되어 있다.
89) 叶, 筆力反 : 『시전대전(詩傳大全)』에도 동일하게 되어 있다.
90) 音峻 : 『시전대전(詩傳大全)』에도 동일하게 되어 있다.

'준(駿)'의 음은 '준(峻)'이다.

○ 去聲.
'이(易)'는 거성이다.

朱註
賦也. 聿發語辭. 永, 長. 配, 合也. 命, 天理也. 師, 衆也. 上帝, 天之主宰也. 駿, 大也. 不易, 言其難也. ○ 言欲念爾祖, 在於自修其德,
부(賦)이다. 율(聿)은 발어사이다. 영(永)은 긺이고, 배(配)는 합함이다. 명(命)은 천리(天理)이다. 사(師)는 무리이다. 상제(上帝)는 하늘의 주재이다. 준(駿)은 큼이다. 불이(不易)는 그 어려움을 말한 것이다. ○ "너의 할아버지를 생각하려고 하면 스스로 그 덕을 닦음에 달려 있으며,

詳說
○ 爾祖之德也. 章下註可考.
네 할아버지의 덕이다. 장 아래의 주에서 상고할 수 있다.

朱註
而又常自省察,
또 항상 스스로 성찰하여

詳說
○ 悉井反, 下同.
'성(省)'의 음은 '실(悉)'과 '정(井)'의 반절이다.

○ 釋永言之意.
'영언(永言)'의 의미를 풀이한 것이다.

朱註
使其所行, 無不合於天理, 則盛大之福, 自我致之, 有不外求而得矣,
행하는 것이 천리에 합하지 않는 것이 없게 하면 성대한 복이 나에게서 이루어져

밖에서 구하지 않아도 얻어질 것이다."라고 말하고,

詳說

○ 補此句.
이 구를 더했다.

○ 華谷嚴氏曰 : "謂求諸己, 而不求諸天也."91)
화곡 엄씨가 말하였다 : "자신에게서 구하고 하늘에서 구하지 않는다는 것을 말하였다."92)

朱註

又言殷未失天下之時,
또 "은나라가 천하를 잃지 않았을 때에는

詳說

○ 師.
'천하(天下)'는 본문에서 '사(師)'이다.

朱註

其德, 足以配乎上帝矣,
그 덕이 충분히 상제와 합했었는데,

詳說

○ 補德字.
'덕(德)'을 더했다.

朱註

今其子孫, 乃如此,

---

91) 『시전대전(詩傳大全)』에 화곡 엄씨의 말로 실려 있다.
92) 『시전대전(詩傳大全)』에는 "화곡 엄씨가 말하였다 : '「스스로 많은 복을 구하는 길이니라.'라는 것은 자신에게서 구하고 하늘에서 구하지 않는다는 것을 말하는 것이다.(華谷嚴氏曰 : 自求多福, 謂求諸己, 而不求諸天也.)"라고 되어 있다.

지금에 그 자손들이 마침내 이와 같이 되었으니,

詳說
○ 補此句.
이 구를 더했다.

朱註
宜以爲鑑, 而自省焉, 則知天命之難保矣.
이것으로 거울을 삼아 스스로 살펴야 할 것이니, 그렇게 하면 천명을 보전하기가 어렵다는 것에 대해 알 것이다."라고 하였다.

詳說
○ 補省知保字.
'성(省)'·'지(知)'·'보(保)'자를 더했다.

朱註
大學傳曰, 得衆則得國, 失衆則失國, 此之謂也.
『대학전(大學傳)』에서 "무리를 얻으면 나라를 얻고 무리를 잃으면 나라를 잃는다."라고 하였으니, 이것을 말하는 것이다.

詳說
○ 去聲.
'전(傳)'은 거성이다.

○ 論也.
경문의 의미 설명이다.

○ 華谷嚴氏曰 : "此章戒成王念祖, 而鑑殷也."[93]
화곡 엄씨가 말하였다 : "여기의 장에서는 성왕이 할아버지를 염두에 두고 은나라를 거울삼으라고 경계한 것이다."[94]

---

93) 『시전대전(詩傳大全)』에 화곡 엄씨의 말로 실려 있다.
94) 『시전대전(詩傳大全)』에는 "화곡 엄씨가 말하였다 : '덕은 백성들이 귀의하는 것으로 백성을 얻으면 하늘

[3-1-1-7]

命之不易, 無遏爾躬.

천명은 보전하기가 쉽지 아니하니, 네 몸에서 끊어지게 하지 말지어다.

詳說

○ 叶, 姑弘反.95)

'궁(躬)'은 협운으로 음은 '고(姑)'와 '홍(弘)'의 반절이다.

宣昭義問, 有虞殷自天.

훌륭한 명성을 펴서 밝히려면 또 은나라를 헤아리되 하늘로부터 하라.

詳說

○ 叶, 鐵因反.96)

'천(天)'은 협운으로 음은 '철(鐵)'과 '인(因)'의 반절이다.

上天之載, 無聲無臭,

상천의 일은 소리도 없고 냄새도 없거니와

詳說

○ 叶, 初尤反.97)

'취(臭)'는 협운으로 음은 '초(初)'와 '우(尤)'의 반절이다.

儀刑文王, 萬邦作孚.

문왕을 본받으면 만방이 진작하여 믿으리라.

을 얻는다. 그 덕을 닦지 않으면 그 백성을 잃고 천명이 떠나기 때문에 은나라를 거울로 삼아야 하는 것이다. 여기의 장에서는 성왕이 할아버지를 염두에 두고 은나라를 거울삼으라고 경계한 것이다.'(華谷嚴氏曰 : 德者, 民之所歸, 得民斯得天. 不脩厥德, 則失其民, 而天命去之, 故宜以殷爲鑒也. 此章戒成王念祖, 而鑒殷也.)"라고 되어 있다.

95) 叶, 姑弘反 : 『시전대전(詩傳大全)』에도 동일하게 되어 있다.
96) 叶, 鐵因反 : 『시전대전(詩傳大全)』에도 동일하게 되어 있다.
97) 叶, 初尤反 : 『시전대전(詩傳大全)』에도 동일하게 되어 있다.

詳說
○ 叶, 房尤反.98)
'부(孚)'는 협운으로 음은 '방(房)'과 '우(尤)'의 반절이다.

朱註
賦也. 遏, 絶, 宣, 布, 昭, 明, 義, 善也. 問, 聞通, 有, 又通. 虞, 度,
부(賦)이다. 알(遏)은 끊어짐이고, 선(宣)은 폄이며, 소(昭)는 밝힘이고, 의(義)는 좋음이다. 문(問)은 문(聞)과 통하고 유(有)는 우(又)와 통한다. 우(虞)는 헤아림이고,

詳說
○ 入聲, 下竝同.
'탁(度)'은 입성으로 아래에서도 나란히 같다.

朱註
載, 事, 儀, 象, 刑, 法, 孚, 信也. ○ 言天命之不易保. 故告之, 使無若紂之 自絶于天,
재(載)는 일이고, 의(儀)는 형상함이며, 형(刑)은 본받음이고, 부(孚)는 믿음이다. ○ 천명을 보전하기가 쉽지 않다. 그러므로 이것을 말하여 주왕이 스스로 하늘을 끊은 것처럼 하지 말고

詳說
○ 出書泰誓.
『서경』「진서」가 출처이다.

○ 補無若紂字.
'무약주(無若紂)'라는 글자를 더했다.

○ 廬陵歐陽氏曰 : 無使天命至爾躬而止.99)
여릉 구양씨가 말하였다 : "천명이 네 몸에서 멎게 하지 말라는 것이다."100)

---

98) 叶, 房尤反:『시전대전(詩傳大全)』에도 동일하게 되어 있다.
99)『시전대전(詩傳大全)』에 여릉 구양씨의 말로 실려 있다.

○ 朱子曰 : "無自遏絶於爾躬, 如家自毀國自伐."101)
　　주자가 말하였다 : "네 몸에서 집안이 스스로 무너지고 나라가 스스로 치는 것처럼 네 몸에서 끊어지지 말게 하라."102)

朱註
而布明其善譽於天下, 又度殷之所以廢興者
그 훌륭한 명성을 천하에 펴서 밝히며, 또 은나라가 폐하고 흥한 까닭을 헤아려서

詳說
○ 問.
　　'예(譽)'는 본문에서 '문(問)'이다.

○ 補廢興字.
　　'폐흥(廢興)'이라는 글자를 더하였다.

朱註
而折之於天
하늘에 절충하여야 한다.

詳說
○ 折字, 釋自字意, 自猶以也.
　　'절(折)'자는 '자(自)'자의 의미로 풀어야 하니, 스스로 꾀해서 해야 한다는 것이다.

朱註
然上天之事, 無聲無臭,

---

100) 『시전대전(詩傳大全)』에는 "여름 구양씨가 말하였다 : '천명은 보전하기가 쉽지 않다는 것을 알면 천명이 네 몸에서 멎게 하지 말라는 것이다.'(廬陵歐陽氏曰 : 知天命之不易, 無使天命至爾躬而止.)"라고 되어 있다.
101) 『시전대전(詩傳大全)』에 주자의 말로 실려 있다.
102) 『시전대전(詩傳大全)』에는 "주자가 말하였다 : '무왕이 주를 문책하며 「하늘을 스스로 끊었다.」고 하였습니다.' 감절지가 물었다 : '「네 몸에 끊어지게 하지 말라.」는 것은 무슨 의미입니까?' 대답하였다 : '네 몸에서 집안이 스스로 무너지고 나라가 스스로 치는 것처럼 네 몸에서 끊어지지 말게 하라는 겁니다.'(朱子曰 : 武王數紂云, 自絶于天, 甘節之問, 無遏爾躬. 曰, 無自遏絶於爾躬, 如家自毀國自伐.)"라고 되어 있다.

그러나 상천의 일은 소리도 없고 냄새도 없어서

> 詳說

○ 諺音誤

'취(臭)'는 『언해』의 음이 잘못되었다.

> 朱註

不可得而度也,
헤아릴 수가 없으니,

> 詳說

○ 補此句.

이 구를 더했다.

> 朱註

惟取法於文王,
오직 문왕에게 법을 취한다면,

> 詳說

○ 補然惟字.

'연(然)'자와 '유(惟)'자를 더하였다.

> 朱註

則萬邦作,
만방이 진작하여

> 詳說

○ 興起.

'작(作)'은 흥기한다는 것이다.

> 朱註

而信之矣
믿어줄 것이다.

|詳說|

○ 新安胡氏曰 : "文王, 卽天矣, 法文王, 則天命庶乎可保, 不至爾躬而絶. 味其辭旨, 凜乎其嚴哉."103)

신안 호씨가 말하였다 : "문왕은 바로 하늘이니, 문왕을 본받으면 천명을 거의 보전할 수 있어 네 몸에서 끊어지지 않게 된다. 그 말의 의미를 맛보면 두렵고 엄하다."104)

|朱註|

子思子曰, 維天之命, 於穆不已

자사자(子思子)가 "'하늘의 명이 아! 심원하여 그치지 않는다.'는 것은

|詳說|

○ 出周頌.

「주송」이 출처이다.

|朱註|

蓋曰天之所以爲天也, 於乎不顯, 文王之德之純,

하늘이 하늘 된 까닭을 말한 것이고, '아! 드러나지 않을까. 문왕의 덕의 순수함이여!'라는 것은

|詳說|

○ 音烏

'오(於)'의 음은 '오(烏)'이다.

---

103) 『시전대전(詩傳大全)』에 신안 호씨의 말로 실려 있다.
104) 『시전대전(詩傳大全)』에는 "신안 호씨가 말하였다 : '하늘은 소리가 없고 냄새가 없어도 찾을 수 있으니, 문왕이 상제의 좌우로 오르내리는 것이다. 문왕은 곧 하늘이라 단지 네 할아버지 문왕을 법으로 하면 만방이 스스로 믿어주어 천명을 거의 보전하여 네 몸에서 끊어지지 않게 할 수 있다. 그 말의 의미를 맛보면 두렵고 엄하다.'(新安胡氏曰 : 天無聲臭之可尋. 文王陟降在帝左右. 文王即天矣, 但以爾祖文王爲法, 則萬邦自孚信之, 天命庶乎其可保, 不至爾躬而遏絶也. 味此辭旨, 凜乎其嚴哉.)"라고 되어 있다.

○ 音呼
　'호(乎)'의 음은 '호(呼)'이다.
○ 出周頌
　「주송」이 출처이다.

朱註
蓋曰文王之所以爲文也, 純亦不已.
문왕이 문(文)이 된 까닭으로 순수함이 또한 그치지 않음임을 말한 것이다."라고 하였다.

詳說
○ 見中庸.
　『중용』에 있다.

朱註
夫知天之所以爲天, 又知文王之所以爲文,
하늘이 하늘 된 까닭을 알고, 또 문왕이 문(文)이 된 까닭을 안다면

詳說
○ 音扶, 下同.
　'부(夫)'의 음은 '부(扶)'로 아래에서도 같다.

○ 安成劉氏曰 : "於穆不已, 天之誠也, 純亦不已, 文王之誠也."[105]
안성 유씨가 말하였다 : "'아! 심원하여 그치지 않는다.'는 것은 하늘의 성(誠)이고, '순수함이 또한 그치지 않는다.'는 것은 문왕의 성(誠)이다."[106]

---

[105] 『시전대전(詩傳大全)』에 안성 유씨의 말로 실려 있다.
[106] 『시전대전(詩傳大全)』에는 "안성 유씨가 말하였다 : '하늘이 높이 위에 있고, 문왕의 신도 위에 있다. 상제는 하늘의 주재이고, 문왕의 신은 상제의 좌우로 오르내리니, 천제가 있는 곳이 바로 문왕이 있는 곳이다. 어떻게 문왕이 그럴 수 있는 것을 알 수 있는가? 하늘과 덕을 같이 할 뿐인 것이다. 하늘의 덕이 심원하여 그치지 않는 것은 하늘 된 까닭이고, 문왕의 덕이 순수하여 그치지 않는 것은 문이 된 까닭이다. 심원하여 그치지 않는 것은 하늘의 성(誠)이고, '순수함이 또한 그치지 않는다.'는 것은 문왕의 성(誠)이니, 문왕의 덕이 곧 하늘의 덕인 것이다. 문왕을 본받으면 하늘을 본받는 것이니, 하늘과 문왕은 하나일 뿐인 것이다.(安成劉氏曰 : 天高在上, 而文王之神亦在上. 帝爲天之主宰, 而文王之神, 則升降乎帝之左右, 是天帝所在, 卽文王所在也. 何以知文王之能然哉. 以其與天同德而已. 天之德, 於穆不已, 所以爲天, 文王之德, 純

朱註

則夫與天同德者, 可得而言矣. 是詩, 首言文王在上, 於昭于天, 文王陟降, 在帝左右, 而終之以此, 其旨深矣.

하늘과 덕이 같음을 말할 수 있을 것이다. 여기의 시에서는 맨 먼저 '문왕이 위에 계시어 아 하늘에 밝게 계시니, 문왕의 오르내리심이 상제의 좌우에 있음'을 말하였지만, 여기의 것으로 끝마쳤으니, 그 뜻이 깊도다.

詳說

○ 慶源輔氏曰 : "以一章言之, 首尾只是言文王與天爲一. 以一篇言之, 首尾亦是言文王與天爲一. 但首章專說文王, 末章欲成王法文王耳."107)

경원 보씨가 말하였다 : "한 장으로 말하면 수미에서 단지 문왕과 하늘이 하나임을 말한 것일 뿐이다. 한편으로 말하면 수미에서 또한 문왕과 하늘이 하나임을 말했는데, 단지 첫 장에서는 문왕을 오로지 말하였고, 끝장에서는 성왕이 문왕을 본받도록 한 것일 뿐이다."108)

○ 華谷嚴氏曰 : "七章申六章之意."109)

화곡 엄씨가 말하였다 : "7장에서는 6장의 의미를 거듭하였다."110)

朱註

文王七章, 章八句.

「문왕」은 7장이고, 장은 8구이다.

東萊呂氏曰 : "呂氏春秋

亦不已, 所以爲文. 於穆不已者, 天之誠也, 純亦不已者, 文王之誠也, 是文王之德, 卽天之德. 儀刑文王, 卽儀刑于天也, 天與文王一而已矣.)"라고 되어 있다.
107) 『시전대전(詩傳大全)』에 경원 보씨의 말로 실려 있다.
108) 『시전대전(詩傳大全)』에는 "경원 보씨가 말하였다 : '문왕의 시는 7장이다. 한 장으로 말하면 수미에서 단지 문왕과 하늘이 하나임을 말한 것일 뿐이다. 한편으로 말하면 수미에서 또한 문왕과 하늘이 하나임을 말했는데, 단지 첫 장에서는 문왕을 오로지 말하였고, 끝장에서는 성왕이 문왕을 본받도록 한 것일 뿐이다.'(慶源輔氏曰 : 文王之詩, 七章. 以一章言之, 首尾只是言文王與天爲一. 以一篇言之, 首尾亦是言文王與天爲一. 但首章則專說文王, 末章則欲成王之法文王耳.)"라고 되어 있다.
109) 『시전대전(詩傳大全)』에 화곡 엄씨의 말로 실려 있다.
110) 『시전대전(詩傳大全)』에는 "화곡 엄씨가 말하였다 : '7장에서는 6장의 의미를 거듭하였으니 은나라를 거울로 해서 할아버지를 본받으라는 의미이다.'(華谷嚴氏曰 : 七章申六章, 鑒殷法祖之意也.)"라고 되어 있다.

동래여씨(東萊呂氏)가 말하였다 : "『여씨춘추(呂氏春秋)』에서

> 詳說
> ○ 秦呂不韋所著.
> 진의 여우불가 지은 것이다.

詳說
引此詩, 以爲周公所作, 味其辭意, 信非周公不能作也 ○ 今按此詩, 一章, 言文王有顯德, 而上帝有成命也,
이 시를 인용하고 주공이 지은 것으로 여겼는데, 그 말한 뜻을 음미해 보건대 진실로 주공이 아니면 지을 수 없는 것이다." ○ 이제 이 시를 살펴보면, 1장에서는 문왕이 드러난 덕이 있어서 상제에게 이루어진 명이 있음을 말하였고,

> 詳說
> ○ 安成劉氏曰 : "德與命對言."111)
> 안성 유씨가 말하였다 : "덕과 명을 짝지어 말하였다."112)

朱註
二章, 言天命集於文王, 則不唯尊榮其身, 又使其子孫百世爲天子諸侯也, 三章, 言命周之福, 不唯及其子孫, 而又及其群臣之後嗣也, 四章, 言天命旣絶於商, 則不唯誅罰其身, 又使其子孫亦, 來臣服于周也,
2장에서는 천명이 문왕에게 모이니 오직 그 몸을 높이고 영화롭게 할 뿐만 아니라, 또 그 자손들이 백세토록 천자와 제후가 되게 함을 말하였으며, 3장에서는 주나라에게 명한 복이 오직 그 자손에게 미칠 뿐만 아니라, 또 그 군신의 후사에게까지 미침을 말하였고, 4장에서는 천명이 이미 상나라에서 끊어졌으니, 오직 그 몸을 주벌할 뿐만 아니라, 또 그 자손들이 또한 와서 주나라에 신복하게 함을 말하였으며,

---

111) 『시전대전(詩傳大全)』에 안성 유씨의 말로 실려 있다.
112) 『시전대전(詩傳大全)』에는 "안성 유씨가 말하였다 : '1장에서는 문왕의 덕과 상제의 명을 짝지어 말하였다. ….'(安成劉氏曰 : "一章以文王之德, 與上帝之命, 對言也. ….)"라고 되어 있다.

詳說
○ 安成劉氏曰 : "與二章爲對."113)
안성 유씨가 말하였다 : "2장과 짝이 된다."114)

朱註
五章, 言絶商之禍, 不唯及其子孫, 而又及其群臣之後嗣也,
5장에서는 상나라에서 천명을 끊는 화가 오직 그 자손에게 미칠 뿐만 아니라, 또 그 군신의 후사들에게까지 미침을 말하였고,

詳說
○ 安成劉氏曰 : "與三章爲對."115)
안성 유씨가 말하였다 : "3장과 짝이 된다."116)

朱註
六章, 言周之子孫臣庶, 當以文王爲法, 而以商爲監也, 七章, 又言當以商爲監, 而以文王爲法也,
6장에서는 주나라의 자손과 신서들이 문왕을 법으로 삼고 상나라를 거울로 삼아야 함을 말하였으며, 7장에서는 또 상나라를 거울로 삼고 문왕을 법으로 삼아야 함을 말하였으니,

詳說
○ 安成劉氏曰 : "六章七章, 亦對擧而互言之."117)
안성 유씨가 말하였다 : "6장과 7장도 짝으로 들어 번갈아가며 말한 것이다."118)

---

113) 『시전대전(詩傳大全)』에 안성 유씨의 말로 실려 있다.
114) 『시전대전(詩傳大全)』에는 "안성 유씨가 말하였다 : '1장에서는 문왕의 덕과 상제의 명을 짝지어 말하였다. 2장에서 하늘이 주나라에 명을 내렸다고 말한 것은 4장에서 하늘이 상나라를 끊었다고 말한 것과 짝이 된다. ….'(安成劉氏曰 : 一章, 以文王之德, 與上帝之命, 對言也. 二章, 言天之命周, 與四章言天之絶商, 爲對. …)"라고 되어 있다.
115) 『시전대전(詩傳大全)』에 안성 유씨의 말로 실려 있다.
116) 『시전대전(詩傳大全)』에는 "안성 유씨가 말하였다 : '…. 2장에서 하늘이 주나라에 명을 내렸다고 말한 것은 4장에서 하늘이 상나라를 끊었다고 말한 것과 짝이 된다. 3장에서 주나라의 군신과 후사에게 명했다고 말한 것은 5장에서 상나라의 군신과 후사를 끊었다고 말한 것과 짝이 된다. ….(安成劉氏曰 : …. 二章, 言天之命周, 與四章言天之絶商, 爲對. 三章, 言命周之羣臣後嗣, 與五章言絶商之羣臣後嗣, 爲對. ….)"라고 되어 있다.
117) 『시전대전(詩傳大全)』에 안성 유씨의 말로 실려 있다.

朱註

其於天人之際, 興亡之理, 丁寧反覆,

그 하늘과 사람의 즈음과 흥망의 이치에 대하여 간절히 반복함이

詳說

○ 音福

'복(覆)'의 음은 '복(福)'이다.

朱註

至深切矣.

지극히 깊고 간절하다.

詳說

○ 慶源輔氏曰 : "周公作此本以戒成王."[119]

경원 보씨가 말하였다 · "주공이 이것을 지은 것은 본래 성왕을 경계시키기 위함이다."[120]

朱註

故立之樂官, 而因以爲天子諸侯朝會之樂, 蓋將以戒乎後世之君臣, 而又以昭先王之德於天下也. 國語,

그러므로 이것을 악관에 세우고, 이어 천자와 제후가 조회하는 음악으로 삼은 것이니, 후세의 군신들을 경계하고, 또 선왕의 덕을 천하에 밝히려고 한 것이다. 『국

---

118) 『시전대전(詩傳大全)』에는 "안성 유씨가 말하였다 : '···. 3장에서 주나라의 군신과 후사에게 명했다고 말한 것은 5장에서 상나라의 군신과 후사를 끊었다고 말한 것과 짝이 된다. 6장에서는 먼저 문왕을 본받을 것을 말하였고, 뒤에 상나라를 거울삼을 것을 말하였으며, 7장에서는 먼저 상나라를 거울삼을 것을 말하였고, 뒤에 문왕을 본받을 것을 말하였으니, 또한 짝으로 들어 번갈아가며 말한 것이다. ···.'(安成劉氏曰 : ···. 三章, 言命周之羣臣後嗣, 與五章言絶商之羣臣後嗣, 爲對. 六章先言法文王, 後言監商, 七章先言監商, 後言法文王, 亦對擧而互言之. ···.)"라고 되어 있다.
119) 『시전대전(詩傳大全)』에 경원 보씨의 말로 실려 있다.
120) 『시전대전(詩傳大全)』에는 "경원 보씨가 말하였다 : '하늘과 사람의 즈음은 문왕과 하늘을 가리켜 말한 것이다. 반복함이 간절하다는 것은 7장이 서로 끈끈하게 이어져 설명을 하나로 해서는 충분하지 않다는 것이다. 주공이 이것을 지은 것은 본래 성왕을 경계시키기 위함이다. 이것을 악관에 세우는 것은 이어 천자와 제후의 조회하는 음악으로 하면 또 후세의 군신에게 경계할 수 있다는 것이다.'(慶源輔氏曰 : 天人之際, 指文王與天而言也. 反覆丁寧, 言七章相粘綴, 而說不一而足也. 周公作此, 本以戒成王. 立之樂官, 而因以爲天子諸侯朝會之樂, 則又將以戒乎後世之君臣也.)"라고 되어 있다.

어(國語)』에서

> 詳說

○ 音潮.
　‘조(朝)’의 음은 ‘조(潮)’이다.

○ 文王.
　선왕은 문왕이다.

○ 魯語.
　『국어』는 「노어(魯語)」이다.

> 朱註

以爲兩君相見之樂, 特擧其一端而言耳.
"두 군주가 서로 만나보는 음악이다."라고 하였으니, 단지 그 일단을 들어 말한 것일 뿐이다.

> 詳說

○ 相見, 是朝會之一事.
　서로 만나보는 것이 조회의 한 일이다.

> 朱註

然此詩之首章, 言文王之昭于天, 而不言其所以昭, 次章言其令聞不已, 而不言其所以聞,
그러나 이 시의 수장에서는 문왕이 하늘에 밝게 계신 것만을 말하고 그 밝게 되신 까닭을 말하지 않았으며, 차장에서는 훌륭한 명성이 그치지 않음만을 말하고 그 명성이 나게 된 까닭을 말하지 않았으며,

> 詳說

○ 所以昭, 所以聞者, 何事.
　밝게 되신 까닭과 명성이 나게 된 까닭이 무슨 일 때문인가?

朱註
至於四章然後, 所以昭明而不已者, 乃可得而見焉.
4장 이후에야 밝게 되고 그치지 않게 된 까닭을 여기에서 볼 수 있다.

詳說
○ 安成劉氏曰 : "熙, 卽所以昭明于天之本也, 緝, 卽所以不已其 聞之本也. 文王之生也, 繼續光明, 而不已其敬, 故其沒也, 昭 明于天, 而不已其聞焉."121)
안성 유씨가 말하였다 : "'희(熙)'는 곧 하늘의 근본에 밝게 된 까닭이고, '집 (緝)'은 그 명성의 근본을 그치지 않는 까닭이다. 문왕의 삶은 광명을 계속해서 그 경을 그치지 않았기 때문에 그 사후에 하늘에서 밝게 되어 명성이 그치지 않았던 것이다."122)

朱註
然亦多詠歎之言, 而語其所以爲德之實, 則不越乎敬之一字而已,
그러나 또한 영탄하는 말이 많고 그 덕이 되는 까닭의 실제를 말한 것은 경(敬)이 라는 한 글자에 지나지 않으니,

詳說
○ 敬字, 此篇之綱領.
'경(敬)'자가 이 편의 강령이다.

朱註
然則後章所謂, 修厥德, 而儀刑之者, 豈可以他求哉. 亦勉於此而已矣.
그렇다면 뒤의 장에서 이른바 "그 덕을 닦아 본받는다."는 것을 어찌 다른 것으로 써 구하겠는가? 또한 이것에 힘쓸 뿐인 것이다.

---
121) 『시전대전(詩傳大全)』에 안성 유씨의 말로 실려 있다.
122) 『시전대전(詩傳大全)』에는 "안성 유씨가 말하였다 : '4장에서 이른바 「희(熙)」는 밝다는 것으로 곧 하늘의 근본에 밝게 된 까닭이고, 이른바 「집(緝)」은 계속한다는 것으로 그 명성의 근본을 그치지 않는 까닭이다. 문왕의 삶은 광명을 계속해서 그 경을 그치지 않았기 때문에 그 사후에 하늘에서 밝게 되어 명성이 그치 지 않았던 것이다.(安成劉氏曰 : 四章所謂熙者, 光明也, 卽所以昭明于天之本也, 所謂緝者, 繼續也, 卽所以 不已其聞之本也. 文王之生也, 繼續光明, 而不已其敬, 故其沒也, 昭明于天, 而不已其聞焉.)"라고 되어 있 다.

詳說

○ 文王.

'궐(厥)'은 문왕이다.

○ 敬.

'차(此)'는 경(敬)이다.

○ 慶源輔氏曰 : "敬之一字, 聖學之所以爲始終者, 又可見於此."123)

경원 보씨가 말하였다 : "'경(敬)'이라는 한 글자가 성학의 시종이 되는 것을 또 여기에서 볼 수 있다."124)

○ 安成劉氏曰 : "敬者, 千聖傳心之法, 召誥召公告王敬德, 語意尤諄複剴切, 成王之爲令主, 宜哉."125)

안성 유씨가 말하였다 : "경(敬)은 모든 성인들이 마음을 전하는 법으로 「소고(召誥)」에서 소공(召公)이 왕에게 경의 덕을 고함에 말의 의미가 더욱 정성스럽게 반복되고 알맞게 절실하니, 성왕이 훌륭한 왕이 됨은 당연한 것이다."126)

[3-1-2-1]
明明在下, 赫赫在上.

---

123) 『시전대전(詩傳大全)』에 경원 보씨의 말로 실려 있다.
124) 『시전대전(詩傳大全)』에는 "경원 보씨가 말하였다 : ''경(敬)'이라는 한 글자가 성학의 시종이 되는 것을 또 여기에서 볼 수 있는 것이다. 두 정 선생께서 이 한 글자를 끌어내어 후학들에게 알렸으니, 성학에 공이 많다. 배우는 자들이 이것을 버리고는 실제로 덕에 나아갈 길이 없다.'(慶源輔氏曰 : 敬之一字, 聖學之所以爲始終者, 又可見於此. 二程先生, 挈出一字, 以詔後學, 其有功於聖學多矣. 學者舍是, 實無以爲進德之階也.)"라고 되어 있다.
125) 『시전대전(詩傳大全)』에 안성 유씨의 말로 실려 있다.
126) 『시전대전(詩傳大全)』에는 "안성 유씨가 말하였다 : '경(敬)은 모든 성인들이 마음을 전하는 법으로 곧 이른바 '흠(欽)'이다. … 「소고(召誥)」에서 소공(召公)이 왕에게 고하면서 또한 '어찌해야 합니까? 어찌 공경하지 않을 수 있겠습니까?'라고 하였고, 또 「왕은 경을 처소로 삼아야 합니다.」라고 하였으며, 또 「덕을 공경하지 않아서는 안됩니다.」라고 하였고, 또 「왕은 빨리 덕을 공경하소서.」라고 하였으며, 또 두 번씩 「그 덕을 공경하지 않으면 곧바로 천명이 떨어지는 것입니다.」라고 하였고, 또 「왕께서는 속히 덕을 공경하소서.」라고 하였는데, 말의 의미가 더욱 정성스럽게 반복되고 알맞게 절실하니, 성왕이 훌륭한 왕이 됨은 당연한 것이다.'(安城劉氏曰 : 敬者, 千聖傳心之法, 卽所謂欽也. … 又若召誥召公告王, 亦曰曷其奈何弗敬. 又曰王敬作所, 又曰不可不敬德, 又曰王其疾敬德, 又兩曰惟不敬厥德, 乃早墜厥命, 又曰肆惟王其疾敬德, 其語意尤爲諄復剴切也, 成王之爲令主也宜哉.)"라고 되어 있다.

밝고 밝은 덕이 아래에 있으면 빛나고 빛나는 명이 위에 있느니라.

詳說

○ 叶, 辰羊反.127)

'상(上)'은 협운으로 '신(辰)'과 '양(羊)'의 반절이다.

天難忱斯, 不易維王,

하늘은 믿기 어려운지라 쉽지 않은 것이 왕노릇 함이니,

詳說

○ 市林反.128)

'침(忱)'의 음은 '시(市)'와 '림(林)'의 반절이다.

○ 去聲.

'이(易)'는 거성이다.

天位殷適, 使不挾四方.

천자의 지위에 있던 은나라의 적손에게 사방을 소유하지 못하게 하시니라.

詳說

○ 音的.129)

'적(適)'의 음은 '적(的)'이다.

○ 子燮反.130)

'협(挾)'의 음은 '자(子)'와 '섭(燮)'의 반절이다.

朱註

---

127) 叶, 辰羊反 : 『시전대전(詩傳大全)』에도 동일하게 되어 있다.
128) 市林反 : 『시전대전(詩傳大全)』에도 동일하게 되어 있다.
129) 音的 : 『시전대전(詩傳大全)』에도 동일하게 되어 있다.
130) 子燮反 : 『시전대전(詩傳大全)』에도 동일하게 되어 있다.

詩集傳詳說 卷之十三

賦也. 明明, 德之明也, 赫赫, 命之顯也. 忱,
부(賦)이다. 명명(明明)은 덕(德)의 밝음이요, 혁혁(赫赫)은 명(命)의 드러남이다. 침(忱)은

詳說
○ 諶同, 諺音誤.
'침(忱)'은 '심(諶)'과 같고,『언해』의 음은 잘못되었다.

朱註
信也. 不易, 難也. 天位, 天子之位也. 殷適, 殷之適嗣也. 挾, 有也. ○ 此亦周公戒成王之詩. 將陳文武受命
믿음이다. 불이(不易)는 어려움이다. 천위(天位)는 천자(天子)의 지위이고, 은적(殷適)은 은나라의 적자이다. 협(挾)은 소유함이다. ○ 이것도 주공이 성왕을 경계한 시이다. 문왕과 무왕이 천명을 받으려고 하였기

詳說
○ 四章六章.
4장과 6장이다.

朱註
故先言在下者, 有明明之德,
때문에 먼저 아래에 있는 자가 명명(明明)한 덕이 있으면

詳說
○ 華谷嚴氏曰 : "君之善德."[131]
화곡 엄씨가 말하였다 : "임금의 훌륭한 덕이다."[132]

---

[131] 『시전대전(詩傳大全)』에 화곡 엄씨의 말로 실려 있다.
[132] 『시전대전(詩傳大全)』에는 "화곡 엄씨가 말하였다 : '밝고 밝은 덕이 아래에 있다는 것은 임금의 훌륭한 덕은 가릴 수 없다는 것이다. 빛나고 빛나는 명이 위에 있다는 것은 하늘의 돌아봄이 아주 엄격하다는 것이다. 아래에서 밝고 밝은 것이 위로 통달하고 위에서 빛나고 빛나는 것이 아래로 통달하니, 하늘과 사람이 서로 함께 하는 즈음은 아주 두려워해야 한다는 것이다.'(華谷嚴氏曰 : "明明在下, 君之善德, 不可掩也. 赫赫在上, 天之眷顧, 爲甚嚴也. 在下而明明, 則達乎上, 在上而赫赫, 則達乎下, 天人相與之際, 甚可畏也.")라고 되어 있다.

朱註
則在上者, 有赫赫之命,
위에 있는 자가 혁혁(赫赫)한 명을 내려

詳說
○ 華谷嚴氏曰 : "天之眷顧."133)
화곡 엄씨가 말하였다 : "하늘의 돌아봄이다."134)

朱註
達于上下,
상하로 통달하여

詳說
○ 出書皐陶謨.
『서경』「고요모」가 출처이다.

朱註
去就無常,
거취(去就)가 무상함을 말하였으니,

詳說
○ 補二句.
두 구를 더하였다.

朱註
此天之所以難忱, 而爲君之所以不易也.

---

133) 『시전대전(詩傳大全)』에 화곡 엄씨의 말로 실려 있다.
134) 『시전대전(詩傳大全)』에는 "화곡 엄씨가 말하였다 : '…. 빛나고 빛나는 명이 위에 있다는 것은 하늘의 돌아봄은 아주 엄격하다는 것이다. 아래에서 밝고 밝은 것이 위로 통달하고 위에서 빛나고 빛나는 것이 아래로 통달하니, 하늘과 사람이 서로 함께 하는 즈음은 아주 두려워해야 한다는 것이다.'(華谷嚴氏曰 : "…. 赫赫在上, 天之眷顧, 爲甚嚴也. 在下而明明, 則達乎上, 在上而赫赫, 則達乎下, 天人相與之際, 甚可畏也.)" 라고 되어 있다.

詩集傳詳說 卷之十三

이것이 하늘은 믿기 어렵고, 인군 노릇하기가 쉽지 않은 까닭이다.

詳說

○ 豐城朱氏曰 : "惟天之不可信, 此爲君之所以不易也."135)
풍성 주씨가 말하였다 : "하늘은 믿을 수 없을 뿐이니, 이것이 임금 노릇하기 쉽지 않은 까닭이다."136)

○ 本文上四句, 先汎說.
본문에서 위의 네 구는 먼저 넓게 설명한 것이다.

朱註

紂居天位, 爲殷嗣,
주왕이 천자의 지위에 거하여 은나라의 적자가 되었는데

詳說

○ 臨川王氏曰 : "所居之尊, 則天位也, 所傳之正, 則殷適也."137)
임천 왕씨가 말하였다 : "있는 곳이 높으니 하늘의 자리이고, 전하는 것이 바르니 은나라의 적자이다."138)

朱註

乃使之不得挾四方, 而有之, 蓋以此爾.
마침내 사방을 차지하여 소유하지 못하게 하였으니, 이 때문이다.

---

135) 『시전대전(詩傳大全)』에 풍성 주씨의 말로 실려 있다.
136) 『시전대전(詩傳大全)』에는 "풍성 주씨가 말하였다 : '하늘은 과연 믿을 수 없는가? 아래에 있는 자가 밝고 밝은 덕이 있다면, 위에 있는 것에 빛나고 빛나는 명이 있으니, 믿지 못할 것이 없다. 하늘은 과연 믿을 수 있는가? 하나라에 혼미한 덕이 있어 상나라가 받았고, 상나라에 혼미한 덕이 있어 주나라가 받은 것에는 그 거취가 무상한 것이니, 믿을 수 없는 것이다. 하늘은 믿을 수 없을 뿐이니, 이것이 임금 노릇하기 쉽지 않은 까닭이다. ….'(豐城朱氏曰 : 天果不可信乎. 在下者, 有明明之德, 則在上者, 有赫赫之命, 未嘗不可信也. 天果可信乎. 夏有昏德, 而商受之, 商有昏德, 而周受之, 其去就無常, 又未嘗必可信也. 惟天之不可信, 此爲君之所以不易也. ….)"라고 되어 있다.
137) 『시전대전(詩傳大全)』에 임천 왕씨의 말로 실려 있다.
138) 『시전대전(詩傳大全)』에는 "임천 왕씨가 말하였다 : '이제 주왕이 있는 곳이 높으니 하늘의 자리이고, 전하는 것이 바르니 은나라의 적자이다. 그런데 사방을 소유하지 못하게 하시니, 그가 이처럼 깊이 믿어서는 안된다는 것이다.(臨川王氏曰 : 今紂所居之尊, 則天位也, 所傳之正, 則殷適也. 使不挾四方, 其不可深恃如此.)"라고 되어 있다.

詳說
○ 補此句.
이 구를 더하였다.

○ 此字, 指難忱不易.
'차(此)'자는 믿기 어렵고 쉽지 않음을 가리킨 것이다.

○ 華谷嚴氏曰 : "首章專述天命喪殷之事."139)
화곡 엄씨가 말하였다 : "첫 장에서는 천명이 은나라를 망하게 한 일을 오로지 기술하였다."

○ 東萊呂氏曰 : "殷適使不挾四方, 則下章所陳, 眷顧周家, 非天私我也, 因其材而篤焉耳."140)
동래 여씨가 말하였다 : "은나라의 적자가 사방을 소유하지 못하게 하는 것은 아래의 장에서 진술한 것으로 주나라의 왕가를 돌아본 것이니, 하늘이 나에게 사사롭게 한 것이 아니라 재질에 따라 돈독하게 한 것일 뿐이다."141)

[3-1-2-2]
摯仲氏任, 自彼殷商,

지나라의 둘째 따님인 태임이 저 은상에서

詳說
○ 音至.142)
'지(摯)'의 음은 '지(至)'이다.

---

139) 『시전대전(詩傳大全)』에 화곡 엄씨의 말로 동일하게 실려 있다.
140) 『시전대전(詩傳大全)』에 동래 여씨의 말로 실려 있다.
141) 『시전대전(詩傳大全)』에는 "동래 여씨가 말하였다 : '천자의 지위에 있던 은나라의 적자가 사방을 소유하지 못하게 하는 것은 아래의 장에서 진술한 것으로 주나라의 왕가를 돌아보고 더함은 있으나 그만둠은 없는 것이니, 하늘이 나에게 사사롭게 주나라를 소유하게 한 것이 아니다. 가꾸는 자는 북돋우고, 기울이는 자는 엎어버리니, 재질에 따라 돈독하게 하는 것일 뿐이다.'(東萊呂氏曰 : 天位殷適, 使不挾四方, 則下章所陳, 眷顧周家, 有加而無已者, 非天私我有周也. 栽者, 培之, 傾者, 覆之, 因其材而篤焉耳)"라고 되어 있다.
142) 音至: 『시전대전(詩傳大全)』에도 동일하게 되어 있다.

○ 音壬.143)

'임(任)'의 음은 '임(壬)'이다.

|來嫁于周, 曰嬪于京,|

주나라에 시집오사 주나라 서울에 신부가 되시니,

|詳說|

○ 音貧

'빈(嬪)'의 음은 '빈(貧)'이다.

○ 叶, 居良反.144)

'경(京)'은 협운으로 음은 '거(居)'와 '량(良)'의 반절이다.

|乃及王季, 維德之行.|

이에 왕계와 더불어 덕을 행하셨다.

|詳說|

○ 叶, 戶郞反.145)

'항(行)'은 협운으로 음은 '호(戶)'와 '랑(郞)'의 반절이다.

|大任有身, 生此文王.|

태임이 임신하사 이 문왕을 낳으시니라.

|詳說|

○ 音泰.146)

'태(大)'의 음은 '태(泰)'이다.

---

143) 音壬 : 『시전대전(詩傳大全)』에도 동일하게 되어 있다.
144) 叶, 居良反 : 『시전대전(詩傳大全)』에도 동일하게 되어 있다.
145) 叶, 戶郞反 : 『시전대전(詩傳大全)』에도 동일하게 되어 있다.
146) 音泰 : 『시전대전(詩傳大全)』에도 동일하게 되어 있다.

○ 叶, 戶羊反.147)
  '신(身)'은 협운으로 음은 '호(戶)'와 '양(羊)'의 반절이다.

朱註
賦也. 摯國名, 仲, 中女也. 任, 摯國姓也.
부(賦)이다. 지(摯)는 나라 이름이고, 중(仲)은 중녀(中女)이다. 임(任)은 지(摯)나라의 성(姓)이다.

詳說
○ 音仲.
  '중(中)'의 음은 '중(仲)'이다.

○ 曹氏曰 : "摯仲氏任繫於姓而言之, 以爲王季之配也. 大任繫其子而言之, 以爲文王之母也."148)
  조씨가 말하였다 : "지나라 둘째 따님 임은 성과 관련해서 말했으니 왕계이 짝이기 때문이고, 태임은 그 자식과 관련해서 말했으니, 문왕의 어머니이기 때문이다."149)

朱註
殷商, 商之諸侯也.
은상(殷商)은 상나라의 제후이다.

詳說
○ 鄭氏曰 : "殷之圻內"
  정씨가 말하였다 : "은나라의 경기 안이다."

---

147) 叶, 戶羊反 : 『시전대전(詩傳大全)』에도 동일하게 되어 있다.
148) 『시전대전(詩傳大全)』에 조씨의 말로 실려 있다.
149) 『시전대전(詩傳大全)』에는 "조씨가 말하였다 : '지나라 둘째 따님 임은 성과 관련해서 말했으니 왕계의 짝이기 때문이고, 이제 태임이라고 하는 것은 그 자식과 관련해서 말한 것이니, 문왕의 어머니이기 때문이다.(曹氏曰 : 摯仲氏任繫於姓而言之, 以爲王季之配也, 今曰太任繫其子而言之, 以爲文王之母也.)"라고 되어 있다.

> 朱註

嬪, 婦也. 京, 周京也. 曰嬪于京, 疊言

빈(嬪)은 부인이고, 경(京)은 주나라의 서울이니, 주나라 서울에 신부가 되시다(曰嬪于京)'는 것은 거듭 말하여

> 詳說

○ 於來嫁于周, 爲疊言

'주나라에 시집오사.'에서 거듭 말한 것이다.

> 朱註

以釋上句之意, 猶曰, 釐降二女于嬀汭, 嬪于虞也.

위의 구의 뜻을 해석한 것이니, "두 딸을 규예(嬀汭)로 내려서 우순(虞舜)에서 시집보냈다."라고 말한 것과 같다.

> 詳說

○ 音規.

'규(嬀)'의 음은 '규(規)'이다.

○ 見書堯典.

『서경』「요전」에 있다.

○ 九峯蔡氏曰: "釐降, 治裝下嫁也."150)

구봉 채씨가 말하였다: "리강(釐降)은 치장시켜 내려 보내는 것이다."151)

> 朱註

王季, 文王父也. 身, 懷孕也.

왕계(王季)는 문왕(文王)의 아버지이다. 신(身)은 아기를 배는 것이다.

---

150) 『시전대전(詩傳大全)』에 구봉 채씨의 말로 실려 있다.
151) 『시전대전(詩傳大全)』에는 "구봉 채씨가 말하였다 : '리(釐)는 다스리는 것이고 강(降)은 내려 보내는 것이니, 요임금이 두 딸을 치장시켜 규예로 내려 보내 우씨의 집안에서 순의 부인이 되게 한 것이다.'(九峯蔡氏曰 : 釐理降下也, 言堯治裝下嫁二女于嬀汭, 使爲舜婦于虞氏之家也.)"라고 되어 있다.

詳說
○ 列女傳曰：“大任能胎敎.”152)
『열녀전』에서 말하였다 : "태임이 태교를 잘 한 것이다."153)

朱註
○ 將言文王之聖,
문왕의 성스러움을 말하려고 하면서

詳說
○ 下章.
아래의 장이다.

朱註
而追本其所從來者如此,
그가 어디에서 어떻게 왔는지를 좇아서 근본함이 이와 같으니,

詳說
○ 照上章註.
위의 장의 주를 참조하라.

朱註
蓋曰自其父母而已然矣.
'그 부모에서부터 이미 그러했다.'라고 말한 것이다.

詳說
○ 一作也

---

152) 『시전대전(詩傳大全)』에 『열녀전』의 말로 실려 있다.
153) 『시전대전(詩傳大全)』에는 "『열녀전』에서 말하였다 : '태임이 바르게 오로지 정성으로 삼가고 오직 덕을 행하시다가 문왕을 임신하게 되자 눈으로는 나쁜 색을 보지 않고 귀로는 음란한 소리를 듣지 않으며, 입으로는 함부로 말하지 않으셨다. 문왕을 낳았는데 명철하고 성스러워 태임이 하나를 가르치면 백을 알아 마침내 주나라의 으뜸 군자가 되었으니, 태임이 태교를 잘 한 것이라고 한다.(列女傳曰 : 太任端一誠莊, 惟德之行, 及其娠文王, 目不視惡色, 耳不聽淫聲, 口不出敖言. 生文王而明聖, 大任教之以一而識百, 卒爲周宗君子, 謂大任爲能胎敎.)"라고 되어 있다.

'의(矣)'는 어떤 판본에는 '야(也)'자로 되어 있다.

○ 以論釋之.
경문의 의미로 풀이했다.

○ 華谷嚴氏曰 : "次章述大任生文王也."154)
화곡 엄씨가 말하였다 : "다음 장에서 태임이 문왕을 낳은 것에 대해 기술했다."

○ 定宇陳氏曰 : "生民言稷而及姜嫄, 下章言武王而及太姒, 皆推其所從來也."155)
정우 진씨가 말하였다 : "「생민」에서 직을 말하면서 강원을 언급했고, 아래의 장에서 무왕을 말하면서 태사를 언급했으니, 모두 그가 어디에서 왔는지 미룬 것이다."156)

[3-1-2-3]
維此文王, 小心翼翼, 昭事上帝, 聿懷多福,
이 문왕이 조심하며 공경하고 공경하사
상제를 밝게 섬기시어 많은 복을 오게 하시니,

詳說
○ 叶, 筆力反.157)
'복(福)'은 협운으로 음은 '필(筆)'과 '력(力)'의 반절이다.

厥德不回, 以受方國.

---

154) 『시전대전(詩傳大全)』에 화곡 엄씨의 말로 동일하게 실려 있다.
155) 『시전대전(詩傳大全)』에 정우 진씨의 말로 실려 있다.
156) 『시전대전(詩傳大全)』에는 "정우 진씨가 말하였다 : '성현이 나오는 것은 우연이 아니라 짝이 되는 현인이 있은 다음에 이어받는 현인이 있기 때문에 시에서 성현의 나옴을 왕왕 어디에서 왔는지 근본적으로 미룬다. 이를테면 「생민」에서 직을 말하면서 강원을 언급한 것이고, 여기에서 문왕을 말하면서 태임을 언급한 것이며, 아래의 장에서 무왕을 말하면서 태사를 언급한 것이 모두 여기에 해당하니, 그 의미가 깊은 것이다.'(定宇陳氏曰 : 聖賢之生, 不偶然也. 有配偶之賢, 而後有嗣續之賢, 故詩推本聖賢之生, 往往自其所從來. 如生民言稷而及姜嫄, 此言文王而及大任, 下章言武王而及大姒, 皆是也, 其意深矣.)"라고 되어 있다.
157) 叶, 筆力反 : 『시전대전(詩傳大全)』에도 동일하게 되어 있다.

그 덕이 부정하지 아니하사 사방의 나라를 받으시니라.

詳說

○ 叶, 越逼反.158)

'국(國)'은 협운으로 음은 '월(越)'과 '핍(逼)'의 반절이다.

朱註

賦也. 小心翼翼, 恭愼之貌, 卽前篇之所謂敬也, 文王之德於此爲盛.

부(賦)이다. 소심익익(小心翼翼)은 공손하고 삼가는 모양으로 바로 앞의 편의 이른 바 경(敬)이니, 문왕의 덕이 여기에서 성하게 된 것이다.

詳說

○ 豊城朱氏曰 : "汎言之而爲德, 切言之而爲敬."159)

풍성 주씨가 말하였다 : "넓게 말하면 덕이고, 절실하게 말하면 경이다."160)

○ 慶源輔氏曰 : "前篇釋翼翼爲勉敬, 此篇說翼翼爲恭愼, 有在臣在君廣狹之不同."161)

경원 보씨가 말하였다 : "앞의 편에서는 '익익(翼翼)'을 경에 힘쓰는 것으로 풀이하였고, 여기의 편에서는 '익익(翼翼)'을 공경하고 삼가는 것으로 설명하였으니, 신하와 임금에 넓고 좁음 같지 않음이 있는 것이다."162)

朱註

---

158) 叶, 越逼反:『시전대전(詩傳大全)』에도 동일하게 되어 있다.
159)『흠정시경전설휘찬(欽定詩經傳說彙纂)』에 주씨의 말로 실려 있다.
160)『흠정시경전설휘찬(欽定詩經傳說彙纂)』에는 "주씨가 말하였다 : "성인의 덕과 경은 크니, 넓게 말하면 덕이고, 절실하게 말하면 경이다. 경은 덕과 함께 하는 것이니, 경이 없으면 덕이 행해지지 않는다. 성인의 경은 위로 천심과 합하고 아래로 인심과 합하기 때문에 그것으로 하늘을 섬기는 것은 복을 구함에 마음을 둔 것이 아니라, 스스로 만족해서 많은 복을 오게 하는 것이고, 그것으로 사람을 다스리는 것은 아첨을 구함에 마음을 둔 것이 아니라 스스로 만족해서 사방의 나라를 받는 것이다. 그 덕이 부정하지 않은 것은 바로 그 마음의 경이 그렇게 한 것이다.(朱氏善曰 : 聖人之德敬爲大, 泛言之而爲德, 切言之而爲敬. 敬者, 德之與也, 無敬, 則德不行. 聖人之敬, 上與天心合, 下與人心合, 故以之事天, 非有心於求福也, 而自足以來多福, 以之治人, 非有心於求媚也, 而自足以受方國. 其德不回, 卽其心之敬者爲之也.)"라고 되어 있다.
161)『시전대전(詩傳大全)』에 경원 보씨의 말로 실려 있다.
162)『시전대전(詩傳大全)』에는 "경원 보씨가 말하였다 : '앞의 편에서는「그 계책이 익익(翼翼)하도다.」를 경에 힘쓰는 것으로 풀이하였고, 여기의 편에서는「조심하며 공경하고 공경하사」를 공경하고 삼가는 것으로 설명하였으니, 그 의미가 같을지라도 신하와 임금에 넓고 좁음 같지 않음이 있는 것이다.(慶源輔氏曰 : 前篇釋厥猶翼翼爲勉敬, 此篇說小心翼翼爲恭愼, 其義雖一, 而有在臣在君之不同. ….)"라고 되어 있다.

昭, 明, 懷, 來, 回, 邪也. 方國, 四方來附之國也

소(昭)는 밝음이고, 회(懷)는 옴이며, 회(回)는 간사함이다. 방국(方國)은 사방에서 와 따르는 나라이다.

詳說

○ 華谷嚴氏曰："三章, 言文王之德, 天人所與也."163)

화곡 엄씨가 말하였다 : "3자에서는 문왕의 덕은 하늘에서 준 것임을 말하였다."

[3-1-2-4]

天監在下, 有命旣集,

하늘의 굽어보심이 아래에 계셔 천명이 이미 모인지라,

詳說

○ 叶, 昨合反.164)

'집(集)'은 협운으로 음은 '작(昨)'과 '합(合)'의 반절이다.

文王初載, 天作之合, 在洽之陽, 在渭之涘,

문왕의 초년에 하늘이 배필을 내리시니,
흡수의 남쪽에 있으며 위수의 가에 있어

詳說

○ 音士, 叶, 羽己反.165)

'사(涘)'의 음은 '사(士)'이고, 협운으로 음은 '우(羽)'와 '기(己)'의 반절이다.

文王嘉止, 大邦有子.

문왕이 혼례를 할 때에 큰 나라에서 따님을 두셨도다.

---

163) 『시전대전(詩傳大全)』에 화곡 엄씨의 말로 동일하게 실려 있다.
164) 叶, 昨合反 : 『시전대전(詩傳大全)』에도 동일하게 되어 있다.
165) 音士, 叶羽己反 : 『시전대전(詩傳大全)』에도 동일하게 되어 있다.

詳說
○ 叶, 獎里反.[166]
'자(子)'는 협운으로 음은 '장(獎)'과 '리(里)'의 반절이다.[167]

朱註
賦也. 監, 視, 集, 就, 載, 年, 合, 配也. 洽,
부(賦)이다. 감(監)은 봄이고, 집(集)은 이룸이고, 재(載)는 연(年)이고, 합(合)은 배필(配匹)이다. 흡(洽)은

詳說
○ 諺音誤.
'흡(洽)'은 『언해』의 음이 잘못되었다.

朱註
水名, 本在今同州郃陽
물 이름이니, 본래 지금의 동주(同州) 합양(郃陽)과

詳說
○ 郡名.
'합양(郃陽)'은 군의 이름이다.

朱註
夏陽縣, 今流已絶, 故去水而加邑,
하양현(夏陽縣)에 있었는데, 지금은 물이 이미 끊어졌으므로 수(水)를 떼고 읍(邑)을 가하였으니,

詳說
○ 改洽爲郃.

---
166) 叶, 獎里反 : 『시전대전(詩傳大全)』에는 다르게 되어 있다.
167) 『시전대전(詩傳大全)』에는 "'자(子)'는 협운으로 음은 '장(獎)'과 '례(禮)'의 반절이다.(叶獎禮反)"라고 되어 있다.

'흡(洽)'을 '합(郃)'으로 바꾼 것이다.

朱註
渭水, 亦遶此入河也. 嘉, 昏禮也. 大邦, 莘國也.
위수(渭水) 또한 이를 경유하여 황하(黃河)로 들어간다. 가(嘉)는 혼례(婚禮)이다. 대방(大邦)은 신(莘)나라이다.

詳說
○ 侯國之大者.
'신(莘)나라'는 제후의 나라에서 큰 것이다.

子, 大姒也 ○ 將言武王伐商之事.
자(子)는 태사(太)이다. ○ 무왕이 상나라를 정벌한 일을 말하려고 하는 것이다.

詳說
○ 音泰.
'태(大)'의 음은 '태(泰)'이다.

○ 末二章.
끝의 두 장이다.

朱註
故此又推其本而言
그러므로 이는 또 그 근본을 미루어 말하기를

詳說
○ 照二章註.
2장의 주를 참조하라.

朱註
天之監照實在於下,

"하늘의 굽어보심이 실로 아래에 있어서

> 詳說
> ○ 猶言照臨下土
> 「일월(日月)」에서 '하토를 굽어본다.'고 말하는 것과 같다.

朱註
其命旣集於周矣. 故於文王之初年, 而默定其配, 所以洽陽渭涘,
그 명이 이미 주나라에 모였다. 그러므로 문왕의 초년에 묵묵히 그 배필을 정하시니, 이 때문에 흡수(洽水)의 남쪽, 위수(渭水)의 가에

> 詳說
> ○ 作.
> '정(定)'은 본문에서 '작(作)'이다.

> ○ 王氏曰 : "莘國所在也."168)
> 왕씨가 말하였다 : "신나라가 있는 곳이다."

朱註
當文王將昏之期, 而大邦有子也.
문왕이 혼인할 시기에 큰 나라에서 따님을 두셨다."라고 하였으니,

> 詳說
> ○ 女子.
> '자(子)'는 따님이다.

朱註
蓋曰非人之所能爲矣.
인력으로 할 수 있는 것이 아님을 말한 것이다.

---
168) 『시전대전(詩傳大全)』에 왕씨의 말로 동일하게 실려 있다.

詳說
○ 論也.
경문의 의미 설명이다.

○ 華谷嚴氏曰 : "四章述天生太姒以配文王也."[169)
화곡 엄씨가 말하였다 : "4장에서는 하늘이 태사를 낳아 문왕의 배필이 되게 했다고 기술하였다."

○ 安成劉氏曰 : "六章之篤生武王, 又豈人之所能爲哉."[170)
안성 유씨가 말하였다 : "6장에서 '돈독히 무왕을 낳게 하셨다.'는 것이 또 어찌 사람이 할 수 있는 것이겠는가?"[171)

[3-1-2-5]
大邦有子, 俔天之妹.

큰 나라에서 따님을 두셨으니 하늘에 비길 만한 여인이로다.

詳說
○ 牽遍反.[172)
'견(俔)'의 음은 '견(牽)'과 '편(遍)'의 반절이다.

文定厥祥, 親迎于渭,

예로 그 길함을 정하시고 위수에서 친영하사,

詳說

---

169) 『시전대전(詩傳大全)』에 화곡 엄씨의 말로 동일하게 실려 있다.
170) 『시전대전(詩傳大全)』에 안성 유씨의 말로 실려 있다.
171) 『시전대전(詩傳大全)』에는 "안성 유씨가 말하였다 : '2장에서는 왕계와 태임의 덕을 말함으로써 문왕에 미쳐야 하기 때문에 그 부모로부터 말한 것일 뿐이다. 그런데 여기에서는 천명이 이미 모여 하늘이 배필을 내리시기 때문에 사람이 할 수 있는 것이 아니라고 여긴 것이다. 그렇다면 6장에서 '돈독히 무왕을 낳게 하셨다.'는 것이 또 어찌 사람이 할 수 있는 것이겠는가?'(安成劉氏曰 : 二章言王季太任之德, 以及文王, 故言自其父母而已. 然此言天命旣集, 天作之合, 故以爲非人之所能爲. 然則六章之所以篤生武王者, 又豈人之所能爲哉.)"라고 되어 있다.
172) 牽遍反 : 『시전대전(詩傳大全)』에도 동일하게 되어 있다.

○ 去聲.
'영(迎)'은 거성이다.

造舟爲梁, 不顯其光.
배를 만들어 다리를 놓으시니 그 빛이 드러나지 아니할까!

朱註
賦也.
부(賦)이다.

詳說
○ 首句, 仍上章末句.
첫 구는 위의 장의 끝 구를 거듭한 것이다.

俔, 磬也. 韓詩作磬, 說文云俔譬也 孔氏曰, 如今俗語, 譬喩物, 曰磬作然也.
현(俔)은 비유함이다. 『한시(韓詩)』에는 경(磬)으로 되었으니, 『설문(說文)』에서 "현(俔)은 비유함이다."라고 하였고, 공씨(孔氏)는 "지금 속어(俗語)에 물건을 비유하여 경작연(磬作然)이라고 말하는 것과 같다."라고 하였다.

詳說
○ 諺音誤.
'견(俔)'은 『언해』의 음이 잘못되었다.

○ 王氏曰 : 譬天之妹, 言其德可以繼天也.[173]
왕씨가 말하였다 : "하늘에 비길 만한 여인이라는 것은 그 덕이 하늘을 이을 수 있다는 말이다."[174]

---

[173] 『시전대전(詩傳大全)』에 왕씨의 말로 실려 있다.
[174] 『시전대전(詩傳大全)』에는 "왕씨가 말하였다 : '하늘에 비길 만한 여인이라는 것은 그 덕이 하늘을 이을 수 있다는 말이다. 상천의 일은 소리도 없고 냄새도 없어도 문왕을 만방이 진작한다. 그렇다면 덕이 하늘을 이을 있지 않으면 누가 그의 배필이 될 수 있겠는가? 태임이 그 배필이 되기 때문에 예를 구비해서 그 복을 정한 것이다.'(王氏曰 : 譬天之妹, 言其德可以繼天也. 上天之載, 無聲無臭, 儀刑文王, 萬邦作孚. 然

○ 鄭氏曰 : "如天之有女弟也."
정씨가 말하였다 : "하늘에 여동생이 있는 것과 같다."[175]

○ 按, 伣天之妹, 言譬則天之妹也. 諺釋恐合更商.
살펴보건대, 하늘에 비길 만한 여인이라는 것은 비유로 말하면 하늘의 여동생이다. 『언해』의 해석은 맞는지 다시 생각해 봐야 할 것 같다.

朱註
文, 禮, 祥, 吉也, 言卜得吉, 而以納幣之禮, 定其祥也.
문(文)은 예(禮)이고, 상(祥)은 길(吉)함이니, 점을 쳐 길함을 얻어서 납폐(納幣)의 예(禮)로써 그 길함을 정함을 말한 것이다.

詳說
○ 擧納吉納幣二禮, 以該其餘.
납길(納吉)과 납폐(納幣)의 두 예로 그 나머지를 갖추었다.

朱註
造, 作, 梁, 橋也, 作船於水, 比之而加版於其上, 以通行者, 卽今之浮橋也. 傳曰, 天子造舟, 諸侯維舟, 大夫方舟, 士特舟.
조(造)는 만듦이요, 양(梁)은 다리이니, 물 위에서 배를 만들고 그것을 나란히 늘어 놓고 판자를 그 위에 가해서 통행하게 한 것이니, 바로 지금의 부교이다. 전(傳)에 "천자는 배를 만들어 사용하고, 제후는 배를 동여매어 사용하며, 대부는 두 척의 배를 나란히 하여 사용하고, 사(士)는 배 한 척을 사용한다."라고 하였다.

詳說
○ 必二反.
'비(比)'의 음은 '필(必)'과 '이(二)'의 반절이다.

則非德可以繼天, 孰能爲之配. 大姒能爲之配, 故備其禮以定其祥.)"라고 되어 있다.
175) 『독시질의(讀詩質疑)』에는 "정전(鄭箋)에는 태사의 현명함은 존귀하기가 하늘에 여동생이 있는 것과 같다.(鄭箋, 太姒之賢, 尊之, 如天之有女弟也."라고 되어 있다.

○ 毛傳.
'전(傳)'은 『모전』이다.

○ 爾雅注曰 : "造舟, 比船爲橋. 維舟, 維連四船, 方舟, 倂兩船, 特舟單船."176)
『이아』의 주에서 말하였다 : "'조주(造舟)'는 배를 나란히 놓아 다리로 하는 것이다. '유주(維舟)'는 밧줄로 네 척의 배를 연결하는 것이고, '방주(方舟)'는 두 척의 배를 나란히 하는 것이며, '특주(特舟)'는 한 척의 배로 하는 것이다."

○ 鄭氏曰 : "造舟然後, 可以顯其光輝."177)
정씨가 말하였다 : "'조주(造舟)'한 다음에 그 빛남을 드러낼 수 있었다."

朱註
張子曰, 造舟爲梁, 文王所制,
장자(張子)가 말씀하였다. "배를 만들어 다리를 놓는 것은 문왕이 처음 창제한 것인데,

詳說
○ 文王親迎時所制.
문왕이 친영할 때에 만든 것이다.

朱註
而周世遂以爲天子之禮也. 不顯顯也
주대에 마침내 천자의 예로 삼은 것이다." '불현(不顯)'은 드러난다는 것이다.

詳說
○ 坊本無此四字.
『방본』에 여기의 네 글자가 없다.

---

176) 『시전대전(詩傳大全)』에 『이아』의 말로 동일하게 실려 있다.
177) 『시경세본고의(詩經世本古義)』에 모씨의 말로 동일하게 실려 있다.

○ 華谷嚴氏曰 : "五章述文王親迎之事."178)
　화곡 엄씨가 말하였다 : "5장에서는 문왕이 친영한 일을 기술했다."

[3-1-2-6]
有命自天, 命此文王, 于周于京, 纘女維莘,

천명이 하늘로부터 내린지라 이 문왕에게 명하시기를
주나라의 경사에 하시거늘 여자의 일을 이을 자를 신나라에서

詳說

○ 叶, 居良反.179)
　'경(京)'은 협운으로 음은 '거(居)'와 '량(良)'의 반절이다.

○ 子管反.180)
　'찬(纘)'의 음은 '자(子)'와 '관(管)'의 반절이다.

○ 所巾反.181)
　'신(莘)'의 음은 '소(所)'와 '건(巾)'의 반절이다.

長子維行, 篤生武王,

장녀로 시집보내오니 돈독히 무왕을 낳게 하시고는

詳說

○ 上聲
　'장(長)'은 상성이다.

○ 叶, 戶郎反.182)

---
178) 『시전대전(詩傳大全)』의 말로 동일하게 실려 있다.
179) 叶, 居良反 :『시전대전(詩傳大全)』에도 동일하게 되어 있다.
180) 子管反 :『시전대전(詩傳大全)』에도 동일하게 되어 있다.
181) 所巾反 :『시전대전(詩傳大全)』에도 동일하게 되어 있다.
182) 叶, 戶郎反 :『시전대전(詩傳大全)』에도 동일하게 되어 있다.

'항(行)'은 협운으로 음은 '호(戶)'와 '랑(郎)'의 반절이다.

保右命爾, 燮伐大商.

보우하고 명령하사 천명을 순종하여 상나라를 정벌하게 하시니라.

詳說

○ 音佑.

'우(右)'의 음은 '우(佑)'이다.

朱註

賦也. 纘, 繼也. 莘, 國名, 長子, 長女,

부(賦)이다 찬(纘)은 계승함이다. 신(莘)은 국명(國名)이고, 장자(長子)는 장녀로

詳說

○ 句.

구두해야 한다.

大姒也. 行, 嫁, 篤, 厚也, 言旣生文王, 而又生武王也.

태사이다. 행(行)은 시집옴이고, 독(篤)은 후함이니, 이미 문왕을 낳은 다음에 또 무왕을 낳게 함을 말한 것이다.

詳說

○ 音泰, 下同.

'태(大)'는 음이 '태(泰)'로 아래에서도 같다.

○ 臨川王氏曰 : "是之謂篤."[183]

임천 왕씨가 말하였다 : "이것을 '돈독히'라고 한 것이다."[184]

---

183) 『시전대전(詩傳大全)』에 임천 왕씨의 말로 실려 있다.
184) 『시전대전(詩傳大全)』에는 "임천 왕씨가 말하였다 : '문왕을 낳고 또 무왕을 낳으니, 이것을 「돈독히」라고 한 것이다. 『중용』에서 '하늘이 사물을 낳음에는 반드시 그 재질에 따라 돈독히 한다.'라고 하였다.'(臨川王氏曰 : 生文王, 又生武王, 是之謂篤. 中庸曰, 天之生物, 必因其材而篤焉.)"라고 되어 있다.

朱註
右, 助, 燮, 和也.
우(右)는 도움이고, 섭(燮)은 화함이다.

詳說
○ 陳氏曰 : "燮有和順之意."185)
진씨가 말하였다 : "'섭(燮)'에는 화순(和順)의 의미가 있다."186)

朱註
○ 言天旣命文王於周之京矣,
하늘이 이미 문왕을 주나라의 경사에 명하여

詳說
○ 以之字, 易下于字.
'지(之)'자로 '우(于)'자를 바꾸어 이었다.

○ 慶源輔氏曰 : "有命旣集, 言其始也, 命此文王, 言其終也."187)
경원 보씨가 말하였다 : "'천명이 이미 모인지라'라는 말은 그 처음을 말한 것이고, '이 문왕에게 명하기를'이라는 말은 그 끝을 말한 것이다."188)

朱註
而克纘大任之女事者
태임이 하던 여자의 일을 이을 자를

詳說

---

185) 『시전대전(詩傳大全)』에 신안 호씨가 진씨의 말을 인용한 것으로 실려 있다.
186) 『시전대전(詩傳大全)』에는 "신안 호씨가 말하였다 : '진씨는 「섭(燮)에는 화순(和順)의 의미가 있다.」라고 하였다.'(新安胡氏曰 : 陳氏云, 燮有和順之意.)"라고 되어 있다.
187) 『시전대전(詩傳大全)』에 경원 보씨의 말로 실려 있다.
188) 『시전대전(詩傳大全)』에는 "경원 보씨가 말하였다 : 「하늘의 굽어보심이 아래에 계셔 천명이 이미 모인지라.」라는 말은 그 처음을 말한 것이고, 「천명이 하늘로부터 내린지라 이 문왕에게 명하시기를」이라는 말은 그 끝을 말한 것이다. ….(慶源輔氏曰 : 天監在下, 有命旣集, 言其始也, 有命自天命此文王, 言其終也. ….)"라고 되어 있다.

○ 補大任字.
　'태임'이라는 말을 더했다.

○ 豐城朱氏曰 : "女德有繼."[189]
　풍성 주씨가 말하였다 : "여자의 덕에 계승되는 것이 있는 것이다."[190]

朱註
維此莘國, 以其長女來嫁于我也,
이 신(莘)나라에서 그 장녀로써 우리나라에 시집보내왔으니,

詳說
○ 丘氏曰 : "將言篤生武王之事, 故又本而言之."[191]
　구씨가 말하였다 : "돈독히 무왕을 낳은 일을 말하려고 하기 때문에 또 근본해서 말한 것이다."

朱註
天又篤厚之, 使生武王, 保之助之命之,
하늘이 또 독후히 하여 무왕을 낳게 하시고는 보우하고 명하여

詳說
○ 爾, 語辭.
　본문의 '이(爾)'는 어조사이다.

朱註
而使之順天命,
그가 천명에 따라

---

189) 『시전대전(詩傳大全)』에 풍성 주씨의 말로 실려 있다.
190) 『시전대전(詩傳大全)』에는 "풍성 주씨가 말하였다 : '태임이 그의 어머니가 되고, 다시 태사가 그 부인이 되었기 때문에 이어서 여자의 덕에 계승이 있다고 한 것이다. ….'(豐城朱氏曰 : 有大任爲之母, 復有大姒爲之婦, 故謂之續言女德之有繼也. ….)"라고 되어 있다.
191) 『시전대전(詩傳大全)』에 구씨의 말로 거의 동일하게 실려 있다.

詳說
○ 補天命字.
천명이라는 말을 더했다.

朱註
以伐商也.
상나라를 정벌하게 하였다는 말이다.

詳說
○ 須溪劉氏曰 : "古人厚, 故稱大商."192)
수계 유씨가 말하였다 : "옛사람들은 중후했기 때문에 대상(大商)이라고 칭한 것이다."193)

○ 華谷嚴氏曰 : "因天人之所欲, 是之謂燮伐. 此章述大姒生武王也."194)
회곡 엄씨가 말하였다 . "하늘과 사람이 하고자 하는 것에 따르는 것을 성벌이라고 한다. 여기의 장에서는 태사가 무왕을 낳은 것에 대해 기술했다."

[3-1-2-7]
殷商之旅, 其會如林, 矢于牧野, 維予侯興.
은상의 군대가 그 모임이 숲과 같이
목야에 진을 치니 우리 군대가 흥기하도다.

詳說
○ 叶, 音歆.195)
'흥(興)'은 협운으로 음은 '흠(歆)'이다.

---

192) 『시전대전(詩傳大全)』에 수계 유씨의 말로 실려 있다.
193) 『시전대전(詩傳大全)』에는 "수계 유씨가 말하였다 : '정벌할 것이어서 정벌했으니 정벌이다. 옛사람들은 중후했기 때문에 대상(大商)이라고 칭한 것이다.'(須溪劉氏曰 : 燮伐者, 當伐, 則伐也. 古人厚, 故稱大商.)" 라고 되어 있다.
194) 『시전대전(詩傳大全)』에 화곡 엄씨의 말로 동일하게 실려 있다.
195) 叶, 音歆 : 『시전대전(詩傳大全)』에도 동일하게 되어 있다.

| 上帝臨女, 無貳爾心. |

상제가 그대에게 임하셨으니 그대의 마음에 의심하지 말지어다.

| 詳說 |

○ 音汝.196)

'여(女)'의 음은 '여(汝)'이다.

| 朱註 |

賦也. 如林, 言衆也, 書曰, 受率其旅, 若林. 矢, 陳也. 牧野, 在朝歌南七十里. 侯, 維, 貳, 疑也. 爾, 武王也.

부(賦)이다. 여림(如林)은 많음을 말한 것이니, 『서경(書經)』에서 "수(受)가 그 군대를 거느림에 숲과 같았다."라고 하였다. 시(矢)는 진을 치는 것이다. 목야(牧野)는 조가(朝歌)의 남쪽 70리 지점에 있었다. 후(侯)는 유(維)이고, 이(貳)는 의심함이다. 이(爾)는 무왕이다.

| 詳說 |

○ 武成

『서』는 「무성」이다.

○ 紂名

'수(受)'는 주(紂)의 이름이다.

○ 紂都.

'조가(朝歌)'는 주의 도읍이다.

○ 慶源輔氏曰 : "女亦指武王.197)

경원 보씨가 말하였다 : "'여(女)'도 무왕을 가리킨다."198)

---

196) 音汝 : 『시전대전(詩傳大全)』에도 동일하게 되어 있다.
197) 『시전대전(詩傳大全)』에 경원 보씨의 말로 실려 있다.
198) 『시전대전(詩傳大全)』에는 "경원 보씨가 말하였다 : 『상제가 그대에게 임하셨으니 그대의 마음에 의심하지 말지어다.』에서 여(女)와 이(爾)가 비록 모두 무왕을 가리킬지라도 그 실은 가설해서 무리의 마음이 같

朱註
○ 此章言武王伐紂之時,
여기의 장에서는 무왕이 주왕을 칠 때에

詳說
○ 一作商.
'주(紂)'는 어떤 판본에는 '상(商)'으로 되어 있다.

○ 承上章末.
위의 장의 끝을 이어받은 것이다.

朱註
紂衆會集, 如林, 以拒武王, 而皆陳于牧野, 則維我之師, 爲有興起之勢耳.
주왕의 군대가 모이기를 숲과 같이 무왕을 막으면서 모두 목야에 진을 치니, 우리의 군대가 흥기하는 기세가 있었다.

詳說
○ 添師勢字.
'사(師)'자와 '세(勢)'자를 더하였다.

朱註
然衆心, 猶恐武王以衆寡之不敵,
그러나 여러 사람들의 마음에는 아직도 무왕이 중과부적이라 하여

詳說
○ 補五字.
다섯 글자를 더하였다.

朱註
음을 드러낸 것이지, 무왕이 얻었다는 것이 아니다. ….'(慶源輔氏曰 : 上帝臨女, 無貳爾心. 女與爾, 雖皆指武王, 其實則是設言, 以見衆心之同, 非武王之得已也. ….)"라고 되어 있다.

而有所疑也. 故勉之曰, 上帝臨女母貳爾心, 蓋知天命之必然, 而贊其決也. 然武王非必有所疑也,

의심하는 것이 있을까 두려워하였다. 그러므로 "상제가 그대에게 임하셨으니, 그대의 마음에 의심하지 말라."라고 권면한 것이니, 천명의 필연을 알아 그 결단을 도운 것이다. 그러나 무왕이 반드시 의심한 바가 있었던 것은 아니라,

詳說
○ 佐也.
'찬(贊)'은 도움이다.

詳說
○ 安成劉氏曰 : 觀其誓師曰惟一心, 曰戎商必克之語, 固知衆寡之不足疑矣."199)

안성 유씨가 말하였다 : "군사들에게 맹세하여 '한 마음으로 하라.'라고 하고 '상나라를 치면 반드시 이길 것이다.'라고 한 말을 보면, 진실로 많음과 적음으로 의심할 필요가 없었음을 알 수 있다."200)

朱註
設言以見衆心之同, 非武王之得已耳.
가설하여 여러 사람의 마음이 같아 무왕이 그만 둘 수 있는 것이 아님을 나타냈을 뿐이다.

詳說
○ 音現.
'현(見)'의 음은 '현(現)'이다.

---

199) 『시전대전(詩傳大全)』에 안성 유씨의 말로 실려 있다.
200) 『시전대전(詩傳大全)』에는 "안성 유씨가 말하였다 : 무왕이 군사들에게 맹세하여 '수(受)'에게는 억만 명의 신하가 있지만 억만 명의 마음이고, 나에게는 삼천 명의 신하가 있지만 한 마음이다. 상나라의 죄가 관통하여 가득함에 하늘이 주벌하게 하였다.'라고 하였고, 또 「짐(朕)의 꿈이 짐의 점과 합하여 아름다운 상서(祥瑞)가 거듭되었으니, 상나라를 치면 반드시 이길 것이다.」라고 하였으며, 또 「두로 친한 이들이 있을지라도 어진 자가 있는 것만 못하다.」라고 하였다. 이런 말을 보면 무왕이 진실로 상제의 굽어보며 임하였음을 알아 진실로 많음과 적음으로 의심할 필요가 없었다는 것을 알 수 있다.(安成劉氏曰 : 武王誓師曰, 受有臣億萬, 惟億萬心, 予有臣三千, 惟一心. 商罪貫盈, 天命誅之, 又曰, 朕夢協朕卜, 襲于休祥. 戎商必克, 又曰雖有周親, 不如仁人. 觀是語也, 則武王固知上帝之監臨矣, 固知衆寡之不足疑矣.)"라고 되어 있다.

○ 蓋以下論也.
'개(蓋)' 이하는 경문의 의미 설명이다.

○ 東萊呂氏曰 : 設爲勉之之辭, 以形容武王奉天討之心."201)
동여 여씨가 말하였다 : "가설해서 권면하는 말로 무왕이 하늘의 토벌하는 마음을 받드는 것에 대 형용한 것이다."202)

○ 華谷嚴氏曰 : "七章述武王伐商."203)
화곡 엄씨가 말하였다 : "7장에서는 무왕이 상나라를 정벌하는 것에 대해 기술하였다."

[3-1-2-8]
牧野洋洋, 檀車煌煌, 駟騵彭彭. 維師尙父,

목야가 넓고 넓으니 박달나무 수레가 휘황하며
네 필의 원마가 건장하도다. 태사인 상보가

詳說

○ 音元.204)
'원(騵)'의 음은 '원(元)'이다.

○ 叶, 鋪郎反.205)
'팽(彭)'은 협운으로 음은 '포(鋪)'와 '랑(郎)'의 반절이다.

---

201) 『시전대전(詩傳大全)』에 동래 여씨의 말로 실려 있다.
202) 『시전대전(詩傳大全)』에는 "동래 여씨가 말하였다 : '주가 숲과 같은 무리를 이끌고 와서 전쟁을 하니, 무왕이 강함과 약함을 비교하고 많음과 적음을 따졌다면 그 마음에 반드시 의심이 있는 것이다. 그러나 이때에 무왕은 한 마음으로 하늘의 토벌을 받들었으니, 만약 상제가 실제로 임하였다면 비교하고 따지는 사사로움이 어떤 용납되겠는가? 이것은 가설해서 권면하는 말로 무왕이 하늘의 토벌하는 마음을 받드는 것에 대 형용한 것이다.'(東萊呂氏曰 : 紂以如林之衆來戰, 武王苟較强弱而計衆寡, 其心必疑矣. 然當是時, 武王方一心以奉天討, 若上帝實臨之, 較計之私, 豈得而容哉. 此盖設爲勉之之詞, 以形容武王奉天討之心也.)"라고 되어 있다.
203) 『시전대전(詩傳大全)』에 화곡 엄씨의 말로 동일하게 실려 있다.
204) 音元 : 『시전대전(詩傳大全)』에도 동일하게 되어 있다.
205) 叶, 鋪郎反 : 『시전대전(詩傳大全)』에도 동일하게 되어 있다.

|時維鷹揚, 涼彼武王,|

때로 매가 날듯이 하여 저 무왕을 도와

|詳說|

○ 音亮.206)

'량(涼)'의 음은 '량(亮)'이다.

|肆伐大商, 會朝淸明.|

군대를 풀어 상나라를 정벌하니 회전하는 날 아침 날씨가 청명하도다.

|詳說|

○ 叶, 謨郞反.207)

'명(明)'은 협운으로 음은 '모(謨)'와 '랑(郞)'의 반절이다.

|朱註|
賦也. 洋洋, 廣大之貌.

부(賦)이다. 양양(洋洋)은 광대(廣大)한 모양이다.

|詳說|

○ 鄭氏曰 : "戰地, 寬廣."208)

정씨가 말하였다 : "전쟁터가 광대한 것이다."209)

|朱註|
檀, 堅木, 宐爲車者也. 煌煌, 鮮明貌. 騵馬白腹, 曰騵.

단(檀)은 단단한 나무이니, 수레를 만들기에 적당하다. 황황(煌煌)은 선명(鮮明)한 모양이다. 검은 말에 배가 흰 것을 원(騵)이라 한다.

---

206) 音亮 :『시전대전(詩傳大全)』에도 동일하게 되어 있다.
207) 叶, 謨郞反 :『시전대전(詩傳大全)』에도 동일하게 되어 있다.
208)『시전대전(詩傳大全)』에 정씨의 말로 실려 있다.
209)『시전대전(詩傳大全)』에는 "정씨가 말하였다 : '전쟁터가 광대하고, 병거가 선명하다는 것이다. ….'(鄭氏曰 : 戰地, 寬廣, 兵車, 鮮明. ….)"라고 되어 있다.

詳說

○ 孔氏曰 : "檀弓言, 戎事乘騵, 因武王所乘, 遂爲一代常法."210)

공씨가 말하였다 : "「단궁」에서 「융사에는 검은 말을 탄다.」고 하였으니, 무왕이 탄 말

朱註

彭彭, 强盛貌. 師尚父,

팽팽(彭彭)은 강성(强盛)한 모양이다. 사상보(師尚父)는

詳說

○ 騯同, 諺音用叶.

'팽(彭)'은 '팽(騯)'과 같고, 『언해』의 음은 협운으로 사용하였다.

○ 音甫

'보(父)'의 음은 '보(甫)'이다.

朱註

太公望, 爲太師, 而號尚父也.

태공망(太公望)이 태사(太師)가 되어 상부(尚父)라고 부른 것이다.

詳說

○ 呂尚.

'태공망(太公望)'은 여상(呂尚)이다.

詳說

○ 因其名而承以美稱.

이름에 따라 이어받아 아름답게 칭한 것이다.

朱註

---

210) 『시전대전(詩傳大全)』에 공씨의 말로 거의 비슷하게 실려 있다.

鷹揚, 如鷹之飛揚而將擊, 言其猛也, 涼, 漢書
응양(鷹揚)은 매가 높이 날아 치려고 하는 것과 같으니, 사납다는 말이다. '양(涼)'은 『한서(漢書)』에

詳說
○ 王莽傳.
　『한서』는 「왕망전(王莽傳)」이다.

朱註
作亮, 佐助也. 肆, 縱兵也. 會朝, 會戰之旦也.
양(亮)으로 되어 있으니, 돕는 것이다. 사(肆)는 군대를 풀어 놓는 것이다. 회조(會朝)는 모여서 전쟁하는 날 아침이다.

詳說
○ 書武成曰 : "甲了昧爽."
　『서경』「무성」에서 말하였다 : "갑자일 동틀 녘이다."

朱註
○ 此章言武王師衆之盛, 將師之賢, 伐商以除穢濁,
여기의 장에서는 무왕의 군대가 많고 장수가 현명하여 상(商)나라를 쳐 더럽고 혼탁한 것을 제거함에

詳說
○ 去聲.
　'장(將)'은 거성이다.

○ 從淸明字, 說出.
　청명이라는 글자에 따라 설명이 나온 것이다.

朱註

不崇朝, 而天下淸明, 所以終首章之意也.
하루아침도 못되어 천하가 청명해짐을 말하였으니, 첫 장의 뜻을 끝맺은 것이다.

詳說

○ 此句, 論也.
이 구는 경문의 의미 설명이다.

○ 安成劉氏曰 : "首章開其端, 此章終其意."211)
안성 유씨가 말하였다 : "첫 장에서는 그 단초를 열었고, 여기의 장에서는 그 의미를 끝맺었다."212)

○ 定宇陳氏曰 : "篇首明字, 以德之明言, 篇末明字, 以治象之明言."213)
정우 진씨가 말하였다 : "편의 처음에서 '명(明)'자는 덕의 밝음을 가지고 말한 것이고, 편의 끝에서 '명(明)'자는 다스리는 상의 밝음을 가지고 말한 것이다."214)

○ 華谷嚴氏曰 : "八章終上章伐紂之事."215)
화곡 엄씨가 말하였다 : "8장에서는 위의 장에서 주를 정벌한 일을 끝맺었다."

朱註

大明八章, 四章章六句, 四章章八句.
『대명』은 8장으로 4장은 장이 6구이고, 4장은 장이 8구이다.

名義見小旻篇.

---

211) 『시전대전(詩傳大全)』에 안성 유씨의 말로 실려 있다.
212) 『시전대전(詩傳大全)』에는 "안성 유씨가 말하였다 : '…. 첫 장에서는 그 단초를 열었고, 여기의 장에서는 그 의미를 끝맺었다. 주와 무왕으로만 본다면 성왕이 거울삼아야 할 것이 어찌 멀리 있다고 하겠는가?'(安成劉氏曰 : … 首章開其端, 此章終其意. 唯以紂與武王觀之, 則成王之所當監者, 夫豈遠哉.)"라고 되어 있다.
213) 『시전대전(詩傳大全)』에 정우 진씨의 말로 실려 있다.
214) 『시전대전(詩傳大全)』에는 "정우 진씨가 말하였다 : '편의 처음에서 명명(明明)은 덕의 밝음을 가지고 말한 것이고, 편의 끝에서 청명(淸明)은 다스리는 상의 밝음을 가지고 말한 것이다. 그런데 하루아침도 못되어 천하가 청명해지는 것은 덕의 밝은 자가 아니면 할 수 있겠는가?'(定宇陳氏曰 : 篇首之明明, 以德之明言之也, 篇末之淸明, 以治象之明言之也. 然不崇朝而天下淸明, 非德之明者, 能之乎.)"라고 되어 있다.
215) 『시전대전(詩傳大全)』에 화곡 엄씨의 말로 동일하게 실려 있다.

편명(篇名)의 뜻은 「소민편(小旻篇)」에 있다.

詳說
○ 音現.
'현(見)'의 음은 '현(現)'이다.

○ 三山李氏曰 : "大雅, 則謂之大明, 小雅, 則謂之小明."216)
삼산 이씨가 말하였다 : "「대아」에서는 「대명」이라고 했고, 「소아」에서는 「소명」이라고 했다."217)

朱註
一章, 言天命無常, 惟德是與, 二章, 言王季大任之德, 以及文王, 三章, 言文王之德, 四章五章六章, 言文王大姒之德, 以及武王, 七章, 言武王伐紂, 八章, 言武王克商, 以終首章之意.
1장에서는 천명이 무상하여 오직 덕이 있는 이에게 줌을 말하였고, 2장에서는 왕계와 태임의 덕을 말하여 문왕에게 미쳤으며, 3장에서는 문왕의 덕을 말하였고, 4장 5장 6장에서는 문왕과 태사의 덕을 말하여 무왕에게 미쳤으며, 7장에서는 무왕이 주를 정벌한 것에 대해 말하였고, 8장에서는 무왕이 상나라를 이김을 말하여 첫 장의 뜻을 마쳤다.

詳說
○ 音泰, 下同.
'태(大)'의 음은 '태(泰)'로 아래에서도 같다.

○ 華谷嚴氏曰 : "其言皆有次序."218)
화곡 엄씨가 말하였다 : "그 말에는 모두 순서가 있다."219)

---

216) 『시전대전(詩傳大全)』에 삼산 이씨의 말로 실려 있다.
217) 『시전대전(詩傳大全)』에는 "삼산 이씨가 말하였다 : '「대아」의 시에서는 「대명」이라고 했고, 「소아」의 시에서는 「소명」이라고 했다.'(三山李氏曰 : 大雅之詩, 則謂之大明, 小雅之詩, 則謂之小明.)"라고 되어 있다.
218) 『시전대전(詩傳大全)』에 화곡 엄씨의 말로 실려 있다.
219) 『시전대전(詩傳大全)』에는 "화곡 엄씨가 말하였다 : '첫 장에서 하늘과 사람의 이치를 말해 은나라가 망한 연유를 드러냈으니, 문왕과 무왕을 찬미하는 장본이다. 다음 장에서는 이에 태임이 문왕을 낳음에 대해 기술하였고, 그 후에는 이에 또 문왕이 무왕을 낳은 것과 은나라를 정벌한 일에 대해 기술해서 첫 장의

○ 伐商, 此章之題目.
'상나라를 정벌한다.'는 것이 여기 장의 제목이다.

朱註
其章, 以六句八句相間,
그 장(章)은 여섯 구와 여덟 구로 서로 번갈아 들었고,

詳說
○ 去聲.
'간(間)'은 거성이다.

朱註
又國語, 以此及下篇, 皆爲兩君相見之樂, 說見上篇.
또 『국어(國語)』에서는 여기의 편과 아래의 편을 가지고 모두 두 나라 임금이 서로 만나보는 음악이라 하였는데, 설명은 위의 편에 있다.

詳說
○ 音現.
'현(見)'의 음은 '현(現)'이다.

[3-1-3-1]
緜緜瓜瓞, 民之初生,
면면히 이어진 오이덩굴이여, 주나라에 사람이 처음 삶이

詳說
○ 田節反.[220]
'질(瓞)'의 음은 '전(田)'과 '절(節)'의 반절이다.

의미를 이루었으니, 그 말에는 모두 순서가 있다.'(華谷嚴氏曰 : 首章, 泛言天人之理, 見殷亡之由, 爲美文武張本. 次章, 乃述大任生文王, 其後, 乃又述文王生武王, 及伐殷之事, 以成首章之意, 其言皆有次序也.)"라고 되어 있다.
220) 田節反 : 『시전대전(詩傳大全)』에도 동일하게 되어 있다.

自土沮漆, 古公亶父,

저수와 칠수에 터전을 잡으면서부터이니, 고공담보가

詳說

○ 音苴.
　'저(沮)'의 음은 '저(苴)'이다.

○ 音七.221)
　'칠(漆)'의 음은 '칠(七)'이다.

○ 都但反.222)
　'단(亶)'의 음은 '도(都)'와 '단(但)'의 반절이다.

○ 音甫.223)
　'보(父)'의 음은 '보(甫)'이다.

陶復陶穴, 未有家室.

기와 구들과 이중 구들이며 토실에 거처하여 아직 실가가 없었느니라.

詳說

○ 音桃.224)
　'도(陶)'의 음은 '도(桃)'이다.

○ 音福.225)
　'복(復)'의 음은 '복(福)'이다.

---

221) 音七 : 『시전대전(詩傳大全)』에도 동일하게 되어 있다.
222) 都但反 : 『시전대전(詩傳大全)』에도 동일하게 되어 있다.
223) 音甫 : 『시전대전(詩傳大全)』에도 동일하게 되어 있다.
224) 音桃 : 『시전대전(詩傳大全)』에도 동일하게 되어 있다.
225) 音福 : 『시전대전(詩傳大全)』에도 동일하게 되어 있다.

○ 叶, 戶橘反.226)
'혈(穴)'은 협운으로 음은 '호(戶)'와 '귤(橘)'의 반절이다.

朱註
比也.
비(比)이다.

詳說
○ 兼賦.
'부(賦)'를 겸하였다.

朱註
緜緜, 不絶貌. 大, 曰瓜, 小, 曰瓞.
'면면(緜緜)'은 끊어지지 않는 모양이다. 큰 것을 '과(瓜)'라고 하고 작은 것을 '질(瓞)'이라고 한다.

詳說
○ 諺音誤.
'질(瓞)'은 『언해』의 음이 잘못되었다.

朱註
瓜之近本初生者, 常小, 其蔓不絶, 至末而後大也. 民, 周人也. 自, 從, 土, 地也.
오이 덩굴이 뿌리에 가까이에서 처음 처음 맺히는 것은 항상 작고, 그 덩굴이 끊어지지 않아 끝에 이른 이후에야 크게 맺힌다. '민(民)'은 주나라 사람이다. '자(自)'는 '~에서부터'이고, '토(土)'는 땅이다.

詳說
○ 毛氏曰 : "居也."

---

226) 叶, 戶橘反 : 『시전대전(詩傳大全)』에도 동일하게 되어 있다.

모씨가 말하였다 : "거처하는 곳이다."

朱註

沮漆二水名,
'저(沮)'와 '칠(漆)'은 두 물 이름으로

詳說

○ 吉日順文, 言漆沮, 則爲一水. 此章叶韻, 言沮漆, 則爲二水. 蓋漆大沮小, 漆可以該沮, 而沮不足以該漆故也.
「길일」에서 문맥을 따라 칠(漆)·저(沮)를 말하면227) 하나의 물이고, 여기 장의 협운으로 저(沮)·칠(漆)을 말하면 두 물이다. 칠(漆)은 크고 저(沮)는 작으니, 칠(漆)이 저(沮)를 갖출 수는 있지만 저(沮)가 칠(漆)을 갖추기에는 부족하기 때문이다.

朱註

在豳地. 古公, 號也,
빈땅에 있었다. 고공(古公)은 호이고,

詳說

○ 格菴趙氏曰 : "猶言先公也.228)
격암 조씨가 말하였다 : "선공이라고 말하는 것과 같다."229)

朱註

亶父, 名也.
담보(亶父)는 이름이다.

---

227) 「길일」에서 문맥을 따라 칠(漆)·저(沮)를 말하면 : 「길일(吉日)」에 "칠저에서 좇음이여(漆沮之從)"라는 말이 있다.
228) 『시전대전(詩傳大全)』에 격암 유씨의 말로 실려 있다.
229) 『시전대전(詩傳大全)』에는 "격암 조씨가 말하였다 : '고공은 선공이라고 말하는 것과 같다. 대개 왕이 되기 이전 본래의 호를 따르지 않았으니, 고공은 나라 말기에는 여전히 실질을 숭상한 것이다. 그러므로 담보는 이름으로 말한 것이다.'(格庵趙氏曰 : 古公, 猶言先公也. 蓋未追王前之本號, 古公, 當殷末時, 猶尙質, 故亶父以名言.)"라고 되어 있다.

詳說
○ 毛氏曰 : "殷以名言質也."230)
모씨가 말하였다 : "은나라에서는 이름으로 실질을 말하였다."231)

朱註
或曰字也,
어떤 이는 자라고 하였으니,

詳說
○ 父, 本字之稱也.
보(父)는 본래 자의 칭호이기 때문이다.

朱註
後乃追稱大王焉. 陶, 窯竈也,
뒤에 추존하여 태왕이라고 칭하였으니, '도(陶)'는 구들 부엌이고,

詳說
○ 音泰, 下大王並同,
'태(大)'의 음은 태(泰)이니, 아래에서 태왕은 나란히 같다.

○ 孔氏曰 : "陶, 瓦器竈也. 蓋以陶去其土而爲之, 故謂之陶."232)
공씨가 말하였다 : "'도(陶)'는 와기 부엌이다. 대개 '도(陶)'로 흙을 없애고 만들었기 때문에 '도(陶)'라고 한 것이다."

朱註
復, 重窯也.
'복(復)'은 이중 구들이다.

---

230) 『시경세본고의(詩經世本古義)』에 정씨의 말로 실려 있다.
231) 『시경세본고의(詩經世本古義)』에는 "모씨가 말하였다 : '고(古)는 오래되었다는 말이다. 담보는 자이다. 혹 은나라에서는 이름으로 실질을 말한 것이다.'(毛云, 古言久也. 亶父字. 或殷以名言質也.)"라고 되어 있다.
232) 『시전대전(詩傳大全)』에 공씨의 말로 실려 있다.

詳說
○ 複同, 義異, 故特著音, 桑柔放此.
'복(複)'은 '복(復)'과 같지만 뜻이 다르기 때문에 특히 음을 드러냈으니, 「상유(桑柔)」에서도 이와 같다.

○ 平聲
'중(重)'은 평성이다.

○ 稍侈於陶.
점점 '도(陶)'로 사치스럽게 된 것이다.

朱註
穴, 土室也.
'혈(穴)'은 토실이다.

詳說
○ 又侈於復.
또 '복(復)'으로 사치스럽게 된 것이다.

朱註
家, 門內之通名也. 豳地近西戎, 而苦寒故其俗如此.
'가(家)'는 문안의 통칭이다. '빈(豳)' 땅은 서융에 가까이 있어 추위로 고생하였기 때문에 그 풍속이 이와 같았던 것이다.

詳說
○ 如秦之板屋.
'진나라의 판옥과 같은 것이다.

朱註
此亦周公戒成王之詩. 追述大王始遷岐周以開王業
이것도 주공이 성왕을 경계시킨 시이다. 태왕이 처음 기주로 천도해서 왕업을 여

시니,

> 詳說
> ○ 安成劉氏曰 : "八章以上."233)
> 안성 유씨가 말하였다 : "8장의 이전이다."234)

朱註
而文王因之以受天命也.
문왕이 이것으로 말미암아 천명을 받았음을 기술한 것이다.

> 詳說
> ○ 安成劉氏曰 : "八章以下."235)
> 안성 유씨가 말하였다 : "8장의 이후이다."236)

朱註
此其首章, 言瓜之先小後大, 以比周人始生於漆沮,
여기는 그 첫 장으로 오이가 먼저는 작고 뒤에는 커지는 것을 말해 주나라 사람이 처음 칠(漆)과 조(沮)의 가에 살고,

> 詳說
> ○ 公劉.
> 주나라 사람은 공유이다.
>
> ○ 倒言以便文.
> 거꾸로 말해 글을 바꾸었다.

---

233) 『시전대전(詩傳大全)』에 안성 유씨의 말로 실려 있다.
234) 『시전대전(詩傳大全)』에는 "안성 유씨가 말하였다 : '8장의 이전에 말한 것이 여기에 해당하다.'(安成劉氏曰 : 八章以上所言是也.)"라고 되어 있다.
235) 『시전대전(詩傳大全)』에 안성 유씨의 말로 실려 있다.
236) 『시전대전(詩傳大全)』에는 "안성 유씨가 말하였다 : '8장의 이후에 말한 것이 여기에 해당하다.'(安成劉氏曰 : 八章以下所言是也.)"라고 되어 있다.

○ 曹氏曰 : "公劉以前, 微弱甚, 僅能不絶."237)
조씨가 말하였다 : "공유 이전에는 아주 미약하여 겨우 끊어지지 않았다."238)

○ 安成劉氏曰 : "周人之生, 盛於岐周豐鎬之間, 而始於公劉居邠之日. 公劉以前, 固生於后稷, 而不窋奔竄, 周民幾無生矣. 故厥初生民, 時維姜嫄, 此一初也, 民之初生, 自土沮漆, 又一初也."239)
안성 유씨가 말하였다 : "주나라 사람들의 삶은 기주와 풍호의 사이에서 성대해졌는데, 공유가 빈에 살 때에 시작된 것이다. 공유 이전에는 진실로 후직에서 나왔는데, 나오지 못하고 달아나 숨어 살았으니 주나라 백성은 거의 살지 못하였다. 그러므로 '처음 주(周)나라 사람을 낳은 것은, 바로 강원이었나니'라고 하였으니, 이것이 하나의 초기이고, '저수와 칠수에 터전을 잡으면서부터이니'라는 것이 또 하나의 초기이다."

朱註
而古公之時, 居於窯竈土室之中,
고공의 때에 구들 부엌과 토실 가운데에 거처하여

詳說
○ 略下陶字, 諺釋得之.
아래의 '도(陶)'자를 생략하였고, 『언해』의 해석이 옳다.

朱註
其國甚小,
그 나라가 아주 작다가

詳說

---

237) 『시전대전(詩傳大全)』에 조씨의 말로 실려 있다.
238) 『시전대전(詩傳大全)』에는 "조씨가 말하였다 : '공유 이전에는 아주 미약하여 겨우 그 실마리가 끊어지지 않았기 때문에 면면으로 비유한 것이다.'(曹氏曰 : 公劉以前, 微弱甚矣, 僅能不絶其緒, 故以緜緜況之.)"라고 되어 있다.
239) 『시전대전(詩傳大全)』에 안성 유씨의 말로 동일하게 실려 있다.

○ 添此句.
이 구를 더하였다.

朱註
至文王而後大也
문왕에 온 이후에 커졌음을 비유하였다.

詳說
○ 從末章而補此句. 蓋瓜瓞通全篇而比之, 故並及末章, 是亦比之一例也.
끝 장에 따라 이 구를 더하였다. 대개 오이덩굴은 전편에 거쳐 비유하였기 때문에 끝장까지 아울러 미쳤으니, 이것도 비유의 한 사례이다.

○ 華谷嚴氏曰 : "首章述大王居邠之事."240)
화곡 엄씨가 말하였다 : "첫 장에서는 태왕이 빈에 거주할 때의 일에 대해 기술하였다."

[3-1-3-2]
古公亶父, 來朝走馬,
고공담보가 아침에 말을 달려와서

詳說
○ 叶, 滿補反.241)
'마(馬)'는 협운으로 '만(滿)'과 '보(補)'의 반절이다.

率西水滸, 至于岐下,
서쪽 물가를 따라 기산 아래에 이르시니,

---

240) 『시전대전(詩傳大全)』에 화곡 엄씨의 말로 동일하게 실려 있다.
241) 叶, 滿補反 : 『시전대전(詩傳大全)』에도 동일하게 되어 있다.

詳說
○ 音虎.
'호(滸)'의 음은 '호(虎)'이다.

○ 叶, 後五反.242)
'하(下)'는 협운으로 음은 '후(後)'와 '오(五)'의 반절이다.

爰及姜女, 聿來胥宇.
이에 강녀와 함께 와서 집터를 보시니라.

朱註
賦也. 朝, 早也,
부이다. '조(朝)'는 아침이고,

詳說
○ 定宇陳氏曰 : "來朝, 其來以朝也.243)
정우 진씨가 말하였다 : "'래조(來朝)'는 그가 아침에 왔다는 것이다."244)

朱註
走馬, 避狄難也.
'주마(走馬)'는 오랑캐의 난리를 피해온 것이다.

詳說
○ 去聲
'난(難)'은 거성이다.

○ 東萊呂氏曰 : "來朝走馬, 形容其初遷時, 略地相宅, 精神風采

---

242) 叶, 後五反:『시전대전(詩傳大全)』에도 동일하게 되어 있다.
243)『맹자집주대전』「양혜왕장구하」에 신안 진씨의 말로 실려 있다.
244)『맹자집주대전』「양혜왕장구하」에는 "정우 진씨가 말하였다 : '래조(來朝)는 그가 아침에 왔다는 것이다..….'(新安陳氏曰 : 來朝, 其來以朝也. ….)"라고 되어 있다.

也."245)

동래 여씨가 말하였다 : "'아침에 말을 달려왔다.'는 것은 처음에 옮겨 올 때에 변경을 돌아보며 땅을 택함에 정신과 풍채를 형용한 것이다."

朱註
率, 循也.
'솔(率)' 따름이다.

詳說
○ 一無此三字.
어떤 판본에는 이 세 글자가 없다.

朱註
滸, 水厓也, 漆沮之側也. 岐下, 岐山之下也. 姜女, 大王妃也.
'호(滸)'는 물가로 칠(漆) 수와 저(沮)'수의 곁이다. '기하(岐下)'는 기산의 아래이다. 강녀(姜女)는 태왕의 비이다.

詳說
○ 太姜.
강녀(姜女)는 태강이다.

朱註
胥, 相, 宇, 宅也.
'서(胥)'는 봄이고, '우(宇)'는 집이다.

詳說
○ 去聲.
'상(相)'은 거성이다.

○ 鄭氏曰 : "著太姜之賢知."246)

245) 『시전대전(詩傳大全)』에 동래 여씨의 말로 동일하게 실려 있다.
246) 『모시주소(毛詩注疏)』에 정씨의 말로 실려 있다.

정씨가 말하였다 : "태강이 현명하고 지혜로움에 대해 드러낸 것이다."247)

朱註
孟子曰, 大王居邠, 狄人侵之, 事之以皮幣珠玉犬馬, 而不得免. 乃屬其耆老, 而告之, 曰狄人之所欲者, 吾土地也. 吾聞之也, 君子不以其所以養人者, 害人, 二三子何患乎無君. 我將去之. 去邠踰梁山, 邑于岐山之下居焉, 邠人曰, 仁人也不可失也, 從之者如歸市.

맹자가 말하였다 : "태왕이 빈땅에 거주할 때에 적인들이 침략해서 가죽과 비단, 구슬과 옥, 개와 말로 섬겨도 면하지 못하였다. 이에 그 노인들을 모아놓고 '적인들이 원하는 것은 우리의 땅이다. 내가 들기로 군자는 사람들 기르는 것으로 사람을 해치지 않는다고 하였으니, 그대들은 임금이 없는 것을 걱정하지 마십시오. 내가 여기를 떠날 것입니다.'라고 하였다. 빈을 떠나 양산을 넘어 기산의 아래에 도읍하여 거주하니, 빈의 사람들이 '어진 사람이니 놓쳐서는 안된다.'고 하고 따라오는 자들이 시장에 돌아가는 것과 같았다."

詳說

○ 梁惠王

『맹자』는 『맹자』「양혜왕」이다.

○ 音燭.

'촉(屬)'의 음은 '촉(燭)'이다.

○ 朱子曰 : "屬, 會集也."248)

주자가 말하였다 : "'촉(屬)'은 모은다는 것이다."249)

○ 朱子曰 : "土地, 本生物以養人."250)

---

247) 『모시주소(毛詩注疏)』에는 "정씨가 말하였다 : '「이에 강녀와 함께」는 태강이 현명하고 지혜로움에 대해 드러내기를 분명하게 한 것이다.'(鄭言 : 爰及姜女, 明其著大姜之賢知也.)"라고 되어 있다.
248) 『시전대전(詩傳大全)』에 주자의 말로 실려 있다.
249) 『시전대전(詩傳大全)』에는 "주자가 말하였다 : '피(皮)는 호랑이·표범·큰사슴·사슴의 가죽이다. 폐(幣)는 비단이다. 촉(屬)은 모은다는 것이다. ….(朱子曰 : 皮, 謂虎豹麋鹿之皮也. 幣, 帛也. 屬, 會集也. ….)"라고 되어 있다.
250) 『시전대전(詩傳大全)』에 주자의 말로 실려 있다.

주자가 말하였다 : "토지는 본래 사물을 내어 사람을 기르는 것이다."251)

○ 張子曰 : "民歸之則天命之矣.252)
장자가 말하였다 : "백성들이 돌아온 것은 하늘이 명한 것이다."253)

○ 二章述大王去邠至岐
2장에서는 태왕이 빈땅을 기땅에 간 것에 대해 기술하였다.

[3-1-3-3]
周原膴膴, 菫荼如飴.

주땅의 언덕이 기름지고 비옥하니, 오두와 씀바귀도 엿처럼 달도다.

詳說

○ 音武.254)
'무(膴)'의 음은 '무(武)'이다.

○ 音謹.255)
'근(菫)'의 음은 '근(謹)'이다.

○ 音移.256)
'이(飴)'의 음은 '이(移)'이다.

爰始爰謀, 爰契我龜,

---

251) 『시전대전(詩傳大全)』에는 "주자가 말하였다 : '피(皮)는 호랑이·표범·큰사슴·사슴의 가죽이다. 폐(幣)는 비단이다. 촉(屬)은 모은다는 것이다. 토지는 본래 사물을 내어 사람을 기르는 것인데, 이제 그것을 다퉈 사람을 죽인다면 이것은 사람을 기르는 것으로 사람을 해치는 것이다. ….(朱子曰 : 皮, 謂虎豹麋鹿之皮也. 幣, 帛也. 屬, 會集也. 土地本生物以養人, 今爭地而殺人, 是以其所以養人者害人也. ….)"라고 되어 있다.
252) 『시전대전(詩傳大全)』에 장자(張子)의 말로 실려 있다.
253) 『시전대전(詩傳大全)』에는 "장자가 말하였다 : '왕의 공적의 시작으로는 이것보다 성대한 것이 없으니, 대개 백성들이 돌아온 것은 하늘이 명한 것이다. 張子曰 : …. 王迹之始, 莫大於此, 蓋民歸之則天命之矣.)"라고 되어 있다.
254) 音武 : 『시전대전(詩傳大全)』에도 동일하게 되어 있다.
255) 音謹 : 『시전대전(詩傳大全)』에도 동일하게 되어 있다.
256) 音移 : 『시전대전(詩傳大全)』에도 동일하게 되어 있다.

이에 시작하고 이에 도모하시며 이에 우리 거북이는 지쳐서

|詳說|

○ 叶, 謀悲反.257)

'모(謀)'는 협운으로 음은 '모(謀)'와 '비(悲)'의 반절이다.

○ 苦計反.258)

'계(契)'의 음은 '고(苦)'와 '계(計)'의 반절이다.

|曰止曰時, 築室于玆.|

이곳에 거주하여 이곳에 집을 지으라고 하시니라.

|詳說|

○ 叶, 津之反.259)

'자(玆)'는 협운으로 음은 '진(津)'과 '지(之)'의 반절이다.

|朱註|

賦也. 周, 地名, 在岐山之南. 廣平曰, 原. 膴膴, 肥美貌. 菫, 烏頭也.

부이다. '주(周)'는 지명으로 기산의 남쪽에 있다. 넓고 평평한 것을 원(原)이라고 한다. '무무(膴膴)'는 기름져서 아름다운 모양이다. '근(菫)'은 오두(烏頭)이다.

|詳說|

○ 本草曰 : "烏頭與附子同, 根形, 似烏鳥之頭, 蜀人謂烏頭, 苗爲菫草."260)

『본초』에서 말하였다 : "오두와 부자는 같은 것으로 뿌리의 모양이 까마귀의 머리와 같아 촉의 사람들이 오두라고 하는데 싹이 노란 풀이다."

---

257) 叶, 謀悲反 : 『시전대전(詩傳大全)』에도 동일하게 되어 있다.
258) 苦計反 : 『시전대전(詩傳大全)』에도 동일하게 되어 있다.
259) 叶, 津之反 : 『시전대전(詩傳大全)』에도 동일하게 되어 있다.
260) 『시전대전(詩傳大全)』에 『본초』의 말로 동일하게 실려 있다.

朱註

荼, 苦菜, 蓼屬也. 飴, 餳也. 契, 所以然火, 而灼龜者也,
'도(荼)'는 쓴나물이니, 여뀌 같은 것들이다. '이(飴)'는 엿이다. '결(契)' 불을 질러 거북을 지지는 것이니,

詳說

○ 夕淸反.261)
  '당(餳)'의 음은 '석(夕)'과 '청(淸)'의 반절이다.

○ 燃同.
  '연(然)'은 '연(燃)'과 같다.

○ 周禮華氏曰 : "掌燋契, 以待卜事."262)
  『주례』에서 수씨가 말하였다 : "거슬러지지는 것을 담당하니, 점치는 일을 돕는 것이다."263)

朱註

儀禮, 所謂楚焞, 是也.
『의례』에서 이른바 초돈(楚焞)이 여기에 해당한다.

詳說

○ 士喪禮.
  『의례』는 『의례』「사상례」이다.

○ 音寸, 又音臀.
  '돈(焞)'의 음은 '촌(寸)'이고, 또 '돈(臀)'을 음으로 한다.

---

261) 叶, 謨郎反 :『시전대전(詩傳大全)』에도 동일하게 되어 있다.
262) 『관성석기(管城碩記)』에 실려 있다.
263) 『관성석기(管城碩記)』에는 "살펴보건대, 『주례』「춘관」에서 수인은 거슬러지지는 것을 담당하니, 점치는 일을 돕는 것이다.(按, 周禮春官, 華人掌燋契, 以待卜事.)"라고 되어 있다.

○ 周禮注曰 : "楚, 荊也. 燃以灼龜."
『주례』의 주에서 말하였다 : "'초(楚)'는 가시나무이니, 그것으로 불을 지펴 거북들을 굽는 것이다."

朱註
或曰 : 以刀刻龜甲, 欲鑽之處也.
어떤 이는 "칼로 거북 등을 파니, 뚫고자 하는 곳이다."라고 하였다.

詳說
○ 漢書註曰 : "挈刻也. 詩曰, 爰挈我龜, 言刻開灼而卜之."
『한서』의 주에서 말하였다 : "'결(挈)'은 새기는 것이다. 시에서 '이에 우리 거북이는 지진다.'라고 한 것은 새겨서 열어놓고 불살라 점친다는 말이다."

朱註
言周原, 土地之美, 雖物之苦者, 亦甘. 於是
주의 언덕은 토지가 아름다워 쓴 것도 달았다. 이에

詳說
○ 一釋三爰字.
한 번으로 세 번의 '원(爰)'자를 풀이하였다.

朱註
大王始與豳人之從己者, 謀居之,
태왕이 비로소 자신을 따르는 빈땅의 사람들과 거처할 곳을 도모하고,

詳說
○ 補居字.
'거(居)'자를 더하였다.

朱註
又挈龜而卜之,

또 거북껍질을 불태워 점을 쳐서

> 詳說

○ 杜氏曰 : "先人事後卜筮."
　두씨가 말하였다 : "사람의 일을 먼저하고 점치는 일을 뒤로 하였다."

○ 華谷嚴氏曰 : "爰始, 謀及乃心也, 爰謀, 謀及卿士庶人也, 契龜, 謀及卜筮也."264)
　화곡 엄씨가 말하였다 : "이에 시작함은 도모함이 마음에 미친 것이고, 이에 도모함은 도모함이 경사와 서인에게 미친 것이며, 거북이를 지지는 것은 도모함이 점에 미친 것이다."

> 朱註

旣得吉兆,
길조를 얻고 나서

> 詳說

○ 補此句.
　이 구를 더하였다.

> 朱註

乃告其民曰, 可以止於是,
이에 그 백성들에게 '여기에 머물러

> 詳說

○ 時.
　'시(是)'는 본문에서 '시(時)'이다.

○ 諺解, 並不釋, 上曰字, 恐疏略

---

264) 『시전대전(詩傳大全)』에 화곡 엄씨의 말로 동일하게 실려 있다.

『언해』의 해석은 아울러 풀이하지 않았는데, 앞의 '왈(曰)'자는 아마도 생략한 것 같다.

○ 以於字易下曰字.
'어(於)'자로 뒤의 '왈(曰)'자를 바꾸었다.

朱註
而築室矣.
집을 지어야 하겠다.'라고 하였다.

詳說
○ 因上句時字, 而略茲字
위의 구에서 '시(時)'자로 말미암아 '자(茲)'자를 생략한 것이다.

朱註
或曰, 時謂土功之時也.
어떤 이는 "시(時)'는 토공(土功)의 때이다."라고 하였다.

詳說
○ 如定中之時.
'정중(定中)'의 때와 같다.

○ 如或說, 則二曰字之文勢爲順, 且時茲二字, 其義不疊, 恐當從之.
어떤 이의 설명과 같이 하면, 두 번 '왈(曰)'자는 어투가 순조롭고, 또 '시(時)'와 '자(茲)' 두 글자가 그 의미에서 중첩되지 않으니 따라야 할 것 같다.

○ 華谷嚴氏曰 : "三章述大王定宅於岐也."265)
화곡 엄씨가 말하였다 : "3장에서는 태왕이 기에 집을 정한 것에 대해 서술하였다."

---

265) 『시전대전(詩傳大全)』에 화곡 엄씨의 말로 동일하게 실려 있다.

[3-1-3-4]
> 迺慰迺止, 迺左迺右,

이에 편안하게 하고 거주하게 하며, 이에 좌로 하고 우로 하며

> 詳說

○ 叶, 羽己反.266)

'우(右)'는 협운으로 음은 '우(羽)'와 '기(己)'의 반절이다.

> 迺疆迺理, 迺宣迺畝,

이에 큰 경계로 구획하고 작은 조리를 만들며 흩어져 살게 하고 이랑을 만드니,

> 詳說

○ 叶, 滿彼反.267)

'묘(畝)'는 협운으로 음은 '만(滿)'과 '피(彼)'의 반절이다.

> 自西徂東, 周爰執事.

서쪽에서 동쪽으로 가면서 두루 일을 집행하느니라.

> 詳說

○ 叶, 上止反.268)

'사(事)'는 협운으로 음은 '상(上)'과 '지(止)'의 반절이다.

> 朱註

> 賦也. 慰, 安. 止, 居也.

부이다. '위(慰)'는 편안하게 함이고, '지(止)'는 거주하게 하는 것이다.

> 詳說

---

266) 叶, 羽己反 : 『시전대전(詩傳大全)』에도 동일하게 되어 있다.
267) 叶, 滿彼反 : 『시전대전(詩傳大全)』에도 동일하게 되어 있다.
268) 叶, 上止反 : 『시전대전(詩傳大全)』에도 동일하게 되어 있다.

○ 承上章止字.
위의 장의 '지(止)'자를 이어받은 것이다.

朱註
左右, 東西列之也.
'좌우(左右)'는 동서로 나열함이다.

詳說
○ 孔氏曰 : "公宮在中, 民居左右."269)
공씨가 말하였다 : "공의 집은 가운데 있고, 백성들의 거처는 좌우로 있는 것이다."270)

○ 慶源輔氏曰 : "民居各有定."271)
경원 보씨가 말하였다 : "백성들의 거처는 각기 정함이 있는 것이다."272)

朱註
疆, 謂畫其大界, 理謂別其條理也. 宣, 布散而居也, 或曰導其溝洫也.
'강(疆)'은 큰 경계를 구획하는 것을 말하고, '리(理)'는 그 조리를 구별하는 것을 말한다. '선(宣)'은 퍼지고 흩어져서 거처하는 것이다, 어떤 이는 "그 도랑을 내는 것이다."라고 한다.

詳說
○ 彼列反.
'별(別)'의 음은 '피(彼)'와 '열(列)'의 반절이다.

---

269) 『시전대전(詩傳大全)』에 공씨의 말로 실려 있다.
270) 『시전대전(詩傳大全)』에는 "공씨가 말하였다 : '공의 집은 가운데 있고, 백성들의 거처는 좌우로 있는 것에 의거했기 때문에 왕숙이 「이에 좌우로 땅을 개척해 읍을 둠으로써 백성들의 거처로 삼았다.」라고 하였다.'(孔氏曰 : 據公宮在中, 民居左右, 故王肅云, 乃左右開地置邑, 以居其民.)"라고 되어 있다.
271) 『시전대전(詩傳大全)』에 경원 보씨의 말로 실려 있다.
272) 『시전대전(詩傳大全)』에는 "경원 보씨가 말하였다 : 첫 구와 둘째 구에서는 백성들의 거처는 각기 정함이 있어 그곳을 얻어 영위한다는 것이다. ….(慶源輔氏曰 : 第一二句, 則民居各有定, 而得以營立矣. ….)"라고 되어 있다.

○ 文在疆畝之間, 或說以長.
조리가 경계와 이랑의 사이에 있으니, 어떤 이의 설명이 그 때문에 뛰어난 것이다.

朱註
畝, 治其田疇也.
'묘(畝)'는 밭 두둑을 다스리는 것이다.

詳說
○ 慶源輔氏曰 : "三四句, 民田各有分."273)
경원 보씨가 말하였다 : "셋째 구와 넷째 구는 백성의 토지에 각기 구분이 있다는 것이다."274)

朱註
自西徂東, 自西水滸
'자서조동(自西徂東)'은 서쪽 물가에서

詳說
○ 承二章.
둘째 구를 이어받은 것이다.

朱註
而徂東也.
동쪽으로 간다는 것이다.

詳說
○ 岐.

---

273) 『시전대전(詩傳大全)』에 경원 보씨의 말로 실려 있다.
274) 『시전대전(詩傳大全)』에는 "경원 보씨가 말하였다 : 첫 구와 둘째 구에서는 백성들의 거처는 각기 정함이 있어 그곳을 얻어 영위한다는 것이다. 셋째 구와 넷째 구는 백성의 토지에 각기 구분이 있어 농사를 짓는다는 것이다.…(慶源輔氏曰 : 第一二句, 則民居各有定, 而得以營立矣. 三四句, 則民田各有分, 而得以耕治矣. ….)"라고 되어 있다.

'동(東)'은 본문에서 '기(岐)'이다.

朱註

周, 徧也, 言靡事不爲也.
'주(周)'는 두루 함이니, 어느 일이고 하지 않음이 없다는 말이다.

詳說

○ 慶源輔氏曰 : "總言所當爲之事."275)
경원 보씨가 말하였다 : "해야 할 일을 총체적으로 말하였다."276)

○ 華谷嚴氏曰 : "四章述定民居, 治田畝也."277)
화곡 엄씨가 말하였다 : "4장에서는 백성들의 거처를 정하고 전묘를 다스리는 것에 대해 서술하였다."

[3-1-3-5]

乃召司空, 乃召司徒 ,俾立室家. 其繩則直,

이에 사공을 부르고 사도를 불러
실가를 세우게 한다. 그 먹줄이 곧기도 하거늘

詳說

○ 叶, 古胡反.278)
'가(家)'는 협운으로 음은 '고(古)'와 '호(胡)'의 반절이다.

縮版以載, 作廟翼翼.

판자를 묶어 이으니, 지은 사당이 엄정하도다.

---

275) 『시전대전(詩傳大全)』에 경원 보씨의 말로 실려 있다.
276) 『시전대전(詩傳大全)』에는 "경원 보씨가 말하였다 : …. 셋째 구와 넷째 구는 백성의 토지에 각기 구분이 있어 농사를 짓는다는 것이다. 다섯째 구와 여섯 째구에서는 서쪽 물가에서 동쪽으로 간 것을 총체적으로 말하였으니, 처음 경영하는 일에서 해야 할 것에 극진하지 않음이 없다는 것이다.(慶源輔氏曰 : …. 三四句, 則民田各有分, 而得以耕治矣. 五六句, 總言其從西水滸而徂東, 凡經始之事, 所當爲者, 無不盡也..)"라고 되어 있다.
277) 『시전대전(詩傳大全)』에 화곡 엄씨의 말로 동일하게 실려 있다.
278) 叶, 古胡反:『시전대전(詩傳大全)』에도 동일하게 되어 있다.

詳說
○ 色六反.279)
'축(縮)'의 음은 '색(色)'과 '육(六)'의 반절이다.

○ 叶, 節力反.280)
'재(載)'는 협운으로 음은 '절(節)'과 '력(力)'의 반절이다.

○ 或作迺或作乃, 蓋偶耳.
'익(翼)'은 혹 '내(迺)'로 혹 '내(乃)'로 되어 있으니, 대개 우연일 뿐이다.

朱註
賦也. 司空, 掌營國邑,
부이다. 사공은 나라의 읍을 관장하여 경영하고,

詳說
○ 出周禮遂人.
『주례』「수인」이 출처이다.

朱註
司徒, 掌徒役之事.
사도는 사역의 일을 관장한다.

詳說
○ 見周禮小司徒
『주례』「소사도」에 있다.

○ 曹氏曰："先量地, 制邑居, 次役衆庶."281)
조씨가 말하였다："먼저 택지를 측량해서 읍의 거처를 제정하고 다음에 무리를

---
279) 色六反 :『시전대전(詩傳大全)』에도 동일하게 되어 있다.
280) 叶, 節力反 :『시전대전(詩傳大全)』에도 동일하게 되어 있다.
281)『시전대전(詩傳大全)』에 조씨의 말로 실려 있다.

사역시키는 것이다."282)

朱註
繩所以爲直, 凡營度位處,
'승(繩)'은 곧게 만드는 것이니, 위치를 경영하고 헤아릴 때는

詳說
○ 入聲
'탁(度)'은 입성이다.

○ 孔氏曰："卽匠人, 所謂左祖右社面朝後市之類."283)
공씨가 말하였다："곧 장인이 이른바 왼쪽은 종묘 오른쪽은 사직 앞에는 조정 뒤에는 시장으로 하는 종류이다."284)

朱註
皆先以繩正之, 旣正, 則束版而築也. 縮, 束也, 載, 上下相承也, 言以索束版, 投土築訖,
모두 먼저 먹줄로 바로 잡고, 바로 잡고 나면 판자를 묶어 흙은 쌓는 것이다. '축(縮)'은 묶는 것이고, '재(載)'는 상하로 서로 잇는 것이니, 새끼로 판자를 묶어 흙어 던져 쌓기를 마치면,

詳說
○ 諺音誤.
'축(縮)'은 『언해』의 음이 잘못되었다.

---

282) 『시전대전(詩傳大全)』에는 "조씨가 말하였다 : '먼저 택지를 측량해서 읍을 제정하고, 땅을 헤아려 백성들에게 거처하게 하는 것이 사공의 직분이기 때문에 먼저 부른 것이다. 무리를 오게 해서 사역을 명령하는 것이 사도의 직책이기 때문에 다음에 부른 것이다.'(曹氏曰 : 量地以制邑, 度地以居民, 司空之職. 故先召之, 致衆庶, 令徒役, 司徒之職, 故次召之.)"라고 되어 있다.
283) 『시전대전(詩傳大全)』에 공씨의 말로 실려 있다.
284) 『시전대전(詩傳大全)』에는 "공씨가 말하였다 : '위치는 곧 장인이 이른바 왼쪽은 종묘 오른쪽은 사직 앞에는 조정 뒤에는 시장으로 하는 종류가 여기에 해당한다.(孔氏曰 : 位處者, 卽匠人, 所謂左祖右社面朝後市之類, 是也.)"라고 되어 있다.

○ 補土字.
'토(土)'자를 더하였다.

○ 投土於兩版之間.
두 판자 사이에 흙을 던져 넣는 것이다.

|朱註|
則升下而上,
아래에서 위로 올라가서

|詳說|
○ 上聲.
'상(上)'은 상성이다.

|朱註|
以相承載也.
서로 이어지게 하는 것이다.

|詳說|
○ 長樂劉氏曰 : "築宗廟之垣墉牆壁也."285)
장락 유씨가 말하였다 : "종묘의 담장과 벽을 쌓는 것이다."

|朱註|
君子將營宮室宗廟爲先, 厩庫爲次, 居室爲後.
군자는 궁실과 종묘의 경영을 우선하고, 마구간과 곳집이 다음이고, 거실은 뒤이다.

|詳說|
○ 出禮記曲禮.

---

285) 『시전대전(詩傳大全)』에 장락 유씨의 말로 동일하게 실려 있다.

『예기』「곡례」가 출처이다.

○ 曹氏曰 : "俾立室家, 則定其規模而已. 若營作, 則先於廟."286)
조씨가 말하였다 : "실가는 세우게 하는 것은 그 규모를 정하는 것일 뿐이다. 경영하여 일으키는 것은 종묘를 우선하는 것이다."287)

○ 作廟, 諺釋合, 更商.
'작묘(作廟)'는 『언해』의 해석이 맞는지 다시 생각해 봐야 한다.

朱註
翼翼, 嚴正也.
'익익(翼翼)'은 엄정한 것이다.

詳說
○ 華谷嚴氏曰 : "五章述將營宮室, 先作宗廟也."288)
화곡 엄씨가 말하였다 : "5장에서는 궁실을 경영함에 먼저 종묘를 짓는 것에 대해 서술하였다."

○ 長樂劉氏曰 : "三四章先營民之居處, 授民之耕種, 此章始營公室."289)
장락 유씨가 말하였다 : "3장과 4장에서 먼저 백성들의 거처를 경영해서 백성들의 경작을 내려주었으니, 여기의 장에서 비로소 공실을 경영하는 것이다."290)

---

286) 『시전대전(詩傳大全)』에 조씨의 말로 실려 있다.
287) 『시전대전(詩傳大全)』에는 "조씨가 말하였다 : '실가는 세우게 하는 것은 그 규모를 정하는 것일 뿐이다. 경영하여 일으키는 것은 종묘를 우선하는 것이기 때문에 그 순서가 이와 같은 것이다.'(曹氏曰 : 此章俾立室家, 則定其規模而已. 若其營作, 則先於廟, 故其序如此.)"라고 되어 있다.
288) 『시전대전(詩傳大全)』에 화곡 엄씨의 말로 동일하게 실려 있다.
289) 『시전대전(詩傳大全)』에 장락 유씨의 말로 실려 있다.
290) 『시전대전(詩傳大全)』에는 "장락 유씨가 말하였다 : '2장에서 옮겨가는 것을 말하였고, 3장과 4장에서 먼저 백성들의 거처를 경영해서 백성들의 경작을 내려주는 것에 대해 말하였으니, 여기의 장에서 비로소 공실을 경영하는 것이다.(長樂劉氏曰 : 二章言遷, 三章四章言先營民之居處授民之耕種, 此章始營宮室焉.)"라고 되어 있다.

[3-1-3-6]
|捄之陾陾, 度之薨薨,|

그릇에 흙을 담기를 많이많이 하고 판자에 흙을 던져 넣기를 몽몽히 하며,

|詳說|

○ 音俱.291)
'구(捄)'의 음은 '구(俱)'이다.

○ 耳升反.292)
'잉(陾)'의 음은 '이(耳)'와 '정(升)'의 반절이다.

○ 入聲
'탁(度)'은 입성이다.

|築之登登, 削屢馮馮,|

담장을 다지기를 등등히 하고, 중복된 곳을 깎기를 빙빙히 하며

|詳說|

○ 音憑.
'빙(馮)'의 음은 '빙(憑)'이다.

|百堵皆興, 鼛鼓弗勝.|

백도가 모두 일어나니, 고고가 감당하지 못하도다.

|詳說|

○ 丁古反.293)
'도(堵)'의 음은 '정(丁)'과 '고(古)'의 반절이다.

---
291) 音俱 : 『시전대전(詩傳大全)』에도 동일하게 되어 있다.
292) 耳升反 : 『시전대전(詩傳大全)』에도 동일하게 되어 있다.
293) 丁古反 : 『시전대전(詩傳大全)』에도 동일하게 되어 있다.

○ 音皋.
'고(鼛)'의 음은 '고(皋)'이다.

○ 音升.294)
'승(勝)'의 음은 '승(升)'이다.

朱註
賦也. 捄, 盛土於器也. 陾陾, 衆也. 度, 投土於版也.
부이다. 구는 그릇에 흙을 담는 것이다. '잉잉(陾陾)'은 많은 것이다. '탁(度)'은 판자에 흙은 던져넣는 것이다.

詳說
○ 音成.
'성(盛)'의 음은 성(成)이다.

○ 揣而投也.
헤아려서 던지는 것이다.

朱註
薨薨, 衆聲也, 登登, 相應聲. 削屢, 牆成而削治重複也.
'몽(薨薨)'은 여러 사람의 소리이고, '등등(登登)'은 호응하는 소리이다. '삭루(削屢)'는 담을 완성하고 중복된 곳을 깎아내는 것이다.

詳說
○ 平聲.
'중(重)'은 평성이다.

○ 削屢, 古語倒, 諺釋未瑩. 蓋此屢字, 總上捄度築三事, 而削下亦有之字義, 是互見也

---

294) 音升 : 『시전대전(詩傳大全)』에도 동일하게 되어 있다.

'삭루(削屢)'는 옛말이 거꾸로 된 것으로 『언해』의 풀이는 분명하지 않다. 여기에서의 '루(屢)'자는 '구(捄)'·'탁(度)'·'축(築)'의 세 가지 일을 통괄해서 '삭(削)'의 아래에도 '지(之)'자의 의미가 있으니, 서로 드러내기 때문이다.

○ 長樂劉氏曰 " 牆成脫版, 削其堅凸, 以就平直."295)
장락 유씨가 말하였다 : "담을 완성해 판자를 벗겨내고 단단하게 튀어나온 부분을 깎아 평평하고 곧게 하는 것이다."296)

朱註
馮馮, 牆堅聲. 五版爲堵,
'빙빙(馮馮)'은 담이 단단한 소리이다. 다섯 판자가 도(堵)이고,

詳說
○ 以長言.
길이로 말한 것이다.

朱註
興起也, 此言治宮室也.
'흥(興)'은 일어남이니, 여기에서는 궁실을 다스린다는 말이다.

詳說
○ 安成劉氏曰 :"古人以牆爲壁, 故於作室, 多言版築之事."297)
안성 유씨가 말하였다 : "옛사람들은 담을 벽으로 했기 때문에 집을 지음에 대부분 판책의 일을 말하였다."

○ 慶源輔氏曰 :"此又承上章, 而言治宮室. 其獨詳於版築之事者, 蓋垣牆所以圍乎外, 擧此, 則其中衆役可知, 又版築比他工役爲

---
295) 『시전대전(詩傳大全)』에 장락 유씨의 말로 실려 있다.
296) 『시전대전(詩傳大全)』에는 "장락 유씨가 말하였다 : '담을 완성해 판자를 벗겨내고 단단하게 튀어나온 부분을 깎아 평평하고 곧게 한다는 말이다. 철((凸)은 음이 질(迭)이다.'(長樂劉氏曰 : 謂牆成脫版, 削其堅凸, 以就平直. 凸音迭.)"라고 되어 있다.
297) 『시전대전(詩傳大全)』에 안성 유씨의 말로 동일하게 실려 있다.

最勞."298)

경원 보씨가 말하였다 : "여기에서는 또 위의 장을 이어서 궁실을 다스리는 것에 대해 말하였다. 유독 판책의 일에 상세한 것은 대개 담장은 밖에서 둘러싸는 것인데, 이것을 들었다면 그 중에서 대중의 노역을 알만하고 또 판책은 다른 일에 비해 아주 힘겨운 것이다."299)

朱註
鼛鼓, 長一丈二尺, 以鼓役事.
'고고(鼛鼓)'는 길이 한 장 두 척으로 역사를 고무하는 것이다.

詳說
○ 擊於.
'이고(以鼓)'는 '격어(擊於)'이다.

○ 出周禮鼓人.
『주례』「고인」이 출처이다.

朱註
弗勝者, 言其樂事, 勸功, 鼓不能止也.
'불승(弗勝)'은 즐겁게 일해 일을 권함에 북치기를 그칠 수 없다는 말이다.

詳說
○ 音洛.
'락(樂)'의 음은 '락(洛)'이다.

○ 樂不堪也.

---

298) 『시전대전(詩傳大全)』에 경원 보씨의 말로 실려 있다.
299) 『시전대전(詩傳大全)』에는 "경원 보씨가 말하였다 : '여기에서는 또 위의 장을 이어서 궁실을 다스리는 것에 대해 말하였다. 유독 판책의 일에 상세한 것은 대개 담장은 밖에서 둘러싸는 것인데, 이것을 들었다면 그 중에서 대중의 노역을 알만하고 또 판책은 다른 일에 비해 아주 힘겨운 것이다.「백도가 모두 일어나니, 고고가 감당하지 못하도다.」는 것에 이르러서는 사람들이 즐겁게 일하는 것이 여기에서 지극한 것이다.'(慶源輔氏曰 : 此又承上章, 而言治宮室. 其獨詳於版築之事者, 盖垣墻所以圍乎外, 舉此, 則其中衆役可知, 又版築比之其他工役爲最勞, 至於百堵皆興, 鼛鼓弗勝, 則人之樂事, 於是爲至矣.)"라고 되어 있다.

음악이 감당하지 못하는 것이다.

[3-1-3-7]

迺立皐門, 皐門有伉,

고문을 세우니, 고문이 높기도 하고,

詳說

○ 苦浪反, 叶, 苦郎反.300)

'항(伉)'의 음은 '고(苦)'와 '랑(浪)'이 반절이다.

迺立應門, 應門將將,

응문을 세우니, 응문이 엄정하기도 하며,

詳說

○ 音搶

'장(將)'의 음은 '창(搶)'이다.

迺立冢土, 戎醜攸行.

총토를 세우니 큰 무리가 출행하리로다.

詳說

○ 叶, 戶郎反.301)

'항(行)'은 협운으로 음은 '호(戶)'와 '랑(郎)'의 반절이다.

朱註

賦也. 傳曰, 王之郭門曰皐門.

부이다. 전에서 "왕의 성문을 고문이라고 한다.

---

300) 苦浪反, 叶苦郎反 : 『시전대전(詩傳大全)』에도 동일하게 되어 있다.
301) 叶, 戶郎反 : 『시전대전(詩傳大全)』에도 동일하게 되어 있다.

詳說
○ 毛傳
'전(傳)'은 『모전』이다.

○ 鄭氏曰 : "宮外門."
정씨가 말하였다 : "궁 밖의 문이다."

朱註
伉, 高貌. 王之正門曰, 應門.
'항(伉)'은 높은 모양이다. 왕의 정문을 응문이라고 한다.

詳說
○ 閌同, 諺音誤.
'항(伉)'은 '항(閌)'과 같고 『언해』의 음은 잘못되었다.

○ 鄭氏曰 : "朝門."
정씨가 말하였다 : "조문(朝門)이다."

朱註
將將, 嚴正也.
'장장(將將)'은 엄정함이다."라고 하였다.

詳說
○ 傳說止此.
전의 설명은 여기까지이다.

朱註
大王之時, 未有制度, 特作二門, 其名如此. 及周有天下, 遂尊以爲天子之門, 而諸侯不得立焉.
태왕의 때에 아직 제도가 없어 단지 두 문만 두었고 그 이름이 이와 같았다. 주나라가 천하를 소유하게 되자 마침내 높여서 천자의 문으로 삼고는 제후들은 세우지 못하게 하였다.

> 詳說

○ 禮記明堂位曰, "魯以庫門爲天子皐門, 雉門爲天子應門."302)
『예기』「명당위」에서 말하였다 : "노나라에서는 고문(庫門)을 천자의 고문(皐門)으로 삼고, 치문(雉門)을 응문(應門)으로 삼았다."303)

○ 考索曰 : "天子五門, 皐庫雉應路, 皐者, 遠也最在外, 庫則有藏於此, 雉取文明, 應則居此以應治, 路取其大也. 諸侯三門, 庫雉路也."304)
『고색』에서 말하였다 : "천자는 다섯 문으로 고(皐)·고(庫)·치(雉)·응(應)·로(路)이다. 고(皐)는 멀어서 가장 바깥에 있는 것이고, 고(庫)는 여기에서 가림이 있는 것이며, 치(雉)는 문명함을 취한 것이고, 응(應)은 여기를 거처로 다스림에 호응하는 것이며, 로(路)는 그 큼을 취한 것이다. 제후는 세 문으로 고(庫)·치(雉)·로(路)이다."305)

> 朱註

冢土, 大社也, 亦大王所立. 而後因以爲天子之制也.
총토(冢土)는 '대사(大社)'로 또한 태왕이 세운 것인데, 후에 그 때문에 천자의 제

---

302) 『시전대전(詩傳大全)』에 신안 호씨가, 모씨가 『예기』「명당위」의 말을 인용한 것을, 재인용한 것으로 실려 있다.
303) 『시전대전(詩傳大全)』에는 "신안 호씨가 말하였다 : '모씨가 『예기』「명당위」에 따라 노나라에서는 고문(庫門)을 천자의 고문(皐門)으로 삼고, 치문(雉門)을 응문(應門)으로 삼았음을 말하였으니, 마침내 천자의 곽문(郭門)을 고(皐)로 삼고 정문(正門)을 응(應)으로 삼고, 제후의 문은 고(庫)와 치(雉)로 하게 하였다는 말이다. ….'(新安胡氏曰 : 毛氏因戴記明堂位, 言魯以庫門爲天子皐門, 雉門爲天子應門, 遂謂天子郭門爲皐, 正門爲應, 而諸侯門當名庫雉. ….)"라고 되어 있다.
304) 『시전대전(詩傳大全)』에 『고색(考索)』의 말로 실려 있다.
305) 『시전대전(詩傳大全)』에는 "『고색』에서 말하였다 : '천자는 다섯 문이다. 고(皐)는 멀리 있으면서 밝은 것으로 가장 바깥에 있기 때문에 고(皐)라고 한 것이다. 고문(庫門)은 여기에서 가림이 있기 때문이고, 치문(雉門)은 문명함을 취한 것이며, 응문(應門)은 여기를 거처로 다스림에 호응하는 것이며, 로문(路門)은 그 큼을 취한 것이다. 이 다섯 문에는 각기 그 의미가 있다. 그런데 『서경』에는 오히려 필문(畢門)과 남문(南門)이 있으니, 로문(路門)의 별명이다. 『주례』에 또 중문(中門)이 있으니 치문(雉門)의 별명이다. 『이아』에는 정문(正門)이 있으니 응문(應門)의 별명이다. 제후라면 세 문이니, 정씨는 고(庫)·치(雉)·로(路)로 여겼다.'(考索曰 : 天子五門, 皐者, 遠也明, 最在外, 故曰皐. 庫門, 則有藏於此故也, 雉門者, 取其文明也, 應門者, 則居此以應治, 路門, 則取其大也. 此五門, 各有其義. 然書猶有畢門南門, 則路門之別名也. 周禮又有中門, 則雉門之別名也. 爾雅有正門, 則應門之別名也. 若諸侯三門, 鄭氏以爲庫雉路也.)"라고 되어 있다.

도로 된 것이다.

> 詳說

○ 音泰.

'태(大)'의 음은 '태(泰)'이다.

○ 蓋粟社也

'대사(大社)'는

○ 臨川王氏曰 : "宗廟宮室, 內事也. 自內及外, 故於卒言立冢土."306)

임천 왕씨가 말하였다 : "종묘와 궁실은 내부의 일이다. 안에서 밖으로 미치기 때문에 무리에서 총토를 세운다고 말한 것이다."

> 朱註

戎醜, 大衆也. 起大事, 動大衆, 必有事乎社, 而後出, 謂之宜

'융추(戎醜)'는 큰일을 일으키고 대중을 동원할 때에는 반드시 사에서 제사한 뒤에 나가니, 의제사라고 한다.

> 詳說

○ 軍事亦大事.

군대의 일도 큰일이다.

○ 爾雅曰 : "宜, 祭名, 祭之以求福宜."307)

『이아』에서 말하였다 : "의(宜)는 제사의 이름으로 제사를 지내 복의 마땅함을 구하는 것이다."308)

---

306) 『시전대전(詩傳大全)』에 임천 왕씨의 말로 동일하게 실려 있다.
307) 『시전대전(詩傳大全)』에 『이아』의 말로 실려 있다.
308) 『시전대전(詩傳大全)』에는 "『이아』에서 말하였다 : '의(宜)는 제사의 이름이니, 전란의 재앙과 전쟁의 위급함에 실패를 염려하여 제사를 지내 복의 마땅함을 구하기 때문에 의제사라고 하는 것이다.'(爾雅曰 : 宜, 祭名, 以兵凶戰危, 慮有負敗, 祭之, 以求福宜, 故謂之宜.)"라고 되어 있다.

○ 慶源輔氏曰 : "戎醜攸行, 則征伐之事, 蓋有不容已者矣.309)

경원 보씨가 말하였다 : "'큰 무리가 출행하리로다.'라는 것은 정벌의 일로 대개 어쩔 수 없는 것이다."310)

○ 安成劉氏曰 : "上四章之序, 營立宗廟居室社稷, 皆在居民之後, 先王重民之意如此, 蓋國以民爲本也."311)

안성 유씨가 말하였다 : "위의 네 장의 순서에서 종묘·거실·사직을 경영하여 세우는 것은 모두 백성들을 거처하게 한 후이니, 선왕이 백성들을 이처럼 중시하는 의미로 대개 나라는 백성을 근본으로 한다는 것이다."

[3-1-3-8]

肆不殄厥慍, 亦不隕厥問.

이러므로 오랑캐들이 성냄을 끊지 못하였으나 또한 그 명성을 실추하지 않으셨도다.

詳說

○ 田典反.312)

'진(殄)'의 음은 '전(田)'과 '전(典)'의 반절이다.

○ 紆問反.313)

'온(慍)'의 음은 '우(紆)'와 '문(問)'의 반절이다.

○ 韻敏反.314)

'운(隕)'의 음은 '운(韻)'과 '민(敏)'의 반절이다.

柞棫拔矣, 行道兌矣,

---

309) 『시전대전(詩傳大全)』에 경원 보씨의 말로 실려 있다.
310) 『시전대전(詩傳大全)』에는 "경원 보씨가 말하였다 : 「총토를 세우니 큰 무리가 출행하리로다.」라는 것은 정벌의 일로 대개 어쩔 수 없는 것이다.(慶源輔氏曰 : …. 廼立冢土戎醜攸行, 則征伐之事, 蓋有不容已者矣.)"라고 되어 있다.
311) 『시전대전(詩傳大全)』에 안성 유씨의 말로 동일하게 실려 있다.
312) 田典反 : 『시전대전(詩傳大全)』에도 동일하게 되어 있다.
313) 紆問反 : 『시전대전(詩傳大全)』에도 동일하게 되어 있다.
314) 韻敏反 : 『시전대전(詩傳大全)』에도 동일하게 되어 있다.

길참나무와 떡갈나무가 쑥쑥 뻗어 올라가 다니는 길에 통하니,

詳說

○ 音昨.
'작(柞)'의 '작(昨)'이다.

○ 音域.315)
'역(棫)'의 음은 '역(域)'이다.

○ 音佩.
'발(拔)'의 음은 '패(佩)'이다.

○ 吐外反.316)
'태(兌)'의 음은 '토(吐)'와 '외(外)'의 반절이다.

混夷駾矣, 維其喙矣.

곤이들이 도망하여 숨만 쉴 뿐이로다.

詳說

○ 音昆.317)
'혼(混)'의 음은 '곤(昆)'이다.

○ 音隊.
'태(駾)'의 음은 '대(隊)'이다.

○ 音諱.
'훼(喙)'의 음은 '휘(諱)'이다.

---

315) 音域:『시전대전(詩傳大全)』에도 동일하게 되어 있다.
316) 吐外反:『시전대전(詩傳大全)』에도 동일하게 되어 있다.
317) 音昆:『시전대전(詩傳大全)』에도 동일하게 되어 있다.

朱註
賦也. 肆, 故今也, 猶言遂也, 承上起下之辭.
부이다. '사(肆)'는 '그러므로 이제'라는 의미로 '마침내'라고 하는 것과 같으니, 위를 이어 아래를 일으키는 말이다.

詳說
○ 承上章, 以起此章.
위의 장을 이어받아 여기의 장을 일으킨 것이다.

朱註
殄, 絶, 慍, 怒, 隕, 墜也. 問, 聞通, 謂聲譽也. 柞, 櫟也, 枝, 長, 葉盛, 叢生, 有刺. 棫, 白桵也,
'진(殄)'은 끊음이고, '온(慍)'은 노함이며, '운(隕)'은 실추함이고, '문(問)'은 '문(聞)'과 통하니, 명성을 말한다. '작(柞)'은 갈참나무로 가지가 길고 잎이 무성하며 총생하고 가시가 있다. '역(棫)'은 희수리 나무로

詳說
○ 諺音誤.
'진(殄)'은 『언해』의 잘못되었다.

○ 去聲.
'문(聞)'은 거성이다.

○ 音桵.
'유(桵)'의 음은 '유(桵)'이다.

朱註
小木, 亦叢生, 有刺. 拔, 挺拔而上
작은 나무로 또한 총생하고 가시가 있다. '발(拔)'은 위로 쭉 뻗어 올라가

詳說

○ 如字.
'발(拔)'은 본래의 음 대로 읽는다.

○ 上聲.
'상(上)'은 상성이다.

朱註
不拳曲, 蒙密也. 兌, 通也, 始通道於柞棫之間也. 駾, 突, 喙, 息也.
구부러지거나 덮여서 빽빽하지 않은 것이다. '태(兌)'는 통함으로 비로소 갈참나무와 흰 수리나무 사이로 길을 통하는 것이다. '태(駾)'는 도망함이고, '훼(喙)'는 숨 쉼이다.

詳說
○ 諺用華音.
'훼(喙)'는 『언해』에서 중국의 음을 사용했다.

○ 藍田呂氏曰 : "張喙而息也, 奔趨者, 其狀如此."318)
남전 여씨가 말하였다 : "숨을 크게 해서 숨 쉬는 것이니, 도망가는 자는 그 상태가 이렇다."

朱註
○ 言大王, 雖不能殄絶混夷之慍怒, 亦不隕墜己之聲聞. 蓋雖聖賢不能必人之不怒己,
태왕이 곤이의 성남을 끊을 수는 없었으나 자신의 명성을 떨어뜨리지 않았다. 성현일지라도 사람들이 자신에게 성내지 않기를 기필할 수 없고,

詳說
○ 補大王字.
태왕(大王)이라는 말을 더했다.

---

318) 『시전대전(詩傳大全)』에 남전 여씨의 말로 거의 비슷하게 실려 있다.

○ 上厥.
　‘곤이(混夷)’는 위의 ‘궐(厥)’이다.

○ 從後句說出

○ 下厥.
　‘기(己)’는 아래의 ‘궐(厥)’이다.

○ 期也
　‘필(必)’은 기약하다는 것이다.

○ 句.
　구두해야 한다.

朱註
但不廢其自修之實耳.
단지 자신을 닦는 실질을 폐하지 않을 뿐이다.

詳說
○ 蓋以下申論也
　이하는 거듭해서 경문의 의미를 설명한 것이다.

○ 慶源輔氏曰 : "自修之實, 而但言其聲問者, 有其實, 則有其名也."319)
　경원 보씨가 말하였다 : "자신을 닦는 실질인데 단지 그 명성을 말한 것은 실질이 있으면 이름이 있기 때문이다."320)

---

319) 『시전대전(詩傳大全)』에 경원 보씨의 말로 실려 있다.
320) 『시전대전(詩傳大全)』에는 '경원 보씨가 말하였다 : …. 자신을 닦는 실질인데 단지 그 명성을 말한 것은 실질이 있으면 이름이 있기 때문이니, 후세의 이른바 헛된 명예로 주창하는 자들과는 같지 않을 것이다.' (慶源輔氏曰 : …. 自脩之實, 而但言其聲問者, 有其實則有其名也, 其與後世所謂以虛聲恐唱之者, 不同矣.)"라고 되어 있다.

朱註

然大王始至此岐下之時, 林木深阻, 人物鮮少, 至於其後生齒漸繁, 歸附日衆,
그러나 태왕이 처음 이 기산의 아래에 왔을 때에는 산림과 나무가 깊이 막혀 사람과 사물이 적었는데, 그 뒤에 아이들이 점점 불어나고 귀부하는 자들이 날로 많게 되니,

詳說

○ 上聲.
'선(鮮)'은 상성이다.

○ 周禮司民曰 : 自生齒以上, 皆書于版."321)
『주례』「사민(司民)」에서 말하였다 : "치아가 나는 이상은 모두 판책에 기록했다."322)

○ 先補說.
먼저 보완하여 말하였다.

朱註

則木拔道通, 混夷畏之, 而奔突竄伏, 維其喙息而已.
나무가 쑥 뻗어 올라가서 길이 통하니, 곤이가 두려워 도망가서는 숨어 엎드려 숨만 쉴 뿐이었다.

詳說

○ 慶源輔氏曰 : "四矣字, 可見不期然而然之意."323)
경원 보씨가 말하였다 : "네 번의 '의(矣)'에서 그러기를 기약하지 않아도 그렇다는 의미를 알 수 있다."

---

321) 『주례주소(周禮注疏)』에 실려 있다.
322) 『주례주소(周禮注疏)』에는 "사민(司民)이 만민의 수를 담당하여 올렸으니, 치아가 나는 이상은 모두 판책에 기록했던 것이다.(司民掌登萬民之數, 自生齒以上皆書於版.)"라고 되어 있다.
323) 『시전대전(詩傳大全)』에 경원 보씨의 말로 동일하게 실려 있다.

朱註

言德盛而混夷自服也,

덕이 성해져 곤이가 저절로 복종하게 되었다는 말이니,

詳說

○ 此申論也.

여기에서 거듭해서 경문의 의미를 설명하였다.

朱註

蓋已爲文王之時矣.

이미 문왕의 때가 되었다는 것이다.

詳說

○ 補此句.

이 구를 더하였다.

○ 東萊呂氏曰 : "此章或以爲專指大王, 或以爲專指文王, 皆未安. 孟子曰, 文王事昆夷, 則大王安得有駾喙之事. 皇矣曰, 柞棫斯拔自大伯王季, 則拔兌, 安可指謂文王之時. 蓋總敍周家王業, 積施屈伸之理, 始於大王, 而終於文王耳."324)

동래 여씨가 말하였다 : "여기 장은 혹 오로지 태왕을 가리킨다고 하고 혹 오로지 문왕을 가리킨다고 하는데 모두 옳지 않다. 맹자는 '문왕이 곤이를 섬겼다.'라고 하였으니, 태왕에게 어찌 도망하게 해서 숨만 쉬게 하는 일이 있었겠는가? 「황의(皇矣)」에서 '갈참나무와 떡갈나무가 위로 쑥 뻗어 올라가며 태백과 왕계에서부터 하셨도다.'라고 하였으니, 쑥쑥 뻗어 올라가 통한다는 것이 어찌 문왕의 때를 가리켜 말한 것이겠는가? 대개 전체적으로 주나라 왕실의 일을 차례대로 함에 쌓아 베풀고 굴신하는 이치가 태왕에게 시작해서 문왕에게서 마쳤을 뿐이라는 것이다."325)

---

324) 『시전대전(詩傳大全)』에 동래 여씨의 말로 실려 있다.
325) 『시전대전(詩傳大全)』에는 "동래 여씨가 말하였다 : '여기 장은 혹 오로지 태왕을 가리킨다고 하고 혹 오로지 문왕을 가리킨다고 하는데 모두 옳지 않다. 맹자는 「문왕이 곤이를 섬겼다.」라고 하였다. 문왕이 여전히 곤이를 섬겼다면 태왕에게 「곤이들이 도망하여 숨만 설 뿐이로다.」라는 일이 있었겠는가? 「황의(皇

○ 華谷嚴氏曰 : "八章, 言大王文王調服昆夷也. 孟子借此章首二句, 以說文王, 鄭氏踵之, 遂誤專以爲文王之詩."326)

화곡 엄씨가 말하였다 : "8장에서는 태왕과 문왕이 곤이를 복종시킨 것에 대해 서술하였다. 맹자가 여기 장의 첫 머리 두 구를 빌어 문왕을 설명하였고, 정씨가 그것을 따라 마침내 오로지 문왕의 시로 오해했다."327)

○ 安成劉氏曰 : "下章之首, 卽言虞芮質成事, 則此章之末, 固通文王言矣. 蓋其始, 昆夷不服, 而大王不墜其聞, 其終也, 文王德盛, 而昆夷自服, 一章之間, 神祖聖孫, 實相首尾. 集傳曰始至, 又曰至於其後, 又曰已爲文王之時, 則其歷年久矣. 若以皇矣三章, 及天作之頌證之, 則此章通言大王王季文王之事, 明矣."328)

안성 유씨가 말하였다 : "아래의 장의 첫머리에 곧 '우(虞)와 예(芮)가 분쟁을 질정하러 온다.'라고 한 것은 여기 장의 끝으로 진실로 문왕을 통털어 말한 것이다. 대개 그 시작에는 곤이가 복종하지 않았으나 태왕이 명성을 실추하지 않았고, 그 끝에 문왕의 덕이 성대해서 곤이가 스스로 복종한 것이니, 한 장의 사이에 신령한 조상과 성스러운 자손이 실로 서로 수미가 된 것이다. 「집전」에서 '처음 왔을 때'라고 하고 또 '그 뒤에'라고 하며, 또 '이미 문왕의 때가 되었다는 것이다.'라고 하였으니, 그 흐른 세월이 오래된 것이다. 「황의 (皇矣)」 3장과 「하늘이 내렸다.」는 기림으로 증명하면, 여기의 장은 태왕 왕계와 문왕의 일을 통털어 말한 것이 분명하다."329)

矣)」에서 '상제가 그 산을 살펴보시니, 갈참나무와 떡갈나무가 위로 쑥 뻗어 올라가며, 송백 사이에 길이 통하거늘 상제가 나라를 만들고 담당할 자를 세우시니 태백과 왕계에서부터 하셨도다.'라고 하였다. 그렇다면 갈참나무와 떡갈나무가 쑥쑥 뻗어 올라가 다니는 길에 통하는 것이 어찌 문왕의 때라고 가리킬 수 있겠는가? 대개 전체적으로 주나라 왕실의 일을 차례대로 함에 쌓아 베풀고 굴신하는 이치가 태왕에게 시작해서 문왕에게서 마쳤을 뿐이라는 것이다.'(東萊呂氏曰 : 此章或以爲專指太王, 或以爲專指文王義, 皆未安. 孟子曰, 文王事昆夷, 文王猶事昆夷, 則太王安得有昆夷駭矣, 維其喙矣之事乎. 皇矣曰, 帝省其山, 柞棫斯拔, 松栢斯兌, 帝作邦對, 自太伯王季. 然則柞棫拔行道兌, 安可指爲文王之時乎. 蓋總叙周家王業, 積施屈伸之理, 始於太王, 而終於文王耳.)"라고 되어 있다.

326) 『시전대전(詩傳大全)』에 화곡 엄씨의 말로 실려 있다.
327) 『시전대전(詩傳大全)』에는 "화곡 엄씨가 말하였다 : '8장에서는 태왕과 문왕이 곤이를 복종시킨 것에 대해 서술하였다. 진씨는 맹자가 여기 장의 첫 머리 두 구를 빌어 문왕을 설명하고, 정씨가 그것을 따라 마침내 오로지 문왕의 시로 오해했다고 하였다.'(華谷嚴氏曰 : 八章, 言太王文王調服昆夷也. 陳氏謂孟子借此章首二句, 以說文王, 鄭氏踵之遂誤專以爲文王之詩焉.)"라고 되어 있다.
328) 『시전대전(詩傳大全)』에 안성 유씨의 말로 실려 있다.
329) 『시전대전(詩傳大全)』에는 "안성 유씨가 말하였다 : '아래의 장의 첫머리에 곧 「우(虞)와 예(芮)가 분쟁을 질정하러 온다.」라고 한 것은 여기 장의 끝으로 진실로 문왕을 통털어 말한 것이다. 대개 그 시작에는 곤이가 복종하지 않았으나 태왕이 명성을 실추하지 않았고, 그 끝에 문왕의 덕이 성대해서 곤이가 스스로

○ 按, 拔兌二句, 當屬王季時事.

살펴보건대, 쑥쑥 뻗어 올라가고 통한다는 두 구는 왕계 때의 일에 소속시켜야 한다.

[3-1-3-9]
虞芮質厥成, 文王蹶厥生,

우와 예가 분쟁을 질정하러 왔는데 문왕이 그 흥기할 기세를 동하시니,

詳說

○ 如銳反.330)

'예(芮)'의 음은 '여(如)'와 '예(銳)'의 반절이다.

○ 居衛反.

'궐(蹶)'의 음은 '거(居)'와 '위(衛)'의 반절이다.

詳說

○ 叶, 桑經反.331)

'생(生)'은 협운으로 '상(桑)'과 '경(經)'의 반절이다.

予曰有疏附, 予曰有先後,

내 말하기를 소부(疏附)하는 자가 있고, 내 말하기를 선후하는 자가 있으며,

詳說

○ 叶, 上聲.332)

복종한 것이니, 한 장의 사이에 신령한 조상과 성스러운 자손이 실로 서로 수미가 된 것이다. 「집전」에서 이미 '태왕이 처음 왔을 때'라고 하고 또 '그 뒤에'라고 하며, 또 '이미 문왕의 때가 되었다는 것이다.'라고 하였으니, 그 흐른 세월이 오래된 것이다. 「황의 (皇矣)」 3장과 「하늘이 내렸다.」는 기림으로 증명하면, 여기의 장은 태왕 왕계와 문왕의 일을 통 털어 말한 것이 분명하다.(安成劉氏曰 : 下章之首, 卽言虞芮質成之事, 則此章之末, 固通文王而言矣. 蓋其始也, 昆夷不服, 而太王不墜其聞, 及其終也, 文王德盛, 而昆夷自服, 一章之閒, 神祖聖孫, 實相首尾. 集傳旣曰, 太王始至, 又曰, 至於其後, 又曰, 已爲文王之時, 則其歷年亦久矣. 若以皇矣三章, 及天作之頌證之, 則此章通言太王王季文王之事, 明矣.)"라고 되어 있다.

330) 如銳反 : 『시전대전(詩傳大全)』에도 동일하게 되어 있다.
331) 叶, 桑經反 : 『시전대전(詩傳大全)』에도 동일하게 되어 있다.

'부(附)'는 협운으로 상성이다.

○ 去聲.
'선(先)'은 거성이다.

○ 去聲, 叶下五反.333)
'후(後)'는 거성이고, 협운으로 음은 '하(下)'와 '오(五)'의 반절이다.334)

予曰有奔奏, 予曰有禦侮.
내 말하기를 분주(奔奏)하는 자가 있고 내 말하기를 어모(禦侮)하는 자가 있다 하노라.

詳說
○ 與走通, 叶宗五反.335)
'주(奏)'는 '주(走)'와 통하고, 협운은 '종(宗)'과 '오(五)'의 반절이다.

朱註
賦也. 虞芮, 二國名. 質, 正. 成, 平也.
부이다. '우(虞)'와 '예(芮)'는 두 나라의 이름이다. '질(質)'은 질정이고, '성(成)'은 화평하게 하는 것이다.

詳說
○ 華谷嚴氏曰 : "曲直, 得其平, 則無爭也."336)
화곡 엄씨가 말하였다 : "곡직이 그 화평을 얻으면 다툼이 없다."

朱註
傳曰, 虞芮之君, 相與爭田, 久而不平, 乃相與朝周入其境, 則耕者讓畔,

---

332) 叶, 上聲 : 『시전대전(詩傳大全)』에도 동일하게 되어 있다.
333) 去聲, 叶下五反 : 『시전대전(詩傳大全)』에는 다소 다르게 되어 있다.
334) 『시전대전(詩傳大全)』에는 "'후(後)'는 거성이고, 협운으로 음은 '하(下)'에서의 'ㅎ'과 '오(五)'에서의 'ㅗ'를 합한 '호'이다.(胡豆反, 叶下五反.)"라고 되어 있다.
335) 與走通, 叶宗五反 : 『시전대전(詩傳大全)』에도 동일하게 되어 있다.
336) 『시전대전(詩傳大全)』에 화곡 엄씨의 말로 동일하게 실려 있다.

전에서 다음처럼 말하였다 : "우와 예의 임금이 서로 다투며 오래되어도 평화롭게 되지 않아 이에 서로 함께 주나라에 조회하려고 그 국경에 들어오니, 밭가는 자들은 밭두둑을 사양하고

詳說

○ 毛傳.
전은 『모전』이다.

○ 音潮, 下同.
'조(朝)'는 음이 '조(潮)'로 아래에서도 같다.

○ 建安熊氏曰 : "田兩界之地, 耕墾, 皆不及."337)
건안 웅씨가 말하였다 : "밭의 두 경계되는 땅에 쟁기질과 따비질이 모두 미치지 않았다."338)

○ 方爭田而訟, 故先擧讓畔.
밭을 다투어 소송하기 때문에 먼저 밭두둑을 사양하는 것에 대해 든 것이다.

朱註
行者讓路, 入其邑, 男女異路,
길가는 자들은 길을 사양하며, 읍에 들어오니 남녀가 길을 달리하고,

詳說

○ 建安熊氏曰 : "如少避長, 賤避貴之類.339)
건안 웅씨가 말하였다 : "이를테면 어린 사람이 어른에게 피해드리고, 천한 자가 귀한 자에게 피해주는 것들이다."340)

---

337) 『시전대전(詩傳大全)』에 건안 웅씨의 말로 실려 있다.
338) 『시전대전(詩傳大全)』에는 "건안 웅씨가 말하였다 : '밭두둑을 그 경계라고 했다. 밭두둑을 사양하는 것은 밭의 두 경계되는 땅에 쟁기질과 따비질이 모두 미치지 않는 것이다. 길을 사양하는 것은 어린 사람이 어른에게 피해드리고, 천한 자가 귀한 자에게 피해주는 것들이다.(建安熊氏曰 : 畔謂曰之疆界. 讓畔, 則兩界之地耕墾, 皆不及. 讓路, 如少避長, 賤避貴之類.)"라고 되어 있다.
339) 『시전대전(詩傳大全)』에 건안 웅씨의 말로 실려 있다.
340) 『시전대전(詩傳大全)』에는 "건안 웅씨가 말하였다 : '…. 밭두둑을 사양하는 것은 밭의 두 경계되는 땅에

○ 孔氏曰 : "邑謂城中, 如王制云, 道路男子由右, 婦人由左. 地道尊右故也."341)

공씨가 말하였다 : "읍은 성중을 말하니, 이를테면 「왕제」에서 '도로에서 남자는 오른쪽으로 다니고, 부인은 왼쪽으로 다닌다. 땅의 도는 오른쪽을 높이는 것이기 때문이다.'라고 한 것이다."342)

朱註

斑白者

반백이 된 자는

詳說

○ 一無老字.

어떤 판본에는 '노(老)'자가 없다.

朱註

不提挈,

짐을 들거나 끌고 다니지 않고,

詳說

○ 孔氏曰 : "少者代之."343)

공씨가 말하였다 : "젊은 자들이 대신한 것이다."344)

朱註

쟁기질과 따비질이 모두 미치지 않는 것이다. 길을 사양하는 것은 이를테면 어린 사람이 어른에게 피해드리고, 천한 자가 귀한 자에게 피해주는 것들이다.(建安熊氏曰 : …. 讓畔, 則兩界之地耕墾, 皆不及. 讓路, 如少避長, 賤避貴之類.)"라고 되어 있다.
341) 『시전대전(詩傳大全)』에 공씨의 말로 실려 있다.
342) 『시전대전(詩傳大全)』에는 "공씨가 말하였다 : '읍은 성중을 말하니, 이를테면 「왕제」에서 「도로에서 남자는 오른쪽으로 다니고, 부인은 왼쪽으로 다닌다.」라고 하였다. 주에서 「땅의 도는 오른쪽을 높이는 것으로 여기기 때문이다.」라고 하였다.'(孔氏曰 : 邑謂城中, 如王制云, 道路男子由右, 婦人由左. 注云, 以爲地道尊右故也.)"라고 되어 있다.
343) 『시전대전(詩傳大全)』에 공씨의 말로 실려 있다.
344) 『시전대전(詩傳大全)』에는 "공씨가 말하였다 : '늙어서 머리가 희끗희끗한 사람들이 짐을 들거나 끌고 가면 젊은 자들이 대신한 것이다.(孔氏曰 : 年老其髮白黑雜, 提挈, 有少者代之也.)"라고 되어 있다.

入其朝, 士讓爲大夫, 大夫讓爲卿.
조정에 들어오니, 사는 대부되기를 사양하고 대부는 경이 되기를 사양했다.

詳說

○ 建安熊氏曰 : "古者任官, 必推其人才.345)
건안 웅씨가 말하였다 : "옛날에는 관직을 맡기면 반드시 그 인재를 추천했던 것이다."346)

朱註

二國之君, 感而相謂, 曰我等小人, 不可以履君子之境, 乃相讓以其所爭田爲閒田,
두 나라의 임금이 감동해서 서로 '우리는 소인으로 군자의 영토를 밟을 수 없다' 라고 하며 서로 사양하고는 다투던 토지를 묵정밭으로 하고

詳說

○ 無主之田.
주인이 없는 토지이다.

朱註

而退. 天下聞之而歸者, 四十餘國.
물러갔다. 천하에서 듣고 귀의하는 자들이 40여국이었다."

詳說

○ 新安胡氏曰 : "來歸, 要亦道化之所漸被, 非謂有其疆土也."347)
신안 호씨가 말하였다 : "와서 귀의하는 것은 요약하자면 또한 도의 교화가 점

---

345) 『시전대전(詩傳大全)』에 건안 웅씨의 말로 실려 있다.
346) 『시전대전(詩傳大全)』에는 "건안 웅씨가 말하였다 : '옛날에는 관직을 맡기면 반드시 그 인재를 추천했으니, 경이 될 만하면 경이 되고, 재주가 대부에 그치는 자는 감히 경의 지위에 있지 않으며, 대부가 될 만하면 대부가 되고, 재주가 사에 그치는 자는 감히 대부의 지위에 있지 않았다. 성급하게 다투는 기풍이 없고 겸손하게 사양하는 실질이 있었던 것이다.'(建安熊氏曰 : 古者任官, 必推其人才, 可以爲卿, 則爲卿, 才止於大夫者, 不敢居卿之位, 可以爲大夫, 則爲大夫, 才止於士者, 不敢居大夫之位. 無躁競之風, 有遜讓之實.)"라고되어 있다.
347) 『시전대전(詩傳大全)』에 신안 호씨의 말로 실려 있다.

차로 미치는 것으로 땅을 경계로 한 것에 대해 말하는 것이 아니다."348)

○ 建安熊氏曰 : "說者, 以虞芮質成之年, 爲文王受命之年, 亦以此歟."349)
건안 웅씨가 말하였다 : "설명하는 자가 우와 예가 질정하러 온 해를 문왕이 명을 받은 때로 여기는 것은 또한 이 때문일 것이다."350)

朱註

蘇氏曰 : "虞在陝之平陸, 芮在同之馮翊平陸, 有閒原焉, 則虞芮之所讓也.
소씨가 말하였다 : "우(虞)는 섬주의 평평한 땅에 있었고, 예(芮)는 동주의 빙익의 평평한 땅에 있었는데 놀리는 평원이 있었으니, 우와 예가 사양한 곳이다."

詳說

○ 音閃, 州名.
'섬(陝)'의 음은 '섬(閃)'으로 주의 이름이다.

○ 州名.
'동(同)'은 주의 이름이다.

○ 蘇說止此.
소씨의 설명은 여기까지이다.

○ 曹氏曰 : "皆在周之東."351)
조씨가 말하였다 : "모두 주나라의 동쪽에 있었다."352)

---

348) 『시전대전(詩傳大全)』에는 "신안 호씨가 말하였다 : '와서 귀의하는 자들이 40여국ㅇ라는 것은 요약하자면 또한 도의 교화가 점차로 미치는 것으로 땅을 경계로 한 것에 대해 말하는 것이 아니다.'(新安胡氏曰 : 來歸者, 四十餘國, 要亦道化之所漸被, 非謂有其疆土版圖也.)"라고 되어 있다.
349) 『시전대전(詩傳大全)』에 건안 웅씨의 말로 실려 있다.
350) 『시전대전(詩傳大全)』에는 "건안 웅씨가 말하였다 : '문왕의 교화를 입어 저절로 흥기해서 귀부하니, 천하를 삼분해서 그 둘을 가진 것이다. 그런데 설명하는 자가 우와 예가 질정하러 온 해를 문왕이 명을 받은 때로 여기는 것은 또한 이 때문일 것이다.'(建安熊氏曰 : 被文王之化, 自然興起而歸附之, 三分天下有其二. 而說者, 以虞芮質成之年, 爲文王受命之年, 亦以此歟.)"라고 되어 있다.
351) 『시전대전(詩傳大全)』에 조씨의 말로 실려 있다.
352) 『시전대전(詩傳大全)』에는 "조씨가 말하였다 : '우와 예는 모두 주나라의 동쪽에 있었다.曹氏曰 : 虞芮, 皆在岐周之東.)"라고 되어 있다.

|朱註|

蹶生, 未詳其義. 或曰, 蹶, 動而疾也,
'궐(蹶)'과 '생(生)'은 그 뜻이 자세하지 않다. 어떤 이는 "궐(蹶)'은 동하는데 빠른 것이고,

|詳說|

○ 諺音誤
'궐(蹶)'은 『언해』의 음이 잘못되었다.

○ 兼二義.
두 의미를 겸한 것이다.

|朱註|

生, 猶起也. 予, 詩人自予也.
'생(生)'은 일어남과 같다."라고 하였다. '여(予)'는 시인 자신이다.

|詳說|

○ 慶源輔氏曰 :"周公."
경원 보씨가 말하였다 : "주공이다."

|朱註|

率下親上, 曰疏附.
아래 사람들을 거느리고 윗사람을 친히 함을 '소부(疏附)'라고 한다.

|詳說|

○ 疏, 通也, 通下情以率之.
'소(疏)'는 통하는 것으로 아래 사람들의 심정에 통하여 인솔하는 것이다.

|朱註|

相道前後, 曰先後. 喩德宣譽, 曰奔奏.

서로 앞뒤로 인도하는 것을 선후라고 한다. 덕으로 깨우치게 하고 명성을 폄을 '분주(奔奏)'라고 한다.

詳說

○ 去聲.
'도(道)'는 거성이다.

○ 孔氏曰 : "喻天下以王德, 宣揚王之聲."353)
공씨가 말하였다 : "왕의 덕을 깨우치게 하여 왕의 명성을 선양하는 것이다."354)

朱註

武臣折衝, 曰禦侮.
무신이 적의 예봉을 꺾음을 '어모(禦侮)'라고 한다.

詳說

○ 孔氏曰 : "折止敵人之衝突."355)
공씨가 말하였다 : "적의 충돌을 꺾어 멈추게 하는 것이다."356)

○ 世謂之文王四友.
세상에서 문왕의 네 친구라고 한다.

朱註

○ **言混夷旣服,**
곤이가 이미 복종하고

---

353) 『시전대전(詩傳大全)』에 공씨의 말로 실려 있다.
354) 『시전대전(詩傳大全)』에는 "공씨가 말하였다 : '왕의 덕을 깨우치게 하고 왕의 명성을 선양해서 천하가 모두 달려와서 귀의하게 하는 것이다.'(孔氏曰 : 喻天下以王德, 宣揚王之聲, 使天下皆奔走而歸趨之.)"라고 되어 있다.
355) 『시전대전(詩傳大全)』에 공씨의 말로 실려 있다.
356) 『시전대전(詩傳大全)』에는 "공씨가 말하였다 : '무력의 신하는 적의 충돌을 꺾어 멈추게 할 수 있는 것이다. (孔氏曰 : 武力之臣, 能折止敵人之衝突者.)"라고 되어 있다.

`詳說`
○ 承上章末.
위의 장 끝을 이어받은 것이다.

`朱註`
而虞芮來質其訟之成,
우와 예가 와서 그 송사의 해결을 질정하자

`詳說`
○ 不質而得平, 是亦猶質也.
질정하지 않고 화평하게 되었으니, 이 또한 질정한 것과 같다.

`朱註`
於是, 諸侯歸周者, 衆
이에 제후가 주나라에 귀의하는 자들이 많아지고,

`詳說`
○ 添此句.
이 구를 더하였다.

`朱註`
而文王由此, 動其興起之勢, 是雖其德之盛
문왕이 이 때문에 그 흥기하는 기세를 움직인 것에 대해 말하였으니, 그 덕의 융성함일지라도

`詳說`
○ 先補此句, 以歸重於文王.
먼저 이 구를 더해 문왕에게 중용함을 돌렸다.

`朱註`

然亦由有此四臣之助而然. 故各以予曰起之, 其辭繁而不殺者,
그러나 또한 이 네 신하의 도움으로 그렇게 된 것이다. 그러므로 각기 '여왈(予曰)'로 일으켜 그 말이 번거롭지만 덜어내지 않은 것은

詳說
○ 去聲.
'쇄(殺)'는 거성이다.

○ 歷言而用一勢, 如論語浸潤章.
차례대로 말하면서 하나의 기세를 사용하는 것은 『논어』의 침윤(浸潤)장357)과 같다.

朱註
所以深歎其得人之盛也.
사람들 얻기를 많이 함을 깊이 감탄한 것이다.

詳說
○ 以論釋之.
경문의 의미로 해석했다.

○ 慶源輔氏曰: "謂有此四等之臣耳, 固非止於四人而已."358)
경원 보씨가 말하였다 : "이런 네 등급의 신하가 있음을 말한 것이지 진실로 네 사람 뿐임이 아니다."359)

○ 豊城朱氏曰 : "虞芮質成, 是訟獄者不之商, 而之文王也, 歸者

―――――
357) 『논어』의 침윤(浸潤)장 : 『논어』「안연」에 "자장(子張)이 총명한 사람에 대해서 묻자, 공자가 '점차로 젖어 들 듯한 참소와 피부로 절박하게 느끼게 하는 호소를 해도 효과가 없다면 그런 사람은 총명하다고 이를 만하다. 점차로 젖어들 듯한 참소와 피부로 절박하게 느끼게 하는 호소를 해도 효과가 없다면 멀다고 이를만하다.'라고 하였다.(子張問明, 子曰, 浸潤之譖, 膚受之愬, 不行焉, 可謂明也已矣. 浸潤之譖, 膚受之愬 不行焉, 可謂遠也已矣)"라는 말이 있다.
358) 『시전대전(詩傳大全)』에 경원 보씨의 말로 실려 있다.
359) 『시전대전(詩傳大全)』에는 "경원 보씨가 말하였다 : '…. 이른바 네 신하는 이런 네 등급의 신하가 있음을 말한 것이지 진실로 네 사람 뿐임이 아니다.'(慶源輔氏曰 : …. 所謂四臣者, 謂有此四等之臣耳, 固非止於四人而已也.)"라고 되어 있다.

四十國, 是朝覲者, 不之商, 而之文王也, 文王之德, 孚於人久矣, 譬之弩機旣張, 是惟無發發, 則沛然矣."360)

풍성 주씨가 말하였다 : "우와 예가 분쟁을 질정한 것은 송옥자가 상에게 가지 않고 문왕에게 온 것이고, 귀의하는 자가 40국이었다는 것은 조근하는 자가 상에게 가지 문왕에게 온 것이니, 문왕의 덕이 사람들에게 믿겨진 것이 오래된 것으로 비유하자면 쇠뇌에 기아(機牙)를 이미 얹어 놓았다는 것이니, 오직 빠르지 않을지라도 패연한 것이다."361)

朱註

緜九章章六句.
「면」은 9장이고, 장은 6구이다.

一章, 言在豳, 二章, 言至岐, 三章, 言定宅, 四章, 言授田居民二事, 五章, 言作宗廟, 六章, 言治宮室, 七章, 言作門社二事, 八章, 言至文王而服混夷,
1장에서는 빈땅에 있을 때를 말하였고, 2장에서는 기산에 옴을 말하였으며, 3장에서는 집터를 정함을 말하였고, 4장에서는 토지를 나눠주고 백성들이 살게 한 두 가지 일을 말하였고, 5장에서는 종묘를 지음을 말하였으며, 6장에서는 궁실을 다스림을 말하였고, 7장에서는 문과 태사를 지은 두 가지 일을 말하였고, 8장에서는 문왕에게 와서 곤이가 복종함을 말하였고,

詳說

○ 主末二句而言.
끝의 두 구를 주로해서 말하였다.

朱註

九章, 遂言文王受命之事.

---

360) 『시전대전(詩傳大全)』에 풍성 주씨의 말로 실려 있다.
361) 『시전대전(詩傳大全)』에는 "풍성 주씨가 말하였다 : '우와 예가 분쟁을 질정한 것은 송옥자가 상에게 가지 않고 문왕에게 온 것이고, 귀의하는 자가 40 여국이었다는 것은 조근하는 자가 상에게 가지 문왕에게 온 것이니, 문왕의 덕이 사람들에게 믿겨진 것이 오래된 것이다. 이때 비로소 흥기하는 기세를 움직였으니, 비유하자면 쇠뇌에 기아(機牙)를 이미 얹어 놓았다는 것이니, 오직 빠르지 않을지라도 패연해서 막을 수 없다는 것이다. ….'(豐城朱氏曰: 虞芮之質成, 是訟獄者不之商, 而之文王也, 歸于四十餘國, 是朝覲者, 不之商, 而之文王也, 文王之德, 其孚於人也久矣. 至是而始動其興起之勢者, 譬如弩機之旣張, 是惟無發發, 則沛然而不可禦矣. ….)"라고 되어 있다.

9장에서는 마침내 문왕이 명을 받은 일을 말하였다.

詳說

○ 安成劉氏曰 "亦推原之詞耳, 非謂其有改元稱王之事."362)
안성 유씨가 말하였다 : "근원을 미루는 말일 뿐이지 달력을 바꿔 왕을 칭한 일이 있다는 말이 아니다."363)

○ 以遂字觀之, 此篇重意在末章.
'수(遂)'로 보면 여기의 편에서 중요한 점은 끝의 장에 있다.

朱註
餘說見上篇.
나머지 설명은 위의 편에 있다.

詳說
○ 音現
'현(見)'의 음은 '현(現)'이다.

○ 國語說也.
「국어」의 설명이다.

[3-1-4-1]
芃芃棫樸, 薪之槱之.

무성한 떡갈나무를 섶으로 베어 쌓도다.

詳說
○ 音蓬

---

362) 『시전대전(詩傳大全)』에 안성 유씨의 말로 실려 있다.
363) 『시전대전(詩傳大全)』에는 "안성 유씨가 말하였다 : '이른바 명을 받았다는 것은 제후가 문왕에게 귀의했다면, 문왕이 천명에 대해 사양할 수 없을 것 같다는 것이다. 그러나 근원을 미루는 말일 뿐이지 달력을 바꿔 왕을 칭한 일이 있다는 말이 아니다.(安成劉氏曰 : 所謂受命者, 盖諸侯歸文王, 則文王於天命, 似有不得而辭者矣. 然亦推原之詞耳, 非謂其有改元稱王之事也.)"라고 되어 있다.

'봉(芃)'의 음은 '봉(蓬)'이다.

○ 音域
'역(棫)'의 음은 '역(域)'이다.

○ 音卜.364)
'박(樸)'의 음은 '복(卜)'이다.

○ 音酉.365)
'유(櫄)'의 음은 '유(酉)'이다.

濟濟辟王, 左右趣之.

아름다운 군왕이어! 좌우에서 달려오도다.

詳說

○ 上聲
'제(濟)'는 상성이다.

○ 音璧.366)
'벽(辟)'의 음은 '벽(璧)'이다.

○ 叶, 此苟反.367)
'취(趣)'는 협운으로 음은 '차(此)'와 '구(苟)'의 반절이다.

朱註

興也. 芃芃, 木盛貌. 樸, 叢生也, 言根枝迫迮相附著也.
흥(興)이다. 봉봉(芃芃)은 나무가 무성한 모양이다. 복(樸)은 총생(叢生)함이니, 뿌

---

364) 音卜 : 『시전대전(詩傳大全)』에도 동일하게 되어 있다.
365) 音酉 : 『시전대전(詩傳大全)』에도 동일하게 되어 있다.
366) 音璧 : 『시전대전(詩傳大全)』에도 동일하게 되어 있다.
367) 叶, 此苟反 : 『시전대전(詩傳大全)』에도 동일하게 되어 있다.

리와 가지가 바짝 서로 붙어 있다는 말이다.

> 詳說

○ 音窄.
'책(迮)'의 음은 '착(窄)'이다.

○ 直略反
'저(著)'의 음은 '직(直)'과 '략(略)'의 반절이다.

○ 棫樸, 謂棫之叢生者也, 與樸樕之樸, 微不同.
'역박(棫樸)'은 떡갈나무가 모여서 자라는 것이니, '박속(樸樕)'의 '박(樸)'과는 미미하게 같지 않다.

> 朱註

槱, 積也.
유(槱)는 쌓음이다.

> 詳說

○ 華谷嚴氏曰 : "積以待其乾而用之."368)
화곡 엄씨가 말하였다 : "쌓아놓고 마르기를 기다려서 사용한다."

> 朱註

濟濟, 容貌之美也. 辟, 君也, 君王謂文王也 ○ 此, 亦以詠歌文王之德. 言芃芃棫樸, 則薪之槱之矣, 濟濟辟王, 則左右趣之矣, 蓋德盛, 而人心歸附, 趣向之也.
제제(濟濟)는 용모가 아름다움이다. 벽(辟)은 임금이니, 군왕(君王)은 문왕을 말한다. ○ 여기에서도 문왕의 덕을 노래한 것이다. 무성한 떡갈나무는 섶을 베어 쌓아놓은 것이고, 아름다운 군왕이 좌우에서 달려온다는 말이니, 덕이 성대하여 사람들의 마음이 돌아와 따르고 달려가 향하는 것이다.

---

368) 『시전대전(詩傳大全)』에 화곡 엄씨의 말로 동일하게 실려 있다.

詳說

○ 此句, 論也.

이 구는 경문의 의미 설명이다.

[3-1-4-2]

濟濟辟王, 左右奉璋. 奉璋峨峨, 髦士攸宜.

아름다운 군왕이여! 좌우에서 장찬(璋瓚)을 받들어 올리도다.
장찬(璋瓚)을 받들어 올리기를 높이 하니 준걸다운 선비의 마땅한 바로다.

詳說

○ 玉歌反.369)

'아(峨)'의 음은 '옥(玉)'과 '가(歌)'의 반절이다.

○ 叶, 牛何反.370)

'의(宜)'는 협운으로 음은 '우(牛)'와 '하(何)'의 반절이다.

朱註

賦也. 半圭, 曰璋. 祭祀之禮, 王祼以圭瓚, 諸臣助之, 亞祼以璋瓚,

부(賦)이다. 반규(半圭)를 장(璋)이라 한다. 제사의 예에 왕이 규찬(圭瓚)으로써 강신하면 여러 신하들이 제사를 돕고, 장찬(璋瓚)으로써 두 번 째 강신을 하면

詳說

○ 禮記祭統曰 : "君執圭瓚祼尸, 大宗伯執璋瓚亞祼."371)

『예기』「제통」에서 말하였다 : "임금이 규찬을 가지고 시동에게 강신을 하고, 대종백이 장찬을 가지고 두 번째 강신을 한다."372)

---

369) 玉歌反 :『시전대전(詩傳大全)』에도 동일하게 되어 있다.
370) 叶, 牛何反 :『시전대전(詩傳大全)』에도 동일하게 되어 있다.
371)『시전대전(詩傳大全)』에 공씨가 「제통」의 말을 인용한 것으로 실려 있다.
372)『시전대전(詩傳大全)』에는 "공씨가 말하였다 : '「제통」에서 「임금이 규찬을 가지고 시동에게 강신을 하고, 대종백이 장찬을 가지고 두 번째 강신을 한다.」라고 하였다.'(孔氏曰 : …. 祭統云, 君執圭瓚祼尸, 大宗伯執璋瓚亞祼. …)"라고 되어 있다.

朱註

左右奉之,
좌우 신하들이 받들어 올리니,

詳說

○ 孔氏曰 : "助行祼事, 非獨一人."373)
공씨가 말하였다 : "행사를 도와 강신하는 일로 한 사람의 일이 아니다."374)

朱註

其判
그 갈라진 부분이

詳說

○ 半分處.
반으로 나누어진 곳이나.

朱註

在內,
안에 있어서

詳說

○ 主文王而言內.
문왕을 주로해서 안을 말한 것이다.

朱註

亦有趣向之意.
또한 달려가 향하는 뜻이 있다.

---

373) 『시전대전(詩傳大全)』에 공씨의 말로 실려 있다.
374) 『시전대전(詩傳大全)』에는 "공씨가 말하였다 : '모든 제사에서 강신을 도와 행하는 일은 행사를 도와 강신하는 일로 한 사람의 일이 아니다.孔氏曰 : ⋯. 小宰云, 凡祭祀贊祼將之事, 是助行祼事, 非獨一人.)"라고 되어 있다.

詩集傳詳說 卷之十三　153

詳說
○ 照上章.
위의 장을 참조하라.

朱註
峩峩, 盛壯也.
아아(峨峨)는 성장(盛壯)함이다.

詳說
○ 錢氏曰 : "衣冠偉壯之貌."375)
전씨가 말하였다 : "의관이 아름답고 성한 모양이다."

朱註
髦, 俊也.
모(髦)는 준걸다움이다.

詳說
○ 慶源輔氏曰 : "此章因首章所言, 而足成其意. 俊髦助祭, 無不得其所宜, 此尤可見其趣向之意.376)
경원 보씨가 말하였다 : "여기의 장에서는 첫 장에서 말한 것에 그 의미를 충분히 이루었다. 준걸들이 제사를 도와 따라 마땅함을 얻지 않음이 없으니, 이것은 더욱 달려가 향하는 의미를 드러낸 것이다."377)

[3-1-4-3]
淠彼涇舟, 烝徒楫之.

---

375) 『시전대전(詩傳大全)』에 전씨의 말로 동일하게 실려 있다.
376) 『시전대전(詩傳大全)』에 경원 보씨의 말로 실려 있다.
377) 『시전대전(詩傳大全)』에는 "경원 보씨가 말하였다 : '여기의 장에서는 첫 장에서 말한 것에 그 의미를 충분히 이루었다. 준걸다운 선비들이 장찬을 받들어 올려 제사를 도울 때에 지성과 하나의 뜻으로 높이 해서 마땅함을 얻지 않음이 없으니, 이것은 더욱 달려가 향하는 의미를 드러낸 것이다.'(慶源輔氏曰 : 此章則因首章所言而賦, 以足成其意. 俊髦之士, 至誠一意於奉璋助祭之時, 峨峨然, 無不得其所宜, 此則尤可見其趣向之意.)"라고 되어 있다.

떠가는 저 경수의 배를 여러 사람들이 노를 젓도다.

詳說

○ 匹世反.378)
　　'비(淠)'의 음은 '필(匹)'과 '세(世)'의 반절이다.

○ 音經.379)
　　'경(涇)'의 음은 '경(經)'이다.

○ 音接, 叶籍入反.380)
　　'즙(楫)'의 음은 '접(接)'이고, 협운으로 음은 '적(籍)'과 '입(入)'의 반절이다.

周王于邁, 六師及之.

주왕이 가시니 육사가 따라가도다.

朱註

興也. 淠,
흥(興)이다. 비(淠)는

詳說

○ 諺音, 與小弁矛盾.
　　『언해』의 음은 「소변(小弁)」과 모순이다.

朱註

舟行貌. 涇, 水名.
배가 가는 모양이다. 경(涇)은 물 이름이다.

詳說

---

378) 匹世反: 『시전대전(詩傳大全)』에도 동일하게 되어 있다.
379) 音經: 『시전대전(詩傳大全)』에도 동일하게 되어 있다.
380) 音接, 叶籍入反: 『시전대전(詩傳大全)』에도 동일하게 되어 있다.

○ 臨川王氏曰 : "在周地, 興所見也."381)
　　임천 왕씨가 말하였다 : "주나라 땅에 있는 것은 흥이 드러나는 것이다."382)

朱註
烝, 衆, 楫, 櫂于往邁行也六師六軍也
증(烝)은 무리요, 집(楫)은 노요, 우(于)는 감이요, 매(邁)는 감이다. 육사(六師)는 육군(六軍)이다.

詳說
○ 諺音用叶.
　　'즙(楫)'은 『언해』의 음이 협운으로 사용된 것이다.

○ 華谷嚴氏曰 : "文王未有六軍, 以大雅, 皆述王者之事, 故言六軍."383)
　　화곡 엄씨가 말하였다 : "문왕에게는 여섯 군대가 있은 적이 없지만 「대아」에서 모두 왕의 일을 서술했기 때문에 여섯 군대라고 한 것이다."

朱註
○ 言淠彼涇舟, 則舟中之人, 無不楫之, 周王于邁, 則六師之衆追而及之,
떠가는 저 경수의 배는 배 안에 있는 사람들이 노를 젓지 않음이 없고, 주왕이 가시면 육사의 무리가 좇아 따라가니,

詳說
○ 慶源輔氏曰 : "如伐崇與密須及勘黎之事, 皆是也."384)
　　경원 보씨가 말하였다 : "숭과 밀수 및 감려를 정벌한 일이 모두 여기에 해당한다."385)

---

381) 『시전대전(詩傳大全)』에 임천 왕씨의 말로 실려 있다.
382) 『시전대전(詩傳大全)』에는 "임천 왕씨가 말하였다 : '경수가 주나라 땅에 있다는 것은 흥이 드러나는 것이다.'(臨川王氏曰 : 涇在周地, 興所見也..)"라고 되어 있다.
383) 『시전대전(詩傳大全)』에 화곡 엄씨의 말로 동일하게 실려 있다.
384) 『시전대전(詩傳大全)』에 경원 보씨의 말로 실려 있다.
385) 『시전대전(詩傳大全)』에는 "경원 보씨가 말하였다 : '…. 가는 것은 정벌하려고 가는 것이니, 이를테면 숭과 밀수 및 감려를 정벌한 일이 모두 여기에 해당한다. ….'(慶源輔氏曰 : …. 于邁, 謂有所征往也, 如伐崇

朱註
蓋衆歸其德不令而從也.
여러 사람들이 그 덕에 귀의하여 명령하지 않아도 따른다는 말이다.

詳說
○ 此句論也.
이 구는 경문의 의미 설명이다.

○ 豐城朱氏曰 : "國之大事, 在祀與戎, 上章言人心之趣向, 見於祭祀之時. 此章言人心之趣向, 見於征伐之日."386)
풍성 주씨가 말하였다 : "나라의 큰 일은 제사와 전쟁에 있으니, 위의 장에서는 인심의 취향이 제사지낼 때에 드러난다고 말하였고, 여기의 장에서는 인심의 취향이 정벌할 때에 드러난다고 말하였다."

○ 慶源輔氏曰 : "助祭, 內事也, 于邁, 外事也. 或外或內, 而人心之歸向, 無異焉, 則文王振作綱紀之道至矣, 故下兩章遂言之."387)
경원 보씨가 말하였다 : "제사는 지내는 것은 안의 일이고, 가는 것은 바깥일이다. 혹 바깥이거나 혹 안이거나 인심의 귀향에 차이가 없는 것은 문왕이 강기를 진작하는 도가 지극한 것이기 때문에 아래의 장에서 마침내 말하는 것이다."388)

[3-1-4-4]
倬彼雲漢, 爲章于天.

與密須及戡黎之事, 皆是也. ….)"라고 되어 있다.
386) 『시전대전(詩傳大全)』에 풍성 주씨의 말로 거의 동일하게 실려 있다.
387) 『시전대전(詩傳大全)』에 경원 보씨의 말로 실려 있다.
388) 『시전대전(詩傳大全)』에는 "경원 보씨가 말하였다 : '여기의 장에서는 또 한갓 장찬을 받들어 제사를 돕는 것을 드러내지 않았으나 이처럼 귀향하는 것이다. 문왕이 한 번 가는 것에서는 여섯 군대가 무리가 또한 반드시 따라가 가니, 인심의 귀향하는 것을 또 드러낸 것이다. 가는 것은 정벌하려고 가는 것이니, 이를테면 숭과 밀수 및 감려를 정벌한 일이 모두 여기에 해당한다. 제사는 지내는 것은 안의 일이고, 가는 것은 바깥일이다. 혹 바깥이거나 혹 안이거나 인심의 귀향에 차이가 없는 것은 문왕이 강기를 진작하는 도가 지극한 것이기 때문에 아래의 장에서 마침내 말하는 것이다.'(慶源輔氏曰 : 此章, 又見不徒奉璋助祭之上, 歸向之如此. 至於文王一有所往, 則六軍之衆, 亦必追而及之, 則人心之歸向, 又可見矣. 于邁, 謂有所征往也, 如伐崇與密須及戡黎之事, 皆是也. 助祭, 內事也. 于邁, 外事也. 或外或內, 而人心之歸向, 無異焉, 則文王之振作綱紀之道至矣, 故下兩章遂言之.)"라고 되어 있다.

큰 저 운한이여! 하늘에 문장이 되었도다.

[詳說]

○ 倬角反.389)
'탁倬)'의 음은 '척(陟)'과 '각(角)'의 반절이다.

○ 叶, 鐵因反.390)
'천(天)'은 협운으로 음은 '철(鐵)'과 '인(因)'의 반절이다.

[周王壽考, 遐不作人.]
주왕이 수를 누리시니 어찌 사람을 진작시키지 않으시리오!

[朱註]
興也. 倬, 大也. 雲漢, 天河也, 在箕斗二星之間, 其長竟天.
흥(興)이다. 탁(倬)은 큼이다. 운한(雲漢)은 하늘의 은하이니, 기성(箕星)과 두성(斗星) 두 별 사이에 있어서 그 길이가 하늘을 다한다

[詳說]

○ 諺音誤.
'탁(倬)'은 『언해』의 음이 잘못되었다.

○ 朱子曰 : "上二句, 是引起下面說略, 略有些意思傍著, 不須深求."391)
주자가 말하였다 : "위의 두 구절은 아래의 것을 끌어 대략을 말한 것이며 대략 얼마간의 뜻이 따르고 있는데 깊이 추구할 것은 없다."392)

---

389) 倬角反 : 『시전대전(詩傳大全)』에도 동일하게 되어 있다.
390) 叶, 鐵因反 : 『시전대전(詩傳大全)』에도 동일하게 되어 있다.
391) 『시전대전(詩傳大全)』에 주자의 말로 실려 있다.
392) 『시전대전(詩傳大全)』에는 "주자가 말하였다 : '….' 또 말하였다 : '여기의 장은 단지 「운한이 하늘에 문장이 되고 주왕이 수를 누리시니 어찌 사람을 진작시키지 않으리오!」라는 것을 말한 것일 뿐이다. 위의 두 구절은 모두 아래의 것을 끌어 말한 것이며 대략 얼마간의 뜻이 따르고 있는데 깊이 추구할 것은 없고 다만 이렇게 읽어나가면 되는 것이다.'(朱子曰 : …. 又曰 : 此章, 只是說雲漢爲章于天, 周王壽考, 豈不能作人也. 上二句, 皆是引起下面說. 略有些意思傍著, 不須深求, 只如此讀過便得.)"라고 되어 있다.

○ 又曰 : "周王旣是壽考, 何不作成人才. 此事已自分明, 更著箇倬彼雲漢爲章于天. 喚起來愈見活潑潑地, 此所謂興也. 易以言不盡意, 而立象以盡意, 亦如此."393)

또 말하였다 : "'주왕이 수를 누리시니 어찌 사람을 진작시키지 않으시리오!' 이 일은 이미 분명해서 다시 환한 저 운한이 하늘에 문장이 된 것으로 바꿔 드러내었다. 불러 있으켜 더욱 활발하게 나타낸 것이니, 이것이 이른바 흥이다. 바꿔 말해 뜻을 다하지 않고 상을 세워 의미를 다한 것이 또한 이와 같다."394)

朱註

章, 文章也. 文王九十七乃終, 故言壽考. 遐, 與何同.

장(章)은 문장(文章)이다. 문왕(文王)이 97세에 별세하였기 때문에 수고(壽考)라고 말한 것이다. 하(遐)는 하(何)와 같다.

詳說

○ 朱子曰 : "古注, 皆作遠, 甚無道理, 禮記注, 訓胡甚好."395)

주자가 말하였다 : "옛 주에서 모두 '원(遠)'으로 주석한 것은 아주 이치에 맞지 않고, 『예기』의 주에서 '호(胡)'로 풀이한 것은 아주 좋다."396)

朱註

作人, 謂變化鼓舞之也

작인(作人)은 변화시키고 고무시킨다는 말이다.

詳說

---

393) 『시전대전(詩傳大全)』에 경원 보씨의 말로 실려 있다.
394) 『시전대전(詩傳大全)』에는 "경원 보씨가 말하였다 : '…. 「주왕이 수를 누리시니 어찌 인재를 진작시키지 않으시리오!」 이 일은 이미 분명해서 다시 환한 저 운한이 하늘에 문장이 된 것으로 바꿔 드러내었다. 불러 일으켜 더욱 활발하게 나타낸 것이니, 이것이 육의(六義)에서 이른바 흥이다. 흥은 바로 흥기한다는 의미이니, 모두 흥이라고 말한 것은 모두 이 사례로 보면 되니, 바꿔 말해 뜻을 다하지 않고 상을 세워 의미를 다한 것이 대개 또한 이와 같은 것이다.'(慶源輔氏曰 …. 周王旣是壽考, 豈不作成人才. 此事已自分明, 更著箇倬彼雲漢爲章于天. 喚起來便愈見活潑潑地, 此六義所謂興也. 興, 乃興起之義, 凡言興者, 皆當以此例觀之, 易以言不盡意, 而立象以盡意, 蓋亦如此.)"라고 되어 있다.
395) 『시전대전(詩傳大全)』에 주자의 말로 실려 있다.
396) 『시전대전(詩傳大全)』에는 "주자가 말하였다 : 「하(遐)에 대해 옛 주와 여러 학자들이 모두 '원(遠)'으로 주석한 것은 아주 이치에 맞지 않고, 『예기』의 주에서 '호(胡)'로 풀이한 것은 아주 좋다.(朱子曰 : 遐, 古注幷諸家, 皆作遠字, 甚無道理, 禮記注, 訓胡字甚好.)"라고 되어 있다.

○ 曹氏曰：“商之末世, 士氣卑弱甚矣, 非鼓舞振動之, 烏能自奮而有成哉.”397)

조씨가 말하였다 : "상나라 말세에 선비들의 기운이 아주 떨어져 약해졌으니, 고무하고 진작시키지 않는다면 어찌 스스로 떨쳐 일어나 이루는 것이 있었겠는가?"398)

○ 慶源輔氏曰：“此章方言人心之所以歸向者, 文王能有以振作之故也. 作人, 非一日, 可爲必積累乃成, 故曰壽考作人.”399)

경원 보씨가 말하였다 : "여기의 장에서는 인심이 귀향하는 것은 문왕이 진작시킬 수 있었기 때문임을 말하였다. 사람을 진작시키는 것은 하루가 아니라 반드시 쌓아서 이룰 수 있는 것이기 때문에 '수를 누려 사람을 진작시켰다.'라고 한 것이다."400)

[3-1-4-5]

追琢其章, 金玉其相.

잘 다듬은 그 문장이고 금옥 같은 그 바탕이로다.

詳說

○ 音堆.

'퇴(追)'의 음은 '퇴(堆)'이다.

○ 陟角反.401)

---

397) 『시전대전(詩傳大全)』에 조씨의 말로 실려 있다.
398) 『시전대전(詩傳大全)』에는 "조씨가 말하였다 : '작(作)은 고무하고 진작시킨다는 의미이다. 상나라 말세에 선비들의 기운이 아주 떨어져 약해졌으니, 고무하고 진작시키지 않는다면 어찌 스스로 떨쳐 일어나 이루는 것이 있었겠는가?'(曹氏曰 : 作者鼓舞振動之意. 商之末世, 士氣卑弱甚矣, 非鼓舞振動之, 烏能自奮而有成哉.)"라고 되어 있다.
399) 『시전대전(詩傳大全)』에 경원 보씨의 말로 실려 있다.
400) 『시전대전(詩傳大全)』에는 "경원 보씨가 말하였다 : '여기의 장에서는 인심이 문왕에게 귀향하는 것은 그가 진작시킬 수 있었기 때문임을 말하였다. 사람을 진작시키는 것은 하루에 우연히 할 수 있는 것이 아니라 반드시 오래도록 조금씩 쌓아서 이룰 수 있는 것이기 때문에 「주왕이 수를 누리시니, 어찌 사람을 진작시키지 않으시리오!」라고 한 것이다. ….'(慶源輔氏曰 : 此章方言人心之所以歸向於文王者, 文王能有以振作之故也. 作人, 非一日偶然之可爲也, 必積累漸漬之久乃底于成, 故曰周王壽考遐不作人. ….)"라고 되어 있다.
401) 陟角反 : 『시전대전(詩傳大全)』에도 동일하게 되어 있다.

'탁(琢)'의 음은 '척(陟)'과 '각(角)'의 반절이다.

勉勉我王, 綱紀四方.

힘쓰고 힘쓰는 우리 왕이시여! 사방의 강기가 되시도다.

朱註
興也.
흥(興)이다.

詳說
○ 兼比.
'비(比)'를 겸하였다.

朱註
追, 雕也, 金曰雕, 玉曰琢.
퇴(追)는 다듬음이니, 금(金)을 다듬는 것을 조(雕)라 하고, 옥(玉)을 다듬는 것을 탁(琢)이라 한다.

詳說
○ 諺音誤.
'탁(琢)'은 『언해』의 음이 잘못되었다.

○ 孔氏曰 : "此上下相承, 所追琢者, 卽金玉也."402)
공씨가 말하였다 : "여기의 상하로 서로 이어지니, 잘 다듬는 것은 곧 금과 옥이다."

朱註
相, 質也. 勉勉, 猶言不已也.
상(相)은 바탕이다. 면면(勉勉)은 불이(不已)라는 말과 같다.

---
402) 『시전대전(詩傳大全)』에 공씨의 말로 거의 동일하게 실려 있다.

詳說

○ 朱子曰 : "卽是純亦不已."403)
주자가 말하였다 : "곧 순수한 덕이 또한 그치지 않는다는 것이다."404)

朱註
凡網罟張之爲綱, 理之爲紀.
그물은 펴는 것을 강(綱)이라 하고, 정리하는 것을 기(紀)라 한다.

詳說

○ 孔氏曰 : "網, 大繩擧綱, 紀, 別理絲縷."405)
공씨가 말하였다 : "'강(綱)'은 큰 줄로 거물을 드는 것이고, '기(紀)'는 별도로 줄을 다스리는 것이다."406)

○ 須溪劉氏曰 : 綱紀卽是作人之意.407)
수계 유씨가 말하였다 : "강과 기는 곧 사람들을 일으킨다는 의미이다."

朱註
○ 追之琢之, 則所以美其文者, 至矣, 金之玉之,
다듬고 쪼았다면 그 문채를 아름답게 함이 지극하고, 금과 같고 옥과 같다면

詳說

○ 指追琢.
'기(其)'는 다듬고 쪼는 것을 가리킨다.

---

403) 『시전대전(詩傳大全)』에 주자와의 문답으로 실려 있다.
404) 『시전대전(詩傳大全)』에는 "주자가 말하였다 : 「⋯」 물었다 : 「곧 순수한 덕이 또한 그치지 않는다는 것입니까?」 답하였다 : 「그렇습니다.」 ⋯.'(朱子曰 : '⋯.' 물었다 : 問 : 勉勉, 即是純亦不已否. 曰然. ⋯.)라고 되어 있다.
405) 『시전대전(詩傳大全)』에 공씨의 말로 실려 있다.
406) 『시전대전(詩傳大全)』에는 "공씨가 말하였다 : '강(綱)은 그물의 큰 줄로 그것을 들면 거물의 눈이 펴지기 때문에 펴는 것이 강(綱)인 것이다. 기(紀)는 따로 줄을 다스리는 것이기 때문에 정리하는 것이 기(紀)인 것이다.'(孔氏曰 : 綱者, 網之大繩, 擧網爲張綱之目, 故張之爲綱. 紀者, 別理絲縷, 故理之爲紀.)"라고 되어 있다.
407) 『시전대전(詩傳大全)』에 수계 유씨의 말로 동일하게 실려 있다.

朱註

則所以美其質者至矣
그 바탕을 아름답게 함이 지극하며,

詳說

○ 指金玉
'기(其)'는 금과 옥을 가리킨다.

○ 朱子曰 : "追琢金玉, 以興我王之勉勉."408)
주자가 말하였다 : "잘 다듬은 금과 옥으로 우리 왕의 힘쓰고 힘씀을 흥하였다."409)

朱註

勉勉我王,
힘쓰고 힘쓰는 우리 왕은

詳說

○ 辟王尊之也, 周王大之也, 我王親之也.
벽왕은 존경하는 것이고, 주왕은 위대하게 여기는 것이며, 우리 왕은 친밀하게 여기는 것이다.

朱註

則所以綱紀乎四方者, 至矣.
사방(四方)에 강기(綱紀)가 되심이 지극한 것이다.

詳說

---

408) 『시전대전(詩傳大全)』에 주자와의 문답으로 실려 있다.
409) 『시전대전(詩傳大全)』에는 "주자가 말하였다 : '「….」 물었다 「전에서 잘 다듬은 문장이라고 한 것은 그 문장을 아름답게 하는 것이고, 금옥 같은 그 바탕이라는 것은 그 질을 아름답게 하는 것입니다. 그런데 아름답게 하는 사람이 누구인지 모르겠습니다.」 답하였다 : 「잘 다듬은 금과 옥으로 우리 왕의 힘쓰고 힘씀을 흥한 것입니다.」'(朱子曰 : …. 問 : 傳曰, 追琢其章, 所以美其文, 金玉其相, 所以美其質. 然不知所美之人爲誰. 曰 : 追琢金玉, 以興我王之勉勉爾.)"라고 되어 있다.

○ 朱子曰 : "遐不作人, 只是說他鼓舞作興底事. 功夫細密, 又在此一章, 四方都在他線索內, 牽著都動."410)

주자가 말하였다 : "'어찌 사람을 진작시키지 않으시리오!'라는 것은 그가 고무하고 진작시키는 일에 대해 말한 것일 뿐이다. 공부가 세밀한 곳은 또한 뒤의 1장에 있으니, 사방이 곧 모두 그의 실마리 안에 있어서 끌어당기면 모두 움직인다는 것이다."411)

朱註
棫樸五章, 章四句.
「역복」은 5장이고, 장은 4구이다.

此詩前三章言文王之德爲人所歸
이 시에서는 앞의 세 장은 문왕의 덕이 사람들이 귀의하는 바가 되는 것에 대해 말하였고,

詳說
○ 安成劉氏曰 : "一二章, 言左右近臣歸向, 三章言六師歸向."412)
안성 유씨가 말하였다 : "1장과 2장에서는 좌우의 가까운 신하들이 귀향하는 것에 대해 말하였고, 3장에서는 육사가 귀향하는 것에 대해 말하였다."413)

朱註
後二章, 言文王之德, 有以振作綱紀天下之人,
뒤의 두 장은 문왕의 덕이 천하의 사람들을 진작시키고 강기가 됨이 있어서

詳說

---

410) 『시전대전(詩傳大全)』에 주자의 말로 실려 있다.
411) 『시전대전(詩傳大全)』에는 "주자가 말하였다 : '「어찌 사람을 진작시키지 않으시리오!」라는 것은 그가 고무하고 진작시키는 일에 대해 말한 것일 뿐이다. 공부가 세밀한 곳은 또한 뒤의 1장에 있다. 이를테면 「힘쓰고 힘쓰는 우리 왕이시여! 사방의 강기 되시도다.」라고 한 것으로 사방이 곧 모두 그 실마리 안에 있어서 끌어당기면 모두 움직인다는 것이다. ….'(朱子曰 : 遐不作人, 只是說他歌舞作興底事. 功夫細密處, 又在此一章. 如曰, 勉勉我王, 綱紀四方, 四方都在他線索內, 牽著都動. ….)"라고 되어 있다.
412) 『시전대전(詩傳大全)』에 안성 유씨의 말로 실려 있다.
413) 『시전대전(詩傳大全)』에는 "안성 유씨가 말하였다 : '1장과 2장에서는 좌우의 가까운 신하들이 문왕에게 귀향하는 것에 대해 말하였고, 3장에서는 육사가 문왕에게 귀향하는 것에 대해 말하였다. ….'(安成劉氏曰 : 一章二章, 則言左右近臣歸向文王, 三章, 則言六軍之衆歸向文王也. ….)"라고 되어 있다.

○ 慶源輔氏曰 : "四章, 振作, 五章, 綱紀."414)
경원 보씨가 말하였다 : "4장은 진작시키는 것이고, 5장은 강기가 된다는 것이다."415)

朱註
而人歸之.
사람들이 귀의함을 말한 것이다.

詳說
○ 總上三章.
위의 3장을 총괄한 것이다.

朱註
自此以下至假樂,
이하에서 「가락(假樂)」까지는

詳說
○ 音洛
'락(樂)'의 음은 '락(洛)'이다.

○ 十二篇
12편이다.

朱註
皆不知何人所作, 疑多出於周公也

---

414) 『시전대전(詩傳大全)』에 경원 보씨의 말로 실려 있다.
415) 『시전대전(詩傳大全)』에는 "경원 보씨가 말하였다 : '4장에서는 진작시키는 것에 대해 말하였고, 5장에서는 강기가 된다는 것에 대해 말하였다. 진작시키는 것은 변화를 고무하고 게을러 사라지는 것을 받아들이지 않는 것이다. 강기가 되는 것은 통괄해서 매어 흩어지는 것을 받아들이지 않는 것이다. 그러니 여기 천하의 사람들과 장찬을 받드는 선비들과 여섯 군대의 무리들과 사방의 백성들은 귀부해서 취향하지 않는 이가 없는 까닭이다.'(慶源輔氏曰 : 四章言振作, 五章, 言綱紀. 振作, 謂變化鼓舞之不容怠廢也. 綱紀, 謂統括維繫之不容渙散也. 此天下之人, 奉璋之士, 六軍之衆, 四方之民, 所以無不歸附趣向之也.)"라고 되어 있다.

모두 어느 사람이 지은 것인지 알 수가 없으나, 아마 주공에게서 나온 것이 많은 듯하다.

[3-1-5-1]
瞻彼旱麓, 榛楛濟濟.

저 한산의 기슭을 보건대 개암나무와 싸리나무가 많고 많도다.

詳說

○ 音鹿.416)
 '록(麓)'의 음은 '록(鹿)'이다.

○ 音戶.417)
 '호(楛)'의 음은 '호(戶)'이다.

○ 上聲.
 '제(濟)'는 상성이다.

豈弟君子, 干祿豈弟.

개제(豈弟)한 군자여! 녹을 구함이 개제(豈弟)하도다.

朱註

興也. 旱, 山名. 麓, 山足也. 榛, 似栗而小. 楛, 似荊而赤. 濟濟, 衆多也. 豈弟, 樂, 易也.

흥(興)이다. 한(旱)은 산명(山名)이고, 녹(麓)은 산기슭이다. 진(榛)은 밤과 비슷한데 작고, 호(楛)는 가시나무와 비슷한데 붉다. 제제(濟濟)는 많음이다. 개제(豈弟)는 즐겁고 화평(和平)함이다.

詳說

---

416) 音鹿:『시전대전(詩傳大全)』에도 동일하게 되어 있다.
417) 音戶:『시전대전(詩傳大全)』에도 동일하게 되어 있다.

○ 音洛.
'락(樂)'의 음은 '락(洛)'이다.

○ 去聲.
'이(易)'는 거성이다.

詳說
○ 華谷嚴氏曰 : "德盛仁熟, 和順積中之謂也."418)
화곡 엄씨가 말하였다 : "덕이 성대하고 인이 익숙해서 화평함과 순함이 가운데 쌓였음을 말한다."419)

朱註
君子指文王也
군자(君子)는 문왕을 가리킨다.

詳說
○ 毛氏曰 : "干, 求也."
모씨가 말하였다 : "'간(干)'은 구함이다."

朱註
○ 此, 亦以詠歌文王之德. 言旱山之麓, 則榛楛濟濟然矣. 豈弟君子, 則其干祿也, 豈弟矣.
이 또한 문왕의 덕을 노래한 것이다. 한산의 기슭에는 개암나무와 싸리나무가 많고 많으며 개제한 군자는 그 녹을 구함이 개제(豈弟)하다는 것이다.

詳說
○ 君子與旱麓應, 下玉瓚鳶魚葛藟同.

---
418) 『시전대전(詩傳大全)』에 화곡 엄씨의 말로 실려 있다.
419) 『시전대전(詩傳大全)』에는 "화곡 엄씨가 말하였다 : '「개제(豈弟)」는 덕이 성대하고 인이 익숙해서 화평함과 순함이 충만하게 쌓였음을 말한다. ….'(華谷嚴氏曰 : 豈弟者, 德盛仁熟, 和順充積之謂也. ….)"라고 되어 있다.

'군자(君子)'는 '한록(旱麓)'과 호응하니, 아래에서 '옥찬(玉瓚)'과 '연어(鳶魚)'와 '갈류(葛藟)'와 같다.

朱註

干祿豈弟, 言其干祿之有道, 猶曰, 其爭也, 君子云爾.
간록개제(干祿豈弟)는 녹을 구함에 도가 있음을 말한 것이니, "그 다툼이 군자답다."고 말하는 것과 같다.

詳說

○ 出論語八佾.
『논어』「팔일」이 출처이다.

○ 其語意相類也.
그 말과 뜻이 서로 같은 것이다.

○ 三句, 論也.
세 구는 셋분의 의미 설명이다.

○ 北溪陳氏曰 : "其諸異乎人之求歟."420)
북계 진씨가 말하였다 : "그것이 사람들이 구하는 것과 다른 것이다."421)

○ 華谷嚴氏曰 : "猶曰自求多福, 非有心求之也, 首章言文王受祿以德也."422)
화곡 엄씨가 말하였다 : "'스스로 많은 복을 구한다.'고 하는 것처럼 마음 써서 구하는 것이 아니니 첫 장에서 문왕이 록을 덕으로 구했다고 말하는 것이다."423)

---

420) 『시전대전(詩傳大全)』에 북계 진씨의 말로 실려 있다.
421) 『시전대전(詩傳大全)』에는 "북계 진씨가 말하였다 : '군자가 복을 구하는 것도 즐겁고 화평한 것일 뿐이니, 그것이 사람들이 구하는 것과 다른 것이다.'(北溪陳氏曰 : 君子求福也, 亦樂易而已, 其諸異乎人之求歟.)"라고 되어 있다.
422) 『시전대전(詩傳大全)』에 화곡 엄씨의 말로 실려 있다.
423) 『시전대전(詩傳大全)』에는 "화곡 엄씨가 말하였다 : '「개제(豈弟)」는 덕이 성대하고 인이 익숙해서 화평함과 순함이 충만하게 쌓였음을 말한다. 록을 구하는 것은 문왕의 마음이 아니다. 시인이 록을 구한다고 말하는 것은 자신에게서 이루는 것으로 '스스로 많은 복을 구한다.'고 하는 것처럼 마음 써서 구하는 것이 아니니, 첫 장에서 문왕이 록을 덕으로 구했다고 말하는 것이다.'(華谷嚴氏曰 : 豈弟者, 德盛仁熟, 和順充

[3-1-5-2]

瑟彼玉瓚, 黃流在中.

치밀한 저 옥찬(玉瓚)에 누런 술이 가운데 들어 있도다.

詳說

○ 所乙反.424)

'슬(瑟)'의 음은 '소(所)'와 '을(乙)'의 반절이다.

○ 才旱反.425)

'찬(瓚)'의 음은 '재(才)'와 '한(旱)'의 반절이다.

豈弟君子, 福祿攸降.

개제한 군자여! 복록이 내리는 바로다.

詳說

○ 叶, 呼攻反.426)

'강(降)'은 협운으로 음은 '호(呼)'와 '공(攻)'의 반절이다.

朱註
興也.

흥(興)이다.

詳說

○ 兼比.

'비(比)'를 겸하였다.

積之謂也. 干祿, 非文王之心, 詩人言干祿者, 謂在我有以致之, 猶曰自求多福, 非有心求之也, 首章言文王受祿以德也.)"라고 되어 있다.
424) 所乙反 : 『시전대전(詩傳大全)』에도 동일하게 되어 있다.
425) 才旱反 : 『시전대전(詩傳大全)』에도 동일하게 되어 있다.
426) 叶, 呼攻反 : 『시전대전(詩傳大全)』에도 동일하게 되어 있다.

朱註

瑟, 縝密貌. 玉瓚, 圭瓚也, 以圭爲柄, 黃金爲勺, 靑金爲外, 而朱其中也.
슬(瑟)은 치밀한 모양이다. 옥찬(玉瓚)은 규찬(圭瓚)이니, 규(圭)로 국자자루를 만들고 황금(黃金)으로 국자를 만들며 청금(靑金)으로 밖을 만들고 그 안을 붉게 한 것이다.

詳說

○ 音軫
'진(縝)'의 음은 '진(軫)'이다.

○ 孔氏曰 : "指其體謂之玉瓚. 據成器謂之圭瓚. 有鼻口, 酒從中流出."427)
공씨가 말하였다 : "그 몸체를 가리켜 옥찬이라고 하고, 완성된 것에 의거해서는 규찬이라고 한다. 코와 입이 있어 술이 가운데로 흘러나오는 것이다."428)

朱註

黃流, 鬱鬯也,
황류(黃流)는 울창주(鬱酒)이니,

詳說

○ 孔氏曰 : "鬱, 草名, 黃如金色. 酒在器流動, 故曰黃流."429)
공씨가 말하였다 : "울(鬱)은 풀이름이고, 황색은 금색이다. 술이 그릇에서 흘러 움직이기 때문에 황류(黃流)라고 하는 것이다."430)

---

427)『시전대전(詩傳大全)』에 공씨의 말로 실려 있다.
428)『시전대전(詩傳大全)』에는 "공씨가 말하였다 : '규는 옥으로 만드는데, 그 몸체를 가리켜 옥찬이라고 하고, 완성된 것에 의거해서는 규찬이라고 한다. 찬에 울창주를 가득히 담는다. 황금으로 국자를 만드는데, 코와 입이 있어 술이 가운데로 흘러나오는 것이다.'(孔氏曰 : 圭以玉爲之, 指其體謂之玉瓚, 據成器謂之圭瓚. 瓚盛鬯酒, 以黃金爲勺, 有鼻口, 酒從中流出. ….)"라고 되어 있다.
429)『시전대전(詩傳大全)』에 공씨의 말로 실려 있다.
430)『시전대전(詩傳大全)』에는 "공씨가 말하였다 : '거(秬)는 검은 기장으로 한 껍질에 낟알이 두 개이다. 기장을 빚어 술을 만드는데 울금초를 섞는다. 풀이름 울금은 황색으로 황금과 같다. 술이 그릇에서 흘러 움직이기 때문에 황류(黃流)라고 하는 것이다.'(孔氏曰 : 秬, 黑黍, 一稃二米者也. 釀秬爲酒, 以鬯金和之. 草名鬯金, 則黃如金色, 酒在器流動, 故曰黃流.)"라고 되어 있다.

朱註

釀秬黍爲酒, 築鬱金
검은 기장을 빚어 술을 만들고 한 축의 울금을

詳說
○ 周禮牛人注曰 : "十葉爲貫, 百二十貫爲築."431)
『주례』「우인」의 주에서 말하였다 : "열 잎이 관(貫)이고, 백이십관이 축(築)이다."432)

朱註

煮而和之, 使芬芳條鬯, 以瓚酌而祼之也.
끓이면서 섞어 향기가 퍼지게 하여 규찬(圭瓚)으로 술을 떠서 강신하는 것이다.

詳說
○ 降神
강신하는 것이다.

朱註

攸, 所, 降, 下也.
유(攸)는 '소(所)'이고, 강(降)은 내림이다.

詳說
○ 去聲, 下同.
'하(下)'는 거성으로 아래에서도 같다.

朱註

言瑟然之玉瓚, 則必有黃流在其中, 豈弟之君子, 則必有福祿下其躬. 明寶器

---

431) 『시전대전(詩傳大全)』에 『주례』의 말로 실려 있다.
432) 『시전대전(詩傳大全)』에는 "『주례』의 '울인이 울창을 섞는 것을 맡는다.'는 주에 '울창은 풀이름으로 열 잎이 관이고, 백이십관이 축인데, 그것을 초중(鐎中)에서 끓인다. 거창(秬鬯)은 울창을 섞지 않은 것이다.' 라고 되어 있다.(周禮, 鬱人掌和鬱鬯注, 鬱草名十葉爲貫, 百二十貫爲築, 以煑之鐎中. 秬鬯, 是不和鬱者.)" 라고 되어 있다.

不薦於褻味,
치밀한 옥찬(玉瓚)에는 반드시 황류(黃流)가 그 가운데 들어있고, 개제(豈弟)한 군자는 반드시 복록이 그 몸에 내림이 있다는 말이다. 보기(寶器)에는 하찮은 맛을 올리지 아니하고,

> 詳說
> ○ 於字不必泥.
> '어(於)'자에 굳이 구애될 필요는 없다.

而黃流不注於瓦缶, 則知盛德必享於祿壽,
황류(黃流)는 질장군에 담지 않음을 밝힌 것이니, 그렇다면 성대한 덕은 반드시 녹과 수를 누리고,

> 詳說
> ○ 於字不必泥.
> '어(於)'자에 굳이 구애될 필요는 없다.

朱註
而福澤不降於淫人矣.
복택은 음탕한 사람에게 내려지지 않음을 알 것이다.

> 詳說
> ○ 四句, 申論也.
> 네 구는 거듭해서 경문의 의미를 설명한 것이다.
>
> ○ 華谷嚴氏曰 : "言各以類應也. 次章言盛德必得其福."[433]
> 화곡 엄씨가 말하였다 : "각기 같은 것으로 호응한다는 말이다. 다음 장에서는 성대한 덕은 반드시 그 복을 얻는다고 말하였다."

---

[433] 『시전대전(詩傳大全)』에 화곡 엄씨의 말로 동일하게 실려 있다.

○ 慶源輔氏曰 : "此承上章, 言福祿自然降下, 不待乎求之之意."434)

경원 보씨가 말하였다 : "여기에서는 위의 장을 이어 복록이 저절로 내려온다고 말하였으니, 구할 필요가 없다는 의미이다."435)

[3-1-5-3]
鳶飛戾天, 魚躍于淵.

솔개는 날아 하늘에 이르고 고기는 못에서 뛰놀도다.

詳說

○ 音沿.
'연(鳶)'의 음은 '연(沿)'이다.

○ 叶, 鐵因反.436)
'천(天)'은 협운으로 '철(鐵因)'과 '인(因)'의 반절이다.

○ 叶, 一均反.437)
'연(淵)'은 협운으로 '일(一)'과 '균(均)'의 반절이다.

豈弟君子, 遐不作人.

개제(豈弟)한 군자여! 어찌 사람을 진작시키지 않으리오?

朱註
興也.
흥(興)이다.

---

434) 『시전대전(詩傳大全)』에 경원 보씨의 말로 실려 있다.
435) 『시전대전(詩傳大全)』에는 "경원 보씨가 말하였다 : '여기의 장에서는 위의 장을 이어 개제한 군자에게는 복록이 저절로 그 몸에 내려온다고 말하였으니, 대개 구할 필요가 없다는 의미이다.'(慶源輔氏曰 : 此又承上章, 言豈弟君子, 則福祿自然降下其躬, 蓋亦不待乎求之之意.)"라고 되어 있다.
436) 叶, 鐵因反 : 『시전대전(詩傳大全)』에도 동일하게 되어 있다.
437) 叶, 一均反 : 『시전대전(詩傳大全)』에도 동일하게 되어 있다.

詳說
○ 兼比.
'비(比)'를 겸하였다.

朱註
鳶, 鴟類, 戾, 至也. 李氏曰, 抱朴子
연(鳶)은 솔개의 종류이고, 여(戾)는 이름이다. 이씨(李氏)가 "(포박자(抱朴子)』에서

詳說
○ 晉葛洪所著.
『포박자』는 진의 갈홍이 지은 것이다.

朱註
曰, 鳶之在下無力, 及至乎上, 聳身直翅而已.
'솔개가 아래에서는 힘이 없다가 상공에서는 몸을 솟구쳐 날개를 곧게 편다.'라고 하였으니,

詳說
○ 音竦.
'용(聳)'의 음은 '송(竦)'이다.

○ 抱朴說蓋止此.
포박자의 말은 여기까지이다.

朱註
蓋鳶之飛, 全不用力, 亦如魚躍, 怡然自得, 而不知其所以然也.
솔개가 나는 것은 전혀 힘을 쓰지 않으니, 또한 고기가 뛰어노는 것처럼 이연(怡然)히 자득(自得)하면서 왜 그렇게 되었는지를 알지 못하는 것이다."라고 하였다.

詳說

○ 李說止此

이씨의 설명은 여기까지이다.

○ 以魚喩鳶者, 爲魚之躍, 尤易見也.

물고기로 매를 비유한 것은 물고기가 뛰는 것이 더욱 쉽게 드러나기 때문이다.

朱註

遐, 何通. ○ 言鳶之飛, 則戾于天矣, 魚之躍, 則出于淵矣,

하(遐)는 하(何)와 통한다. ○ "솔개가 날면 하늘에 이르고, 고기가 뛰놀면 못에서 나오니,

詳說

○ 中庸曰 : "言其上下察也."

『중용』에서 말하였다 : "상하로 드러난다는 말이다."438)

○ 華谷嚴氏曰 : "天壤之內, 莫不自得其性."439)

화곡 엄씨가 말하였다 : "천지의 사이에 그 어느 것도 그 본성을 얻지 않은 것은 없다."440)

○ 上蔡謝氏曰 : "猶韓愈謂, 魚川泳而鳥雲飛, 上下各得其所也. 詩人言如此氣象, 周家作人似之."441)

상채 사씨가 말하였다 : "한유가 '물고기 내에서 헤엄쳐 돌아다니고, 새가 구름 위로 날아오르니, 위아래로 각기 제 있을 곳을 얻었다.'라고 말한 것과 같다. 시인이 이와 같은 기상을 말한 것은 주나라 왕가에서 사람들을 진작시키는 것과 같다."442)

---

438) 『중용장구』 12장에 "『시경』에서 '솔개는 날아 하늘에 이르고, 물고기는 못에서 뛰놀도다.'라고 하였으니, 상하로 드러난다는 말이다.(詩云 : 鳶飛戾天, 魚躍于淵, 言其上下察也.)"라는 말이 있다.
439) 『시전대전(詩傳大全)』에 화곡 엄씨의 말로 실려 있다.
440) 『시전대전(詩傳大全)』에는 "화곡 엄씨가 말하였다 : '3장에서는 사람을 진작시키는 묘함에 대해 말하였다. 매가 날고 물고기가 뛰노는 것은 천지의 사이에 그 어느 것도 그 본성을 얻지 않은 것이 없다는 말이다. ….'(華谷嚴氏曰 : 三章, 言作人之妙也. 鳶飛魚躍, 言天壤之內, 莫不自得其性, 而不知所以然也. ….)" 라고 되어 있다.
441) 『시전대전(詩傳大全)』에 상채 사씨의 말로 실려 있다.
442) 『시전대전(詩傳大全)』에는 "상채 사씨가 말하였다 : '솔개는 날아 하늘에 이르고 고기는 못에서 뛰놀도다.'라는 것은 한유가 「물고기 내에서 헤엄쳐 돌아다니고, 새가 구름위로 날아오르니, 위아래로 각기 제

朱註

豈弟君子, 而何不作人乎, 言其必作人也.

개제(豈弟)한 군자(君子)이데, 어찌 사람들을 진작시키지 않으리오?"라는 것은 반드시 사람을 진작시킨다는 말이다.

詳說

○ 又正釋之

또 바르게 풀이한 것이다.

○ 華谷嚴氏曰 : "三章言作人之妙.443)

화곡 엄씨가 말하였다 : "3장에서는 사람을 진작시키는 묘함에 대해 말하였다."444)

○ 慶源輔氏曰 : "是又能布福祥, 而與其民也."445)

경원 보씨가 말하였다 : "이것이 또 그 복을 펴서 백성과 함께 하는 것이다."446)

[3-1-5-4]

清酒旣載, 騂牡旣備,

청주를 이미 술동이에 담아놓았고, 붉은 희생을 이미 구비했으니,

詳說

있을 곳을 얻었다.」라고 말한 것과 같다. 시인이 이와 같은 기상을 말한 것은 주나라 왕가에서 사람들을 진작시키는 것과 같다.(上蔡謝氏曰 : 鳶飛戾天, 魚躍于淵, 猶韓愈謂, 魚川泳, 而鳥雲飛, 上下各得其所也. 詩人言如此氣象, 周家作人似之.)"라고 되어 있다.

443) 『시전대전(詩傳大全)』에 화곡 엄씨의 말로 실려 있다.
444) 『시전대전(詩傳大全)』에는 "화곡 엄씨가 말하였다 : '3장에서는 사람을 진작시키는 묘함에 대해 말하였다. 매가 날고 물고기가 뛰노는 것은 천지의 사이에 그 어느 것도 그 본성을 얻지 않은 것이 없다는 말이다. …'.(華谷嚴氏曰 : 三章, 言作人之妙也. 鳶飛魚躍, 言天壤之内, 莫不自得其性, 而不知所以然也. ….)"라고 되어 있다.
445) 『시전대전(詩傳大全)』에 경원 보씨의 말로 실려 있다.
446) 『시전대전(詩傳大全)』에는 "경원 보씨가 말하였다 : '…. 임금이 그 표준을 세우면 오복이 모이는 것이어서 또 백성들이 보고 감동해서 변화하게 하는 것이 있으니, 이것이 또 그 복을 펴서 백성과 함께 하는 것이다. …'(慶源輔氏曰 : …. 盖言人君能建其極, 則爲五福之所聚, 又有以使民觀感而化焉, 則是又能布此福而與其民也. ….)"라고 되어 있다.

○ 叶, 節力反.447)

'재(載)'는 협운으로 음은 '절(節)'과 '력(力)'의 반절이다.

詳說

○ 音辥.

'성(駍)'의 음은 '성(辥)'이다.

○ 叶, 蒲北反.448)

'비(備)'는 협운으로 음은 '포(蒲)'와 '북(北)'의 반절이다.

以享以祀, 以介景福.

올리고 제사하여 큰 복을 크게 하도다.

詳說

○ 叶, 逸織反.449)

'사(祀)'는 협운으로 음은 '일(逸)'과 '직(織)'의 반절이다.

詳說

○ 叶, 筆力反.450)

'복(福)'은 협운으로 음은 '필(筆)'과 '력(力)'의 반절이다.

朱註

賦也. 載, 在尊也, 備, 全具也. 承上章,

부(賦)이다. 재(載)는 술동이에 두는 것이고, 비(備)는 완전히 구비한 것이다. 위의 장을 이어서

詳說

---

447) 叶, 節力反:『시전대전(詩傳大全)』에도 동일하게 되어 있다.
448) 叶, 蒲北反:『시전대전(詩傳大全)』에도 동일하게 되어 있다.
449) 叶, 逸織反:『시전대전(詩傳大全)』에도 동일하게 되어 있다.
450) 叶, 筆力反:『시전대전(詩傳大全)』에도 동일하게 되어 있다.

○ 其意, 則並承三章, 其事, 則又專承二章之玉瓚黃流.
그 의미로는 3장을 아울러서 이어받았고, 그 일로는 오로지 2장의 옥찬과 황류를 이어받았다.

朱註

言有豈弟之德, 則祭必受福也.
개제(豈弟)한 덕(德)이 있으면 제사에서 반드시 복을 받는다는 말이다.

詳說

○ 其釋見楚茨.
그 해석은 「초자(楚茨)」에 있다.

[3-1-5-5]

瑟彼柞棫, 民所燎矣.
무성한 저 갈참나무와 떡갈나무는 백성들이 불을 지피는 것이로다.

詳說

○ 力召反.[451]
'료(燎)'는 '력(力)'과 '소(召)'의 반절이다.

豈弟君子, 神所勞矣.
개제(豈弟)한 군자는 신이 위로하는 것이로다.

詳說

○ 去聲.
'노(勞)'는 거성이다.

朱註

興也.

---

451) 力召反 : 『시전대전(詩傳大全)』에도 동일하게 되어 있다.

흥(興)이다.

詳說
○ 所矣字, 相應.
'소(所)'자와 '의(矣)'자가 호응한다.

朱註
瑟, 茂密貌.
슬(瑟)은 무성하고 빽빽한 모양이다.

詳說
○ 安成劉氏曰 : "上章玉瓚, 故言縝密, 此章柞棫, 故言茂密."452)
안성 유씨가 말하였다 : "위의 장에서는 옥찬이기 때문에 치밀하다고 하였고, 여기의 장에서는 갈참나무와 떡갈나무이기 때문에 빽빽하다고 하였다."

朱註
燎, 爇也, 或曰, 燒燎除其旁草, 使木茂也.
요(燎)는 불을 때는 것이니, 어떤 이는 "불을 놓아 곁에 있는 풀을 제거해서 나무가 무성하게 하는 것이다."라고 하였다.

詳說
○ 鄭箋.
'혹(或)'은 정전(鄭箋)이다.

○ 許氣反.
'희(燨)'의 음은 '허(許)'와 '기(氣)'의 반절이다.

○ 程子曰 : "今人種楡, 亦焚之使茂."453)
정자가 말하였다 : "요즘 사람들은 심어놓은 느릅나무에도 불을 놓아 무성하게

---
452) 『시전대전(詩傳大全)』에 안성 유씨의 말로 동일하게 실려 있다.
453) 『시전대전(詩傳大全)』에 정자의 말로 동일하게 실려 있다.

한다."

○ 華谷嚴氏曰 : "不若以爲民取以供燎, 不費詞也."454)
　　화곡 엄씨가 말하였다 : "백성들이 취해서 땔감으로 하는 것만 못하다고 여겼으니, 허비하지 않는다는 말이다."455)

○ 按, 只如上篇之薪樲白華之烘燀耳
　　살펴보건대, 위의 편에서 섶으로 베어 쌓는 것이고, 「백화」에서 불을 때는 것과 같은 것이다.

朱註
勞, 慰撫也.
노(勞)는 위로함이다.

詳說
○ 毛氏曰 : "猶言佑助."
　　모씨가 말하였다 : "돕는다고 말하는 것과 같다."

○ 華谷嚴氏曰 "五章言受福之本."456)
　　화곡 엄씨가 말하였다 : "5장에서는 복을 근본에 대해 말하였다."

○ 孔氏曰 : "君子祭以得福者, 正以爲神所勞來.457)
　　공씨가 말하였다 : "군자가 제사를 지내 복을 얻는 것은 바로 신이 위로하기 온다고 여기는 것이다."458)

---

454) 『시전대전(詩傳大全)』에 화곡 엄씨의 말로 실려 있다.
455) 『시전대전(詩傳大全)』에는 화곡 엄씨가 말하였다 : "전(箋)에서는 갈참나무와 떡갈나무가 무성할 경우에는 이에 사람들이 그 옆의 풀을 태워 없애 다스려서 피해가 없게 하는 것은 백성들이 취해서 땔감으로 하는 것만 못하니, 허비하지 않는다는 말이다.(華谷嚴氏曰 : 箋以爲柞棫所以茂者, 乃人燎爐除其旁草, 治之使無害, 不若以爲民取, 以供燎, 不費詞也.)"라고 되어 있다.
456) 『시전대전(詩傳大全)』에 화곡 엄씨의 말로 거의 동일하게 실려 있다.
457) 『시전대전(詩傳大全)』에 공씨의 말로 실려 있다.
458) 『시전대전(詩傳大全)』에는 "공씨가 말하였다 : '위에서는 제사를 지내 복을 받는 것에 대해 말하였고, 여기에서는 복을 얻는 일에 대해 말하였으니, 군자가 복을 얻는 까닭은 바로 신이 위로하기 온다고 여기는 것이다.'(孔氏曰 : 上言祭以受福, 此言得福之事, 君子所以得福者, 正以爲神所勞來.)"라고 되어 있다.

[3-1-5-6]

莫莫葛藟, 施于條枚.

무성한 칡넝쿨이여! 나무 가지에 뻗어 있도다.

詳說

○ 音壘.

'류(藟)'의 음은 '루(壘)'이다.

○ 音異.

'시(施)'의 음은 '이(異)'이다.

○ 音梅.

'매(枚)'의 음은 '매(梅)'이다.

豈弟君子, 求福不回.

개제(豈弟)한 군자여! 복을 구함이 부정하지 않도다.

朱註

興也. 莫莫, 盛貌. 回, 邪也.

흥(興)이다. 막막(莫莫)은 성한 모양이다. 회(回)는 간사함이다.

詳說

○ 鄭氏曰 : "文王之求福, 修德以俟之, 不爲回邪之行, 以要之."459)

정씨가 말하였다 : "문왕의 복을 구함은 덕을 닦아 기다리고, 간사한 행위를 하지 않아 맞이한 것이다."

○ 葛藟, 則纏繞, 而文王之心, 無邪曲也.

---

459) 『시전대전(詩傳大全)』에 정씨의 말로 거의 동일하게 실려 있다.

칡넝쿨은 얽혀있으나 문왕의 마음에는 사곡함이 없는 것이다.

○ 華谷嚴氏曰 : "六章, 言求福之心也."460)
화곡 엄씨가 말하였다 : "6장에서는 복을 구하는 마음에 대해 말하였다."461)

朱註

旱麓六章, 章四句.
「한록」은 6장이고, 장은 4구이다.

[3-1-6-1]
思齊大任, 文王之母,
엄숙한 태임이 문왕의 어머니이시니,

詳說

○ 音齋
'제(齊)'의 음은 '재(齋)'이다.

○ 音泰.462)
'태(大)'의 음은 '태(泰)'이다.

思媚周姜, 京室之婦.
주강을 사랑하사 경실(京室)의 며느리가 되셨도다.

詳說

---

460)『시전대전(詩傳大全)』에 화곡 엄씨의 말로 실려 있다.
461)『시전대전(詩傳大全)』에는 "화곡 엄씨가 말하였다 : '6장에서는 복을 구하는 마음에 대해 말하였으니, 문왕의 즐겁고 화평함은 복을 구함에 사특하지 않다는 것이다.『표기』에서는 얻는 것도 스스로 옳은 것으로 하고 얻지 못하는 것도 스스로 옳은 것으로 해서 천명을 따른다는 것을 말함에 마침내 여기의 장을 인용했으니, 조금이라도 요행을 바라는 마음이 있다면 사특하다는 것이다.'(華谷嚴氏曰 : 六章言, 求福之心也, 文王樂易求福不回. 表記言得之自是, 不得自是以聽天命, 遂引此章, 盖有一毫覬倖之心, 則邪矣.)"라고 되어 있다.
462) 音泰 :『시전대전(詩傳大全)』에도 동일하게 되어 있다.

○ 音阜.
'부(婦)'의 음은 '부(阜)'이다.

|大姒嗣徽音, 則百斯男.|

태사가 그 아름다운 명성을 이으시니 아들이 백 명이나 되도다.

詳說

○ 同上.463)
'태(大)'의 음은 위와 같다.

○ 叶, 尼心反.464)
'남(男)'은 협운으로 음은 '니(尼)'와 '심(心)'의 반절이다.

朱註

賦也. 思, 語辭. 齊, 莊. 媚, 愛也. 周姜, 大王之妃, 大姜也. 京, 周也.
부(賦)이다. 사(思)는 어조사이다. 제(齊)는 씩씩함이요, 미(媚)는 사랑함이다. 주강(周姜)은 태왕의 비인 태강(太姜)이다. 경(京)은 주나라이다.

詳說

○ 按, 公劉註, 訓高丘. 蓋周之都依高丘, 故因稱周爲京
살펴보건대, 공류(公劉)에 대해 주에서 고구(高丘)로 풀었다. 주의 도읍이 고구에 의지했기 때문에 그것으로 말미암아 주나라의 수도로 칭했다.

朱註

大姒, 文王之妃也.
태사는 문왕의 비이다.

詳說

○ 孔氏曰 : "太, 皆尊而稱之, 邑姜不稱太, 避太姜也."465)

---

463) 同上 : 『시전대전(詩傳大全)』에도 동일하게 되어 있다.
464) 叶, 尼心反 : 『시전대전(詩傳大全)』에도 동일하게 되어 있다.

공씨가 말하였다 : "태(太)는 모두 높여서 칭하는 것인데, 읍강(邑姜)은 태(太)라고 칭하지 않았으니 태강(太姜)을 피한 것이다."466)

朱註
徽, 美也. 百男, 擧成數, 而言其多也.
휘(徽)는 아름다움이다. 백남(百男)은 성수(成數)를 들어 그 많음을 말한 것이다.

詳說
○ 朱子曰 : "見於書傳者十八人."467)
주자가 말하였다 : "『서전』에 있는 것은 열여덟 사람이다."468)

○ 毛氏曰 : "太姒十子, 衆妾, 則宜百子也."469)
모씨가 말하였다 : "태사에게 열 명의 자식이니, 여러 첩들에게라면 백 명의 자식임이 당연하다."470)

朱註
○ 此詩, 亦歌文王之德, 而推本言之, 曰此莊敬之大任, 乃文王之母, 實能媚于周姜, 而稱其爲周室之婦,
이 시도 문왕의 덕을 노래한 것이니, 근본을 미루어 "이 장경(莊敬)한 태임은 바로 문왕의 어머니로 실로 주강을 사랑하여 주실의 며느리가 되기에 걸맞았고,

---

465) 『시전대전(詩傳大全)』에 공씨의 말로 실려 있다.
466) 『시전대전(詩傳大全)』에는 "공씨가 말하였다 : '태강(太姜)·태임(太任)·태사(太姒)는 모두 태(太)라고 칭했으니, 분명이 모두 높여서 칭하는 것이다. 그런데 문왕의 비 읍강(邑姜)에게만은 태(太)라고 칭하지 않았으니 태강(太姜)을 피했기 때문이다.'(孔氏曰 : 太姜太任太姒, 皆稱太, 明皆尊而稱之. 唯武王之妃, 邑姜不稱太, 蓋避太姜故也.)"라고 되어 있다.
467) 『시전대전(詩傳大全)』에 주자의 말로 실려 있다.
468) 『시전대전(詩傳大全)』에는 "주자가 말하였다 : '살펴보건대, 『춘추전』에서 「관(管)·채(蔡)·성(郕)·곽(霍)·노(魯)·위(衛)·모(毛)·담(聃)·고(郜)·옹(雍)·조(曹)·등(滕)·군(軍)·원(原)·풍(豊)·순(郇)이라고 한 것은 글로 드러난 것으로 백읍고(伯邑考)와 무왕(武王)을 아우르면 열여덟 사람이다. 그런데 이것은 단지 『서전』에 드러난 것일 뿐이니, 또한 그 많음을 드러내는 것이다.'(朱子曰 : 按, 春秋傳云, 管蔡郕霍魯衛毛聃郜雍曹滕軍原豊郇, 文之昭也, 幷伯邑考武王十八人. 然此特其見於書傳者耳, 亦可見其多也.)"라고 되어 있다.
469) 『모시주소(毛詩注疏)』에 전의 말로 실려 있다.
470) 『모시주소(毛詩注疏)』에는 "모씨가 말하였다 : '『전』에서 「태사에게 열 명의 자식이니, 여러 첩들에게라면 백 명의 자식임이 당연하다.」라고 한 것이 여기에 해당한다.'(傳云, 大姒十子, 衆妾, 則宜百子, 是也.)"라고 되어 있다.

詳說
○ 去聲.
  '칭(稱)'은 거성이다.

○ 臨川王氏曰 : "齊, 盡母道也, 媚, 盡婦道也."471)
  임천 왕씨가 말하였다 : "'제(齊)'는 어머니의 도리를 다하는 것이고, '미(媚)'는 부인의 도리를 다하는 것이다."472)

朱註
至於大姒, 又能繼其美德之音, 而子孫衆多. 上有聖母, 所以成之者遠,
태사에 와서 그 아름다운 덕의 명성을 계승하여 자손이 매우 많다."라고 하였다. 위에 성모가 계셨기 때문에 이룬 것이 원대하고,

詳說
○ 三山李氏曰 : "觀列女傳胎, 敎可知矣."473)
  삼산 이씨가 말하였다 : "『열녀전』에서의 태교를 보면 알 수 있다."474)

朱註
內有賢妃, 所以助之者深也.
안에 현비(賢妃)가 있었기 때문에 도운 것이 깊은 것이다.

詳說
○ 四句, 論也.
  네 구는 경문의 의미 설명이다.

---

471) 『시전대전(詩傳大全)』에 임천 왕씨의 말로 실려 있다.
472) 『시전대전(詩傳大全)』에는 "임천 왕씨가 말하였다 : '제(齊)는 어머니의 도리이고, 미(媚)는 부인의 도리이다. 사람의 어머니가 되어 어머니의 도리를 다하고 사람의 부인이 되어 부인의 도리를 다한 분은 태임이다.'(臨川王氏曰 : 齊者, 母道也, 媚者, 婦道也. 爲人母, 盡母道, 爲人婦, 盡婦道者, 太任也.)"라고 되어 있다.
473) 『시전대전(詩傳大全)』에 삼산 이씨의 말로 실려 있다.
474) 『시전대전(詩傳大全)』에는 "삼산 이씨가 말하였다 : '『열녀전』에 실린 태교를 보면, 문왕이 태임으로 말미암아 덕을 이루었음을 알 수 있다.(三山李氏曰 : 觀列女傳載胎敎, 則文王, 由太任而成德, 可知矣.)"라고 되어 있다.

○ 慶源輔氏曰 : "此詩, 推本言文王之德盛由母妃也.475)

경원 보씨가 말하였다 : "여기의 시에서는 근적으로 미뤄 문왕의 덕의 성대함이 어머니와 비로 말미암았다는 것을 말하였다."476)

[3-1-6-2]

惠于宗公, 神罔時怨, 神罔時恫, 刑于寡妻,

종묘의 선공들에게 순히 하사 신이 이에 원망함이 없으며
신이 이에 애통함이 없음은 과처(寡妻)에게 법이 되어

詳說

○ 音通.477)

'통(恫)'의 음은 '통(通)'이다.

至于兄弟, 以御于家邦.

형제에서 집과 나라를 다스리셨기 때문이니라.

詳說

○ 音迓.

'어(御)'의 음은 '아(迓)'이다.

○ 叶, 卜工反.478)

'방(邦)'은 협운으로 음은 '복(卜)'과 '공(工)'의 반절이다.

朱註

---

475) 『시전대전(詩傳大全)』에 경원 보씨의 말로 실려 있다.
476) 『시전대전(詩傳大全)』에는 "경원 보씨가 말하였다 : '「역복(棫樸)의 시에서는 문왕의 덕이 성대해서 사람들이 귀의하는 것에 대해 말하였고, 「한록(旱麓)」에서는 문왕의 덕이 성대해서 하늘이 복을 주는 것에 대해 말하였으며, 「사제(思齊)」에서는 또 근본적으로 미뤄 문왕의 덕이 성대한 것이 성스러운 어머니와 현명한 비가 원대하게 이룸주고 심원하게 도와주는 것으로 말미암아 그렇게 된 것에 대해 말하였다.'(慶源輔氏曰 : 棫樸詩, 言文王德盛而人歸之, 旱麓言文王德盛而天福之, 思齊, 又推本, 而言文王之所以德盛者, 由聖母賢妃, 成之之遠, 助之之深而然也.)"라고 되어 있다.
477) 音通 : 『시전대전(詩傳大全)』에도 동일하게 되어 있다.
478) 叶, 卜工反 : 『시전대전(詩傳大全)』에도 동일하게 되어 있다.

賦也. 惠, 順也. 宗公, 宗廟先公也. 恫, 痛也. 刑, 儀法也. 寡妻, 猶言寡小君也. 御, 迎也.

부(賦)이다. 혜(惠)는 순함이다. 종공(宗公)은 종묘(宗廟)의 선공(先公)이다. 통(恫)은 아파함이다. 형(刑)은 법 받음이다. 과처(寡妻)는 과소군(寡小君)이라는 말과 같다. 어(御)는 맞이함이다.

詳說

○ 見論語季氏.

'과소군(寡小君)'은 『논어』「계씨」에 있다.479)

○ 諺音誤.

'御(御)'는 『언해』의 음이 잘못되었다.

○ 鄭氏曰 : "治也."

정씨가 말하였다 : "다스린다는 것이다."

○ 王氏肅曰 : "以迎治國家."

왕씨 숙이 말하였다 : "맞이함으로써 국가를 다스린다는 것이다."

朱註

○ 言文王

문왕이

詳說

○ 此章以下專, 主文王而言.

여기의 장 이하에서는 오로지 문왕을 위주로 말하였다.

朱註

---

479) '과소군(寡小君)'은 『논어』「계씨」에 있다 : 『논어』「계씨」에 "임금의 처를 그 임금이 일컬어 부인이라 하고, 부인이 스스로 일컫기를 소동이라 하며, 나라 사람들이 일컬어 군부인이라 하고, 다른 나라에게 일컫기를 과소군이라 하고, 다른 나라 사람들이 일컬을 때에도 군부인이라 한다.(邦君之妻, 君稱之, 曰夫人, 夫人自稱, 曰小童, 邦人稱之, 曰君夫人, 稱諸異邦, 曰寡小君, 異邦人稱之, 亦曰君夫人.)"라는 말이 있다.

順于先公, 而鬼神歆之,
선공에게 순히 하여 귀신이 흠향해서

> 詳說
> ○ 先公之神.
> 선공이라는 신이다.
> ○ 添歆字.
> '흠(歆)'이라는 글자를 더했다.

朱註
無怨恫者,
원망함과 애통함이 없는 것은

> 詳說
> ○ 本文上下三句, 爲一串意.
> 본문의 상하 세 구를 하나로 관통되는 의미이다.

朱註
其儀法, 內施於閨門,
그 의법(儀法)이 안으로 규문(閨門)에 베풀어져

> 詳說
> ○ 承上章末太姒.
> 위의 장 끝에서 태사를 이어받은 것이다.

朱註
而至于兄弟, 以御于家邦也.
형제에게서 집안과 나라를 다스렸기 때문이라는 말이다.

> 詳說

○ 慶源輔氏曰 : "以足前章之意, 其序則先尊而後卑, 先親而後疏."480)

경원 보씨가 말하였다 : "앞 장의 의미를 풍족하게 했는데, 그 순서는 존귀한 이를 우선하고 천한 자를 뒤로 하며, 친한 이를 우선하고 소원한 이를 뒤로 하는 것이다."481)

朱註
孔子曰, 家齊而後國治,
공자가 "집이 가지런한 뒤에야 나라가 다스려진다."라고 하였고,

詳說
○ 大學.
공자는 『대학』에 있는 것이다.

○ 去聲.
'치(治)'는 거성이다.

朱註
孟子曰, 言擧斯心,
맹자가 "이 마음을 들어

詳說
○ 梁惠王.
맹자는 「양혜왕」에 있는 것이다.

○ 刑妻之心.
처에게 법이 되는 마음이다.

---
480) 『시전대전(詩傳大全)』에 경원 보씨의 말로 실려 있다.
481) 『시전대전(詩傳大全)』에는 "경원 보씨가 말하였다 : '여기의 장에서는 문왕의 덕이 신과 사람을 조화롭게 하고 국가를 다스리기에 충분한 것에 대해 말해 앞 장의 의미를 풍족하게 했는데, 그 순서는 존귀한 이를 우선하고 천한 자를 뒤로 하며, 친한 이를 우선하고 소원한 이를 뒤로 하는 것이다.'(慶源輔氏曰 : 此章, 則言文王之德, 足以和神人治家國, 以足前章之意, 其序則先尊而後卑, 先親而後疎也.)"라고 되어 있다.

> 朱註

加諸彼而已張子曰言接神人各得其道也

저기에 더할 것일 뿐이라는 말이다."라고 하였다.

> 詳說

○ 三說, 論也.

세 가지 설명은 경문의 의미 설명이다.

[3-1-6-3]

> 雝雝在宮, 肅肅在廟,

옹옹(雝雝)히 궁중(宮中)에 계시고 엄숙히 사당에 계시며,

> 詳說

○ 於容反.482)

'옹(雝)'의 음은 '어(於)'와 '용(容)'의 반절이다.

○ 叶音貌.483)

'묘(廟)'는 협운으로 음은 '모(貌)'이다.

> 不顯亦臨, 無射亦保.

드러나지 않은 곳에서 또한 임한 듯이 하시고 싫어함이 없을 때에도 또한 보전하시니라.

> 詳說

○ 音亦.484)

'역(射)'의 음은 '역(亦)'이다.

○ 叶音鮑.485)

---

482) 於容反:『시전대전(詩傳大全)』에도 동일하게 되어 있다.
483) 叶音貌:『시전대전(詩傳大全)』에도 동일하게 되어 있다.
484) 音亦:『시전대전(詩傳大全)』에도 동일하게 되어 있다.

'보(保)'는 협운으로 음은 '포(鮑)'이다.

朱註
賦也. 雝雝, 和之至也, 肅肅, 敬之至也. 不顯, 幽隱之處也.
부(賦)이다. 옹옹(雝雝)은 화(和)함이 지극한 것이고, 숙숙(肅肅)은 공경함이 지극한 것이다. 불현(不顯)은 그윽하고 숨겨진 곳이다.

詳說
○ 猶大學言獨也.
『대학』에서 '독(獨)'이라고 말하는 것과 같다.

朱註
射, 與斁同, 厭也. 保, 猶. 守也. ○ 言文王在閨門之內, 則極其和,
역(射)은 역(斁)과 같으니, 싫어함이다. 보(保)는 지킴이다. ○ 문왕이 규문(閨門)의 안에 계시면 그 화(和)함을 지극히 하고,

詳說
○ 一無猶字.
어떤 판본에는 '유(猶)'자가 없다.

○ 宮.
'규문(閨門)'은 궁이다.

○ 倒釋以便文.
해석을 거꾸로 해서 글을 바꾼 것이다.

朱註
在宗廟之中, 則極其敬,
종묘의 가운데 계시면 그 공경을 지극히 하셨으며,

---
485) 叶音鮑:『시전대전(詩傳大全)』에도 동일하게 되어 있다.

詳說

○ 勿軒熊氏曰 : "承上章而言, 在宮, 卽刑妻以下之事, 在廟, 卽惠宗以下之事."486)

물헌 웅씨가 말하였다 : "위의 장을 이어 말하였으니, '궁중에 계신다.'는 것은 '과처에게 법이 된다.'는 일이고, '사당에 계신다.'는 것은 '종묘의 선공들에게 순히 한다.'는 일이다."487)

○ 按, 承上寡妻而先言宮.

살펴보건대, 위의 과처를 이어받아 먼저 궁을 말한 것이다.

朱註

雖居幽隱, 亦常若有臨之者,

비록 그윽하고 숨겨진 곳에 거처할지라도 또 항상 임(臨)함이 있는 듯이 하시고,

詳說

○ 從亦字, 而添雖字.

'역(亦)'자에 따라 '수(雖)'자를 더하였다.

○ 豐城朱氏曰 : "不顯, 自在己者言, 亦臨, 指在神者言."488)

풍성 주씨가 말하였다 : "'드러나지 않는 곳'은 자신이 있는 곳으로 말한 것이고, '또한 임한 듯이 하신다.'는 것은 신이 있는 곳을 가리켜서 말한 것이다."489)

○ 襯在廟時.

가까이 사당에 있을 때이다.

---

486) 『시전대전(詩傳大全)』에 물헌 웅씨의 말로 실려 있다.
487) 『시전대전(詩傳大全)』에는 물헌 웅씨가 말하였다 : "위의 장을 이어 말하였으니, 「옹옹(雝雝)히 궁중에 계신다.」는 것은 「과처에게 법이 된다.」는 일이고, 「엄숙히 사당에 계신다.」는 것은 「종묘의 선공들에게 순히 한다.」는 일이다.(勿軒熊氏曰 : 此承上章而言, 雝雝在宮, 卽刑于寡妻以下之事, 肅肅在廟, 卽惠于宗公以下之事.)"라고 되어 있다.
488) 『시전대전(詩傳大全)』에 풍성 주씨의 말로 실려 있다.
489) 『시전대전(詩傳大全)』에는 "풍성 주씨가 말하였다 : 「드러나지 않는 곳」은 자신이 있는 곳으로 말한 것이고, 「또한 임한 듯이 하신다.」는 것은 신이 있는 곳을 가리켜서 말한 것이다. ….(豐城朱氏曰 : 雝雝, 和之至也, 所以爲治人之本也. 肅肅, 敬之至也, 所以爲事神之本也. 不顯, 自其在己者言之, 亦臨, 則指其在神者而言也. ….)"라고 되어 있다.

朱註

雖無厭射, 亦常有所守焉,
비록 싫어함이 없을 때라도 항상 지키는 것이 있으셨으니,

詳說

○ 華谷嚴氏曰 : "踐履已熟."490)
화곡 엄씨가 말하였다 : "실천함이 이미 익숙하다는 것이다."491)

○ 按, 無射, 猶言純也, 末章註可考.
살펴보건대, '싫어함이 없다.'는 것은 순수하다는 말이니, 끝 장의 주에서 상고할 수 있다.

○ 雖不勉而中, 亦持守焉.
노력하지 않고 맞을지라도 지키는 것이다.

○ 豐城朱氏曰 : "無射, 自在人者言, 亦保, 指在己者言."492)
풍성 주씨가 말하였다 : "'싫어함이 없을 때'는 남에게 있는 것으로 말한 것이고, '또한 보전하시니라.'는 자신에게 있는 것을 가리켜서 말한 것이다."493)

○ 按, 朱氏用淸廟無射於人之意如此, 則文義尤明切. 但與末章無斁爲異同, 更商之.
살펴보건대, 주씨의 사당에서 이처럼 남에게 싫어함이 없다는 의미로 사용한 것은 문의가 더욱 명확하고 절실하다. 다만 끝의 장에서 싫어함이 없다는 것과 일치하지 않는 것은 다시 살펴봐야 한다.

---

490) 『시전대전(詩傳大全)』에 화곡 엄씨의 말로 실려 있다.
491) 『시전대전(詩傳大全)』에는 "화곡 엄씨가 말하였다 : '…. 싫어함이 없을 때에도 실천함이 이미 익숙해서 또한 스스로 보전한다는 것은 오래되어 간격이 없다는 것이다.'(華谷嚴氏曰 : …. 無厭之時, 踐履已熟, 而亦自保守, 悠久無間也)"라고 되어 있다.
492) 『시전대전(詩傳大全)』에 풍성 주씨의 말로 실려 있다.
493) 『시전대전(詩傳大全)』에는 "풍성 주씨가 말하였다 : 「드러나지 않는 곳」은 자신이 있는 곳으로 말한 것이고, 「또한 임한 듯이 하신다.」는 것은 신이 있는 곳을 가리켜서 말한 것이다. 「싫어함이 없을 때」는 남에게 있는 것으로 말한 것이고, 「또한 보전하시니라.」는 자신에게 있는 것을 가리켜서 말한 것이다. ….'(豐城朱氏曰 : …. 不顯, 自其在己者言之, 亦臨, 則指其在神者而言也. 無射, 自其在人者言之, 亦保, 則指其在己者而言也. ….)"라고 되어 있다.

○ 襯在宮時.
가까이 궁에 있을 때이다.

朱註
其純亦不已,
그 순수함이 그치지 않음이

詳說
○ 出中庸.
『중용』이 출처이다.494)

朱註
蓋如是.
이와 같으셨다.

詳說
○ 此, 論也.
이것은 경문의 의미 설명이다.

○ 永嘉陳氏曰：＂皆文王之誠也.＂495)
영가 진씨가 말하였다：＂모두 문왕의 정성이다.＂

[3-1-6-4]
肆戎疾不殄, 烈假不瑕,
이러므로 큰 난을 끊지 못하셨으나 빛나고 위대하여 하자가 없으셨으며,

詳說
○ 上聲

---

494) 『중용』이 출처이다 : 『중용』 26장에서 "문왕이 문이 되는 것은 순수함이 그치지 않음이다.(文王之所以爲文也, 純亦不已.)"라고 하였다.
495) 『시전대전(詩傳大全)』에 영가 진씨의 말로 동일하게 실려 있다.

'가(假)'는 상성이다.

不聞亦式, 不諫亦入.

들지 않아도 또한 법도에 맞으시며 간하지 않아도 또한 선에 드시니라.

詳說

○ 此與下章, 用韻未詳.496)

'입(入)'은 여기와 아래의 장에서 협운으로 사용한 것은 자세하지 않다.

朱註

賦也. 肆, 故今也. 戎, 大也, 疾, 猶難也,

부(賦)이다. 사(肆)는 '그러므로 이제'이다. 융(戎)은 큼이고, 질(疾)은 난(難)과 같으니,

詳說

○ 去聲, 下並同.

'난(難)'은 거성으로 아래에서도 모두 같다.

朱註

大難, 如羑里之囚, 及昆夷獫狁之屬也. 殄, 絶, 烈, 光, 假, 大, 瑕, 過也.

대난(大難)은 이를테면 유리(里)에 갇힘과 곤이(昆夷)와 험윤(玁狁)과 같은 것이다. 진(殄)은 끊음이고, 열(烈)은 빛남이며, 가(假)는 위대함이고, 하(瑕)는 허물이다.

詳說

○ 音酉.

'유(羑)'의 음은 '유(酉)'이다.

○ 諺音誤.

'진(殄)'은 『언해』의 음이 잘못되었다.

---

496) 此與下章, 用韻未詳 : 『시전대전(詩傳大全)』에도 동일하게 되어 있다.

詩集傳詳說 卷之十三　195

○ 玉病.
옥의 티이다.

朱註
此兩句, 與不殄厥慍, 不隕厥問,
이 두 구는 '그 성냄을 끊지 못하셨으나 그 명성을 실추시키지 않았다.'는 것과

詳說
○ 見綿.
「면(綿)」에 있다.

朱註
相表裏.
서로 표리가 된다.

詳說
○ 安成劉氏曰 : "文王可謂繩其祖武矣. 周公遭變, 德音不瑕, 雖其天縱之聖, 抑亦有得於家庭之訓化歟."497)
안성 유씨가 말하였다 : "문왕은 선조의 발자취를 법으로 했다고 할 수 있고, 주공은 변고를 만나 덕음에 하자가 없었으니, 하늘이 내놓은 성인일지라도 또한 가정의 훈화에 얻은 것이 있었던 것이다."498)

朱註
聞, 前聞也. 式, 法也. ○ 承上章
문(聞)은 미리 들음이다. 식(式)은 법이다. ○ 위의 장을 이어

---

497) 『시전대전(詩傳大全)』에 안성 유씨의 말로 실려 있다.
498) 『시전대전(詩傳大全)』에는 "안성 유씨가 말하였다 : 「그 성냄을 끊지 못하셨으나 그 명성을 실추시키지 않았다.」는 것은 태왕의 일이다. 무왕의 「큰 난을 끊지 못하셨으나 빛나고 위대하여 하자가 없으셨다.」는 것은 선조의 발자취를 법으로 한 것이라고 할 수 있다. 그렇다면 「그 성냄을 끊지 못하셨으나 그 명성을 실추시키지 않았다.」는 것에는 문왕의 일이 진실로 그 속에 있는 것이다. 그 후에 주공이 변을 만나 겸손하고 위대하며 아름답고 덕음에 하자가 없다는 것은 하늘이 내놓은 성인일지라도 또한 가정의 훈화에 얻은 것이 있었던 것이다.'(安成劉氏曰 : 不殄厥慍, 不隕厥問, 太王事也. 文王戎疾不殄烈假不瑕, 可謂繩其祖武. 然則不殄厥慍, 不隕厥問, 文王之事, 固在其中矣. 其後周公遭變夔孫碩膚, 而德音不瑕, 雖其天縱之聖, 抑亦有得於家庭之訓化歟.)"라고 되어 있다.

詳說

○ 從肆字而說, 下章同.

'사(肆)'를 따라 설명한 것은 아래의 장에서도 같다.

朱註

言文王之德如此.

문왕의 덕이 이와 같음에 대해 말하였다.

詳說

○ 雝肅, 臨保

'옹숙(雝肅)'과 '임보(臨保)'이다.499)

朱註

故其大難雖不殄絕, 而光大

그러므로 그 대난(大難)을 비록 끊지는 못했으나 광대하여

詳說

○ 慶源輔氏曰 : "光大之德."500)

경원 보씨가 말하였다 : "광대한 덕이다."501)

朱註

亦無玷缺, 雖事之無所前聞者, 而亦無不合於法度.

또한 결함이 없었으며, 비록 미리 들은 것이 없는 일이라도 또한 법도에 합하지 않는 것이 없었으며,

---

499) '옹숙(雝肅)'과 '임보(臨保)'이다. : 「사제(思齊)」 3장에서의 "옹옹(雝雝)히 궁중(宮中)에 계시고 엄숙히 사당에 계시며, 드러나지 않은 곳에서 또한 임한 듯이 하시고 싫어함이 없을 때에도 또한 보전하시니라.(雝雝在宮, 肅肅在廟, 不顯亦臨, 無射亦保.)"라는 말을 축약한 것이다.
500) 『시전대전(詩傳大全)』에 경원 보씨의 말로 실려 있다.
501) 『시전대전(詩傳大全)』에는 "경원 보씨가 말하였다 : '…. 대란이 오는 것은 또한 일정한 운수이니, 성인일지라도 모면할 수 없어 도로 처신할 뿐이다. 그러므로 대란은 비록 끊어 없어지게 하지는 못했으나 광대한 덕에는 끝내 하자가 없었다는 것이다. 이것은 하늘을 즐겁게 받아들이는 일로 성인이 아니면 할 수 없는 것이다. ….'(慶源輔氏曰 : …. 大難之來, 是亦定數, 雖聖人有所不能免, 特處之有道爾, 故言其大難雖不能殄絕之而使無, 而在我光大之德, 終無瑕玷焉. 此樂天之事, 非聖人不能也. ….)"라고 되어 있다.

詩集傳詳說 卷之十三　197

詳說
○ 生而知之.
태어나면서부터 아는 것이다.

○ 慶源輔氏曰:"從心所欲不踰矩之事."502)
경원 보씨가 말하였다 : "마음 가는 대로 따라도 법도를 넘지 않는 일이다."503)

朱註
雖無諫諍之者, 而亦未嘗不入於善
비록 간쟁하는 자가 없더라도 또한 일찍이 선에 들지 않음이 없으셨다는 것이니,

詳說
○ 補善字
'선(善)'자를 더하였다.

○ 慶源輔氏曰 : "不思不勉, 從容中道也."504)
경원 보씨가 말하였다 : "생각하지 않고 힘쓰지 않아도 자연스럽게 도에 합한다."505)

朱註
傳, 所謂性與天合, 是也.
『전』에서의 이른바 "성(性)이 천도와 합한다."는 것이 여기에 해당한다.

詳說

---

502) 『시전대전(詩傳大全)』에 경원 보씨의 말로 실려 있다.
503) 『시전대전(詩傳大全)』에는 "경원 보씨가 말하였다 : '…. 「듣지 않아도 또한 법도에 맞는다.」는 마음 가는 대로 따라도 법도를 넘지 않는다는 일이다. ….'(慶源輔氏曰 : …. 不聞亦式, 從心所欲不踰矩之事. ….)"라고 되어 있다.
504) 『시전대전(詩傳大全)』에 경원 보씨의 말로 실려 있다.
505) 『시전대전(詩傳大全)』에는 "경원 보씨가 말하였다 : '…. 「간하지 않아도 또한 선에 든다.」는 것은 이른바 「생각하지 않고 힘쓰지 않아도 자연스럽게 도에 합한다.」는 것으로 「문왕의 덕은 이런 경지에 왔다면 다시 더할 것이 없는 것이다.'(慶源輔氏曰 : …. 不諫亦入, 所謂不思不勉, 從容中道也, 文王之德至是, 則無以復加矣.)"라고 되어 있다.

○ 毛傳.
『傳』은 『모전』이다.

○ 此, 論也.
여기는 경문의 의미 설명이다.

○ 慶源輔氏曰 : "文王之德, 至是無以復加矣."506)
경원 보씨가 말하였다 : "문왕의 덕은 여기에 와서 다시 더할 것이 없었다."507)

[3-1-6-5]
肆成人有德, 小子有造. 古之人無斁, 譽髦斯士.
이러므로 어른들은 덕이 있고 아이들은 일함이 있구나.
옛 사람이 싫어함이 없는지라 선비들을 칭찬하여 준걸답게 하셨도다.

詳說
○ 音亦.508)
'역(斁)'의 음은 '역(亦)'이다.

朱註
賦也, 冠以上爲成人. 小子, 童子也. 造, 爲也. 古之人, 指文王也
부(賦)이다. 관례(冠禮)를 행한 사람 이상이 어른이다. 소자(小子)는 아이이다. 조(造)는 함이다. 고지인(古之人)은 문왕을 가리킨다.

詳說
○ 去聲.
'관(冠)'은 거성이다.

---

506) 『시전대전(詩傳大全)』에 경원 보씨의 말로 실려 있다.
507) 『시전대전(詩傳大全)』에는 "경원 보씨가 말하였다 : '…. 「간하지 않아도 또한 선에 든다.」는 것은 이른바 「생각하지 않고 힘쓰지 않아도 자연스럽게 도에 합한다.」는 것으로 「문왕의 덕은 이런 경지에 왔다면 다시 더할 것이 없는 것이다.'(慶源輔氏曰 : …. 不諫亦入, 所謂不思不勉, 從容中道也, 文王之德至是, 則無以復加矣.)"라고 되어 있다.
508) 音亦 : 『시전대전(詩傳大全)』에도 동일하게 되어 있다.

○ 東萊呂氏曰 : "典謨於堯舜禹皐陶. 己曰稽古, 則以文王爲古人, 復何疑哉."509)
동래 여씨가 말하였다 : "'요임금'·'순임금'·'우임금'·'고요'에서 「전(典)」과 「謨(모)」가 되었으니, 이미 옛일을 고찰했다고 말했다면 문왕을 옛사람으로 여기는 것에 대해 다시 어찌 의심하겠는가?"510)

朱註
譽, 名, 髦, 俊也. ○ 承上章言, 文王之德見於事者, 如此.
예(譽)는 명예요, 모(髦)는 준걸다움이다. ○ 상장(上章)을 이어 "문왕의 덕이 일에 나타남이 이와 같았다.

詳說
○ 音現.
'현(見)'의 음은 '현(現)'이다.

○ 烈假法入.
빛나고 위대하며 법도에 맞고 선에 든 것이다.

朱註
故一時人材, 皆得其所成就.
그러므로 일시의 인재가 모두 성취하는 것을 얻었던 것이다.

詳說
○ 孔氏曰 : "長者, 道德已成, 幼者, 有業學習."511)
공씨가 말하였다 : "장성한 자들은 도덕이 이미 완성된 것이고, 유아들은 업이 있어 학습하는 것이다."

---

509) 『시전대전(詩傳大全)』에 동래 여씨의 말로 실려 있다.
510) 『시전대전(詩傳大全)』에는 "동래 여씨가 말하였다 : '「전(典)」과 「謨(모)」가 우(虞)씨와 하나라에서 만들어져 '요임금'·'순임금'·'우임금'·'고요'라고 칭하는 것이다. 이미 옛일을 고찰했다고 말했다면 문왕을 옛사람으로 여기는 것에 대해 다시 어찌 의심하겠는가?'(東萊呂氏曰 : 典謨作於虞夏, 其稱堯舜禹皐陶. 己曰稽古, 則以文王爲古之人, 復何疑哉.)"라고 되어 있다.
511) 『시전대전(詩傳大全)』에 공씨의 말로 거의 동일하게 실려 있다.

朱註
蓋由其德純而不已,
그 덕이 순수하여 그치지 않았기

詳說
○ 古之人.
'기(其)'는 본문의 '고지인(古之人)'이다.

○ 無斁.
싫어함이 없는 것이다.

○ 東萊呂氏曰 : "與夫子之誨人不倦, 其心一也."512)
동래 여씨가 말하였다 : "공자가 사람들을 가르침에 게으르지 않았다는 것과 그 마음은 같다."513)

朱註
故令此士,
때문에 이 선비들이

詳說
○ 平聲.
'령(令)'은 평성이다.

○ 成人小子.
'이 선비는 본문에서 '성인(成人)'과 '소자(小子)'이다.

○ 補令字.

---
512) 『시전대전(詩傳大全)』에 동래 여씨의 말로 실려 있다.
513) 『시전대전(詩傳大全)』에는 "동래 여씨가 말하였다 : '성인이 만세에 혜택을 남기는 것으로는 사람들을 진작시키는 것보다 큰 것이 없으니, 천지가 낳고 낳는 덕을 큰 덕을 잇는 것이기 때문이다. 그러므로 여기의 시에서 이것으로 마쳤으니, 문왕의 싫어함이 없는 것은 공자가 사람들을 가르침에 게으르지 않았다는 것과 그 마음이 같은 것이다.'(東萊呂氏曰 : 聖人流澤萬世者, 無有大於作人, 所以續天地生生之大德也. 故此詩以是終焉, 文王之無斁, 夫子之誨人不倦, 其心一也.)"라고 되어 있다.

'영(令)'자를 더하였다.

朱註
皆有譽於天下, 而成其俊乂之美也.
모두 천하에 명예를 두어 그 준걸다운 아름다움을 이루게 하였다."라고 하였다.

詳說
○ 東萊呂氏曰 : "聖人流澤, 無大於作人, 故以是終之"514)
　　동래 여씨가 말하였다 : "성인이 만세에 혜택을 남기는 것으로는 사람들을 진작시키는 것보다 큰 것이 없기 때문에 여기의 시에서는 이것으로 마쳤다."515)

○ 臨川王氏曰 : "初言太姒, 則化成乎內也, 終言髦士, 則化成乎天下也."516)
　　임천 왕씨가 말하였다 : "처음에 태사를 말한 것은 안을 조화롭게 이루는 것이고, 끝에서 준걸다운 선비를 말한 것은 천하를 조화롭게 이루는 것이다."

朱註
思齊五章, 二章章六句, 三章章四句.
「사제」는 5장으로 두 장은 장이 6구이고, 세 장은 장이 4구이다.

詳說
○ 定宇陳氏曰 : "三四章言修身事, 末章則成物矣."517)
　　정우 진씨가 말하였다 : "3장과 4장에서는 수신하는 일에 대해 말하였고, 끝의 장에서는 사물을 이루는 것에 대해 말하였다."518)

---

514) 『시전대전(詩傳大全)』에 동래 여씨의 말로 실려 있다.
515) 『시전대전(詩傳大全)』에는 "동래 여씨가 말하였다 : '성인이 만세에 혜택을 남기는 것으로는 사람들을 진작시키는 것보다 큰 것이 없으니, 천지가 낳고 낳는 덕을 큰 덕을 잇는 것이기 때문이다. 그러므로 여기의 시에서 이것으로 마쳤다. ….'(東萊呂氏曰 : 聖人流澤萬世者, 無有大於作人, 所以續天地生生之大德也. 故此詩以是終焉. ….)"라고 되어 있다.
516) 『시전대전(詩傳大全)』에 임천 왕씨의 말로 동일하게 실려 있다.
517) 『시전대전(詩傳大全)』에 정우 진씨의 말로 실려 있다.
518) 『시전대전(詩傳大全)』에는 "정우 진씨가 말하였다 : '문왕의 성스러움은 낳아주신 분이 성스러운 어머니이고, 도와주신 분이 현명한 비이다. 그런데 문왕이 진실로 태사에게 도움을 받지 않을 수 없었지만 실로 수신해서 과처에게 법이 되었던 것이다. 3장과 4장에서는 모두 수신하는 일에 대해 말하였고, 끝의 장에서는 자신을 완성했을 뿐만 아니라 또 사물을 이룰 수 있었던 것에 대해 말하였다.'(定宇陳氏曰 : 文王

[3-1-7-1]

皇矣上帝, 臨下有赫. 監觀四方, 求民之莫. 維此二國, 其政不獲. 維彼四國, 爰究爰度. 上帝耆之, 憎其式廓. 乃眷西顧, 此維與宅.

위대하도다, 상제(上帝)시여! 아래를 굽어보며 빛나고 계신다. 사방을 관찰하여 백성의 안정함을 추구하셨다. 이 두 나라(하[夏], 상[商])에서, 그 정치가 실패하였다.519) 저 사방의 나라에서, (상제는) 찾고 살펴보았다. 상제(上帝)가 (나라의 안정을) 이루어, 그 극경의 규모를 증대시켰다. 이에 권연(眷然)히 서쪽 땅을 둘러보고, 여기에 거처를 주셨다.

朱註

賦也. 皇, 大. 臨, 視也. 赫, 威明也. 監, 亦視也. 莫, 定也. 二國, 夏商也. 不獲, 謂失其道也. 四國, 四方之國也. 究, 尋. 度, 謀也. 耆憎式廓, 未詳其義. 或曰: 耆, 致也. 憎, 當作增. 式廓, 猶言規模也. 此, 謂岐周之地也.

부(賦)이다. 황(皇)은 큼이다. 임(臨)은 봄이다. 혁(赫)은 위엄이 있고 밝은 것이다. 감(監) 또한 봄이다. 막(莫)은 안정됨이다.520) 이국(二國)은 하(夏)와 상(商)이다. 불획(不獲)은 그 도(道)를 잃음을 말한다. 사국(四國)521)은 사방(四方)의 나라이다. 구(究)는 찾음이다. 탁(度)은 도모함이다. 기(耆), 증(憎), 식곽(式廓)은 그 뜻이 상세하지 않다.522) 혹자(或者)는 말하기를 "기(耆)는 이름이다. 증(憎)은 증(增)이 되어야 하고, 식곽(式廓)은 규모(規模)라고 말하는 것과 같다."고 한다. 차(此)는 기주(岐周)의 땅을 이른다.

之聖, 生之者, 聖母, 助之者, 賢妃. 然文王固不能不資助於太姒, 而實能脩身以刑于寡妻. 三四章, 皆言脩身事也. 末章則不特成已, 而且能成物矣.)"라고 되어 있다.

519) 정현(鄭玄)의 「전(箋)」에서 "두 나라는 오늘날에 은 나라의 주(紂)와 숭후(崇侯)를 말한다.(二國, 謂今殷紂及崇侯也.)"라고 하였다. 공영달(孔穎達)의 「소(疏)」에서 다음과 같이 말하였다: "하늘이 아래를 내려다 보고, 이 은주(殷紂)와 숭후(崇侯) 두 나라의 군주가 백성의 우두머리가 되어 행한 폭정을 알고서, 하늘의 마음을 얻지 못하였음을 말한 것이다.(言天之視下, 見此殷紂、崇侯二國之君, 其爲下民之長, 所行暴亂, 不得于天心.)"

520) 「모전(毛傳)」에서도 주자가 해설한 것처럼 "莫, 定也."라고 되어 있는데, 이것은 『이아(爾雅)』의 "嗼, 定也."의 내용을 근본으로 한 것이다. 따라서, '막(莫)'은 '막(嗼)'의 가차자(假借字)이다.

521) 사국(四國)에 대하여, 정현(鄭玄)의 「箋」에서 "밀(密), 완(阮), 저(徂), 공(共)을 말한다.(四國, 謂密也、阮也、徂也、共也.)"라고 하였다.

522) 「모전(毛傳)」에서 "耆, 惡也.(기[耆]는 미워함이다.)"라고 하였는데, 바로 다음 글자 '憎(증: 미워하다)'에 근거하여 추측한 것 같다.

詳說

○ 音指.

'기(耆)' 발음은 '지(指)'이다.

○ 程子曰:"頌曰耆定爾功."

'耆, 致也'에 대해, 정자(程子)가 말하였다: "송(周頌)[523]에서 '마침내 이러한 공적을 이루셨도다.'라고 하였다."

○ 按:『孟子』憎玆多口之憎, 亦作增, 蓋古字通用耳.

'憎, 當作增'에 대해, 내가 살펴보건대, 『맹자(孟子)』에 나오는 '(선비는) 더욱 구설(口舌)이 많은 것이다(憎玆多口)'의 '증(憎)'은 또한 증(增)으로 본다.[524] 대개 옛날의 글자는 통용되었을 따름이다.

○ 慶源輔氏曰:"式樣之式, 匡廓之廓."

'式廓, 猶言規模也'에 대해, 경원 보씨(慶源 輔氏)가 말하였다: "'식양(式樣: 겉으로 드러난 모양)'의 식(式)이고, '광곽(匡廓: 외곽 테두리 부분)'의 곽(廓)이다.

朱註

○此詩敍大王大伯王季之德, 以及文王伐密伐崇之事也. 此其首章, 先言天之臨下甚明, 但求民之安定而已. 彼夏商之政旣不得矣, 故求於四方之國. 苟上帝之所欲致者, 則增大其疆境之規模. 於是乃眷然顧視西土, 以此岐周之地, 與大王爲居宅也.

이 시(詩)는 태왕(太王), 태백(太伯), 왕계(王季)의 덕(德)을 서술함으로써, 문왕(文王)이 밀(密)나라를 정벌하고 숭(崇)나라를 정벌한 일까지 언급한 것이다. 이것이 그 처음 장(首章)이니, 먼저 "하늘이 아래를 굽어보심이 매우 밝은 것은 다만 백성의 안정을 구할 뿐이다. 저 하(夏), 상(商)의 정사(政事)가 이미 도리를 얻지 못하였으므로, 사방(四方)의 나라에서 구한 것이다. 진실로 상제(上帝)가 이루고자 하는 것이라면, 그 강경(疆境)의 규모를 증대시키는 것이니, 이에 권연(眷然)히 서쪽 땅을 돌아보시고, 이 기주(岐周)의 땅을 태왕(太王)에게 주시어 거택(居宅)으로

---

523) 주송(周頌) 제2 신공지십(第二 臣工之什) 291 무(武) 1장을 참고하라.
524) 『맹자(孟子)』「진심 하(盡心下)」편 19장을 참고하라.

삼게 했다."고 말한 것이다.

> 詳說

○ 大音泰, 下凡大王、大伯、大姜, 並同.
'大王'의 '大'에서, '大'의 발음은 태(泰)이고, 아래 모든 태왕(大王), 태백(大伯), 태강(大姜)은 다 동일하다.

○ 一二章.
'大王'의 경우, 1, 2장에 해당한다.

○ 三四章.
'大伯王季之德'은 3, 4장에 해당한다.

○ 四章以下.
'以及文王伐密伐崇之事也'는 4장 이하에 해당한다.

○ 慶源輔氏曰: "威明可畏."
'此其首章先言天之臨下甚明'에 대해, 경원 보씨(慶源 輔氏)가 말하였다: "위엄이 있고 밝은 것은 경외할 만하다."

○ 此.
'彼'의 경우, '여기서'이다.

○ 孔氏曰: "紂桀其惡旣等, 故配而言之, 猶「崧高」美申伯而及甫侯也."
'彼夏商之政旣不得矣'에 대해, 공씨(孔穎達)가 말하였다: "주(紂)와 걸(桀), 그들의 악함이 이미 같으므로 짝하여 말하였다. 마치「숭고(崧高)」장에서 신백(申伯)을 찬미하여 보후(甫侯)까지 미치는 것과 같다."[525]

---

525) 『詩·大雅·崧高』에 "崧高維嶽, 駿極于天. 維嶽降神, 生甫及申.(높은 산악이 하늘에 이르렀도다. 오직 산악이 신을 내려 보와 신을 내었다.)"라고 되어있다.

○ 按: 大王之興, 實本於公劉, 而公劉當夏之衰, 故此並擧二國云.
내가 살펴보건대, 태왕(大王)의 흥성함은 실제로는 공유(公劉)에 근원하고 있고, 공유(公劉)는 하 나라의 쇠락함을 직면하였으므로, 여기서 두 나라를 함께 든 것이다.

○ 究度.
'求於四方之國'의 '求'는 '찾고 도모함'이다.

○ 倒釋以便文.
'求於四方之國'의 경우, 거꾸로 해석함으로써 문장에 편하다.

○ 致其成功.
'苟上帝之所欲致者'는 그 공(功)을 이룸을 다하는 것이다.

○ 補疆境字.
'增大其疆境之規模'의 경우, '강경(疆境)'의 글자를 보충하였다.

○ 諺音誤.
'宅'의 경우, 언해(諺解)의 발음은 잘못이다.

○ 補大王字.
'與大王爲居宅也'는 '태왕(大王)'의 글자를 보충하였다.

[3-1-7-2]

作之屛之, 其菑其翳. 修之平之, 其灌其栵. 啓之辟之, 其檉其椐, 攘之剔之, 其檿其柘. 帝遷明德, 串夷載路. 天立厥配, 受命旣固.

뽑아내고 제거하였네, 그 서서 죽은 나무와 말라 죽은 나무. 닦고 평평히 하였네, 그 관목(灌木)과 늘어진 가지. 개간하고 제거하였네, 그 능수버들과 가을래나무. 물리치고 베어내었네, 꾸지뽕나무와 산뽕나무. 상제가 밝은 덕을 옮겼으니, 곤이(昆夷)가 길에 가득하다.526) 하늘이 그 짝한 자를 세우시니, 천명(天命)을 받음이 이미 견고하도다.527)

朱註

賦也. 作, 拔起也. 屛, 去之也. 菑, 木立死者也. 翳, 自斃者也. 或曰: 小木蒙密蔽翳者也. 修平, 皆治之使疏密正直得宜也. 灌, 叢生者也. 栵, 行生者也. 啟辟, 芟除也. 檉, 河柳也, 似楊赤色, 生河邊. 椐, 樻也, 腫節似扶老, 可爲杖者也. 攘剔, 謂穿剔, 去其繁冗, 使成長也. 檿, 山桑矣, 與柘皆美材, 可爲弓幹, 又可蠶也. 明德, 謂明德之君, 卽太王也. 串夷載路, 未詳. 或曰: 串夷, 卽混夷. 載路, 謂滿路而去, 所謂混夷駾矣者也. 配, 賢妃也, 謂太姜.

부(賦)이다. 작(作)은 뽑아 일으킴이요, 병(屛)은 제거함이다. 치(菑)는 나무가 서서 죽은 것이다. 예(翳)는 저절로 죽은 것이다. 혹자(或者)는 작은 나무가 (큰 나무에) 덮이고 빽빽하여 가리워진 것이라고 한다. 수(修)와 평(平)은 모두 다스려서 성김과 빽빽함, 바름과 곧음이 마땅함을 얻게 하는 것이다. 관(灌)은 총생(叢生)하는 것이다. 예(栵)는 길가에 난 것이다. 계(啓)와 벽(辟)은 베어 제거함이다. 정(檉)은 물가의 버들이니, 양(楊)과 비슷하고 적색(赤色)이며, 물가에서 자란다. 거(椐)는 가물태나무이니, 마디가 부루퉁하여 부로(扶老)와 같아 지팡이를 만들 수 있다. 양(攘)과 척(剔)은 뚫고 베어내어 그 많음을 제거해서 성장(成長)하게 함을 이른다. 염(檿)은 산 뽕나무이니, 꾸지뽕나무와 함께 모두 아름다운 재목이어서 활의 몸통을 만들 수 있고, 또 누에를 칠 수 있다. 명덕(明德)은 덕(德)을 밝히는 군주(君主)를 말하니, 바로 태왕(太王)이다. 관이재로(串夷載路)는 미상(未詳)이다. 혹자(或者)는 말하기를 "관이(串夷)는 바로 곤이(混夷)이다. 재로(載路)는 길에 가득히 도망가는 것을 말하니, (면[綿])에 이른바 곤이(混夷)가 도망했다는 것이다."라고 한다. 배(配)는 어진 배필이니, 태강(太姜)을 이른다.

詳說

○ 上聲下同.

'屛, 去之也'의 '去'는 상성(上聲)이고, 아래도 같다.

---

526) 공영달(孔穎達)의 「소(疏)」에서 다음과 같이 말하였다: "하늘이 이미 문왕을 고려하니, 사방의 백성들이 크게 그에게 돌아갔다. 기산(岐山)의 주(周) 나라는 험하고 나무가 많아서, 바로 나아가 제거하여 스스로 거처하시니, 즐겁게 나아가 덕이 깊음을 말한 것이다.(天旣顧文王, 四方之民則大歸往之. 岐周之地險隘, 多樹木, 乃競刊除而自居處, 言樂就有德之甚.)"

527) 정현(鄭玄)의 「전(箋)」에서 다음과 같이 말하였다: "하늘이 이미 문왕을 고려하고, 또한 그를 위하여 현명한 배필을 만들어 주었는데, 태사(太姒)를 말한다. 그가(문왕이) 천명을 받은 도(道)는 이미 견고하였다.(天旣顧文王, 又爲之生賢妃, 謂大姒也. 其受命之道已堅固也.)"

○ 孔氏曰: "妨害他木生長."
　'菑, 木立死者也'에 대해, 공씨(孔穎達)가 말하였다: "다른 나무들의 나고 자라남을 방해함이다."

○ 孔氏曰: "生木自倒, 枝葉翳地."
　'翳, 自斃者也'에 대해, 공씨(孔穎達)가 말하였다: "살아있는 나무가 스스로 죽어서, 가지와 잎이 땅을 덮는 것이다."

○ 音杭.
　'行生'에서 '行'은 발음니 항(杭)이다.

○ 陸氏曰: "一名雨師松, 葉似松."
　'椐, 樻也, 腫節'에 대해, 육씨(陸九淵)가 말하였다: "일명 우사송(雨師松)이라고 하는데, 잎이 소나무와 비슷하다."

○ 音匱.
　'椐, 樻'에서 '樻'는 발음이 궤(匱)이다.

○ 陸氏曰: "節中腫."
　'腫節'에 대해. 육씨(陸九淵)가 말하였다: "마디 속에 부종(부어오르는 모양)이 있다."

○ 上聲.
　'成長'에서 '長'은 상성이다.

○ 聲相近而訛也.
　'串夷卽昆夷'의 경우, 소리가 서로 비슷하여 잘못된 전해진 것이다.

○ 又見生民.
　'載路'는 또한 '생민(生民)' 편에도 보인다.

○ 見緜.

'所謂混夷駾矣者也'는 '면(緜)'편에 보인다.

○ 彼以爲文王事, 此以爲大王事, 蓋隨時取義也.
저것은 문왕의 일로 여기고, 이것은 태왕의 일로 여기는 것은 대개 때에 따라서 뜻을 취한 것이다.

朱註
此章言大王遷於岐周之事. 蓋岐周之地, 本皆山林險陰, 無人之境, 而近於昆夷. 太王居之, 人物漸盛, 然後漸次開闢如此. 乃上帝遷此明德之君, 使居其地, 而昆夷遠遁. 天又爲之立賢妃以助之. 是以受命堅固, 而卒成王業也.
이 장(章)은 태왕(太王)이 기주(岐周)로 천도(遷都)한 일을 말한 것이다. 기주(岐周)의 땅은 본래 모두 산림(山林)이 험하고 막혀 있어서 무인지경(無人之境)이었고 곤이(昆夷)와 가까웠다. 태왕(太王)이 거주하자 인물(人物)이 점점 성(盛)해진 뒤에, 점차 개벽(開闢)함이 이와 같았다. 이에 상제(上帝)가 이 밝은 덕(明德)의 군주(君主)를 옮겨서 이 땅에 거주하게 하여 곤이(昆夷)가 멀리 달아났다. 하늘이 또 그를(군주를) 위하여 어진 배필을 세워 돕게 하였다. 이 때문에 천명(天命)을 받음이 견고하여 마침내 왕업(王業)을 이룬 것이다.

詳說
○ 補大王字.
'此章言大王'의 경우, '태왕(大王)'이라는 글자를 보충하였다.

○ 先總提.
'此章言大王遷於岐周之事'의 경우, 먼저 총괄적으로 제시하였다.

○ 先補文上意.
'蓋岐周之地…大王居之人物漸盛'의 경우, 먼저 문장 상의 뜻을 보충하였다.

○ 慶源輔氏曰: "因其死斃, 而拔去之, 因其叢列, 而修治之, 凡木, 則芟除之, 美材, 則攘剔之. 蓋順理而爲之. 舉此開闢林木一事則餘可知矣."

경원 보씨(慶源 輔氏)가 말하였다: "그 넘어져 죽는 것에 따라서 뽑아 제거하고, 그 모여서 널려 있는 것에 따라서 평평하게 하고 다스렸다. 일반적인 나무라면, 베어 제거하고, 아름다운 재목이라면, 누르고 베어내는 것이니, 대개 이치에 따르면서 한 것이다. 여기 개벽(開闢)과 임목(林木)이 한 가지 일임을 제시하였다면, 나머지는 알 수 있을 것이다."

○ 補此句.
'乃上帝遷此明德之君…卒成王業也'의 경우, 이 구(句)를 보충하였다.

○ 慶源輔氏曰: "首八句, 人事也; 後四句, 天命也."
경원 보씨(慶源 輔氏)가 말하였다: "앞의 여덟 구(句)는 사람의 일(人事)이고, 뒤의 네 구(句)는 하늘이 명한 것(천명[天命])이다."

[3-1-7-3]

帝省其山, 柞棫斯拔, 松柏斯兌. 帝作邦作對, 自大伯王季. 維此王季, 因心則友. 則友其兄, 則篤其慶. 載錫之光, 受祿無喪, 奄有四方.

상제가 그 산을 살펴보시니, 갈참나무와 떡갈나무가 적어지고, 송백 나무가 제거되었다. 상제가 나라를 만들고 담당할 자를 세우시니, 태백(大伯)과 왕계(王季)로부터 하셨다. 이 왕계가 마음에 따라 우애를 가졌다. 그 형제들에게 우애를 가져 그 경사(慶事)를 돈독히 하였다. (그래서) 영광이 (그에게) 있었으니, 축복을 받아 상실함 없어, 곧 사방을 소유하였다.528)

朱註
賦也. 拔兌, 見綿篇. 此亦言其山林之閒, 道路通也. 對, 猶當也. 作對, 言擇其可當此國者, 以君之也. 太伯, 太王之長子. 王季, 太王之少子也. 因心, 非勉强也. 善兄弟曰友. 兄, 謂大伯也. 篤, 厚. 載, 則也. 奄字之義, 在忽遂之閒.

부(賦)이다. 발(拔)와 태(兌)는 「면편(綿篇)」에 보인다. 이 또한 산림(山林)의 사이

---

528) 정현(鄭玄)의 「전(箋)」에서 다음과 같이 말하였다: "왕계(王季)는 '마음으로 인하여 우애하는(因心則友)' 덕을 가졌으므로, 대대로 복록(福祿)을 받아 천하를 덮어주고 소유함에 이르렀다.(王季以有'因心則友'之德, 故世世受福祿, 至于覆有天下.)"

에 도로가 통함을 말한 것이다.529) 대(對)는 당(當)과 같다. 작대(作對)는 이 나라를 담당할 만한 자를 선택하여 군주(君主) 노릇하게 함을 말한 것이다. 태백(太伯)은 장자(長子)이다. 왕계(王季)는 태왕(太王)의 소자(少子)이다. 인심(因心)은 억지로 힘쓰는 것이 아니다. 형제간(兄弟間)에 잘하는 것을 우(友)라고 한다. 형(兄)은 태백(太伯)을 이른다. 독(篤)은 후(厚)함이다. 재(載)는 칙(則)이다. 엄(奄) 자의 뜻은 홀(忽)과 수(遂)의 중간에 있다.

詳說

○ 音現.
  '拔兌, 見綿篇'에서 '見'은 발음이 현(現)이다.

○ 照緜.
  '此亦'의 경우, '면(緜)' 편을 참조하였다.

○ 上聲, 下同.
  '勉強'의 '強'은 상성이고, 아래도 같다.

○ 不及仲雍.
  '兄, 謂大伯也'의 경우, 중옹(仲雍)에 미치지 못하였다.530)

朱註

○言帝省其山, 而見其木拔道通, 則知民之歸之者益衆矣. 於是旣作之邦, 又與之賢君, 以嗣其業. 蓋自其初生大伯王季之時而已定矣. 於是大伯見王季生文王, 又知天命之有在. 故適吳不反. 大王沒, 而國傳於王季. 及文王, 而

---

529) 「모전(毛傳)」에서 "태(兌)는 쉽게 곧게 됨이다(兌, 易直也)."라고 하였는데, 공영달(孔穎達)의 「소(疏)」에서 다음과 같이 설명하였다: "『정의(正義)』에서 말하기를 '이직(易直)'이라는 것은 나무의 마디와 눈이 활발히 변하는 것을 적게하여 곧게 조성함을 말하고, 또한 그것이 무성함을 말한 것이다.(正義曰: 易直者, 謂少節目滑易而調直, 亦言其茂盛也.)" 정현(鄭玄)의 「전(箋)」에서 다음과 같이 말하였다: "하늘이 이미 문왕을 고려하고, 이내 그 나라의 바람과 비를 조화롭게 하여, 그 산의 나무들이 무성하게 하니, 단지 그 백성들만을 기른 것은 아님을 말한 것일 뿐이다.(天旣顧文王, 乃和其國之風雨, 使其山樹木茂盛, 言非徒養其民人而已.)" 주자는 '태(兌)'에 대하여 나무가 뽑혀 길이 통하는 것으로 해석하였으나, 고주(古注)에서는 갈참나무(柞)와 떡갈나무(棫)는 뽑아 제거하는 것이지만, 송백(松柏)에 대해서는 쉽게 곧게 만들 수 있는 재목으로 보아서 무성하게 자라야 하는 것으로 보았다.
530) 태왕, 즉 고공단보(古公亶父)에게는 3명의 아들이 있었다. 첫째가 태백(太伯)이며 둘째가 중옹(仲雍)이며 셋째가 계력(季歷)이다.

周道大興也. 然以太伯而避王季, 則王季疑於不友, 故又特言王季所以友其兄者, 乃因其心之自然, 而無待於勉強. 旣受大伯之讓, 則益脩其德, 以厚周家之慶, 而與其兄以讓德之光, 猶曰彰其知人之明, 不爲徒讓耳. 其德如是, 故能受天祿而不失, 至於文王, 而奄有四方也.

상제(上帝)가 그 산을 살펴보고서, 나무가 뽑혀 길이 통함을 보았다면, 백성들이 귀의하는 자가 더욱 많아짐을 안다. 이에 이미 나라를 만들고 또 어진 군주(君主)를 주어서 그 업(業)을 계승하게 하셨다. 이는 처음 태백(太伯)과 왕계(王季)를 낳았을 때부터 이미 정해진 것이다. 이에 태백(太伯)은 왕계(王季)가 문왕(文王)을 낳는 것을 보고는 또 천명(天命)이 있는 곳을 알았다. 그러므로 오(吳)나라로 가서 돌아오지 않았다. 태왕(太王)이 죽음에 나라가 왕계(王季)에게 전해졌다. 문왕(文王)에 이르러, 주(周)나라의 도(道)가 크게 일어났다. 그러나 장자(長子)인 태백(太伯)으로서 소자(少子)인 왕계(王季)를 피했다면, 왕계(王季)는 그 형(兄)과 우애(友愛)롭지 못함을 의심받을 수가 있으므로, 또 특별히 왕계(王季)가 그 형(兄)에게 우애(友愛)한 이유는 그 마음의 스스로 그러함에 따라 나온 것이고, 면강(勉強)을 기다린 것이 아님을 말하였다. 이미 태백(太伯)의 양보를 받고서는 더욱 그 덕(德)을 닦아 주가(周家)의 경사(慶事)를 두터이 하여, 그 형(兄)에게 사양한 덕(德)의 영광을 주었으니, "그 사람을 알아본 밝은 지혜를 드러낸 것이요, 한갓 무의미하게 양보함이 될 뿐이 아니다."라고 말한 것과 같다. 그 덕(德)이 이와 같았기 때문에, 능히 천록(天祿)을 받아 잃지 아니하며, 문왕(文王), 무왕(武王)에 이르러 곧 사방(四方)을 소유하게 된 것이다.

詳說

○ 補此句.
'言帝省其山…民之歸之者益衆矣'의 경우, 이 구(句)를 보충하였다.

○ 作.
'與之賢君'의 '與之'는 '만든다(作)'는 의미이다.

○ 王季.
'與之賢君'의 '賢君'은 왕계(王季)이다.

○ 大王.
'以嗣其業'의 '其'는 태왕(大王)이다.

○ 添此句.
'以嗣其業'의 경우, 이 구(句)를 첨가하였다.

○ 補初生、已定字.
'蓋自其初生…而已定矣'의 경우, 초생(初生), 이정(已定)의 글자를 보충하였다.

○ 補說本事.
'於是大伯見…周道大興也'의 경우, 본래 일을 보충 설명하였다.

○ 先設論.
'然以大伯…王季疑於不友'에서 볼 때, 먼저 논의를 세웠다.

○ 倒釋以便文.
'無待於勉強'의 경우, 거꾸로 해석함으로써 문장에 편하다.

○ 西山眞氏曰: "使大伯未有遜國之事, 王季所以友之者, 亦若是而已."
서산 진씨(西山 眞氏)가 말하였다: "태백(大伯)이 나라를 넘기는 일이 없도록 하여, 왕계(王季)가 (그 때문에) 우애하도록 한 것은 또한 이와 같을 따름이다."

○ 添二句, 以承接上下.
'受大伯之讓則益修其德'의 경우, 두 구(句)를 첨가하여 위아래를 이어 연결시켰다.

○ 補其兄讓德字.
'與其兄以讓德之光'의 경우, '기형양덕(其兄讓德)'의 글자를 보충하였다.

○ 二句, 申論也.
'彰其知人之明, 不爲徒讓耳'의 두 구(句)는 논의를 확장시켰다.

○ 添此句, 以承接上下.
'其德如是'의 경우, 이 구(句)를 첨가하여 위아래를 이어 연결시켰다.

○ 無喪.
'不失'은 본문의 '무상(無喪: 잃음이 없다)'이다.

○ 添此句.
'至于文武'의 경우, 이 구(句)를 첨가하였다.

[3-1-7-4]

維此王季, 帝度其心, 貊其德音, 其德克明. 克明克類, 克長克君. 王此大邦, 克順克比. 比于文王, 其德靡悔. 旣受帝祉, 施于孫子.

이 왕계(王季)를 상제께서 그의 마음을 헤아리시고, 그의 명성을 맑게 하시니, 그의 덕이 참으로 밝았다 잘 살피고 잘 분별하여 어른 노릇하시고 군주가 되시네. 이 큰 나라에 왕이 되어 잘 따르고 화목하게 하신다. 문왕(文王)에 이르러 그 덕에 여한이 없었다.531) 이미 상제에게 복을 받아 자손에게 길이 전하셨네.

朱註

賦也. 度, 能度物制義也. 貊, 春秋傳樂記皆作莫, 謂其莫然淸靜也. 克明, 能察是非也. 克類, 能分善惡也. 克長, 敎誨不倦也. 克君, 賞慶刑威也. 言其賞不僭, 故人以爲慶, 刑不濫, 故人以爲威也. 順, 慈和徧服也. 比, 上下相親也. 比于, 至于也. 悔, 遺恨也.

부(賦)이다. 탁(度)은 사물을 헤아려 의(義)에 맞게 하는 것이다. 맥(貊)은 『춘추전(春秋傳)』과 『예기(禮記)』의 「악기(樂記)」에 모두 막(莫)으로 되어 있으니, 막연(莫然)히 청정(淸靜)함을 말한다. 극명(克明)은 능히 시비(是非)를 살피는 것이다. 극

---

531) 공영달(孔穎達)의 「소(疏)」에서 다음과 같이 설명하였다: "이미 왕계(王季)가 태백(大伯)의 공을 밝힌 것을 말하였으므로, 다시 왕계의 덕을 말하였다. 오직 이 왕계 자신만이 하늘의 상제가 복을 내린 대상이 되었고, 하늘의 상제가 그 마음을 열고 헤아려, 그로(왕계로) 하여금 헤아림(揆度)의 은혜를 가지도록 하였다. 또한 그 덕을 편안하고 고요하게 하였고, 좋은 음악을 가르쳐 사람에게 시행하도록 하였다면, 모두 그 덕에 응하여 조화함을 말하는 것이다.(旣言王季明大伯之功, 故又言王季之德. 言維此王季之身, 爲天帝所祜, 天帝開度其心, 令之有揆度之惠也. 又安靜其德, 敎之善音, 施之于人, 則皆應和其德.)"

류(克類)는 능히 선악(善惡)을 분별하는 것이다. 극장(克長)은 가르치기를 게을리 하지 않는 것이다. 극군(克君)은 상(賞)을 주어 축하하고 형벌(刑罰)을 내려 두렵게 하는 것이니, 상(賞)이 문란하지 않기 때문에 사람들이 경사(慶事)로 여기고, 형(刑)이 남용되지 않기 때문에 사람들이 위엄(威嚴)으로 여김을 말한 것이다. 순(順)은 인자(仁慈)하고 화(和)하여 두루 복종함이다. 비(比)는 상하(上下)가 서로 친함이다.532) 비우(比于)는 지우(至于)이다. 회(悔)는 유한(遺恨)이다.

詳說

○ 『左·昭』二十八年.
'春秋傳'은 『좌전(左傳)』 소공(昭公) 28년이다.

○ 作之師長.
'克長, 敎誨不倦也'의 경우, 그를 스승이 되게 한 것이다.

○ 長君順三訓, 出 『左傳』.
'克長, …順, 慈和徧服也'의 경우, 어른과 군주가 세 가지 교훈을 따르는 것은 『좌전(左傳)』에 나온다.

○ 恐與下字相混, 故特著音.
'比, 上下相親也'에서 볼 때, 아래 글자('비[比]')와 서로 섞일까봐 특별히 발음을 붙였다.

朱註

言上帝制王季之心, 使有尺寸能度義. 又淸靜其德音, 使無非閒之言. 是以王季之德能此六者, 至於文王, 而其德尤無遺恨. 是以旣受上帝之福, 而延及于子孫也.

---

532) 주자의 해석과 이전 고주(古注)는 다르다. 정현(鄭玄)의 「전(箋)」에서 다음과 같이 말하였다: "왕계(王季)의 덕을 문왕에 비교하였는데, 뉘우칠 바를 가질 수 없다. 반드시 문왕에 비견한 것은 덕에 있어서 성인을 짝으로 여긴 것이다.(王季之德, 比于文王, 無有所悔也. 必比于文王者, 德以聖人爲匹.)" 이러한 정현의 주석에 대하여 공영달(孔穎達)의 「소(疏)」에서 다음과 같이 설명한다: "『정의(正義)』에서 이르기를 「전(箋)」에서 왕계의 덕을 진설하고, 이것을 가지고 문왕에게 바로 '그 덕에 여한이 없다(其德靡悔)'라고 한 것은 왕계의 덕이 문왕에 비견할 수 있음을 밝힌 것이다. 만약 비교하자면, 당시의 사람들이 후회할 바가 없을 것이다. 반드시 문왕에게 비교한 것은 왕계를 찬미하여, 그 덕이 성인에 짝할 수 있음을 말한 것이다.(正義曰: 箋以上陳王季之德, 而以此于文王即云'其德靡悔', 明是王季之德堪比文王. 若以比之, 時人無所悔者. 必比王季于文王者, 美王季, 言其德以聖人爲匹也.)"

"상제(上帝)가 왕계(王季)의 마음을 제재하여 법도(척촌[尺寸])를 두어서 능히 의(義)에 맞게 하였다. 또 그 명성을 맑게 하여 비난하는 말이 없게 하였다. 이 때문에 왕계(王季)의 덕(德)이 이 여섯 가지에 능하셨고, 문왕(文王)에 이르러 그 덕(德)이 더욱 유한(遺恨)이 없으셨다. 이 때문에 이미 상제(上帝)의 복(福)을 받아 자손(子孫)에게까지 미친 것이다."라고 말한 것이다.

詳說

○ 朱子曰: "天誘其衷, 能使制義."
'言上帝…能度義'에 대해, 주자가 말하였다: "하늘은 그(왕계의) 속마음을 유도하여 능히 의(義)에 맞게 하였다."

○ 慶源輔氏曰: "是本然之權度."
'言上帝…能度義'에 대해, 경원 보씨(慶源 輔氏)가 말하였다: "이것은 본연의 권도(權度)이다."

○ 去聲.
'非間'의 '間'은 거성이다.

○ 添此句.
'又淸靜其德音, 使無非間之言'의 경우, 이 구(句)를 첨가하였다.

○ 使人不能間然.
'又淸靜其德音, 使無非間之言'은 사람에게 남의 결점을 들추어 헐뜯지 못하게 한 것이다.

○ 華谷嚴氏曰: "明、類是一意, 長、君是一意, 順、比是一意."
'是以王季之德能此六者'에 대해, 화곡 엄씨(華谷 嚴氏)가 말하였다: "명(明)과 류(類)가 한 뜻이고, 장(長)과 군(君)이 한 뜻이며, 순(順)과 비(比)가 한 뜻이다."

○ 廬陵彭氏曰: "長, 出於其類也. 君, 爲之君也. 王, 則有天下, 由小至大, 其序如此."
여릉 팽씨(廬陵 彭氏)533)가 말하였다: "어른(長)은 그 부류에서 나온다. 군주(君)

는 다스림의 군주이다. 왕(王)이라면, 천하를 소유하여 작은 것으로 말미암아 큰 것으로 이르니, 그 순서가 이와 같다."

○ 孔氏曰: "以其追號爲王, 故以王言之."
공씨(孔穎達)가 말하였다: "그 추구한 호칭이 왕이 되었으므로, 왕으로써 말하였다."

○ 華谷嚴氏曰: "從容中道, 無毫髮之慊也."
'至於文王…無遺恨'에 대해, 화곡 엄씨(華谷 嚴氏)가 말하였다: "조용하게 도에 들어맞으니, 터럭만큼도 마음에 원망함이 없는 것이다."

○ 豐城朱氏曰: "此章專美王季之德, 故言之特詳. 文王, 則但言其德之靡悔而已. 然, 謂之靡悔, 則其德之純一無間, 亦可見矣."
'是以旣受…子孫也'에 대해, 풍성 주씨(豊城 朱氏)가 말하였다: "이 장은 온전히 왕계의 덕을 친미하였으므로, 말한 것이 특별히 상세하다. 문왕(文王)은 단지 그 덕이 여한이 없음을 말하였을 따름이다. 그러나 비회(靡悔: 유한[遺恨]이 없음)를 말한 것이라면 그 덕이 순일(純一)하고 비난할 수 없음을 또한 알 수 있다."

[3-1-7-5]

帝謂文王, 無然畔援, 無然歆羨, 誕先登于岸. 密人不恭, 敢距大邦, 侵阮徂共. 王赫斯怒, 爰整其旅, 以按徂旅, 以篤於周祜, 以對于天下.

상제가 문왕에게 이르시되, 함부로 버리고 취하는 일이 없게 하고, 함부로 탐하고 함부로 부러워하는 일이 없게 하여, 먼저 올바른 경지에 오르라고 하셨네. 밀(密) 나라 사람들이 공경스럽지 못하여, 감히 큰 나라(주 나라)에 항거하여 완(阮) 나라를 침략하러 공(共) 땅으로 갔다. 왕께서 발끈 노하시어, 그 군대를 정돈하여, 침략하러 가는 무리를 막아, 주 나라 복을 돈독히 하시고, 천하의 기대에 부응하셨네.

---

533) 팽숙하(彭叔夏)를 말한다. 자(字)는 청경(淸卿)이고, 여릉(廬陵: 지금의 吉安) 사람이다. 그의 생평(生平)은 알지 못하고, 대략 1193년에 진사(進士)가 되었다는 정도만 알 뿐이다. 『文苑英華』를 다시 교정하여 『文苑英華辨證』을 완성하였다.

詳說

○ 一無篤于之于字.

어떤 판본에는 '독우(篤于)'에서 '우(于)' 자가 없다.

朱註

賦也. 帝謂文王, 設爲天命文王之詞, 如下所言也. 無然, 猶言不可如此也. 畔, 離畔也. 援, 攀援也, 言舍此而取彼也. 歆, 欲之動也, 羨, 愛慕也, 言肆情以狥物也. 岸, 道之極至處也. 密, 密須氏也, 姞姓之國, 在今寧州. 阮, 國名, 在今涇州. 徂, 往也, 共, 阮國之地名, 今涇州之共池是也. 其旅, 周師也. 按, 遏也. 徂旅, 密師之往共者也. 祜, 福. 對, 答也.

부(賦)이다. 상제(上帝)가 문왕(文王)에게 말하였다는 것은 하늘이 문왕(文王)에게 명한 말로 가설(假設)한 것이니, 아래에서 말한 것과 같다. 무연(無然)은 이렇게 해서는 안 된다는 말과 같다. 반(畔)은 이반(離畔)함이고, 원(援)은 끌어당김이니, 이것을 버리고 저것을 취함을 말한 것이다. 흠(歆)은 욕심이 동함이고, 선(羨)은 사랑하고 사모함이니, 감정대로 물욕을 따름을 말한 것이다. 안(岸)은 도(道)의 시극한 경지이다. 밀(密)은 밀수씨(密須氏)이고, 길성(姞姓)의 나라이니, 지금의 영주(寧州)에 있었다. 원(阮)은 국명(國名)이니, 지금의 경주(涇州)에 있었다. 저(徂)는 가는 것이고, 공(共)은 원(阮)나라의 지명(地名)이니, 지금 경주(涇州)의 공지(共池)가 이곳이다. 기려(其旅)는 주(周)나라의 군대이다. 안(按)은 막음이다. 저려(徂旅)는 밀(密)나라 군대가 공(共)땅으로 가는 것이다. 호(祜)는 복(福)이다. 대(對)는 답함이다.

詳說

○ 華谷嚴氏曰: "天不言, 以意謂之也, 言文王之心, 天實知之也."

'帝謂文王…如下所言也'에 대해, 화곡 엄씨(華谷 嚴氏)가 말하였다: "하늘이 말하지 않고 뜻으로 이른 것이니, 문왕의 마음을 하늘이 진실로 알고 있음을 말한 것이다."

○ 上聲.

'舍此而取彼也'의 '舍'는 상성이다.

○ 畔.
　'舍此而取彼也'의 '此'는 이반함(畔)이다.

○ 援.
　'舍此而取彼也'의 '彼'는 끌어당김(援)이다.

○ 歆.
　'肆情以狥物也'의 '情'은 욕심이 동함(歆)이다.

○ 羨.
　'肆情以狥物也'의 '物'은 사랑하고 사모함(羨)이다.

○ 誕語辭.
　'肆情以狥物也'의 '也'는 탄어사(뜻이 없는 말)이다.

○ 諺音誤.
　'阮, 國名'에서 '阮'의 경우, 언해(諺解)의 발음은 잘못이다.

○ 安成劉氏曰: "二旅字, 所指不同."
　'其旅…徂旅'에 대해, 안성 유씨(安成 劉氏)가 말하였다: "두 '려(旅)'자는 지시하는 바가 같지 않다."

朱註
○人心有所畔援, 有所歆羨, 則溺於人欲之流, 而不能以自濟. 文王無是二者, 故獨能先知先覺, 以造道之極至. 蓋天實命之, 而非人力之所及也. 是以密人不恭, 敢違其命, 而擅興師旅以侵阮, 而往至于共, 則赫怒整兵, 而往遏其衆, 以厚周家之福, 而答天下之心. 蓋亦因其可怒而怒之, 初未嘗有所畔援歆羨也. 此文王征伐之始也.
사람의 마음은 싫어하고 좋아하는 바가 있고, 욕심내고 부러워하는 바가 있으면, 인욕(人慾)의 흐름에 빠져 스스로 구제할 수가 없다. 문왕(文王)은 이 두 가지가 없었기 때문에, 홀로 능히 먼저 알고 먼저 깨달아 도(道)의 지극한 경지에 이르렀다. (이것은) 하늘이 실로 명한 것이고, 인력(人力)으로 미칠 수 있는 바가 아니다.

이 때문에 밀(密)나라 사람이 불공(不恭)하여 감히 그 명을 어기고, 멋대로 군대를 일으켜 원(阮)나라를 침략하기 위하여 가서 공(共)땅에 이르니, 문왕(文王)이 발끈 노하여 군대를 정돈하여 가서 그 무리를 막아 주(周)나라의 복(福)을 돈독히 하여 천하(天下)의 마음에 보답하신 것이다. 이 또한 화낼 만하여 화를 낸 것이지, 처음부터 싫어하고 좋아하며 욕심내고 부러워하는 마음이 있었던 것은 아니다. 이는 문왕(文王)이 정벌하게 된 시초이다.

詳說

○ 先反說.
'人心…不能以自濟'의 경우, 먼저 반대가 되는 논설을 제시하였다.

○ 廬陵彭氏曰:"無畔援, 則中正而不溺於私; 無歆羨, 則剛大而不溺於欲."
'文王無是二者'의 경우, 싫어하고 좋아함이 없으면 (마음이) 올바르고 사사로움에 빠지지 않는다. 욕심내고 부러워함이 없으면, (마음이) 굳세고 커서 욕망에 빠지지 않는다.

○ 慶源輔氏曰:"行師之際, 二病不去, 必流於窮黷, 故將言文王征伐, 而先言無此病."
'文王無是二者'에 대해, 경원 보씨(慶源 輔氏)가 말하였다: "군대를 동원할 때, 두 가지 병통을 제거하지 않으면, 반드시 무력을 남용하는 행위로 흐른다. 그러므로 장차 문왕이 정벌할 것을 말하게 될 것이지만, 먼저 이러한 병통이 없음을 말하였다."

○ 四字, 出『孟子』「萬章」.
'先知先覺', 이 네 글자는 『맹자(孟子)』「만장(萬章)」편에 나온다.

○ 慶源輔氏曰:"登岸, 以涉水爲譬."
'文王無是二者'에 대해, 경원 보씨(慶源 輔氏)가 말하였다: "언덕을 오른다(登岸)는 것은 물을 건너는 것을 비유로 삼은 것이다."

○ 乃釋帝謂.

'蓋天實命之'의 경우, 바로 '帝謂(제위: 상제가 이르다)'를 해석한 것이다.

○ 添此句.
'而非人力之所及也'의 경우, 이 구(句)를 첨가하였다.

○ 距.
'敢違其命'의 '違'는 어기는 것이다.

○ 大邦, 卽周也.
'敢違其命'의 '其'는 큰 나라, 곧 주(周) 나라이다.

○ 音繕.
'擅興師旅'의 '擅'은 발음이 선(繕)이다.

○ 與王季之篤慶相類.
'是以密人不恭…厚周家之福'의 경우, 왕계가 경사스러운 일을 돈독히 한 것과 서로 비슷하다.

○ 添此句.
'而答天下之心'의 경우, 이 구(句)를 첨가하였다.

○ 二句, 申論也.
'蓋亦因其可…歆羨也'의 경우, 두 구(句)는 논의를 확장하였다.

○ 新安胡氏曰:"怒, 非出於己私也."
'蓋亦因其可…歆羨也'에 대해, 신안 호씨(新安 胡氏)가 말하였다: "노함은 자기의 사사로움에서 나온 것이 아니다."

[3-1-7-6]

依其在京, 侵自阮疆, 陟我高岡. 無矢我陵, 我陵我阿. 無飲我泉, 我泉我池. 度其鮮原, 居岐之陽, 在渭之將. 萬邦之方, 下民之王.

왕께서는 편안히 수도에 계신데, (그들이) 침략하기를 완 나라 경계로부터 하여, 우리 높은 언덕에 올라갔다. (그러나) 우리 언덕에 진 칠 수 없었으니, 우리 구릉이고 우리 언덕이다.534) 우리 샘물을 마실 수 없었으니, 우리 샘물이고 우리 못이로다.535) 그 좋은 언덕을 헤아려536), 기산 남쪽에 거처하며, 위수 곁에 머무니, 모든 나라의 모범이며 백성들의 왕이로다.

朱註

賦也. 依, 安貌. 京, 周京也. 矢, 陳. 鮮, 喜. 將, 側. 方, 鄉也.
부(賦)이다. 의(依)는 편안한 모양이다. 경(京)은 주(周)나라 서울이다. 시(矢)는 진을 치는 것이다. 선(鮮)은 좋음이다. 장(將)은 곁이다. 방(方)은 향함이다.537)

詳說

○ 去聲.
'鄉은 거성이다.

○ 孔氏曰: "人鄉望之也."
'方, 鄉也'에 대해, 공씨(공영달[孔穎達])가 말하였다: "사람이 (왕을) 향하여 바라봄이다."

朱註

---

534) 정현(鄭玄)의 「전(箋)」에서 "큰 언덕을 아(阿)라고 한다.(大陵曰阿)"고 하였다.
535) 정현(鄭玄)의 「전(箋)」에서 다음과 같이 말하였다: "문왕(文王)은 단지 도읍에 편안히 거처하는 백성들을 일으켜, 완(阮) 나라의 국경으로 갔다. 그 산 등성에 올라가 완(阮) 나라의 병사들을 바라보니, 병사들은 감히 그 언덕을 감당할 수 없었고, 또한 감히 그 샘과 못의 물을 마실 수 없었다. 작게 병사들을 출정시켜 이와 같이 두렵고 떨게 하였으니, 이것은 덕(德)으로 공격한 것이지 많은 백성을 가지고 한 것이 아니다. 언덕과 샘을 거듭 말한 것은 아름답게 하기 위함이다. 매번 '아(我)'라고 말한 것은 나중에 얻어 가진 것에 근거하여 말한 것이다.(文王但發其依居京地之眾, 以往侵阮國之疆. 登其山脊而望阮之兵, 兵無敢當其陵及阿者, 又無敢飲食于其泉及池水者. 小出兵而令驚怖如此, 此以德攻, 不以眾也. 陵、泉重言者, 美之也. 每言我者, 據后得而有之而言.)" 여기서 정현(鄭玄)이 말한 것처럼, "문왕(文王)은 단지 도읍에 편안히 거처하는 백성들을 일으켰다."는 것은 원문의 내용과 부합하지 않는다. 원문에서 왕이 편안히 수도에 거처하고 있었다는 의미가 적절하다. 주자 역시 문왕이 편안히 수도에 거처하는 것으로 보았다.
536) 「모전(毛傳)」에서 "작은 산은 큰 산과 구별하여 선(鮮)이라고 한다.(小山別大山曰鮮)"라고 하였는데, 이것은 『이아(爾雅)』를 근거로 한 것이다. 그러나 이것은 모씨가 『이아(爾雅)』의 글자를 오해한 것이다. 『이아(爾雅)』의 원문에는 "大山宮, 小山霍, 小山別, 大山鮮."로 되어 있다. 곽박(郭璞)에 의하면, 대산(大山)을 선(鮮)이라고 부른 이유는 그것들이 서로 연접해 있지 않을 뿐만 아니라, 매우 드물기 때문이다.
537) 주자의 주석과 다르게, 「모전(毛傳)」에서 '방(方)'은 칙(則)으로 해석하였다. 따라서 모든 나라의 준칙이다. 원문의 번역도 이것을 따랐다.

言文王安然在周之京, 而所整之兵, 旣遏密人, 遂從阮疆, 而出以侵密. 所陟之岡, 卽爲我岡, 而人無敢陳兵於陵, 飮水於泉, 以拒我也. 於是相其高原, 而徙都焉. 所謂程邑也. 其地於漢爲扶風安陵, 今在京兆府咸陽縣.

"문왕(文王)은 편안히 주(周)나라의 서울에 있는데, 정돈한 군대가 이미 밀(密)나라 사람들을 막고, 마침내 완(阮)나라의 국경으로부터 진출하여 밀(密)나라를 침략하니, 올라간 바의 높은 언덕이 바로 우리의 언덕이 되어서 사람들이 감히 구릉에 군대를 진치거나 샘물을 마시며 우리에게 항거하는 사람이 없었다. 이에 그 높은 언덕을 보아 도읍을 옮기니, 이른바 정읍(程邑)이다."라고 한 것이다. 그 땅은 한(漢)나라 때는 부풍(扶風)과 안릉(安陵)이 되었으니, 지금의 경조부(京兆府) 함양현(咸陽縣)에 있었다.

|詳說|

○ 文王不親征.
  '文王安然在周之京'의 경우, 문왕(文王)이 직접 정벌하지 않았다.

○ 照上章.
  '所整之兵, 旣遏密人'은 윗 장에 조응하였다.

○ 倒釋以便文.
  '出以侵密'의 경우, 거꾸로 해석함으로써 문장에 편하다.

○ 補密字.
  '出以侵密'에서 '密'의 경우, '밀(密)' 자를 보충하였다.

○ 華谷嚴氏曰: "密、阮接壤."
  화곡 엄씨(華谷 嚴氏)가 말하였다: "밀(密)과 완(阮)은 땅을 접하고 있었다."

○ 安成劉氏曰: "旣遏徂共之旅, 則密人退歸矣, 故周師旣出阮疆, 遂侵之. 蓋出其不意而謂之侵."
  '所整之兵…而出以侵密'에 대해, 안성 유씨(安成 劉氏)가 말하였다: "이미 공 땅의 군대를 막고 저지하였다면, 밀 나라 사람들은 물러나 돌아갔다. 따라서 주나라 군대는 이미 완 나라 국경에서 출정하여 마침내 (밀 나라를) 침략하였다. 대개 출정하였으나 의도하지 않아서 침략(侵)이라고 말한다."

○ 一釋七我字.
'所陟之岡, 卽爲我岡'의 '我'의 경우, 하나로 일곱 '아(我)' 자를 해석하였다.

○ 添兵字.
'人無敢陳兵於陵'의 '兵'의 경우, '병(兵)' 자를 첨가하였다.

○ 添四字.
'以拒我也', 이 네 글자를 첨가하였다.

○ 華谷嚴氏曰: "不言訊馘伐肆者, 師次其境而卽服, 不待戰也."
'人無敢⋯以拒我也'에 대해, 화곡 엄씨(華谷 嚴氏)가 말하였다: "침략하여 죽인 것을 말하지 않은 것은 군대가 그 경계를 넘어가자 바로 항복을 직면하여서 전쟁을 기다릴 필요가 없었다."

○ 去聲.
'於是相'의 '相'은 거성이다.

○ 度.
'於是相'의 '相'은 헤아림이다.

○ 新安胡氏曰: "指密."
'於是相其高原'의 '其'에 대해, 신안 호씨(新安 胡氏)가 말하였다: "밀(密) 나라를 가리킨다."

○ 鮮.
'高原'의 '高'는 좋음(鮮)이다.

○ 孔氏曰: "去舊都不遠."
'所謂程邑也'에 대해, 공씨(공영달[孔穎達])가 말하였다: "옛날의 도읍과의 거리가 멀지 않다."

○ 華谷嚴氏曰:"歸者益衆, 非舊邑所能容故也."
'於是相…所謂程邑也'에 대해, 화곡 엄씨(華谷 嚴氏)가 말하였다: "귀속하는 자가 백성들을 더욱 증대시켜, 옛날의 도읍이 수용할 바가 아닌 까닭이다."

○ 新安胡氏曰: "度其以下, 卽上章篤祜對天下之實事."
본문의 '度其…下民之王.'에 대해, 신안 호씨(新安 胡氏)가 말하였다: "탁기(度其) 이하는 윗 장의 '복을 돈독히 하여 천하의 기대에 부응하셨네(篤祜對天下)'의 실제적인 일이다."

○ 安成劉氏曰: "伐密而作程邑, 亦猶伐崇而作豐邑, 方其伐之討罪而已, 未嘗先有作邑之心也."
안성 유씨(安成 劉氏)가 말하였다: "밀 나라를 정벌하고 정읍(程邑)을 만든 것은 또한 숭(崇)을 정벌하고 풍읍(豐邑)을 만든 것과 같다. 바로 그 정벌은 죄를 토벌할 따름이니, 일찍이 먼저 읍(邑)을 만들려고 하는 마음을 가진 것이 아니다."

○ 慶源輔氏曰: "程邑在岐山之南, 渭水之側, 爲萬邦之所趨向, 下民之所歸往."
경원 보씨(慶源 輔氏)가 말하였다: "정읍(程邑)은 기산(岐山)의 남쪽에, 위수(渭水)의 옆에 있어서, 모든 나라가 추구하는 바가 되었으며, 천하 백성들이 돌아가는 곳이 되었다."

[3-1-7-7]

|帝謂文王, 予懷明德, 不大聲以色, 不長夏以革. 不識不知, 順帝之則. 帝謂文王, 詢爾仇方, 同爾兄弟, 以爾鉤援, 與爾臨衝, 以伐崇墉.|

상제께서 문왕에게 말하셨다. 나는 너의 밝은 덕을 생각해 볼 때, 소리와 색을 대단하게 여기지 않고, 잘난 체하고 변혁함을 훌륭히 여기지 않으며, 억지로 아는 것을 사용하지 않아도 상제의 법을 따른다. 상제께서 문왕에게 말하셨다. 너의 원수의 나라를 살피고, 너의 형제와 함께 하여,538) 성에 오를 사다리와 성벽을 넘고 성문을 부술 수레로 숭 나라 성을 치도록 하라.

---

538) 정현(鄭玄)의 「전(箋)」에서 다음과 같이 말하였다: "구방(仇方)은 방국(旁國) 제후 중에 난을 일으키고 대악(大惡)을 저지른 자이니, 너는 마땅히 정벌할 것을 도모하고, 너의 형제의 나라와 화합하여, 그들을 거느

朱註

賦也. 予, 設爲上帝之自稱也. 懷, 眷念也. 明德, 文王之明德也. 以, 猶與也. 夏革, 未詳. 則, 法也. 仇方, 讎國也. 兄弟, 與國也. 鉤援, 鉤梯也. 所以鉤引上城, 所謂雲梯者也. 臨, 臨車也, 在上臨下者也. 衝, 衝車也, 從旁衝突者也. 皆攻城之具也. 崇, 國名. 在今京兆府鄠縣. 墉, 城也. 史記崇侯虎譖西伯於紂. 紂囚西伯於羑里. 西伯之臣, 閎夭之徒, 求美女奇物善馬以獻紂, 紂乃赦西伯, 賜之弓矢鈇鉞, 得專征伐曰: 譖西伯者崇侯虎也. 西伯歸三年, 伐崇侯虎, 而作豐邑.

부(賦)이다. 여(予)는 상제(上帝)의 자칭(自稱)으로 가설한 것이다. 회(懷)는 돌아보고 생각함이다. 명덕(明德)은 문왕(文王)의 명덕(明德)이다. 이(以)는 여(與)와 같다. 하(夏), 혁(革)은 뜻이 상세하지 않다. 칙(則)은 법(法)이다. 구방(仇方)은 원수의 나라이고, 형제(兄弟)는 여국(與國: 동맹국)이다. 구원(鉤援)은 구제(鉤梯)이니, 갈고리를 걸어 끌어올려 성(城) 위로 올라가게 하는 것이니, 이른바 운제(雲梯)라는 것이다. 임(臨)은 임차(臨車)이니, 위에 있으면서 아래를 굽어보는 것이다. 충(衝)은 충차(衝車)이니, 곁으로부터 충돌하는 것이다. 모두 성(城)을 공격하는 기구이다. 숭(崇)은 국명(國名)이니, 지금 경조부(京兆府) 호현(鄠縣)에 있었다. 용(墉)은 성(城)이다.『사기(史記)』에 "숭후(崇侯) 호(虎)가 서백(西伯)을 주왕(紂王)에게 참소하자, 주왕(紂王)이 서백(西伯)을 유리(羑里)라는 곳의 옥(獄)에 가두었다. 서백(西伯)의 신하인 굉요(閎夭)의 무리가 미녀(美女)와 기이한 물건과 좋은 마필을 구하여 주왕(紂王)에게 바치니, 주왕(紂王)이 이에 서백(西伯)을 사면하고 궁시(弓矢)와 부월(鈇鉞)을 주어 정벌(征伐)을 마음대로 할 수 있게 하고, '서백(西伯)을 참소한 자는 숭후(崇侯) 호(虎)이다.'라고 하였다. 서백(西伯)이 주(周)나라로 돌아온 지 3년만에 숭후(崇侯) 호(虎)를 정벌하고 그 곳에 풍읍(豊邑)을 만들었다." 하였다.

리고 가야한다. 친척 간이라면 다양한 뜻을 마음을 다스려 한 가지로 할 수 있다. 당시에는, 숭후 호(崇侯虎)가 주(紂)를 찬미함이 도가 없었으니, 죄가 더욱 컸다.(仇方, 謂旁諸國侯爲暴亂大惡者, 女當謀征討之, 以和協女兄弟之國, 率與之往. 親親則多志齊心一也. 當此之時, 崇侯虎倡紂爲無道, 罪尤大也.)" 그리고, 공영달(孔穎達)의「소(疏)」에서 정현(鄭玄)의 생각에 대하여 다음과 같이 설명하였다: "정현(鄭玄)이 생각하기에, 하늘의 상제가 문왕에게 알리기를, '내가 돌아갈 바에 관해서라면, 사람의 군주이고서 밝은 덕을 가진 자에게 갈 것이다. 그리고 헛되이 그 언어의 음성을 펼치지 않고, 밖으로 용모의 색을 만들지 않으며, 또한 스스로 모든 나라들의 우두머리가 되지 않고, 왕의 법에 있어서 바꾸지 않는 자이다. 그 사람됨이 옛 일을 기억하지 않고, 지금 일을 배우지 않으며, 항상 하늘의 법을 따라 행하는 것이다. 이 같은 자에게 나는 마땅히 돌아갈 것이다.'라고 하였다. 문왕의 덕이 정말로 능히 그러하였으므로 하늘이 돌아간 바가 된 것을 말한 것이다.(鄭以爲, 天帝告語文王曰: 我之所歸, 歸于人君而有光明之德, 而不虛廣其言語之音聲, 以外作容貌之色; 又不自以長諸夏之國, 以變更于王法. 其爲人不記識古事, 不學知今事, 常順天之法而行之. 如此者, 我當歸之. 言文王德實能然, 爲天所歸.)"

詳說

○ 安成劉氏曰: "祖父子孫, 相傳一德."
('明德, 文王之明德也')539) 안성 유씨(安成 劉氏)가 말하였다: "조부와 자손 간에 대대로 하나의 덕(德)을 전한다."

○ 二以.
('以, 猶與也'의 '以') 두 번째 '이(以)'이다.

○ 長, 亦大也.
('以, 猶與也') (본문의) '장(長)' 또한 크다는 뜻이다.

○ 東萊呂氏曰: "聲音與笑貌, 侈大與變革."
('夏革, 未詳') 동래 여씨(東萊 呂氏)가 말하였다: "소리가 웃는 모습과 더불어 거만하고 급격하게 바뀌는 것이다."

○ 詢, 猶詰也, 問罪也.
('則, 法也') '순(詢)'은 힐(詰: 따지다)과 같고, 죄를 묻는 것이다.

○ 丘氏曰: "崇也."
('仇方, 讎國也') 구씨(丘氏)540)가 말하였다: "숭(崇) 나라이다."

○ 廬陵彭氏曰: "以諸侯國爲兄弟, 亦未嘗稱王, 一驗也."
('兄弟, 與國也') 여릉 팽씨(廬陵 彭氏)가 말하였다: "제후의 나라를 형제로 삼는 것 또한 왕으로 부른 경우가 없으니, 첫 번째 징험이다."

○ 上聲.
('所以鉤引上城'의 '上') 상성이다.

---

539) 호산 박문호의 詳說은 경문이나 주자 주에서 특정 글자나 문구의 중간 중간에 배치되어 있다. 앞에서는 호산의 편제 그대로 제시하거나 글자나 문구에 설명을 붙여 제시하였고, 여기부터는 상설을 붙인 곳을 ( )로 표시하여 구분한다.
540) 구부국(丘富國)을 말한다. 남송 말에서 원 나라 초기까지 활동한 문신이다. 주자의 문인에게서 수학하고 단양첨판(端陽僉判)을 지냈으나, 송이 망하자 벼슬하지 않고, 『주역집해(周易輯解)』와 『경세보유(經世補遺)』를 저술하였다.

○ 見『戰國策』.
('所謂雲梯者也')『전국책(戰國策)』에 보인다.

○ 三者.
('皆攻城之具也'의 '皆') 세 가지이다.

○ 音戶.
('鄠') 발음은 호(戶)이다.

○ 周紀.
('史記')「주본기(周本紀)」이다.

○ 平聲.
('閱天'의 '天') 평성이다.

○ 猶以也.
('賜之弓矢鈇鉞'이 '之') 이(以)와 같다.

○ 慶源輔氏曰:"文王之以崇爲仇, 亦天理之當然也."
('譜西伯者…而作豐邑') 경원 보씨(慶源 輔氏)가 말하였다: "문왕(文王)이 숭(崇)을 원수로 여긴 것 또한 천리(天理)의 당연함이다."

朱註

言上帝眷念文王, 而言其德之深微, 不暴著其形跡. 又能不作聰明, 以循天理. 故又命之以伐崇也. 呂氏曰: 此言文王德不形而功無跡, 與天同體而已. 雖興兵以伐崇, 莫非順帝之則, 而非我也.

상제(上帝)가 문왕(文王)을 돌아보고 "그 덕(德)이 깊고 은미하여 형적(形迹)을 드러내지 않고, 또 스스로 총명함을 사용하지 않고 천리(天理)를 따랐다. 그러므로 또 명하여 숭(崇)나라를 치게 했다."라고 한 것이다. 여씨(呂氏)가 말하였다: "이는 문왕(文王)의 덕(德)이 드러나지 않고 공(功)이 자취가 없어서 하늘과 더불어 체(體)를 같이 할 뿐이다. 비록 군대를 일으켜 숭(崇)나라를 정벌했으나, 상제(上帝)의 법(法)을 따르지 않은 것이 없어서, 문왕(文王) 자신이 한 것이 아니라고 말한 것이다."

> 詳說

○ 先釋懷字.
('上帝眷念') 먼저 '회(懷)'자를 해석하였다.

○ 乃釋謂字.
('文王, 而言') 이내 '위(謂)' 자를 해석하였다.

○ 句.
('其德之深微') 여기까지가 구(句)이다.

○ 步卜反.
('不暴著其形跡'의 '暴') 보(步)와 복(卜)의 반절이다.

○ 略夏革句.
('不暴著其形跡') '하혁(夏革)'구를 요약하였다.

○ 東萊呂氏曰:"不大聲色, 不事外飾, 不長夏革, 不縱私意, 明德之實也.."
('不暴著其形跡') 동래 여씨(東萊 呂氏)가 말하였다: "소리와 색을 대단하게 여기지 않고, 겉치장을 일삼지 않으며, 잘난 체하고 변혁함을 훌륭히 여기지 않는 것은 사사로운 뜻을 따르지 않고 덕을 밝힌 것의 실질이다."

○ 見『書 • 蔡仲之命』.
('又能不作聰明')『서(書)・채중지명(蔡仲之命)』에 보인다.

○ 華谷嚴氏曰:"不識不知, 不作聰明也. 天理自然謂之則."
('又能不作…天理') 화곡 엄씨(華谷 嚴氏)가 말하였다: "억지로 아는 것을 사용하지 않는 것(不識不知)은 총명함을 사용하지 않는 것이다. 천리(天理)가 스스로 그러함을 칙(則)이라고 한다."

○ 朱子曰: "詩人稱伐密伐崇事, 皆以帝謂言之, 若曰此蓋天意云爾."
('又命之以伐崇也') 주자가 말하였다: "시(詩)에서 사람들이 벌밀벌숭(伐密伐崇: 밀 나라를 정벌하고 숭 나라를 정벌한다)의 일이라고 부르는 것은 모두 상제가 이른 것을 가지고 말한 것이니, 마치 '이것은 하늘의 뜻일 따름이다.'라고 말하는 것과 같다."

○ 又曰: "此見大段動衆, 只是事勢不可已."
('又命之以伐崇也') (주자가) 또 말하였다: "여기서 대단하게 백성들을 움직인 것은 오직 일의 기세(事勢)가 그칠 수 없는 것임을 본다."

○ 句.
('與天同體而已') 여기까지가 구(句)이다.

○ 此, 申論也.
('雖興兵…而非我也') 이것은 논의를 확장한 것이다.

○ 華谷嚴氏曰: "奉天討罪, 非報私怨也."
('雖興兵…而非我也') 화곡 엄씨(華谷 嚴氏)가 말하였다: "하늘을 받들어 죄를 토벌하는 것은 사사로운 원한을 갚는 것이 아니다."

[3-1-7-8]

> 臨衝閑閑, 崇墉言言. 執訊連連, 攸馘安安. 是類是禡, 是致是附. 四方以無侮. 臨衝茀茀, 崇墉仡仡. 是伐是肆, 是絶是忽. 四方以無拂.

임거(臨車)와 충거(衝車)가 천천히 움직이니, 숭(崇)나라 성(城)이 높고 크다. 신문할 포로들이 연이어 오니, 왼쪽 귀를 베는 것 급하지 않다.541) (상제에게) 유(類)제사를 지내고, 마(禡) 제사를 지내어,542) 이에 이르게 하시니, 사방(四方)에서 업신여기는 자가 없도다. 임거(臨車)

---

541) 정현(鄭玄)의 「전(箋)」에서 다음과 같이 말하였다: "살아 있는 자를 잡아서 심문하는 것과 귀를 벤 죽은 자를 바치는 것은 모두 천천히 예를 가지고 하는 것이니, 급하게 하는 것을 숭상하지 않는다.(執所生得者而言問之, 及獻所馘, 皆徐徐以禮爲之, 不尙促速也.)"

와 충거(衝車)가 강성하니, 숭(崇)나라 성(城)이 견고하다. 정벌하고 군대를 풀어, 끊고 멸망시키시니, 사방(四方)에서 어기는 자가 없도다.

朱註

賦也. 閑閑, 徐緩也. 言言, 高大也. 連連, 屬續狀. 馘, 割耳也. 軍法, 獲者不服, 則殺而獻其左耳. 安安, 不輕暴也. 類, 將出師祭上帝也. 禡, 至所征之地, 而祭始造軍法者, 謂黃帝及蚩尤也. 致, 致其至也. 附, 使之來附也. 茀茀, 強盛貌. 仡仡, 堅壯貌. 肆, 縱兵也. 忽, 滅. 拂, 戾也. 春秋傳曰: 文王伐崇, 三旬不降, 退脩教而復伐之. 因壘而降.

부(賦)이다. 한한(閑閑)은 느린 것이다. 언언(言言)은 높고 큰 것이다. 연련(連連)은 연속하는 모양이다. 괵(馘)은 귀를 베는 것이다. 군법(軍法)에 사로잡은 자가 복종하지 않으면 죽이고 그 왼쪽 귀를 바칠 따름이다. 안안(安安)은 경솔히 하고 포학하지 않음이다. 유(類)는 장차 출군(出軍)할 때 상제(上帝)에게 제사 하는 것이다. 마(禡)는 정벌할 지역에 이르러 처음 군법(軍法)을 만든 자에게 제사하는 것이니, 황제(黃帝)와 치우(蚩尤)를 말한다. 치(致)는 오도록 하는 것이고, 부(附)는 그로 하여금 와서 따르게 하는 것이다. 불불(茀茀)은 강성(強盛)한 모양이고, 흘흘(仡仡)은 견고하고 웅장한 모양이다. 사(肆)는 군대를 풀어놓는 것이다. 홀(忽)은 멸망시킴이고, 불(拂)은 어김이다. 『춘추전(春秋傳)』에 이르기를 "문왕(文王)이 숭(崇)나라를 정벌함에 30일이 되어도 항복하지 않으니, 물러나 덕교(德敎)를 닦고 다시 정벌하셨는데, 옛 진터를 그대로 둔 채 항복받았다."라고 하였다.

詳說

○ 音燭.
('屬續狀'의 '屬') 발음은 촉(燭)이다.

○ 『禮記・玉藻』曰: "聽嚮, 任左."
('軍法…獻其左耳') 『예기(禮記)』・옥조(玉藻)』에서 말하였다: "흠향(歆饗)을 청할 때는 왼쪽에 임한다."

---

542) 「모전(毛傳)」에서 "내실(內室)에서 하는 것을 유(類)라고 하고, 교외에서 하는 것을 마(禡)라고 한다(于內曰類, 于野曰禡.)"라고 하였다.

○ 見『書·舜典』.
('類, 將出師祭上帝也') 『서(書)·순전(舜典)』에 보인다.

○ 見『史記·高祖紀』.
('禡…黃帝及蚩尤也') 『사기(史記)·고조기(高祖紀)』에 보인다.

○ 諺音誤.
('仡仡') 언해(諺解)의 발음은 잘못이다.

○ 左僖, 十九年.
('春秋傳') 『좌전(左傳)·희공(僖公)』 19년이다.

○ 戶江反, 下同.
('三旬不降'의 '降') 호(戶)와 강(江)의 반절이고, 아래도 같다.

○ 上七句事.
('文王…三旬不降') 위 일곱 구(句)의 일이다.

○ 去聲.
('復伐之'의 '復') 거성이다.

○ 下五句事.
('復伐之. 因壘而降') 아래 다섯 구(句)의 일이다.

朱註

○言文王伐崇之初, 緩攻徐戰, 告祀群神, 以致附來者, 而四方無不畏服. 及終不服, 則縱兵以滅之, 而四方無不順從也. 夫始攻之緩, 戰之徐也, 非力不足也, 非示之弱也, 將以致附而全之也. 及其終不下, 而肆之也, 則天誅不可以留, 而罪人不可以不得故也. 此所謂文王之師也.

"문왕(文王)이 숭(崇)나라를 정벌하는 초기에 공격을 늦추고 싸움을 천천히 하여 여러 신(神)에게 고(告)하는 제사를 하고, 백성들을 오게 하고 따르게 하니, 사방(四方)에서 두려워 복종하지 않는 자가 없었고, 끝내 복종하지 않음에 이르러서는 군대를 풀어 멸망시켜 사방(四方)에 순종하지 않는 자가 없었다."라고 말한 것이다. 처음에 공격을 늦추고 싸움을 천천히 한 것은 힘이 부족해서가 아니고, 약함을 보이려 해서가 아니라, 장차 오게 하고 따르게 해서 온전히 보전해주고자 함이다. 끝내 항복하지 않고 제멋대로 함에 이르러서는 하늘의 토벌을 지체할 수 없고, 죄인(罪人)을 잡지 않을 수가 없기 때문이니, 이것이 이른바 문왕(文王)의 군대이다.

詳說

○ 首二句, 承上章末二句.
첫 두 구(句)는 윗 장 마지막 두 구(句)를 이었다.

○ 閑安.
('緩攻徐戰') 느리고 경솔하지 않음이다.

○ 慶源輔氏曰: "仁也."
('以致附來者') 경원 보씨(慶源 輔氏)가 말하였다: "인(仁)이다."

○ 不侮吾弱.
('四方無不畏服') 내가 약하다고 업신여기지 않는 것이다.

○ 補此句.
('及終不服') 이 구(句)를 보충하였다.

○ 慶源輔氏曰: "義也."
('及終…滅之') 경원 보씨(慶源 輔氏)가 말하였다: "의(義)다."

○ 三山李氏曰: "所伐者崇, 而四方服從, 以伐當其罪故也."
('四方無不順從也') 삼산 이씨(三山 李氏)가 말하였다: "숭(崇)을 정벌하고 사방에서 복종한 것은 그 죄를 직면하여 정벌하였기 때문이다."

○ 音扶.
('夫始攻之緩'의 '夫') 발음은 부(扶)이다.

○ 猶者也.
('夫始攻之緩, 戰之徐也'의 '也') 자(者)와 같다.

○ 安成劉氏曰: "此, 其三旬不降之時乎."
('非力不足也…全之也') 안성 유씨(安成 劉氏)가 말하였다: "이것은 아마도 그 석 달 동안 항복하지 않을 때일 것이다."

○ 去聲.
('及其終不下'의 '下') 거성이다.

○ 安成劉氏曰: "此, 其復伐之日乎."
('天誅…不得故也') 안성 유씨(安成 劉氏)가 말하였다: "이것은 아마도 다시 정벌한 날이다."

○ 程子曰: "聖人之伐, 不服, 然後攻之."
('此所謂文王之師也') 정자(程子)가 말하였다: "성인의 정벌은 항복하지 않은 후에 공격한다."

○ 夫以下申論也.
이하는 논의를 확장하였다.

朱註

皇矣八章章十二句. 一章二章言天命大王, 三章四章言天命王季, 五章六章言天命文王伐密, 七章八章言天命文王伐崇.
여기까지가 황의(皇矣) 8장(章)이니, 장(章) 12구(句)이다. 1장(第一章), 2장(二章)은 하늘이 태왕(太王)에게 명(命)함을 말하였고, 3장(第三章), 4장(四章)은 하늘이 왕계(王季)에게 명함을 말하였고, 5장(第五章), 6장(六章)은 하늘이 문왕(文王)에게 밀(密)나라를 정벌하도록 명함을 말하였고, 7장(第七章), 8장(八章)은 하늘이 문왕(文王)에게 숭(崇)나라를 정벌하도록 명함을 말한 것이다.543)

---

543) 모서(毛序)에서 다음과 같이 말하였다: "황의(皇矣)는 주(周)나라를 찬미한 시(詩)이다. 하늘이 은(殷)나라를 대신할 나라를 살펴보니 주(周)나라만한 나라가 없었고, 주(周)나라에 대대로 덕(德)을 닦은 분은 문왕(文王)만한 이가 없었다.(皇矣, 美周也. 天監代殷, 莫若周. 周世世修德, 莫若文王.)"

詳說

○ 華谷嚴氏曰:"首章, 言天初眷大王. 次章, 述大王遷岐."
('一章二章言天命大王') 화곡 엄씨(華谷 嚴氏)가 말하였다: "첫 장은 하늘이 처음 태왕(大王)을 둘러본 것을 말하였고, 다음 장은 태왕(大王)이 기산(岐山)으로 천도한 것을 서술하였다."

○ 安成劉氏曰:"稱帝者, 三. 稱天者, 一."
('一章二章言天命大王') 안성 유씨(安成 劉氏)가 말하였다: "상제를 칭한 것이 세 개이고, 하늘을 칭한 것이 하나이다."

○ 帶說大伯.
('三章四章言天命王季') 태백(大伯)을 이어서 말하였다.

○ 華谷嚴氏曰:"三章, 述大伯王季, 相遜之事, 爲文王張本. 四章, 述王季之德, 以及文王."
('三章四章言天命王季') 화곡 엄씨(華谷 嚴氏)가 말하였다: "3장은 태백(大伯)과 왕계(王季)을 서술하여, 서로 겸양한 일이니, 문왕(文王)을 위하여 근본을 베푼 것이다. 4장은 왕계(王季)의 덕을 서술하여 문왕(文王)에게 이르렀다."

○ 安成劉氏曰:"言帝者, 四."
('三章四章言天命王季') 안성 유씨(安成 劉氏)가 말하였다: "상제를 말한 것이 네 가지이다."

○ 安成劉氏曰:"言帝者, 四."
('五章…天命文王伐崇') 안성 유씨(安成 劉氏)가 말하였다: "상제를 말한 것이 네 가지이다."

[3-1-8-1]

經始靈臺, 經之營之. 庶民攻之, 不日成之. 經始勿亟, 庶民子來.

영대(靈臺)를 경영하고 시작해서, 계획하고 지었다. 백성들이 일하여 하루도 못되어 완성하였다.544) 경영하고 시작함에 서두르지 말라고 하였으나, 백성들이 자식처럼 오는구나.

朱註

賦也. 經, 度也. 靈台, 文王所作. 謂之靈者, 言其儵然而成, 如神靈之所爲也. 營, 表. 攻, 作也. 不日, 不終日也. 亟, 急也.
부(賦)이다. 경(經)은 헤아림이다. 영대(靈臺)는 문왕(文王)이 지은 것이니, 영(靈)이라고 말한 것은 별안간 만들어져서 신령(神靈)이 만든 것과 같음을 말한 것이다. 영(營)은 (터를 잡아) 표(表)함이고, 공(攻)은 일함이다. 불일(不日)은 하루도 안 된 것이다.545) 극(亟)은 급함이다.

詳說

○ 入聲, 下同.
('經, 度也'의 '度') 입성이고, 아래도 같다.

○ 揆日之類.
('經, 度也') 날짜를 헤아리는 따위이다.

○ 毛氏曰: "四方而高, 曰臺."
('靈台, 文王所作') 모씨(毛氏)가 말하였다: "사방으로 높은 것을 '대(臺)'라고 한다."

○ 安成劉氏曰: "至周有天下, 遂以爲天子之臺, 而諸侯別名觀臺也歟."
('靈台, 文王所作') 안성 유씨(安成 劉氏)가 말하였다: "주 나라에 이르러 천하를 소유하여 마침내 천자의 대(臺)를 만들었는데, 제후는 따로 관대(觀臺)라고 이름

---

544) 정현(鄭玄)의 「전(箋)」에서 다음과 같이 말하였다: "문왕이 천명(天命)에 응하여 영대(靈臺)의 기틀을 헤아리고, 그 위치를 정하였다. 백성들은 (영대를) 축조하는데, 마칠 날짜를 기약하지 않았으나 완성하였다. 문왕의 덕이 그 일을 권면하여, 자신들의 수고로움을 잊어버린 것을 말하는 것이다. 관대(觀臺)를 영(靈)이라고 한 것은 문왕의 교화와 행위가 마치 신령의 정묘하고 밝음과 같으므로, 이 때문에 이름한 것이다.(文王應天命, 度始靈臺之基趾, 營表其位. 衆民則筑作, 不設期日而成之. 言說文王之德, 勸其事, 忘己勞也. 觀臺而曰靈者, 文王化行, 似神之精明, 故以名焉.)"
545) 「모전(毛傳)」에서 "하루도 되지 않아 완성하였다.(不日有成也)"라고 하였다. 정현(鄭玄)의 「전(箋)」에서는 "마칠 날짜를 정하지 않았으나 완성하였다.(不設期日而成之)"라고 하였는데, 이것은 문왕이 백성을 위하는 마음을 가지고 있어서 마칠 날짜를 정하지 않는데도 백성들로 하여금 일을 마치도록 하였다는 것을 의미한다. 「모전(毛傳)」의 내용과는 조금 차이가 있다.

지었다."

○ 音叔.
("倏然'의 '倏') 발음은 숙(叔)이다.

朱註
○國之有臺, 所以望氛祲, 察災祥, 時觀游, 節勞佚也. 文王之臺, 方其經度營表之際, 而庶民已來作之, 所以不終日而成也. 雖文王心恐煩民, 戒令勿亟, 而民心樂之, 如子趣父事, 不召自來也. 孟子曰: 文王以民力爲臺爲沼. 而民歡樂之, 謂其臺曰靈臺, 謂其沼曰靈沼. 此之謂也.
나라에 대(臺)를 가지는 것은 상서로운 기운과 나쁜 기운을 관망하고, 상서(祥瑞)와 재앙(災殃)을 살피며, 때로 구경하고 놀고, 수고로움과 편안함을 조절하기 위해서이다. 문왕(文王)의 대(臺)를 헤아리고 터 잡고 설계하자, 서민(庶民)들이 이미 와서 일하니, 이 때문에 하루가 못되어 완성(完成)된 것이다. 비록 문왕(文王)은 마음에 백성들을 번거롭게 할까 염려해서 급히 하지 말라고 경계하셨으나, 백성들은 마음에 즐거워해서 마치 자식이 아버지 일에 달려오듯이 하여, 부르지 않아도 스스로 온 것이다. 맹자(孟子)께서 말씀하시기를 "문왕(文王)이 백성의 힘을 써서 대(臺)를 만들고 소(沼)를 만드셨으나, 백성들이 이것을 기뻐하고 즐거워하여, 그 대(臺)를 일러 영대(靈臺)라 하고, 그 소(沼)을 일러 영소(靈沼)라 하였다."라고 하였으니, 바로 이것을 말한 것이다.

詳說
○ 音浸.
("氛祲'의 '祲') 발음은 침(浸)이다.

○ 時其觀遊.
("時觀游') 그 구경하고 노는 것을 적절하게 함이다.

○ 安成劉氏曰: "氛, 祥氣. 祲, 妖氣. 察災祥, 則於此望氣. 節勞佚, 則於此遊觀. 皆取其高明也."
("國之有臺…節勞佚也') 안성 유씨(安成 劉氏)가 말하였다: "분(氛)은 상서로운

기운이고, 침(祲)은 요망한 기운이다. 재앙과 상서로움을 살피는 것은 이에 기운을 관망하는 것이고, 수고로움과 편안함을 조절하는 것은 이에 놀고 구경하는 것이니, 모두 그 높고 밝음을 취한 것이다."

○ 經而始之.
('方其經度') 경영하고 시작하는 것이다.

○ 平聲.
('戒令勿亟'의 '令') 평성이다.

○ 音洛, 下同.
('民心樂之'의 '樂') 발음은 락(洛)이고, 아래도 같다.

○ 補煩樂字.
('雖文王…而民心樂之') '번(煩), 락(樂)'의 글자를 보충하였다.

○ 慶源輔氏曰:"末二句, 申說上四句意."
('如子趣父事, 不召自來也') 경원 보씨(慶源 輔氏)가 말하였다: "마지막 두 구(句)는 위 네 구(句)의 뜻을 확장하였다."

○ 定宇陳氏曰:"上好仁, 而下好義."
정우 진씨(定宇 陳氏)가 말하였다: "위에서는 인(仁)을 좋아하지만, 아래에서는 의(義)를 좋아한다."

○ 華谷嚴氏曰:"首章, 述作臺之功也."
화곡 엄씨(華谷 嚴氏)가 말하였다: "첫 장은 영대(靈臺)를 지은 공을 서술하였다."

○ 梁惠王.
('孟子') 양혜왕(梁惠王) 편이다.

○ 下章.
('謂其沼曰靈沼') 아래 장이다.

○ 申論樂字至篇末, 又申此意.
('此之謂也') '락(樂)' 자를 확장하여 편 마지막까지 논의하였고, 또한 이 뜻을 확장하였다.

[3-1-8-2]

王在靈囿, 麀鹿攸伏. 麀鹿濯濯, 白鳥翯翯. 王在靈沼, 於牣魚躍.

왕께서 영유(靈囿)에 계시니,546) 암사슴과 수사슴이 엎드려 있다.547) 암사슴과 수사슴이 살찌고 윤택하며, 백조는 깨끗하여 빛이 난다. 왕이 영소(靈沼)에 계시니 아, 물고기들 가득 뛰어논다.

朱註

賦也. 靈囿, 臺之下有囿, 所以域養禽獸也. 麀, 牝鹿也. 伏, 言安其所處, 不驚擾也. 濯濯, 肥澤貌. 翯翯, 潔白貌. 靈沼, 囿之中有沼也. 牣, 滿也, 魚滿而躍, 言多而得其所也.

부(賦)이다. 영유(靈囿)는 대(臺) 아래에 유(囿)를 가져, 구역을 정하여 금수(禽獸)를 기르는 것이다. 우(麀)는 암사슴이다. 복(伏)은 그 거처하는 곳을 편안히 여겨 놀라거나 동요하지 않는 것이다. 탁탁(濯濯)은 살찌고 윤택한 모양이다. 학학(翯翯)은 깨끗하고 흰 모양이다. 영소(靈沼)는 동산 안에 못이 있는 것이다. 인(牣)은 가득함이니, 고기가 가득히 뛰논다는 것은 많으면서 그 살 곳을 얻었음을 말하는 것이다.

詳說

○ 孔氏曰: "築牆爲界域."
('靈囿…養禽獸也') 공씨(공영달[孔穎達])가 말하였다: "담을 쌓아 경계를 만들었다."

---

546) 「모전(毛傳)」에서 "유(囿)는 영역을 가지고 금수를 기르는 곳이다. 천자는 100리이고, 제후는 40리이다. (囿, 所以域養禽獸也. 天子百里, 諸侯四十里.)"라고 하였다.
547) 정현(鄭玄)의 「전(箋)」에서 다음과 같이 말하였다: "유(攸)는 장소이다. 문왕이 직접 영유(靈囿)에 이르러, 사슴이 놀고 엎드리는 곳을 보니, 사물을 사랑함을 말한 것이다.(攸, 所也. 文王親至靈囿, 視牝鹿所游伏之處, 言愛物也.)"

○ 長樂劉氏曰:"鹿易逸, 乃不驚."
('麀…不驚擾也') 장락 유씨(長樂 劉氏)548)가 말하였다: "사슴이 편안하여 놀라지 않는 것이다."

○ 諺音誤.
('濯濯') 언해(諺解)의 발음은 잘못이다.

○ 曾氏曰:"鳥翔集而不去."
('翯翯, 潔白貌') 증씨(曾氏)가 말하였다: "새가 날개를 모으고 날아가지 않는 것이다."

○ 滿.
('言多而得其所也'의 '多') 가득 찬 것이다.

○ 躍.
('得其所也') 뛰어 오르는 것이다.

○ 出『孟子·萬章』.
('得其所')『맹자(孟子)·만장(萬章)』에 나온다.549)

○ 曾氏曰:"文王之時, 飛潛走伏, 皆遂其性."
('魚滿而…得其所也') 증씨(曾氏)가 말하였다: "문왕 때에는 날고 물에서 잠수하고 달리고 기어가는 것들은 모두 그 본성에 따랐다."

○ 華谷嚴氏曰:"次章, 言旣作臺而遊焉."
화곡 엄씨(華谷 嚴氏)가 말하였다: "다음 장에서 이미 영대(靈臺)를 만들고 노니는 것을 말하였다."

---

548) 유씨는 이름이 이(彛), 자가 집중(執中)으로 남송 사람이다.『예기(禮記)』를 주해하였다.
549)『맹자(孟子)』「만장(萬章)」상」편에서 물고기를 연못에 놓아주니까 처음에는 힘이 없는 듯하다가 헤엄치기 시작하며 깊은 곳으로 들어가는 것을 보고, 자산(子産)이 "제 살 곳으로 갔구나, 제 살 곳으로 갔어(得其所哉, 得其所哉)."라고 한 데서 유래한다.

[3-1-8-3]

虡業維樅, 賁鼓維鏞. 於論鼓鐘, 於樂辟廱.

종과 경쇠 매다는 틀에는 큰 북과 종이 걸려 있다. 아, 질서 있게 연주하는구나. 아, 벽옹(辟廱)에서 즐기는구나.550)

朱註

賦也. 虡, 植木以懸鐘磬. 其橫者曰栒. 業, 栒上大版. 刻之捷業, 如鋸齒者也. 樅, 業上懸鐘磬處, 以綵色爲崇牙, 其狀樅樅然者也. 賁, 大鼓也, 長八尺鼓四尺, 中圍加三之一. 鏞, 大鐘也. 論, 倫也, 言得其倫理也. 辟, 璧通. 廱, 澤也. 辟廱, 天子之學, 大射行禮之處也. 水旋丘如璧, 以節觀者, 故曰辟雍.

부(賦)이다. 거(虡)는 나무를 세워 종(鍾)과 경쇠를 매다는 것이다. 그 가로로 댄 나무를 순(栒)이라 한다. 업(業)은 순(栒)위에 있는 큰 판자이니, 조각하기를 서로 어긋나게 하여 톱니와 같게 한 것이다. 종(樅)은 업(業) 위에 종(鍾)과 경쇠를 매다는 곳인데, 채색으로 숭아(崇牙)를 만들어서 그 모양이 들쭉날쭉한 것이다. 분(賁)은 큰 북이니, 길이가 8척(尺)이고 북의 면은 4척(尺)이며, 중간 둘레는 (북 면의 둘레보다) 3분의 1이 더 크다. 용(鏞)은 큰 종이다. 논(論)은 차례이니, 그 질서를 얻음을 말한 것이다. 벽(辟)은 벽(璧)과 통하고, 옹(廱)은 못이다. 벽옹(辟廱)은 천자(天子)의 학궁(學宮)이니, 대사례(大射禮)를 행하는 곳이다. 물이 언덕을 빙돌아 구슬 모양과 같아서 구경하는 자를 조절하므로 벽옹(辟雍)이라 한다.

詳說

○ 孔氏曰: "兩端植木."

('虡, 植木') 공씨(孔氏: 공영달[孔穎達])가 말하였다: "양 끝에 나무를 세운다."

○ 音筍.

---

550) 정현(鄭玄)의 「전(箋)」에서 다음과 같이 말하였다: "문왕이 영대(靈臺)를 세우고 백성들이 돌아가는 것을 알았고, 영유(靈囿)와 영소(靈沼)를 짓고 금수가 그 있을 곳을 얻은 것을 알았다. 음악의 도(道)는 정치와 통한다고 생각하였으므로 음악을 합하여 상세히 하였는데, 북과 종소리에서 윤리를 확보하였는지 모두가 벽옹(辟廱) 안에서 있으면서 즐거웠는지는 중화(中和)의 지극함에 감화됨을 말한 것이다.(文王立靈臺, 而知民之歸附. 作靈囿·靈沼, 而知鳥獸之得其所. 以爲音聲之道與政通, 故合樂以詳之, 于得其倫理乎鼓與鐘也, 于喜樂乎諸在辟廱中者, 言感于中和之至.)"

('其橫者曰栒'의 '栒') 발음은 순(筍)이다.

○ 並訓栒, 以承接虡與業.
('其橫者曰栒'의 '栒') 아울러 순(栒)을 풀이함으로써, 거(虡)와 업(業)에 연결하였다.

○ 見有瞽.
('業, 栒…以綵色爲崇牙') 「유고(有瞽)」에 나온다.551)

○ 孔氏曰: "其狀隆然."
('其狀樅樅然者也') 공씨(孔氏: 공영달[孔穎達])가 말하였다: "그 모양이 융기한 것 같다."

○ 按『考工記』作鼖.
('其狀樅樅然者也') 『고공기(考工記)』552)에 따르면, '분(鼖)'으로 되어 있다.

○ 安成劉氏曰: "賁鼓身高八尺, 而其鼓之面, 皮所冒者, 徑四尺, 其圍十二尺."
('長八尺鼓四尺') 안성 유씨(安成 劉氏)가 말하였다: "분고(賁鼓)는 전체 높이가 8척인데, 그 북의 면에 가죽이 덮은 것은 지름이 4척이고, 그 둘레는 12척이다."

○ 安成劉氏曰: "鼓面圍十二尺, 鼓腹之圍加三之一, 則其圍十六尺, 而徑五尺三寸三分寸之一."
('中圍加三之一') 안성 유씨(安成 劉氏)가 말하였다: "북 면의 둘레가 12척이고, 북통 중간부분의 둘레가 이보다 3분의 1이 더 크다면, 그 둘레가 16척이고 지름은 5척 3촌 3분촌의 1이다."

○ 倫同.
('論, 倫也') 윤(倫)과 같다.

---

551) 「주송(周頌)・신공지십(臣工之什)・유고(有瞽)」를 말한다.
552) 『고공기(考工記)』는 중국에서 전하는 가장 오래된 기술서이고, 『주례(周禮)』의 6편(篇) 중에서 마지막 편인 「동관(冬官)」에 속해 있었다.

○ 卽無相奪倫之倫.
('言得其倫理也') 곧 '무상탈륜(無相奪倫: 내려 받은 자리를 저마다 서로 빼앗지 않는다)'의 '윤(倫)'이다.

○ 黃氏曰: "樂之不能已, 而言之不能盡, 故曰於倫、於樂. 於, 歎辭."
('言得其倫理也') 황씨(黃氏)가 말하였다: "즐거움이 그치지 않아, 그것을 이루다 말할 수 없으므로, 오륜(於倫), 오락(於樂)이라고 하였다. 오(於)는 감탄사이다."

○ 朱子曰: "卽澤宮也."
('辟…天子之學') 주자가 말하였다: "곧 택궁(澤宮)이다."

○ 見『儀禮』.
('大射')『의례(儀禮)』에 보인다.

○ 孔氏曰: "令在外觀."
('節觀者') 공씨(孔氏: 공영달[孔穎達])가 말하였다: "관(觀) 밖에 있도록 하는 것이다."

○ 張子曰: "其制始於此. 及周有天下, 遂以名天子之學, 而諸侯不得立焉."
('水旋丘…故曰辟雍') 장자(張子)가 말하였다: "그 제도가 여기에서 비롯되었다. 주(周) 나라가 천하를 소유함에 이르러, 마침내 천자의 배움으로 명명하여 제후들은 세울 수 없었다."

○ 孔氏曰: "辟雍及三靈, 或同處矣."
('水旋丘…故曰辟雍') 공씨(孔氏: 공영달[孔穎達])가 말하였다: "벽옹(辟雍)과 삼령(三靈)은 아마도 같은 곳일 것이다."

○ 華谷嚴氏曰: "三、四章, 文王旣遊囿、沼, 遂於辟雍作樂."
('水旋丘…故曰辟雍') 화곡 엄씨(華谷 嚴氏)가 말하였다: "3, 4장에서는 문왕이 영유(靈囿)와 영소(靈沼)에서 노닐고 나서 마침내 벽옹(辟雍)에서 음악(樂)을 지

었다."

○ 安成劉氏曰: "大射之禮, 亦先用樂."
('水旋丘…故曰辟雍') 안성 유씨(安成 劉氏)가 말하였다: "대사(大射)의 예 또한 먼저 음악(樂)을 사용한다."

[3-1-8-4]

於論鼓鐘, 於樂辟廱. 鼉鼓逢逢, 矇瞍奏公.

아, 질서정연한 종과 북.553) 아, 즐거운 벽옹. 악어 북 둥둥 치니 악사들 연주하네.

朱註

賦也. 鼉, 似蜥蜴長丈餘, 皮可冒鼓. 逢逢, 和也. 有眸子而無見曰矇, 無眸子曰瞍. 古者樂師皆以瞽者爲之, 以其善聽而審於音也. 公, 事也. 聞鼉鼓之聲, 而知矇瞍方奏其事也.

부(賦)이다. 타(鼉)는 도마뱀과 비슷하니, 길이가 한 길이 넘고 가죽은 북을 덮을 수 있다. 봉봉(逢逢)은 화(和)함이다. 눈동자가 있으나 보지 못하는 것을 몽(矇)이라 하고, 눈동자가 없는 것을 수(瞍)라고 한다. 옛날에는 악사(樂師)들을 모두 봉사로 시켰으니, 그들은 듣기를 잘하여 음(音)을 잘 살피기 때문이었다. 공(公)은 일이니, 타고(鼉鼓)의 소리를 듣고서 몽수(矇瞍)가 악기를 연주하고 있다는 것을 안 것이다.

詳說

○ 首二句, 仍用上章末二句.
('賦也') 첫 두 구(句)는 여전히 윗 장 끝의 두 구(句)를 사용하였다.

○ 埤雅曰: "非特取皮, 亦其鼓聲象鼉之鳴."

---

553) 「모전(毛傳)」에서 "논(論)은 생각함이다(論, 思也.)."라고 하였다. 이러한 해석은 바로 다음 구 '於樂辟廱'에 대하여 노송(魯頌) 반수(泮水) 편에 나온 '思樂泮水(반수에서 즐기던 것을 생각하다)'의 구절과 연관 지어 생각하였기 때문이다. 이것은 '思樂泮水'의 '사(思)' 자를 동사로 보는 견해로서, 정현(鄭玄) 역시 같은 견해이다. 그러나, '논(論)'은 일반적으로 '의논'을 가리키지 '상념(想念)'의 의미가 아니다. '논(論)'에 대하여, 정현(鄭玄)은 「전(箋)」에서 "논(論)은 윤(倫)을 말하는 것이다(論之言倫也.)."라고 하였다. 본문의 번역은 이것을 토대로 하였다.

('鼉…逢逢, 和也')『비아(埤雅)』에서 말하였다: "가죽을 취할 뿐만 아니라, 그 북소리가 악어 울음소리를 닮았다."

○ 華谷嚴氏曰: "申言鐘鼓、辟雍之樂, 詠歎不能已. 樂之耎端曰奏."
('鼉…逢逢, 和也') 화곡 엄씨(華谷 嚴氏)가 말하였다: "종과 북을 가지고 벽옹에서 하는 음악에 대하여 감탄을 그칠 수 없음을 확장시켜 말하였다. 음악의 경단(耎端)554)을 주(奏)라고 한다."

朱註

靈臺四章二章章六句二章章四句. 東萊呂氏曰: 前二章樂文王有臺池鳥獸之樂也. 後二章樂文王有鐘鼓之樂也. 皆述民樂之詞也.
여기까지가 영대(靈臺) 4장이니, 두 장은 장(章) 6구(句)로 구성되었고, 두 장은 장(章) 4구(句)로 이루어졌다. 동래여씨(東萊呂氏)가 말하였다. "앞의 두 장(章)은 문왕(文王)이 대지(臺池)와 조수(鳥獸)의 악(樂)을 소유함을 즐거워한 것이고, 뒤의 두 장(章)은 문왕(文王)이 종고(鍾鼓)의 악(樂)을 소유함을 즐기워한 것이다. 모두 백성이 즐거워한 말을 기술한 것이다."

詳說

○ 音洛, 下並同.
('前二章樂'의 '樂') 발음이 락(洛)이고, 아래도 다 같다.

○ 所以首章以二民字冠之, 而至末以二樂字終之也.
('文王有臺…皆述民樂之詞也') 첫 장은 두 개의 '민(民)'자를 가지고 처음에 배치하였으나 끝에 가서 두 개의 '락(樂)'자를 가지고 마쳤다.

---

554) 본래 따로 시작과 끝을 일으킨다는 뜻이지만, 여기서는 음악 연주의 시작과 끝을 함의하는 것으로 보았다.

[3-1-9-1]

下武維周, 世有哲王. 三后在天, 王配于京.

주 나라 대를 이어, 대대로 밝은 왕이셨다.555) 세 왕이 하늘에 계시고, 우리 왕께서는 주 나라 수도에서 대하시는구나.556)

朱註

賦也. 下義未詳. 或曰: 字當作文. 言文王武王實造周也. 哲王, 通言大王王季也. 三后, 大王王季文王也. 在天, 旣沒而其精神上與天合也. 王, 武王也. 配, 對也, 謂繼其位以對三后也. 京, 鎬京也.

부(賦)이다. 하(下)의 뜻은 미상(未詳)이다. 혹자(或者)는 말하기를 "글자가 마땅히 문(文)자가 되어야 하니, 문왕(文王), 무왕(武王)이 실로 주(周)나라를 창건함을 말한다."고 하였다. 철왕(哲王)은 태왕(太王), 왕계(王季)를 통틀어 말한 것이다. 삼후(三后)는 태왕(太王), 왕계(王季), 문왕(文王)이다. 하늘에 있다는 것은 이미 돌아가셨으나 그 정신은 위로 하늘과 더불어 합한 것이다. 왕(王)은 무왕(武王)이다, 배(配)는 대함이니, 그 지위를 계승하여 세 임금을 대함을 말한 것이다. 경(京)은 호경(鎬京)이다.

詳說

○ 鄭氏曰: "下後也."

('下義未詳'의 '下') 정씨(鄭氏)가 말하였다: "나중의 왕이다."

○ 主三后而言下.

('下義未詳'의 '下') 삼후(三后: 태왕[太王], 왕계[王季], 문왕[文王])를 위주로 '하(下)'를 말한 것이다.

---

555) 「모전(毛傳)」에서 "무(武)는 계승함이다(武, 繼也.)."라고 하였다. 정현(鄭玄)은 「전(箋)」에서 다음과 같이 말하였다: "하(下)는 후(後)와 같다. 철(哲)은 앎(知)이다. 후인들이 선조를 계승할 수 있었던 것은 주(周) 가문이 가장 크고 대대로 늘어나 밝고 지혜로운 왕이 있게 되었기 때문이니, 태왕(太王), 왕계(王季), 문왕(文王)이 점차로 성대해짐을 말한 것이다(下, 猶後也. 哲, 知也. 後人能繼先祖者, 維有周家最大, 世世益有明知之王, 謂大王、王季、文王稍就盛也.)."

556) 정현(鄭玄)은 「전(箋)」에서 다음과 같이 말하였다: "여기서 삼후(三后)는 이미 죽어 올라가시어 정기(精氣)가 하늘에 있다. 무왕(武王)은 또한 경(京)에서 그 도(道)에 짝할 수 있었다(此三后旣沒登遐, 精氣在天矣. 武王又能配行其道于京.)."

○ 下字.
('或曰字'의 '字') '하(下)' 자이다.

○ 以篇名及三后推之, 恐非字誤, 故序與釋只以武王言之.
('言文王武王實造周也') 편명과 삼후(三后)를 가지고 미루어 보건대, 글자의 오기가 아닌 것 같다. 그러므로 서(序)와 해석에서 오직 무왕(武王)으로만 말한 것이다.

○ 音泰, 下並同.
('大王王季'의 '大') 발음은 태(泰)이고, 아래도 다 같다.

○ 或說蓋至於此也, 故不及文王.
('哲王…王季也') 혹자는 대개 여기까지 이른다고 말하였으므로 문왕에게는 미치지 않는다.

○ 與文王在上, 同云.
('在天…與天合也') 문왕과 함께 위에 있는 것은 같다고 한다.

○ 豐城朱氏曰: "武王能配彼在天之靈於鎬京."
('在天…與天合也') 풍성 주씨(豐城 朱氏)가 말하였다. "무왕(武王)이 저 하늘에 있는 신령에 호경(鎬京)에서 대할 수 있었다."

朱註
此章美武王能纘大王王季文王之緒, 而有天下也.
이 장(章)은 무왕(武王)이 태왕(太王), 왕계(王季), 문왕(文王)의 전통을 이어 천하(天下)를 소유함을 찬미한 것이다.

詳說
○ 見 『中庸』.
('此章…有天下也') 『중용(中庸)』에 나온다.

○ 此篇不序本事者, 以此釋足以蔽一篇故也.

이 편이 본래의 일에 서문을 달지 않은 것은 이 해석으로 충분히 한 편을 포괄하기 때문이다.

○ 下每章首句, 仍用上章末句, 與文王篇同例.
아래 매 장의 첫 구(句)는 오히려 윗 장 마지막 구(句)를 사용하여 문왕 편과 사례가 같다.

[3-1-9-2]
王配于京, 世德作求. 永言配命, 成王之孚.

왕께서 서울에 계시니, 대대로 이어지는 덕을 구하셨다.557) 영원히 천명에 짝하시고, 왕의 믿음을 이루었다.

朱註
賦也. 言武王能繼先王之德, 而長言合於天理. 故能成王者之信於天下也. 若暫合而遽離, 暫得而遽失, 則不足以成其信矣.

부(賦)이다. 무왕(武王)이 능히 신왕(先王)의 덕(德)을 계승하여 길이 천리(天理)에 합하였다. 그러므로 능히 왕자(王者)의 믿음을 천하(天下)에 이룰 수 있음을 말한 것이다. 만일 잠시 합하였다가 갑자기 떠나가고, 잠시 얻었다가 갑자기 잃는다면 그 믿음(信)을 이룰 수가 없을 것이다.

詳說
○ 無訓, 故不圈.
('賦也') 훈(訓)이 없으므로 동그라미 표시(○)가 없다.

○ 三山李氏曰: "所以配三后者, 以世德之求故也. 起而求以繼之

---

557) 정현(鄭玄)은 「전(箋)」에서 다음과 같이 말하였다: "작(作)은 함(爲)이고, 구(求)는 종결함(終)이다. 무왕은 호경(鎬京)에서 삼후(三后)의 도(道)에 짝할 수 있었던 것은 그의 가문이 대대로 덕을 쌓아 그 큰 업적을 완성하여 마칠 수 있었기 때문이다(作, 爲, 求, 終也. 武王配行三后之道于鎬京者, 以其世世積德, 庶爲終成其大功.)." 여기 정현 해석의 '대공(大功)'에 대하여, 공영달(孔穎達)은 「소(疏)」에서 다음과 같이 해석하였다: "대대로 덕을 쌓음은 천하에 왕노릇 함을 감당할 수 있다. 문왕이 주(紂)를 주살함에 아직 이르지 못했다는 것은 곧 왕의 일을 마치지 않은 것이다. 무왕은 마침내 그것을 마쳤으므로 그 큰 업적을 이루는 것을 마쳤다고 한 것이다(世積厚德, 是當王天下. 文王未及誅紂, 即是王事未終. 武王乃終之, 故云終成其大功.)."

也."
('言武王能繼先王之德') 삼산 이씨(三山 李氏)가 말하였다: "삼후(三后: 태왕[太王], 왕계[王季], 문왕[文王])에 짝한 것은 대대로 이어지는 덕을 추구하였기 때문이다. 일어나서 구함으로써 계승한 것이다."

○ 三山林氏曰: "如敏以求之之求."
('言武王能繼先王之德') 삼산 임씨(三山 林氏)가 말하였다: "'민이구지(敏以求之: 민첩하게 구한다)'의 '구(求)'와 같다."

○ 華谷嚴氏曰: "「康誥」曰: 惟殷先哲王德, 用康乂民, 作求."
('言武王能繼先王之德') 화곡 엄씨(華谷 嚴氏)가 말하였다: "「강고(康誥)」에서 말하였다: 오직 은 나라의 옛 밝은 왕의 덕으로 백성들을 편안하게 다스림으로써 (은 나라 왕의 덕과 같게 되고자) 힘쓴다."

○ 慶源輔氏曰: "已解於文王詩."
('而長言合於天理') 경원 보씨(慶源 輔氏)가 말하였다: "이미 문왕의 시(詩)에서 해석하였다."

○ 豐城朱氏曰: "二配字, 不同. 配京以下, 而對乎上之辭. 配命, 以人而合乎天之辭."
('而長言合於天理') 풍성 주씨(豐城 朱氏)가 말하였다: "두 배(配) 자는 같지 않다. '배경(配京)' 이하는 위의 말에 대한 것이고, '배명(配命)'은 사람이고서 천(天)의 말에 합한다는 것이다."

○ 汎言也. 二王字所指亦異.
('故能成王者') 일반적으로 한 말이다. 두 왕(王) 자가 가리키는 바는 역시 다르다.

○ 慶源輔氏曰: "與『書』作周孚先之孚同."
('能成王者之信於天下也') 경원 보씨(慶源 輔氏)가 말하였다: "『서(書)』에 나오는 '작주부선(作周孚先: 주 나라를 세움에 믿음을 먼저 한다.)'의 '부(孚)'와 같다."

○ 申論永字意.

('若暫合…成其信矣') '영(永)' 자의 뜻을 확장시켜 논의하였다.

[3-1-9-3]
成王之孚, 下土之式. 永言孝思, 孝思維則.

왕된 자의 믿음을 이루어, 천하의 법칙이 되었다.558) 영원히 효사(孝思)를 말씀하시니, 효사(孝思)가 법이 되었다.559)

朱註
賦也. 式則, 皆法也.
부(賦)이다. 식(式)과 칙(則)은 모두 법(法)이다.

朱註
○言武王所以能成王者之信, 而爲四方之法者, 以其長言孝思而不忘, 是以其孝可爲法耳. 若有時而忘之, 則其孝者僞耳, 何足法哉.
무왕(武王)이 왕된 자(王者)의 신뢰(信)를 이루어 사방(四方)의 법(法)이 된 이유는 영원히 효사(孝思)를 말하며 잊지 않으셨기 때문이다. 이 때문에 그 효(孝)가 법이 될 수 있었음을 말한 것이다. 만약 때때로 잊었다면, 그 효도는 거짓일 따름이니, 어찌 족히 본받을 수 있겠는가.

詳說
○ 每章之釋, 必提武王.
('言武王') 매 장의 해석은 반드시 무왕(武王)을 제시하였다.

○ 以孝爲思.
('以其長言孝思') 효를 사려(思慮)함이다.

---

558) 정현(鄭玄)은 「전(箋)」에서 다음과 같이 말하였다: "왕도(王道)가 신의를 숭상한다면, 천하는 그것을 법으로 삼아 부지런히 행할 것이다(王道尙信, 則天下以爲法, 勤行之.)."
559) 「모전(毛傳)」에서 "그 선인(先人)을 본받는 것이다(則其先人也)."라고 하였는데, 정현(鄭玄)은 「전(箋)」에서 다음과 같이 말하였다: "나의 효심이 생각하는 바를 확장함이다. 생각한 바는 오직 삼후(三后)가 행한 것을 본받음이다. 자손들은 선조를 따르는 것을 효로 여기는 것이다(長我孝心之所思. 所思者, 其維則三后之所行. 子孫以順祖考爲孝.)."

○ 二字釋思字義.
 ('不忘') 두 글자는 '사(思)'자의 뜻을 해석한 것이다.

○ 安成劉氏曰: "爲天下之法."
 ('是以其孝可爲法耳') 안성 유씨(安成 劉氏)가 말하였다: "천하의 법이 되었다."

○ 申論思字意.
 ('若有時…何足法哉') '사(思)'자의 뜻을 확장하여 논의하였다.

[3-1-9-4]
媚玆一人, 應侯順德. 永言孝思, 昭哉嗣服.
사랑할 수 있는 이 한 분, 백성들이 반응하여 그의 덕을 따른다. 영원히 효사(孝思)를 말씀하시니, 선왕의 일을 밝게 이으셨도다.560)

朱註
賦也. 媚, 愛也. 一人, 謂武王. 應, 如丕應徯志之應. 侯, 維. 服, 事也.
부(賦)이다. 미(媚)는 사랑함이다. 일인(一人)은 무왕(武王)을 말한다. 응(應)은 비응혜지(丕應徯志: 크게 응하여 뜻을 기다리다)의 응(應)과 같다. 후(侯)는 유(維)이다. 복(服)은 일이다.

詳說
○ 見書益稷.
 ('丕應徯志') 『서(書)·익직(益稷)』에 보인다.

朱註
○言天下之人, 皆愛戴武王, 以爲天子, 而所以應之, 維以順德. 是武王能長言孝思, 而明哉其嗣先王之事也.
천하(天下)의 사람들이 모두 무왕(武王)을 사랑하고 추대하여 천자(天子)로 삼고,

---
560) 공영달(孔穎達)은 「소(疏)」에서 다음과 같이 해석하였다: "『정의(正義)』에서 말하였다: '이미 무왕이 삼후(三后)의 도(道)를 본받았으므로, 여기에서 감탄하여 아름답다고 한 것이다(『正義』 曰, 旣言武王能法則三后之道, 故于此嘆而美之.')."

응하기를 오직 그의 덕(德)을 따름으로써 하였다. 이는 무왕(武王)이 능히 효사(孝思)를 영원히 하여 밝게 선왕(先王)의 일을 이었기 때문이라고 말한 것이다.

詳說

○ 先補說.
('言天下之人') 먼저 보충하여 말하였다.

○ 華谷嚴氏曰: "天下化之也."
('天下之人…維以順德') 화곡 엄씨(華谷 嚴氏)가 말하였다: "천하 사람들이 변화하였다."

○ 慶源輔氏曰: "順德, 卽孝之所感也."
('天下之人…維以順德') 경원 보씨(慶源 輔氏)가 말하였다: "순덕(順德: 그의 덕을 따름)은 곧 효에 감동한 것이다."

○ 慶源輔氏曰: "下武六章、下章, 都疊上章 句說. 獨四章至三句, 然後疊上章永言孝思一句說起.
('是武王…先王之事也') 경원 보씨(慶源 輔氏)가 말하였다: "하무(下武)의 여섯 장과 다음 장은 모두 윗 장의 한 구(句)를 겹쳐서 말하였다. 오직 4장 세 번째 구(句)에 이른 연후에 윗 장의 '영언효사(永言孝思)'한 구를 겹쳐서 말하였다."

○ 又曰: "中三章, 言武王善繼善述之孝."
('是武王…先王之事也') (경원 보씨[慶源 輔氏]가) 또 말하였다: "그 가운데 세 장은 무왕이 잘 계승하고 조술한 효를 말하였다."

[3-1-9-5]

昭茲來許, 繩其祖武. 於萬斯年, 受天之祜.

현명한 후생이 그의 조상의 자취를 이어가면561), 아, 만년토록 그의 해로다, 하늘의 축복을 받는구나.562)

---

561) 정현(鄭玄)은 「전(箋)」에서 다음과 같이 말하였다: "무왕(武王)은 능히 이것을 밝히고 열심히 행하여 선한 길(善道)로 나아갈 수 있었고, 그 조상들이 밟은 자취를 조심하고 주의깊게 살펴보고, 그 마침을 아름답게 이루었다.(武王能明此勤行, 進于善道, 戒慎其祖考所履踐之跡, 美其終成之.)"

> 朱註

賦也. 昭茲, 承上句而言. 茲哉, 聲相近, 古蓋通用也. 來, 後世也. 許, 猶所也. 繩, 繼. 武, 迹也.

부(賦)이다. 소자(昭茲)는 윗 구(句)를 이어 말하였다. 자(茲)와 재(哉)는 음(音)이 서로 비슷하여, 옛날에 아마도 통용한 듯하다.563) 내(來)는 후세(後世)이다. 허(許)는 소(所)와 같다. 승(繩)은 계승함이요, 무(武)는 자취이다.

> 詳說

○ 不取用全句, 故特明之. 且以見哉之作茲耳.

('昭茲, 承上句而言') 전체 구(句)를 취하여 사용하지 않았으므로 특별히 밝혔다. 그리고 '재(哉)'를 보고 '자(茲)'라고 하였을 따름이다.

○ 朱子曰: "昭茲, 『漢書』作昭哉."

('茲哉…通用也') 주자가 말하였다: "소자(昭茲)는 『한서(漢書)』에 '소재(昭哉)'라고 되어 있다."

> 朱註

○言武王之道昭明如此. 來世能繼其跡, 則久荷天祿, 而不替矣.

무왕(武王)의 도(道)가 밝음이 이와 같다. 내세(來世)에 능히 그 자취를 계승한다면, 오랫동안 천록(天祿)을 누리고 폐해지지 않을 것이다.

> 詳說

○ 豊城朱氏曰: "信與孝而已."

('言武王之道') 풍성 주씨(豊城 朱氏)가 말하였다: "신의(信)와 효(孝)일 따름이다."

---

562) 『정의(正義)』에서 다음과 같이 말하였다: "이미 무왕이 조상의 일을 이어 나갈 수 있음을 말한 후에, 다시 그가 백성들이 즐거워하고 우러러보는 대상이 되었음을 찬미하였다.(正義曰, 既言武王能嗣行祖事, 又美其爲民所樂仰.)"
563) 자(茲)를 재(哉)의 통가로 보는 주자의 견해는 잘못된 것이다. 자(茲)는 오히려 재(哉)를 잘못 쓴 것이다. 윗 장에 나온 '媚茲一人(사랑할 수 있는 이 한 분)'을 고려하여 잘못 적었다. '昭哉來許'의 '昭哉'는 위에서 나온 구절 '昭哉嗣服(선왕의 일을 밝게 이으셨도다)'의 '昭哉'의 중첩으로 보는 것이 더 적절하다. 왕응린(王應麟)은 『詩考』에서 한 대의 석각을 인용하여 명확히 '昭哉來許'라고 올바로 쓰고 있다.

○ 指上嗣服.

('昭明如此') 위의 '사복(嗣服)'을 가리킨 것이다.

○ 去聲.

('久荷天祿'의 '荷') 거성이다.

○ 受.

('久荷天祿'의 '荷') 받음(受)이다.

[3-1-9-6]

受天之祜, 四方來賀. 於萬斯年, 不遐有佐.

하늘이 내린 복을 받으니, 사방의 제후들이 하례를 한다.
아, 만년토록 그의 해들이니, 어이 돕지 않겠는가.564)

朱註

賦也. 賀, 朝賀也. 周末秦强, 天子致胙, 諸侯皆賀. 遐, 何通. 佐, 助也. 蓋曰: 豈不有助乎云爾.

부(賦)이다. 하(賀)는 조하(朝賀)이다. 주(周)나라 말기에 진(秦)나라가 강성하였지만, 천자(天子)가 제사고기를 보내주면 제후(諸侯)들이 모두 가서 조하(朝賀)하였다. 하(遐)는 하(何)와 통한다. 좌(佐)는 도움이다. 대개 어찌 도움이 있지 않겠느냐고 말한 것이다.

詳說

○ 音潮.

('朝賀'의 '朝') 발음은 조(潮)이다.

---

564) 정현(鄭玄)은 「전(箋)」에서 다음과 같이 말하였다: "무왕(武王)은 이 만년의 오랜 삶을 받았으니, 머지않아 보좌를 받음이 있을 것이다. 그 보좌하는 신하들 또한 마땅히 추가적인 복을 받을 것임을 말한 것이다.(武王受此萬年之壽, 不遠有佐. 言其輔佐之臣, 亦宜蒙其餘福也.)" 공영달(孔穎達)은 「소(疏)」에서 "모씨(毛氏)가 생각하기에는, 백성들이 왕이 복을 받기를 원하는 것은 곧 실제로 그가(왕이) 복을 받은 일을 말하는 것이며, 무왕이 이미 하늘의 복을 받았으므로 사방의 제후국들이 모두 조공을 바치고 축하한 것이다.(毛以爲, 民欲王受福, 即實言其受福之事. 武王既受得天之祜福, 故四方諸侯之國皆貢獻慶之.)"라고 해석하였다.

○ 歸膰以異之.
  ('周末秦强, 天子致胙') 제사고기를 보냄으로써 차이가 있다.

○ 見『史記・秦紀』.
  ('諸侯皆賀')『사기(史記)・진기(秦紀)』에 보인다.

○ 安成劉氏曰: "此借引之, 故朱子初解此下有曰其事則猶此也, 但秦以力, 周以德耳."
  ('諸侯皆賀') 안성 유씨(安成 劉氏)가 말하였다: "여기에서는 (『사기(史記)・진기(秦紀)』에서) 인용하였으므로, 주자가 처음 해석할 때 이 아래에 '그 일이라면 이와 같다. 그러나 진(秦)은 무력으로 하고, 주(周)는 덕(德)으로 할 따름이다'라고 하는 것이 있었다."

○ 與二子乘舟, 勢同而義異, 故特明之.
  ('遐, 何通…蓋曰豈不有助乎云爾') (『패풍[邶風]』의) 이자승주[二子乘舟]: 두 아들이 배타고 가네)와 세(勢)는 같지만 뜻은 다르므로 특별히 밝혔다.

○ 定宇陳氏曰: "不徒賀之而又佐之, 見人心藩屛王室之至也."
  ('遐, 何通…蓋曰豈不有助乎云爾') 정우 진씨(定宇 陳氏)가 말하였다: "단지 조하(朝賀)하는 것뿐만 아니라 보좌하니, 사람들의 마음이 왕실을 둘러싼 지극함을 본다."

○ 慶源輔氏曰: "末兩章, 言武王之成效大驗."
  ('遐, 何通…蓋曰豈不有助乎云爾') 경원 보씨(慶源 輔氏)가 말하였다: "마지막 두 장은 무왕이 큰 징험을 이루고 발휘한 것을 말하였다."

朱註

下武六章章四句.
여기까지가 하무(下武) 6장이고, 각 장은 4구(句)이다.

詳說
○ 黃氏曰: "中庸言達孝, 而此詩言其孝思."

황씨(黃氏)가 말하였다: "중용(中庸)은 효(孝)에 통달하는 것을 말하였고, 이 시는 그 효를 사려함을 말하였다."

○ 孝字, 此篇之綱領.
효(孝) 자가 이 편의 강령(綱領)이다.

朱註
或疑, 此詩有成王字, 當爲康王以後之詩. 然考尋文意, 恐當只如舊說, 且其文體亦與上下篇, 血脈通貫, 非有誤也.
혹자(或者)는 의심하기를 "이 시(詩)에 성왕(成王)이란 글자가 있으니, 마땅히 강왕(康王) 이후의 시(詩)가 되어야 한다."고 한다. 그러나 글 뜻을 고찰해 보니, 오직 구설(舊說)과 같이 해야 할 듯하고, 게다가 문체(文體)가 상하편(上下篇)과 혈맥(血脈)이 관통하니, 잘못이 있는 것이 아니다.

詳說
○ 以成王爲成干誦.
('或疑…康王以後之詩') '성왕(成王: '成王之孚'의 '成王'. 왕이 된 자의 신뢰를 완성하였다는 의미)'을 성왕(成王)으로 여겨 불렀다.

○ 「小序」曰: "武王受天命, 能昭先人之功."
('然考尋…如舊說')「소서(小序)」에서 말하였다: "무왕(武王)은 천명을 받아 선인들의 공적을 밝힐 수 있었다."

○ 舊說非誤.
('且其文體…非有誤也') 구설(舊說)이 오류가 아니다.

[3-1-10-1]

文王有聲, 遹駿有聲. 遹求厥寧, 遹觀厥成, 文王烝哉.

문왕께서 지닌 명성은 참으로 큰 명성이었네. 천하의 안녕을 추구하여 그 성공을 보았으니[565], 문왕은 훌륭한 군주이셨네.

---

565) 정현(鄭玄)은 「전(箋)」에서 다음과 같이 말하였다: "문왕이 명성을 가지고 있다는 것은 바로 그 명성의

朱註
賦也. 遹義未詳, 疑與聿同, 發語詞. 駿, 大也. 烝, 君也.
부(賦)이다. 휼(遹)은 뜻이 자세하지 않다. 의심컨대 율(聿)과 같은 듯하니, 발어사(發語詞)이다. 준(駿)은 큼이고, 증(烝)은 군주(君主)이다.

詳說
○ 諺音誤, 與抑自相矛盾.
('遹義未詳'의 '遹') 언해(諺解)의 발음은 잘못이고, 아니면 스스로 모순이다.

朱註
此詩言文王遷豐, 武王遷鎬之事, 而首章推本之曰: "文王之有聲也. 甚大乎其有聲也. 蓋以求天下之安寧, 而觀其成功耳. 文王之德如是, 信乎其克君也哉."
이 시(詩)는 문왕(文王)이 풍(豐)으로 천도(遷都)하고, 무왕(武王)이 호경(鎬京)으로 천도(遷都)한 일을 말하였으니, 첫 장(首章)에서는 근본을 미루어 말하기를, "문왕(文王)께서 명성을 가졌다. 심히 크게 그 명성을 가지셨도다. 천하(天下)의 안녕(安寧)함을 구하여 그 성공을 보려고 할 따름이다. 문왕(文王)의 덕(德)이 이와 같으니, 진실로 능히 그 군주(君主)다우시다."라고 한 것이다.

詳說
○ 孔氏曰: "上四章."
('文王遷豐') 공씨(공영달[孔穎達])가 말하였다: "위의 네 장이다."

○ 孔氏曰: "下四章."
('武王遷鎬') 공씨(孔氏: 공영달[孔穎達])가 말하였다: "아래의 네 장이다."

○ 推本, 其未作豐邑時而言之.
('首章推本之') 근본을 헤아림(推本)은 아직 풍읍(豐邑)을 만들지 않았을 때, 그

도(道)가 이룬 바를 자세히 기술한 것이다. 자세히 말한 대상은 태왕(太王), 왕계(王季)를 말한다. 또한 그 백성을 편안히 하는 도(道)를 자세히 말하였고, 그 백성을 이루는 덕(德)이 많음을 자세히 말하였으니, 이것은 주 나라 덕(德)이 대대로 늘어나고 성대하게 됨을 말한 것이다.(文王有令聞之聲者, 乃述行有令聞之聲之道所致也. 所述者, 謂大王、王季也. 又述行終其安民之道, 又述行多其成民之德, 言周德之世益盛.)

것을 말한 것이다.

○ 鄭氏曰:"令聞也."
('文王之有聲也') 정씨(鄭氏)가 말하였다: "듣게 한 것이다."

○ 慶源輔氏曰:"有聲本由於征伐."
('甚大乎其有聲也') 경원 보씨(慶源 輔氏)가 말하였다: "명성을 가짐(有聲)은 본래 정벌로부터 연유한 것이다."

○ 添德字.
('文王之德如是') '덕(德)'자를 첨가하였다.

○ 猶『論語』言'君哉.'
('信乎其克君也哉')『논어(論語)』에서 '군재(君哉: 군주답도다)'라고 말하는 것과 같다.

[3-1-10-2]

文王受命, 有此武功. 旣伐於崇, 作邑于豐, 文王烝哉.

문왕이 천명을 받아 이런 무공을 세웠다.566) 숭 나라를 정벌하고 풍에 도읍을 세우니, 문왕은 훌륭한 군주셨네.

朱註

賦也. 伐崇事, 見皇矣篇. 作邑, 徙都也. 豐, 卽崇國之地, 在今鄠縣杜陵西南.

부(賦)이다. 숭(崇)을 정벌한 일은 황의편(皇矣) 편에 보인다. 작읍(作邑)은 도읍을

---

566) '무공(武功)'과 관련하여 정현(鄭玄)은 「전(箋)」에서 다음과 같이 말하였다: "무공(武功)은 네 나라와 숭(崇)을 정벌한 공을 말한다.(武功, 謂伐四國及崇之功也.)" 여기서 공영달(孔穎達)은 「소(疏)」에서 다음과 같이 해석하였다: "『정의(正義)』에서 말하였다: '경(經)에서 따로 '기벌우숭(旣伐于崇: 이미 숭 나라를 정벌하였다)'이라고 하였면. "무공(武功)"이라는 말은 단지 숭 나라를 정벌한 것만은 아니다. 하늘의 명을 받은 후에, 정벌한 우(邘), 기(耆), 밀수(密須), 곤이(混夷)의 부류가 모두 이것이다. 그러므로 "무공(武功)은 네 나라와 숭(崇)을 정벌한 공을 말한다."라고 한 것이다. 무공(武功) 가운데 이미 숭 나라를 정벌한 것을 겸하고 있지만 따로 '기벌우숭(旣伐于崇)'이라고 말한 것은 그 공적이 가장 크고, 그 정벌이 최후였으므로 특별히 말한 것이다.(正義曰: 經言'旣伐于崇', 則"武功"之言, 非獨伐崇而已. 受命之后, 所伐邘, 耆, 密須, 混夷之屬皆是也, 故云'武功, 謂伐四國及崇之功也. 武功之中旣兼伐崇, 而別言'旣伐于崇'者, 以其功最大, 其伐最后, 故特言之.)"

옮긴 것이다. 풍(豊)은 바로 숭(崇)나라의 땅이니, 지금의 호현(鄠縣) 두릉(杜陵)의 서남(西南)쪽에 있었다.

詳說

○ 音現.
('見皇矣篇'의 '見') 발음은 현(現)이다.

○ 音戶.
('在今鄠縣'의 '鄠') 발음은 호(戶)이다.

○ 孔氏曰: "所伐邘、耆、密須、昆夷皆是, 而伐崇功最大, 其伐最後, 故特言之, 爲作邑張本.
('伐崇事⋯杜陵西南') 공씨(孔氏: 공영달[孔穎達])가 말하였다: "정벌한 대상은 형(邘), 기(耆), 밀수(密須), 곤이(昆夷) 모두가 이것이지만, 숭 나라를 정벌한 업적이 가장 크고, 그 정벌이 가장 나중이므로 특별히 말하여 도읍을 만들어 근본을 펼쳤다.

○ 上章文王烝哉, 呼也. 此章, 則應也, 下王后、皇王、武王同.
('伐崇事⋯杜陵西南') 윗 장의 '문왕증재(文王烝哉: 문왕은 훌륭한 군주셨네)'는 부르는 것이다. 이 장이라면, 응대한 것이다. 아래의 왕후(王后), 황왕(皇王), 무왕(武王)도 같다."

[3-1-10-3]

築城伊淢, 作豊伊匹, 匪棘其欲. 遹追來孝, 王后烝哉.

(그가) 쌓은 성은 해자(垓子)로 둘러싸였고, 만든 도시 풍(豊)은 그것에 맞추었으니, 서둘러 욕심 부린 것이 아니다. 선조의 뜻을 받들어 효도하니, 문왕은 훌륭한 군주셨네.[567]

---

567) 정현(鄭玄)은 「전(箋)」에서 다음과 같이 말하였다: "문왕(文王)은 하늘의 명을 받고 오히려 스스로 만족하지 않았으며, 풍읍(豐邑)의 성을 쌓는데, 크고 작은 것이 적합하게 (도랑을) 완성하는 것과 짝을 이루니, 큰 것은 제후에게, 작은 것은 천자의 제도에 속했다. 이것은 급히 자신의 욕망을 이루고자 함이 아니라, 도읍을 확장하고자 한 것이니, 바로 왕계(王季)가 효에 근면하였던 행위를 추구하여, 그 업(業)에 나아간 것이다.(文王受命而猶不自足, 築豐邑之城, 大小適與成偶, 大于諸侯, 小于天子之制. 此非以急成從己之欲, 欲廣都邑, 乃述追王季勤孝之行, 進其業也.)"

詳說

○ 『禮記・禮器』

『예기(禮記)』의 예기(禮器) 편이다.

朱註

賦也. 洫, 城溝也. 方十里爲成, 城間有溝, 深廣各八尺. 匹, 稱. 棘, 急也. 王后, 亦指文王也.

부(賦)이다. 역(洫)은 성(城)의 도랑이다. 방(方) 10리를 성(成)이라 하며, 성(成)의 사이에는 도랑이 있으니, 깊이와 넓이가 각각 8척이다. 필(匹)은 걸맞음이고, 극(棘)은 급함이다. 왕후(王后)는 또한 문왕(文王)을 가리킨다.

詳說

○ 諺音誤.

('洫') 언해(諺解)의 발음은 잘못이다.

○ 並去聲.

('深廣各八尺'의 '深廣') 다 거성이다.

○ 去聲, 下同.

('匹, 稱'의 '稱') 거성이고, 아래도 같다.

○ 毛氏曰: "后君也."

('王后, 亦指文王也') 모씨(毛氏)가 말하였다: "후군(后君)이다."

○ 後言二王后句以咏歎文王.

('王后, 亦指文王也') 나중에 두 왕후(王后) 구(句)로 문왕을 읊었다.

朱註

○言文王營豐邑之城, 因舊溝爲限而築之. 其作邑居, 亦稱其城而不侈大. 皆非急成己之所欲也, 特追先人之志, 而來致其孝耳.

문왕(文王)이 풍읍(豐邑)의 성(城)을 경영할 때, 옛 도랑을 따라 한계를 삼아 축조하였다.568) 읍거(邑居)를 만들 때 또한 그 성(城)에 걸맞게 하고 너무 크게 하지 않았으니, 모두 자신의 하고자 하는 바를 급히 이루고자 한 것이 아니고, 다만 선인(先人)의 뜻을 따라서 그 효(孝)를 다 하였을 뿐임을 말한 것이다.

詳說

○ 本文, 蒙上城字.
('亦稱其城'의 '城') 본문은 위의 성(城) 자를 이었다.

○ 孔氏曰: "此述作豐之制."
('其作邑居…不侈大') 공씨(孔氏: 공영달[孔穎達])가 말하였다: "이것은 풍(豐)을 만드는 체제를 서술한 것이다."

○ 來致猶追盡也, 或曰猶獻也.
('來致其孝耳'의 '來致') '래치(來致)'는 완전히 추구하는(追盡) 것과 같다. 혹자는 바치는(獻) 것과 같다고 하였다.

○ 華谷嚴氏曰: "此明作豐之心."
('其作邑居…來致其孝耳') 화곡 엄씨(華谷 嚴氏)가 말하였다: "이것은 풍(豐)을 만든 마음을 밝힌 것이다."

○ 此章正說作豐事.
이 장은 풍(豐)을 만든 일을 정확하게 말하였다.

○ 豐城朱氏曰: "遹追來孝, 文王之孝也; 永言孝思, 武王之孝也."
풍성 주씨(豐城 朱氏)가 말하였다: "'휼추래효(遹追來孝: 선조의 뜻을 받들어 효도하다)'는 문왕의 효이고, '영언효사(永言孝思: 영원히 효를 생각하며 말하다)'는 무왕의 효이다."

---

568) 주희는 이미 있는 도랑을 따라 성을 축조하여 풍읍을 건설한 것으로 보았다. 여기서 원문의 '축성이역(築城伊淢)'의 '이(伊)'를 인(因)으로 풀이한 것이다. 그러나 다음 글에 나오는 '왕공이탁(王公伊濯: 왕의 업적은 빛나도다)'과 여기 원문의 '축성이역(築城伊淢)'은 그 문장의 방식이 같고, '왕공이탁(王公伊濯)'의 '이(伊)'는 『이아(爾雅)』에서 유(維)로 풀었다. 따라서 축조한 성이 도랑을 가지고 있는 것은 풍읍을 건설하고서 그것에 맞추어 도랑을 만든 것으로 보는 것이 더 적절하다.

[3-1-10-4]

<u>王公伊濯. 維豊之垣, 四方攸同, 王后維翰, 王后烝哉.</u>

왕의 업적은 빛나도다. 풍의 담에 사방의 사람들이 모여든다. 왕께서는 그들의 단단한 기둥이시니569), 문왕은 훌륭한 군주셨네.

朱註

賦也. 公, 功也. 濯, 著明也.
부(賦)이다. 공(公)은 공(功)이요, 탁(濯)은 저명(著明)함이다.

詳說

○ 毛氏曰: "翰, 幹也."
모씨(毛氏)가 말하였다: "한(翰)은 기둥(幹)이다."

○ 幹、榦同.
간(幹)과 한(翰)은 같다.

朱註

○王之功所以著明者, 以其能築此豊之垣故爾. 四方於是來歸, 而以文王爲楨幹也.
왕(王)의 공(功)이 저명(著明)한 이유는 이 풍읍(豊邑)에 담을 쌓을 수 있었기 때문이다. 사방(四方)이 이에 돌아와서 문왕(文王)을 정간(楨幹)으로 삼은 것이다.

詳說

○ 同歸.
('來歸') 함께 돌아감이다.

○ 諺解不釋攸字, 恐闕文也.

---

569) 정현(鄭玄)은 「전(箋)」에서 다음과 같이 말하였다: "문왕(文王)은 태왕과 왕계의 왕업을 추구하여 행하니, 그 일이 더욱 성대하였다. 풍(豊) 땅에 읍을 만들고, 성(城)이 이미 완성된 후, 다시 담을 만들고 숭실을 세우니, 천하 사람들이 마음을 같이하여 돌아가는 바가 되었다.(文王述行大王、王季之王業, 其事益大. 作邑于豊, 城之既成, 又垣之, 立宮室, 乃爲天下所同心而歸之.)"

언해(諺解)는 '유(攸)'자를 해석하지 않았는데, 아마 궐문(闕文)인 것 같다.

○ 因築垣而言榦.
('而以文王爲楨榦也') 담을 축조하였기 때문에 간(榦: 기둥)이라고 말한 것이다.

[3-1-10-5]
豊水東注, 維禹之績. 四方攸同, 皇王維辟, 皇王烝哉.

풍의 강이 동쪽으로 흐르니, 우의 공적이다. 사방의 사람들이 몰려들고, 훌륭한 왕을 군주로 모시니570), 무왕은 훌륭한 군주셨네.

朱註
賦也. 豊水東北流, 徑豊邑之東, 入渭而注于河. 績, 功也. 皇王, 有天下之號, 指武王也. 辟, 君也.

부(賦)이다. 풍수(豊水)는 동북(東北)으로 흘러 풍읍(豊邑)의 동쪽을 지나 위수(渭水)로 들어가서 황하(黃河)로 흘러간다. 적(績)은 공(功)이다.571) 황왕(皇王)은 천하(天下)를 소유한 칭호이니, 무왕(武王)을 가리킨다.572) 벽(辟)은 군주(君主)이다.

詳說
○ 毛氏曰: "皇, 大也."
모씨(毛氏)가 말하였다: "황(皇)은 위대함(大)이다."

○ 先言二皇王句以咏歎武王.

---

570) 정현(鄭玄)은 「전(箋)」에서 다음과 같이 말하였다: "옛날 요 임금 때, 홍수가 났는데, 풍수(豊水) 또한 범람하여 해가 되었다. 우(禹)가 그것을 다스려 위수(渭水)로 들어가게 하여 황하를 향하여 동쪽으로 흐르니, 우(禹)의 공적이다. 문왕, 무왕이 지금 그 변두리에 도읍을 만드니, 천하 사람들이 마음을 같이하여 돌아오게 되었다. 대왕께서 그 군주가 된 것은 우(禹)의 공을 말미암았으므로 찬미한 것이다.(昔堯時洪水, 而豊水亦汎濫爲害. 禹治之, 使入渭, 東注于河, 禹之功也. 文王, 武王今得作邑于其旁地, 爲天下所同心而歸. 大王爲之君, 乃由禹之功, 故引美之.)"

571) 毛傳에서 '적(績)'은 업(業)이라고 보았다. 정현(鄭玄)은 「전(箋)」에서 '적(績)'을 공(功)으로 풀이하였다. 『이아(爾雅)』는 '적(績)'을 업(業), 공(功), 그리고 사(事)로 풀었으므로, 여기 '維禹之績'의 '적(績)'은 우의 사업(事業)이다. 또 하나의 가능성은 '적(績)'을 직(織)으로 풀어서, 손으로 하는, 일종의 연속의 의미를 가진 것으로 볼 수 있다. 『이아(爾雅)』에서 '적(績)'을 또한 계(繼: 계승)로 풀었다. 곧 이전 사람의 일을 승계하는 것으로 우의 공로를 승계하는 의미이다.

572) 추가적으로 정현(鄭玄)은 「전(箋)」에서 무왕을 대왕(大王)으로 부른 것과 관련하여 다음과 같이 말하였다: "왕후(王后)를 대왕(大王)이라고 달리 말한 것은 무왕(武王)의 일이 더욱 크고 성대하였기 때문이다.(變王后言大王者, 武王之事又益大.)"

('辟, 君也') 먼저 두 황왕(皇王) 구(句)를 말하여 무왕(武王)을 영탄하였다.

朱註

○言豐水東注, 由禹之功. 故四方得以來同於此, 而以武王爲君. 此武王未作鎬京時也.
풍수(豊水)가 동쪽으로 흘러들어가는 것은 우(禹)임금의 공에서 연유된다. 그러므로 사방(四方)에서 여기에 와 함께 모여 무왕(武王)을 군주(君主)로 삼음을 말한 것이다. 이것은 무왕(武王)이 아직 호경(鎬京)을 만들지 않았을 때이다.

詳說

○ 維.
('由禹之功'에서 '由') (본문의) '유(維)'이다.

○ 華谷嚴氏曰: "以武王之功配禹皆除害濟民也."
('言豐水…以武王爲君') 화곡 엄씨(華谷 嚴氏)가 말하였다: "무왕의 입석으로 우(禹)에 짝함은 모두 해로움을 세거하고 백성을 구제함이다."

○ 論也.
('此武王未作鎬京時也') 논의(論)이다.

○ 亦如首章之未作豐邑時也.
('此武王未作鎬京時也') 또한 첫 장에서 아직 풍읍(豊邑)을 만들지 않았을 때와 같다.

[3-1-10-6]

鎬京辟廱, 自西自東, 自南自北, 無思不服, 皇王烝哉.

호경의 학궁(學宮)은 서에서 동에서, 남에서 북에서 복종하지 않는 사람들이 없으니, 무왕은 훌륭한 군주셨네.

朱註

賦也. 鎬京, 武王所營也. 在豐水東, 去豐邑二十五里. 張子曰: 周家自后稷居邰, 公劉居豳, 大王邑岐, 而文王則遷于豐, 至武王又居於鎬, 當是時, 民之歸者日眾. 其地有不能容, 不得不遷也. 辟廱, 說見前篇. 張子曰: 靈臺辟廱, 文王之學也. 鎬京辟廱, 武王之學也. 至此始爲天子之學矣. 無思不服, 心服也. 孟子曰: 天下不心服而王者, 未之有也.

부(賦)이다. 호경(鎬京)은 무왕(武王)이 경영한 것이다. 풍수(豊水)의 동쪽에 있었으니, 풍읍(豊邑)과 25리 떨어져 있었다. 장자(張子)가 말하였다: "주(周)나라 왕가(王家)는 후직(后稷)이 태(邰)땅에 거주한 이후로 공류(公劉)가 빈(豳)에 거주하였고, 태왕(太王)이 기산(岐山)에 도읍하였으며, 문왕(文王)은 풍읍(豊邑)으로 천도하였고, 무왕(武王)에 이르러는 또다시 호고(鎬高)에 거주하였으니, 이 때를 당하여 백성들 중에 귀의하는 자들이 날로 많아졌다. 그 땅이 백성들을 수용할 수가 없어 옮기지 않을 수 없었다." 벽옹(辟廱)은 해설이 전편(前篇)에 보인다. 장자(張子)가 말하였다: "영대(靈臺)의 벽옹(辟廱)은 문왕(文王)의 학궁(學宮)이고, 호경(鎬京)의 벽옹(辟廱)은 무왕(武王)의 학궁(學宮)이다. 이 때에 이르러 비로소 천자(天子)의 학궁(學宮)이 된 것이다." 무사불복(無思不服)은 마음으로 복종한 것이다. 맹자(孟子)가 말하기를 "천하(天下)가 마음으로 복종하지 않으면서 왕(王)노릇하는 자는 있지 않다."고 하였다.

詳說

○ 音現.
  ('說見前篇'의 '見') 발음은 현(現)이다.

○ 在豐.
  ('靈臺…文王之學也') 풍(豐)에 있다.

○ 武王.
  ('至此'의 '此') 무왕(武王)이다.

○ 無心不服.
  ('無思不服, 心服也') 마음으로 복종하지 않음이 없는 것이다.

○ 公孫丑.

('孟子') 공손추(公孫丑) 편이다.

朱註

○此言武王徙居鎬京, 講學行禮, 而天下自服也.
이는 무왕(武王)이 호경(鎬京)으로 천도하여 강학(講學)하고 예(禮)를 행하니, 천하(天下)사람들이 스스로 복종함을 말한 것이다.

詳說

○ 劉氏曰: "遷鎬而先建學, 首善之地, 敎化之源也."
유씨(劉氏)가 말하였다: "호경에 천도하고 먼저 배움을 확립하니, 최고선의 경지이고, 교화의 근원이다."

○ 華谷嚴氏曰: "先言西, 鎬在西近者, 先被化也."
('而天下自服也') 화곡 엄씨(華谷 嚴氏)가 말하였다: "먼저 서쪽을 말한 것은 호경의 서쪽에 가까운 자들이 먼저 교화됨이다."

[3-1-10-7]

考卜維王, 宅是鎬京. 維龜正之, 武王成之, 武王烝哉.

점을 살펴본 자는 (우리) 왕이니, (그는) 호경(鎬京)에 거주하였다. 거북이 결정하였고, 무왕이 완성하였으니573), 무왕은 훌륭한 군주셨네.

朱註

賦也. 考, 稽. 宅, 居. 正, 決也. 成之, 作邑居也. 張子曰: 此擧諡者, 追述其事之言也.
부(賦)이다. 고(考)는 상고함이고, 택(宅)은 거함이며, 정(正)은 결정함이다. 성지(成之)는 읍거(邑居)를 만든 것이다. 장자(張子)가 말씀하였다: "여기에 시호(諡號)를 든 것은 (무왕(武王)이 돌아가신 뒤에) 그 일을 추술(追述)한 말이다."

---

573) 정현(鄭玄)은 「전(箋)」에서 다음과 같이 말하였다: "생각하고 의심하는 방법은 반드시 거북을 불에 태워 터진 금으로 점을 친다. 무왕(武王)이 어느 곳에 거주할지 거북점을 쳤는데, 호경(鎬京)의 땅이었고, 거북이 결정하였다면 길조를 얻었음을 말하는 것이니, 무왕이 마침내 그곳에 거주하였다.(稽疑之法, 必契灼龜而卜之. 武王卜居是鎬京之地, 龜則正之, 謂得吉兆, 武王遂居之.)"

詳說

○ 平聲.
('考, 稽'의 '稽') 평성이다.

○ 董氏曰: "卜筮必先斷於心, 故曰考卜維王. 洪範稽疑, 以汝則從爲主."
('考, 稽') 동씨(董氏)가 말하였다: "거북점과 시초점은 반드시 먼저 마음에서 결단하므로, '점을 살펴본 자는 왕이다(考卜維王)'라고 한 것이다. 홍범(洪範)의 (일곱 번째) 계의(稽疑)에서는 '당신이 곧 따르는(汝則從)' 것을 위주로 한다."

○ 慶源輔氏曰: "亦非私意, 與三章文王匪棘其欲之意同."
('宅, 居…邑居也') 경원 보씨(慶源 輔氏)가 말하였다: "또한 사사로운 뜻이 아니니, 3장에서 문왕이 욕심대로 급하게 이루지 않는 뜻과 같다."

○ 安成劉氏曰: "五六章, 先稱皇王, 至此乃舉諡, 故引橫渠說, 以證鄭譜之誤."
('張子曰…其事之言也') 안성 유씨(安成 劉氏)가 말하였다: "5, 6장은 먼저 '황왕(皇王)'이라고 칭하였고, 여기서는 이내 시호를 들었으므로, 횡거(橫渠)의 설을 인용하여 정보(鄭譜: 鄭玄의 詩譜)의 오류를 입증하였다."

○ 此章, 正說作鎬事.
이 장은 호경(鎬京)을 만든 일을 정확히 말하였다.

[3-1-10-8]

豐水有芑, 武王豈不仕. 詒厥孫謀, 以燕翼子, 武王烝哉.

풍수(豐水)에 기(芑) 풀이 있으니, 무왕이 어찌 이곳에서 일하지 않겠는가. 후손에게 계획을 주어 그의 아들을 편안하게 하니[574], 무왕은 훌륭한 군주셨네.

---

574) 정현(鄭玄)은 「전(箋)」에서 다음과 같이 말하였다: "풍수(豐水)는 오히려 그 윤택함으로 초목을 생장시켰는데, 무왕이 어찌 그 공적과 업(業)을 가지고 일삼지 않겠는가? 그것을 일삼았으므로, 천하를 따르는 계획을 전하여, 일을 공경히 하는 자손을 편안하게 하였으니, 행하도록 하였음을 말한 것이다.(豐水猶以其潤澤生草, 武王豈不以其功業爲事乎? 以之爲事, 故傳其所以順天下之謀, 以安其敬事之子孫, 謂使行之也.)" 이것에 대하여, 공영달(孔穎達)은 「소(疏)」에서 다음과 같이 말하였다: "무왕(武王)은 천하를 따르는 것을 잘 할 수 있었고, 그의 공은 후세에까지 미쳐서, 후대의 사람들이 그 일을 공경한 것은 행하여서 편안하게

朱註

興也. 芑, 草名. 仕, 事. 詒, 遺. 燕, 安. 翼, 敬也. 子, 成王也.
흥(興)이다. 기(芑)는 풀이름이다. 사(仕)는 일함이고, 이(詒)는 줌이고, 연(燕)은 편안함이고, 익(翼)은 공경함이다. 자(子)는 성왕(成王)이다.

詳說

○ 貽同.
('詒') '이(貽: 주다)'와 같다.

○ 去聲, 下同.
('遺') 거성이고, 아래도 같다.

○ 孫, 汎指後孫.
(본문 '詒厥孫謀'의 '孫') '손(孫)'은 넓은 의미에서 후손을 가리킨다.

朱註

○鎬京猶在豊水下流, 故取以起興. 言豊水猶有芑, 武王豈無所事乎. 詒厥孫謀, 以燕翼子, 則武王之事也. 謀及厥孫, 則子可以無事矣. 或曰: 賦也. 言豊水之傍, 生物繁茂, 武王豈不欲有事於此哉. 但以欲遺孫謀, 以安翼子, 故不得而不遷耳.
호경(鎬京)이 오히려 풍수(豊水)의 하류에 있었다. 그러므로 취하여 시정(詩情)을 일으켜 "풍수(豊水)에도 오히려 기(芑) 풀이 있으니, 무왕(武王)이 어찌 일하시는 바가 없겠는가, 후손에게 계책을 물려주어 공경하는 아들을 편안하게 하셨다." 하였으니, 무왕(武王)의 일이다. 계책이 그 손자에게 미친다면 아들은 일이 없을 것이다. 혹자(或者)는 말하기를 "부(賦)이니, 풍수(豊水)의 곁에 생물이 번성하니, 무왕(武王)이 어찌 이곳에서 일하고자 하지 않겠는가? 다만 후손들에게 계책을 남겨주어 공경하는 아들을 편안하게 하고자 하였기 때문에 옮기지 않을 수 없었다."고 한다.

할 수 있는 것이었다. 이것이 무왕(武王)의 도(道)이고 대대로 영속하게 하였다면, 무왕은 진실로 인군(人君)의 도(道)를 할 수 있었던 것이다.(武王能傳順天下, 功被來世, 后人敬其事者, 則得行之乃安. 是武王之道, 令得長世, 武王誠得爲人君之道哉.)

詳說

○ 不遠遷也.
('鎬京猶在豐水下流') 멀리 옮기지 않은 것이다.

○ 孔氏曰: "水猶以潤澤生芑菜, 況武王豈不以澤及後人爲事乎."
('故取以…武王豈無所事乎') 공씨(孔氏: 공영달[孔穎達])가 말하였다: "풍수는 오히려 윤택한 못으로 기(芑) 풀을 생산하니, 항차 무왕이 어찌 못과 후손으로 일하지 않겠는가?"

○ 鄭氏曰: "以安其敬事之子."
('詒厥孫謀, 以燕翼子') 정씨(鄭氏: 정현[鄭玄])가 말하였다: "일에 공경하는 아들을 편안히 하는 것이다."

○ 本文二句申一仕字.
('則武王之事也') 본문의 두 구(句)는 '사(仕)'자를 확장하였다.

○ 安.
('子可以無事矣'의 '事') 편안히 함(安)이다.

○ 所以先言孫, 而後言子也.
('謀及厥孫…無事矣') 먼저 후손에게 말하고 이후에 아들에게 말한 까닭이다.

○ 慶源輔氏曰: "下說雖覺輕快, 然首句畢竟似興體."
경원 보씨(慶源 輔氏)가 말하였다: "아래의 설은 비록 경쾌하게 느껴진다고 할지라도 첫 구(句)는 결국 흥체(興體)와 같다."

朱註

文王有聲八章, 章五句. 此詩以武功稱文王. 至于武王, 則言皇王維辟, 無思不服而已. 蓋文王旣造厥始, 則武王續而終之無難也. 又以見文王之文, 非不足於武. 而武王之有天下, 非以力取之也.
여기까지가 문왕유성(文王有聲) 8장이니, 각 장은 5구(句)이다. 이 시(詩)는 무공(武功)으로써 문왕(文王)을 칭하였고, 무왕(武王)에 이르러서는 '무왕 황제로 모시니('황왕유벽[皇王維辟]', '모두 복종하니[무사불복[無思不服]]'라고만 말하였을 따름이다. 문왕(文王)이 이미 그 시작을 창조하였으면 무왕(武王)은 이를 계속하여 끝냄은 무난하였기 때문이다. 또 문왕(文王)의 문(文)은 무(武)에 부족한 것이 아니고, 무왕(武王)이 천하(天下)를 소유한 것은 힘으로써 취한 것이 아님을 나타낸 것이다.

詳說

○ 每章末句之同勢, 亦詩中之一例云.
('文王有聲八章, 章五句') 매 장의 마지막 구(句)가 세(勢)를 같이 하는 것은 또한 시 속의 일례라고 한다.

○ 慶源輔氏曰: "每章以烝哉結之, 不獨歎美無已, 又以示後世子孫必如文武, 然後於君天下爲宜, 故其丁寧不一而足耳."
('文王有聲八章, 章五句') 경원 보씨(慶源 輔氏)가 말하였다: "매 장이 '증재(烝哉: 훌륭하도다)'로 종결한 것은 탄미함이 끝나지 않을 뿐만 아니라, 후세의 자손들이 반드시 문왕, 무왕과 같은 여후에 천하에 군주가 되는 깃이 마땅함을 보여주었으므로, 그것은 정녕 여러 가지로 충분할 따름이다."

○ 音現.
('又以見文王之文'의 '見') 발음이 현(現)이다.

○ 安成劉氏曰: "允文文王而有此武功, 則非不足於武也. 桓桓武王而鎬京辟雍, 則非不足於文也."
('此詩以武功…取之也') 안성 유씨(安成 劉氏)가 말하였다: "정말로 훌륭하신 문왕이 이러한 무공(武功)을 가졌다면 무(武)에서 부족하지 않은 것이다. 굳세고 용맹스러운 무왕이 호경(鎬京)에서 왕이 되었다면 문(文)에서 부족하지 않은 것이다."

○ 朱子曰: "使文王叟在十三四年, 觀其氣勢必不終休了, 一似果實文王待他, 黃熟自落下來."
('此詩以武功…取之也') 주자가 말하였다: "만약 문왕으로 하여금 다시 13, 4년을 더 있게 하였다면, 그 기세를 보건대 반드시 끝내 쉬지 않았을 것이다. 과실

과 마찬가지로, 문왕이 다른 사람을 기다리는 것은 노랗게 익어 스스로 떨어지는 것과 같다.

朱註

文王之什十篇, 六十六章, 四百一十四句. 鄭譜, 此以上爲文武時詩, 以下爲成王周公時詩. 今按文王首句, 卽云文王在上, 卽非文王之詩矣. 又曰: 無念爾祖, 則非武王之詩矣. 大明有聲幷言文武者非一, 安得爲文武之時所作乎. 蓋正雅皆成王周公以後之詩. 但此什皆爲追述文武之德, 故譜因此而誤耳.

문왕지십(文王之什) 10편이니, 66장이고, 414구(句)이다. 정현(鄭玄)의 시보(詩譜)에는 이 이상(以上)을 문왕(文王), 무왕(武王) 때의 시(詩)라 하고, 이하(以下)를 성왕(成王), 주공(周公) 때의 시(詩)라 하였다. 그러나 이제 상고해 보건대, 〈문왕(文王)〉의 수구(首句)에 "문왕(文王)이 위에 계시다."고 했으니, 문왕(文王) 때의 시(詩)가 아니다. 또 "너의 할아버지를 생각하지 않겠는가."하였으니, 무왕(武王) 때의 시(詩)가 아니다. 〈대명(大明)〉과 〈문왕유성(文王有聲)〉에 문왕(文王), 무왕(武王)을 함께 말한 것이 한 두 번이 아니니, 어찌 문왕(文王), 무왕(武王) 때에 지은 것이라고 할 수 있겠는가. 정아(正雅)는 모두 성왕(成王), 주공(周公) 이후의 시(詩)이다. 다만 이 문왕지십(文王之什)은 모두 문왕(文王), 무왕(武王)의 덕(德)을 추술(追述)하였기 때문에 보(譜)가 이로 인하여 잘못되었을 뿐이다.

詳說

○ 鄭氏詩時世譜.
('鄭譜') 정씨(鄭氏: 정현[鄭玄])이 시에 대하여 때에 따라서 나열한 세보(世譜).

○ 擧諡.
('卽云文王在上') 시호를 제시하였다.

○ 以文王而謂之祖.
('無念爾祖') 문왕을 조(祖)로 불렀다.

○ 去聲.
('幷言'의 '幷') 거성이다.

○ 二正雅.
('正雅') 두 정아(正雅)를 말한다.

○ 爲文武作者也, 而誤謂之文武時所作也.
('但此什皆…因此而誤耳') 문왕, 무왕을 위하여 만든 것인데, 그것을 잘못 말하여 문왕, 무왕 때 만든 것이라고 하였다.

시집전상설 14권

詩集傳詳說 卷之十四

3-2. 생민지십 (生民之什 三之二)

[3-2-1-1]

厥初生民, 時維姜嫄, 生民如何. 克禋克祀, 以弗無子, 履帝武敏, 歆攸介攸止, 載震載夙, 載生載育, 時維后稷.

처음 주나라 사람을 낳은 자는[575] 이 강원이시니, 사람을 낳을 때 어떠하였는가? 인(禋) 제사와 사(祀) 제사를 정성들여 지내어 자식이 없는 것을 제거하고[576], 상제의 발자국 밟으시니, 큰 발자국에 감응 받아 임신하고 근신하여, 낳으시고 기르시니, 그 분이 후직이시니라.

朱註

賦也. 民, 人也, 謂周人也. 時, 是也. 姜嫄, 炎帝後, 姜姓有邰氏女, 名嫄, 爲高辛之世妃. 精意以享, 謂之禋. 祀, 郊禖矣. 弗之言, 祓也, 祓無子, 求有子也. 古者立郊禖. 蓋祭天於郊, 而以先禖配也. 變媒言禖者, 神之也, 其禮以玄鳥至之日, 用大牢祀之, 天子親往, 后率九嬪御, 乃禮天子所御, 帶以弓韣, 授以弓矢, 于郊禖之前也. 履, 踐也. 帝, 上帝也. 武, 跡. 敏, 拇. 歆, 動也, 猶驚異也. 介, 大也. 震, 娠也. 夙, 肅也. 生子者, 及月辰居側室也. 育, 養也.

부(賦)이다. 민(民)은 사람이니, 주(周)나라 사람을 이른다. 시(時)는 이것이다. 강원(姜嫄)은 염제(炎帝)의 후손이니, 강성(姜姓)이고, 유태씨(有邰氏)의 딸이며, 이름은 원(嫄)이니, 고신씨(高辛氏)의 세비(世妃)가 되었다. 뜻을 정결히 하여 제향함을 인(禋)이라 한다. 사(祀)는 교매(郊禖)에 제사함이다. 불(弗)이란 말은 제액(除厄)함이니, 자식이 없음을 제액(除厄)하여 자식이 있기를 구하는 것이다. 옛날에 교매(郊

---

575) 모전(毛傳)에서 "백성을 낳은 것은 본래 후직이다.(生民, 本后稷也.)"라고 하였다. 정현(鄭玄)은 「전(箋)」에서 다음과 같이 말하였다: "주 나라의 시조에 대하여, 그를 낳은 것은 강원(姜嫄)이다. 강성(姜姓)이라는 자는 염제(炎帝)의 후손이다. 딸이 있었는데, 이름은 원(嫄)이었고, 요 임금 때, 고신씨(高辛氏)의 세비((世妃))가 되었다. 본래 처음 후직을 낳았으므로, 백성을 낳은 것이라고 말한 것이다.(周之始祖, 其生之者, 是姜嫄也. 姜姓者, 炎帝之后. 有女名嫄, 當堯之時, 爲高辛氏之世妃, 本后稷之初生, 故謂之生民.)"

576) 모전(毛傳)에서 '이불무자(以弗無子)'의 '弗'에 대하여 거(去)로 읽었다. 이것은 그녀가 아기를 낳을 수 없는 원인을 제거하는 것을 의미한다. 이러한 해석에 따르면, '弗'은 拂(불: 떨어 없애버리다)의 가차자에 해당한다. 본편의 제5장에 '불궐풍초(茀厥豐草)'의 '불(茀)' 역시 拂의 가차자이다. 정현(鄭玄)은 「전(箋)」에서 '弗'에 대하여, 불(祓: 부정을 없애는 의식을 하다)로 해석하였는데, 『태평어람(太平御覽)』에서 이 구절을 '以祓無子'로 하고 있는 것은 정현의 해석을 기초로 고친 것이지, 옛날 시의 어떤 근거가 있는 것이 아니다. 이 '불(祓)'자 역시 어원상에서는 拂과 같다.

禖)를 세웠으니, 교(郊)에서 하늘에 제사하면서 선매(先媒)로써 배향한 것이다. 매(媒)를 바꾸어 매(禖)라고 말한 것은 신(神)으로 여긴 것이니, 그 예(禮)는 현조(玄鳥)가 이르는 날에 태뢰(太牢)를 사용하여 제사한다. 천자(天子)가 친히 제사하는 장소로 가거든 후비(后妃)가 구빈(九嬪)을 거느리고 행차하여 천자(天子)가 총애하는 바의 여인에게 예(禮)하고, 활과 활집을 채워주고 궁시(弓矢)를 주되 교매(郊禖)의 앞에서 한다. 이(履)는 밟음이다. 제(帝)는 상제(上帝)이다. 무(武)는 발자국이요, 민(敏)은 엄지발가락이다. 흠(歆)은 동(動)함이니, 경이(驚異)와 같다. 개(介)는 큼이다. 진(震)은 임신함이고, 숙(夙)은 엄숙히 함이다. 자식을 낳는 자는 낳을 달에 미치면 측실(側室)에서 거처한다. 육(育)은 기름이다.

詳說

○ 十一字一句.
('炎帝後, 姜姓有邰氏女, 名嫄') 11자가 한 구(句)이다.

○ 孔氏曰: "鄭氏謂姜嫄爲高辛氏後世子孫之妃, 未知其爲幾世, 故直以世言之."
('爲高辛之世妃') 공씨(孔氏: 공영달[孔穎達])가 말하였다: "정씨(鄭氏: 정현[鄭玄])가 강원(姜嫄)은 고신씨(高辛氏) 후세자손의 비(妃)가 되었다고 하였는데, 몇 대 자손인지 알지 못하므로, 바로 세(世)를 가지고 말하였다."

○ 按: 或曰世妃猶言元妃, 更詳之.
('爲高辛之世妃') 내가 살펴보건대, 혹자는 세비(世妃)는 원비(元妃: 왕의 정실)라고 말하는 것과 같다고 하였는데, 다시 살펴보아야 한다.

○ 音弗, 除也.
('祓也'의 '祓') 발음은 불(弗)이고, 제액함이다.

○ 顔氏曰: "其禮不知所始."
('祀…立郊禖') 안씨(顔氏)가 말하였다: "그 예는 어디서 비롯하였는지 알지 못한다."

○ 一作媒.

('而以先禖配也'의 '禖') 어떤 판본에는 '매(媒)'로 되어 있다.

○ 顔氏曰:"仲春."
('玄鳥至之日') 안씨(顔氏)가 말하였다:"중춘(仲春)이다."

○ 孔氏曰:"燕來主爲産乳, 故重其初至之日. 至高辛之世, 以有呑卵事, 以爲禖之嘉祥, 又以高辛之世禖配祭, 故改爲高禖."
('玄鳥至之日') 공씨(孔氏: 공영달[孔穎達])가 말하였다:"제비가 와서 주로 젖을 분비할 수 있게 되므로, 처음 이르는 날을 중요시한 것이다. 고신(高辛)의 시대에, 알을 삼킨 일이 있었는데, 매제(禖祭)의 좋은 징조라고 여겼고, 또한 고신(高辛)의 시대에 매(禖)는 제사에 짝하였으므로 고쳐서 고매(高禖)가 되었다.

○ 音泰.
('用大牢祀之'의 '大') 발음은 태(泰)이다.

○ 孔氏曰:"牛、羊、豕."
('用大牢祀之') 공씨(孔氏: 공영달[孔穎達])가 말하였다:"소, 양, 돼지이다."

○ 音頻.
('九嬪'의 '嬪') 발음은 빈(頻)이다.

○ 孔氏曰:"率九嬪從之, 侍御於祭焉."
('后率九嬪御') 공씨(孔氏: 공영달[孔穎達])가 말하였다:"구빈(九嬪)을 거느려 따르고, 제사에 임금을 모신다."

○ 孔氏曰:"天子所御幸者, 使大祝酌禮飮之, 以神惠光顯之."
('乃禮天子所御') 공씨(孔氏: 공영달[孔穎達])가 말하였다:"천자가 총애하는 바에 대해서는 대축(大祝)이 작례(酌禮)로 마시게 하여, 신령함의 은혜와 광채로 드러나게 하였다."

○ 音獨, 弓衣.
('弓韣'의 '韣') 발음은 독(獨)이고, 활집이다.

○ 孔氏曰: "弓矢, 男子之事, 冀生男也."
('授以…郊禖之前也') 공씨(孔氏: 공영달[孔穎達])가 말하였다: "활과 화살은 남자의 일이니, 남자를 낳기를 바라는 것이다."

○ 古者以下出毛傳.
('授以…郊禖之前也') 주석의 '고자(古者)' 이하는 모전(毛傳)에 나온다.

○ 安成劉氏曰: "此通言古禮耳, 非專指姜嫄事也."
('授以…郊禖之前也') 안성 유씨(安成 劉氏)가 말하였다: "여기서는 고예(古禮)를 통상적으로 말하였을 뿐이지 오로지 강원(姜嫄)의 일을 가리킨 것은 아니다."

○ 莫后反足大指.
('敏, 拇'의 '拇') 막(莫)과 후(后)의 반절이고, 엄지 발가락이다.

○ 音身.
('震, 娠'의 '娠') 발음은 신(身)이다.

○ 孔氏曰: "『左傳』謂有身, 皆爲震也."
('震, 娠也') 공씨(孔氏: 공영달[孔穎達])가 말하였다: "『좌전(左傳)』에서 '유신(有身)'은 모두 임신한 것을 말한다."

○ 出『禮記·內則』.
('生子者…側室也') 『예기(禮記)·내칙(內則)』에 나온다.

○ 夾室取其靜肅也.
('生子者…側室也') 협실(夾室)은 그 정숙함을 취한다.

朱註

○姜嫄出祀郊禖見大人跡, 而履其拇, 遂歆歆然如有人道之感. 於是即其所大所止之處, 而震動有娠. 乃周人所由以生之始也. 周公制禮, 尊后稷以配天. 故作此詩, 以推本其始生之祥, 明其受命於天, 固有以異於常人也. 然巨跡之說, 先儒或頗疑之. 而張子曰: 天地之始, 固未嘗先有人也, 則人固有化

詩集傳詳說 卷之十四 277

而生者矣. 蓋天地之氣生之也. 蘇氏亦曰: 凡物之異於常物者, 其取天地之氣常多. 故其生也或異. 麒麟之生, 異於犬羊, 蛟龍之生, 異於魚鱉, 物固有然者矣. 神人之生, 而有以異於人, 何足怪哉, 斯言得之矣.

강원(姜嫄)이 나가 교매(郊禖)에 제사하다가 대인(大人)의 발자국을 보고는 그 엄지발가락을 밟으니, 마침내 마음이 놀라 (인간과 교접한) 인도(人道)의 느낌이 있었다. 이에 머물러 휴식하는 곳에 나아갔는데 마음이 크게 동하여 임신하였으니, 이것이 바로 주(周)나라 사람이 말미암아 태어나게 된 시초였다. 주공(周公)이 예(禮)를 지을 적에 후직(后稷)을 높여 하늘에 짝하게 하였다. 그러므로 이 시(詩)를 지어 그 처음 태어날 때의 상서로움을 미루어 근본으로 하여 하늘에서 명(命)을 받음이 진실로 보통사람과 다름이 있음을 밝힌 것이다. 그러나 큰 발자국에 관한 말을 선유(先儒)들은 혹 자못 의심하였는데, 장자(張子)는 말씀하기를 "천지(天地)의 시초에 일찍이 먼저 사람이 있지 않았으니, 그렇다면 사람은 진실로 화생(化生)한 자가 있었을 것이니, 이는 천지(天地)의 기운이 낳은 것이다."라고 하였고, 소씨(蘇氏) 또한 말하기를 "모든 물건 중에 보통 물건과 다른 것은 천지(天地)의 기운을 취함이 항상 많다. 그러므로 그 태어남이 다르기도 하니, 기린(麒麟)의 태어남이 개나 양과 다르고, 교룡(蛟龍)의 태어남이 물고기나 자라와 다르니, 물건은 진실로 그러한 것이 있다. 신인(神人)이 태어남에 보통사람과 다름이 있음을 어찌 괴이하게 여길 것이 있겠는가."라고 하였으니, 이 말이 맞다.

詳說

○ 帝.
('見大人跡'의 '大人') 제(상제)이다.

○ 鄭氏曰: "足不能滿履其拇指之處."
('履其拇') 정씨(鄭氏: 정현[鄭玄])가 말하였다: "발이 그 엄지발가락이 있는 곳을 충분히 밟을 수 없었다."

○ 男女之感.
('人道之感') 남녀의 느낌을 말한다.

○ 卽地.

('其所大所止之處'의 '處') 바로 지점(地)이다.

○ 又見甫田.
('其所大所止之處') 또한 「보전(甫田)」에도 보인다.

○ 合釋首三句末二句.
('而震動…生之始也') 첫 3구와 끝 2구를 합쳐 해석하였다.

○ 華谷嚴氏曰: "生后稷, 所以生此民也."
('而震動…生之始也') 화곡 엄씨(華谷 嚴氏)가 말하였다: "후직을 낳음으로써 이 백성들은 낳을 수 있었다."

○ 慶源輔氏曰: "初生周人者, 實姜嫄也. '生民如何'又問其所以然也. 下述所以然, 而結之以時維后稷一句, 蓋言其所生之子實后稷也."
('而震動…生之始也') 경원 보씨(慶源 輔氏)가 말하였다: "처음에 주 나라 사람들을 낳은 것은 실제로는 강원(姜嫄)이다. '생민여하(生民如何: 사람을 낳을 때 어떠하였는가?)'는 다시 그 소이연(所以然)을 묻는 것이다. 아래는 소이연(所以然)을 서술하고 '시유후직(時維后稷: 그 분이 후직이시니라)'한 구(句)로 마쳤으니, 대개 그 낳은 자식은 실제로는 후직(后稷)임을 말한 것이다."

○ 孔氏曰: "萬物本乎天, 人本乎祖, 故王者以祖配天."
('周公…配天') 공씨(孔氏: 공영달[孔穎達])가 말하였다: "만물은 하늘에 근본하고, 사람은 조상에 근본하므로, 왕된 자는 조상으로 하늘에 짝한다."

○ 旣釋而乃序作詩之本事者, 以末章始及其事故也.
('故作此詩') 이미 해석하고 이내 시를 지은 본래 일을 서술한 것은 마지막 장에서 그 일을 비롯하였기 때문이다.

○ 此下, 則論也.
('故作此詩') 이 이하는 논의(論)이다.

○ 慶源輔氏曰: "始教民播種, 利及萬世, 非天所命而何."
('以推本…於天') 경원 보씨(慶源 輔氏)가 말하였다: "처음 백성들이 씨뿌리는 것을 가르쳐, 이익이 만세에 이른 것은 하늘이 명하여 무엇을 기대한 것이 아니다."

○ 疑之者, 蓋謂郊禖之日, 天子必有所御幸, 則不可謂無人道之感. 且生人之形化久矣. 自非天地之初, 氣化之始, 乾道成男, 坤道成女之時, 則無從夐有化生耳.
('固有以…頗疑之') 의심한다는 것은 교매(郊禖)의 날에 천자가 반드시 행차하는 바가 있다면 인간과 교접한(人道) 느낌이 없다고 말할 수 없다는 것이다. 그리고 사람을 낳음의 구체성은 오래되었다. 천지의 시초, 기가 변화(氣化)하는 처음, 건도(乾道)가 남자를 완성하고, 곤도(坤道)가 여자를 완성하는 때로부터가 아니라면, 다시 변화하여 낳음으로부터 비롯함이 아닐 따름이다.

○ 氣化之始, 則然耳.
('張子曰…生之也') 기가 변화(氣化)하는 처음이라면 그렇다.

○ 猶得也.
('其取天地之氣'의 '取') 득(得: 얻다)과 같다.

○ 如堯十四月生之類, 皆是耳.
('神人之生…何足怪哉') 요(堯)가 14개월에 태어난 것과 같은 따위는 모두 이것일 따름이다.

○ 得此章之意也.
('斯言得之矣') 이 장의 뜻을 얻었다.

○ 朱子曰: "稷契之生, 此理之變也. 漢高祖之生, 亦類此."
('斯言得之矣') 주자가 말하였다: "후직(后稷)과 설(契)의 삶은 이러한 이치의 변화이다. 한 나라 고조의 삶도 또한 이러한 부류이다."

○ 按: 神聖之生固異凡人, 而此章事蓋亦詩人所以神而異之也. 人家始祖之生多有異事, 而帝王家爲尤此, 則勿論古今蓋無世不然云.

내가 살펴보건대, 신령스럽고 성스러운 탄생은 정말로 일반 사람들과 다른데, 이 장의 일도 역시 시에서 사람들이 신령스럽고 다르다고 여긴 바이다. 사람 가문의 시조가 태어나는 것은 많은 경우 (보통과는) 다른 일인데, 제왕의 가문이 더욱 이러한 것은 고금을 막론하고 대대로 그렇지 않은 경우가 없었다.

[3-2-1-2]

誕彌厥月, 先生如達. 不坼不副, 無菑無害, 以赫厥靈. 上帝不寧, 不康禋祀, 居然生子.

달을 채워 처음 태어난 아이는 마치 양과 같다.577) 찢어지고 터짐도 없고, 재앙도 해로움도 없으며, 영험 빛난다.578) 상제는 안녕함을 내리지 않았는가? 인(禋) 제사와 사(祀) 제사를 받지 않았는가? 무사히 아들을 낳았네.

朱註

賦也. 誕, 發語辭. 彌, 終也, 終十月之期也. 先生, 首生也. 達, 小羊也. 羊子, 易生無留難也. 坼副, 皆裂也. 赫, 顯也. 不寧, 寧也. 不康, 康也. 居然, 猶徒然也.

부(賦)이다. 탄(誕)은 발어사(發語辭)이다. 미(彌)는 마침이니, 열 달의 기한(期限)을 마친 것이다. 선생(先生)은 첫번째로 낳는 것이다. 달(達)은 작은 양이다. 양새끼는 쉽게 태어나 머뭇거리고 어려움이 없다. 탁(坼)과 부(副)는 모두 찢음이다. 혁(赫)은 드러냄이다. 불녕(不寧)은 편안함이고, 거연(居然)은 무사하다(徒然)는 말과 같다.

詳說

○ 本出鄭箋.

('達, 小羊也') 본래 정현(鄭玄)의 「전(箋)」에서 나온다.579)

---

577) 정현의 「전(箋)」에서 다음과 같이 말하였다: "태어남이 마치 양이 태어나는 것과 같으니, 쉽다는 것을 말한다.(生如達之生, 言易也.)"

578) 정현의 「전(箋)」에서 역시 다음과 같이 말하였다: "사람이(아기가) 어머니 배 속에 있을 때, 어머니는 병이 난다. 태어날 때, 그 어머니에게 탁부(坼副)하고 재해(災害)의 고통을 남기어 인도(人道)를 거스른다.(凡人在母, 母則病. 生則拆副菑害其母, 橫逆人道.)"

○ 去聲, 下同.
  ('易生無留難也'의 '易') 거성이고, 아래도 같다.

○ 『本草』曰: "物中羊産最易."
  ('羊子, 易生無留難也') 『본초강목(本草綱目)』에서 말하였다: "사물 가운데 양이 태어나는 것이 가장 쉽다."

○ 並諺音誤.
  ('坼副'의 '副') 아울러 언해(諺解)의 발음은 잘못이다.

○ 鄭氏曰: "居默然."
  ('居然, 猶徒然也') 정씨(鄭氏: 정현[鄭玄])가 말하였다: "조용히 거처하였다(거묵연[居默然])."580)

朱註
○凡人之生, 必坼副災害其母, 而首生之子尤難. 今姜嫄首生后稷, 如羊子之易, 無坼副災害之苦, 是顯其靈異也. 上帝豈不寧乎, 豈不康我之禋祀乎. 而使我無人道, 而徒然生是子也.
무릇 사람이 태어날 때는 반드시 그 어머니를 찢고 재해를 입히는데, 첫 번째로 낳는 자식은 더더욱 어렵다. 지금 강원(姜嫄)은 처음 후직(后稷)을 낳는데, 양 새끼를 낳는 것처럼 쉬워서 탁부(坼副)하고 재해(災害)하는 고통이 없었으니, 이것은 그 신령스럽고 기이함을 드러낸 것이다. 상제(上帝)가 어찌 편안하지 않았겠는가? 어찌 우리의 정결한 제사를 흠향하지 않았겠는가? 그래서 우리로 하여금 인도(人道)가 없이 도연(徒然)히 이 아들을 낳게 한 것이다.

詳說
○ 先汎反說.
  ('凡人之生…尤難') 먼저 일반적으로 반론을 제기하였다.

---

579) 본래 정현의 「전(箋)」에서는 "達, 羊子也."라고 되어 있다.
580) 주자의 해석과는 완전히 다름을 유의할 필요가 있다.

○ 寧康, 謂安享也.
('上帝…禋祀乎') 영강(寧康)은 편안히 흠향하는 것을 말한다.

○ 三字, 本出鄭箋.
('無人道') 세 글자는 본래 정현(鄭玄)의「전(箋)」에 나온다.

○ 慶源輔氏曰: "結首章郊禖之事. 首章言其受孕之祥, 此章言其降生之異."
경원 보씨(慶源 輔氏)가 말하였다: "첫 장의 교매(郊禖)의 일을 종결하였다. 첫 장에서는 그 아기를 잉태한 상서로움을 말하였고, 이 장에서는 그 아기를 낳음의 기이함을 말하였다."

[3-2-1-3]

誕寘之隘巷, 牛羊腓字之. 誕寘之平林, 會伐平林. 誕寘之寒冰, 鳥覆翼之. 鳥乃去矣, 后稷呱矣. 實覃實訏, 厥聲載路.

좁은 골목에 버렸더니 소와 양이 감싸 아낀다. 깊은 숲속에 버렸더니 나무꾼이 거두어준다. 차가운 얼음에 버렸더니 새가 날개로 감싸주네. 새가 떠나니 후직(后稷)이 큰 소리로 울었다. 울음소리 길고 커서 길에 가득 울려 퍼졌네.

詳說
○ 林韻未詳.
임(林)의 운(韻)은 상세하지 않다.

朱註
賦也. 隘, 狹. 腓, 芘. 字, 愛. 會, 値也, 値人伐木而收之. 覆, 蓋. 翼, 藉也, 以一翼覆之, 以一翼藉之也. 呱, 啼聲也. 覃, 長. 訏, 大. 載, 滿也, 滿路, 言其聲之大也.

부(賦)이다. 애(隘)는 좁음이고, 비(腓)는 비호함이고, 자(字)는 사랑함이다. 회(會)는 만남이니, 나무를 베러 온 사람을 만나 거두어진 것이다. 복(覆)는 덮음이고, 익(翼)은 깔아줌이니, 한 날개로 덮어주고, 한 날개로 깔아준 것이다. 고(呱)는 우는 소리이다. 담(覃)은 긴 것이고, 우(訏)는 큰 것이다. 재(載)는 가득함이니, 길에 가득하다는 것은 울음소리가 큼을 말한 것이다.

詳說

○ 新安胡氏曰: "采薇, 『集傳』隨動如足之腓意者, 牛羊以足肚遮芘如有愛之之意."
('腓, 芘. 字, 愛') 신안 호씨(新安 胡氏)가 말하였다: "(소아[小雅] 편) 채미(采薇: 나물을 뜯다)에 대하여, 『집전(集傳)』에서 따라 움직이는 것이 마치 발의 장딴지 같다는 뜻은, 소와 양이 발과 배를 가지고 이 풀을 막는 것이 마치 그것을 아끼는 것 같다는 뜻이다."

○ 諺音誤, 並失字. 義蓋, 覆去聲者如字, 而此恐讀者認作音福, 故特著音訓.
('覆, 蓋'의 '覆') 언해(諺解)의 발음은 잘못이고, 아울러 글자도 빠져있다. 뜻은 덮는다는 것이고 부(覆)가 거성이라는 것은 본래의 발음대로 읽은 것인데, 이것은 독자(讀者)가 발음을 복(福)이라고 할까봐 특별히 음(音)과 훈(訓)을 명확히 한 것이다.

○ 諺音誤.
('訏, 大'의 '訏') 언해(諺解)의 발음은 잘못이다.

朱註
無人道而生子, 或者以爲不祥, 故棄之而有此異也. 於是始收而養之.
사람과 관계함이 없이 아들을 낳으니, 혹자(或者)는 상서롭지 못하다고 여겼으므로 후직(后稷)을 버렸는데, 이러한 기이함이 있었다. 이에 비로소 거두어 길렀다.

詳說
○ 先補說.
('無人道…爲不祥') 먼저 보충적인 설을 제시하였다.

○ 亦詩人神而異之之詞也.

('有此異也') 또한 시(詩)에서는 사람이 신령스럽고 남다르다는 말이다.

○ 補此句.
('於是始收而養之') 이 구(句)를 보충하였다.

○ 華谷嚴氏曰: "三章, 述稷生見棄之事."
화곡 엄씨(華谷 嚴氏)가 말하였다. "3자은 후직(后稷)이 태어나 버려진 일을 기술하였다."

○ 豐城朱氏曰: "天之所生, 非人之所能棄."
풍성 주씨(豐城 朱氏)가 말하였다. "하늘이 낳은 바는 사람이 버릴 수 있는 것이 아니다."

[3-2-1-4]

誕實匍匐, 克岐克嶷. 以就口食, 蓺之荏菽. 荏菽旆旆, 禾役穟穟, 麻麥幪幪, 瓜瓞唪唪.

기어 다닐 때 매우 높고 빼어났는데581), 음식을 먹게 되었을 때 콩을 심었다.582) 콩 가지가 깃발처럼 뻗었고, 줄 지은 벼 아름답고 깨와 보리 무성하며, 오이 주렁주렁 달렸네.

朱註

賦也. 匍匐, 手足並行也. 岐嶷, 峻茂之狀. 就, 向也. 口食, 自能食也. 蓋六七歲時也. 蓺, 樹也. 荏菽, 大豆也. 旆旆, 枝旟揚起也. 役, 列也. 穟穟, 苗美好之貌也. 幪幪然, 茂密也. 唪唪然, 多實也.

부(賦)이다. 포복(匍匐)은 손과 발로 같이 사용하여 가는 것이다. 기(岐), 예(嶷)은 높고 빼어난 모양이다. 취(就)는 향함이고, 구식(口食)은 스스로 먹을 수 있는 것이니, 대체로 6~7세 때인 것이다. 예(蓺)는 심는 것이다. 임(荏), 숙(菽)은 대두(大

---

581) 정현의 「전(箋)」에서 다음과 같이 말하였다: "기어 다닐 수 있었을 때, 높게 뜻이 아는 바가 있었다. 그 외모가 의젓함은 식별하는 바가 있었다.(能匍匐, 則岐岐然意有所知也. 其貌嶷嶷然, 有所識別也.)"
582) 공영달(孔穎達)은 「소(疏)」에서 다음과 같이 말하였다: "기(岐), 욱(嶷) 모두 그 외모이므로 중복하여 말한 것이다. 이러한 기(岐), 욱(嶷)이 기어 다닐 때라면, 그 삶은 아직 1년이 되지 못하였을 때이다. 스스로 먹을 수 있을 때라면, 이미 다소 컸으므로 '보통 사람들이 스스로 먹을 수 있을 때에 이른 것은 6, 7세 때를 말한 것'이다.(岐、嶷皆是其貌, 故重言之. 此岐、嶷在匍匐之時, 則其生亦未一年矣. 就口食之時, 則已稍大, 故云"以至于能就眾人口自食, 謂六七歲時"也.)"

됴)이다. 패패(旆旆)는 가지가 깃발처럼 휘날리는 것이다. 역(役)은 열(列)이다.583) 수수(穟穟)는 묘(苗)가 아름답고 좋은 모양이다. 몽몽연(幪幪然)은 무성하고 빽빽한 것이고, 봉봉연(唪唪然)은 열매가 많은 것이다.

詳說

○ 諺音誤.
('匍匐'의 '匐') 언해(諺解)의 발음은 잘못이다.

○ 曹氏曰: "言其能立."
('岐嶷, 峻茂之狀') 조씨(曹氏)가 말하였다: "일어 설 수 있는 것을 말한다."

○ 非二物也.
('荏菽, 大豆也') 두 사물이 아니다.

○ 錢氏曰: "如旗之旆."
('旆旆, 枝旗揚起也') 전씨(錢氏)가 말하였다: "깃발과 같은 펄럭임이다."

○ 長樂劉氏曰: "皆異於常人所種."
('幪幪然…多實也') 장락 유씨(長樂 劉氏)가 말하였다: "모두 보통 사람들이 심는 것과 다르다."

朱註

言后稷能食時, 已有種殖之志, 蓋其天性然也. 史記曰: 棄爲兒時, 其遊戱好種殖麻麥, 麻麥美. 及爲成人, 遂好耕農, 堯擧以爲農師.
후직(后稷)이 밥을 먹을 수 있었을 때, 이미 곡식을 심고 번식시키려는 뜻이 있었으니, 이는 그 천성(天性)이 그러한 것이다. 『사기(史記)』에 이르기를 "기(棄)는 아이였을 때에 놀고 장난함에 마맥(麻麥)을 심고 가꾸기를 좋아하여 마맥(麻麥)이 아름다웠다. 성인(成人)이 되어서는 마침내 밭 갈고 농사짓는 것을 좋아하였는데, 요(堯)임금이 등용하여 농사(農師)로 삼았다." 하였다.

---

583) 모전(毛傳)에서 먼저 "역(役)은 열(列)이다.(役, 列也.)"라고 하였는데, 공영달(孔穎達)은 「소(疏)」에서는 이 것에 대하여, 열(列)을 행렬(行列)로 생각하여, '화역(禾役)'을 벼의 행렬로 보았다.

詳說

○ 添有志字.
  ('后稷能…種殖之志') '뜻을 가졌다(有志)'는 글자를 첨가하였다.

○ 此句, 論也.
  ('后稷能…種殖之志') 이 구(句)는 논의(論)이다.

○ 「周紀」.
  ('史記') 「주기(周紀)」이다.

○ 后稷之名.
  ('棄') 후직(后稷)의 이름이다.

○ 去聲, 下同.
  ('好種殖'의 '好') 거성이고, 아래도 같다.

○ 以『史記』實之.
  ('史記曰…堯舉以爲農師') 『사기(史記)』를 가지고 실증하였다.

○ 華谷嚴氏曰: "四章述稷幼好種殖之事."
  화곡 엄씨(華谷 嚴氏)가 말하였다. "4장은 후직(后稷)이 어릴 때 심고 기르는 것을 좋아한 일을 기술하였다."

[3-2-1-5]

誕后稷之穡, 有相之道. 茀厥豐草, 種之黃茂. 實方實苞, 實種
實褎, 漸長也, 實發實秀, 實堅實好, 實穎實栗, 卽有邰家室.

후직의 농사일은 재배하는 방법이 있었다.584) 무성한 풀을 제거하고, 좋은 종자를 뿌렸다. 씨앗을 물에 불려, 종자가 싹트고 자라며, 다 자라 이삭 패고, 알차고 좋으니, 이삭 숙여 여

---

584) 정현의 「전(箋)」에서 다음과 같이 말하였다. "위대하도다. 후직(后稷)이 곡식 심고 거두는 것을 관장함에 돕게 되는 방법이 있었으니, 마치 신(神)이 돕는 힘과 같음을 말한 것이다.(大矣. 后稷之掌稼穡, 有見助之道, 謂若神助之力也.)"

무늬585), 태에다 집을 정하였다.586)

朱註

賦也. 相, 助也. 言盡人力之助也. 芾, 治也. 種, 布之也. 黃茂, 嘉穀也. 方, 房也. 苞, 甲而未拆也. 此漬其種也. 種, 甲拆而可爲種也. 褎, 漸長也. 發, 盡發也. 秀, 始穟也. 堅, 其實堅也. 好, 形味好也. 穎, 實繁碩而垂末也. 栗, 不秕也, 旣收成, 見其實皆栗慄然不秕也. 邰, 后稷之母家也, 豈其或滅或遷, 而遂以其地封后稷歟.

부(賦)이다. 상(相)은 도움이니, 인력(人力)의 도움을 다함을 말한 것이다. 불(芾)은 다스림이다. 종(種)은 펴는 것이다. 황무(黃茂)는 아름다운 곡식이다. 방(方)은 방(房)이고, 포(苞)는 껍질이 아직 터지지 않은 것이니, 이는 그 씨앗을 물에 담근 것이다. 종(種)은 껍질이 터져 씨앗으로 삼을 수 있는 것이고, 유(褎)는 점점 자라는 것이다. 발(發)은 다 발(發)한 것이고, 수(秀)는 처음 이삭을 패는 것이다.587) 견(堅)은 그 열매가 단단한 것이고, 호(好)는 모양과 맛이 좋은 것이다. 영(穎)은 열매가 번성하고 커서 끝이 늘어진 것이다. 율(栗)은 쭉정이가 없는 것이니, 이미 성숙한 것을 거둠에 그 열매가 모두 단단하여 쭉정이가 없음을 본 것이다. 태(邰)는 후직(后稷)의 모가(母家)였는데 아마도 멸망하였거나 옮겨가서 마침내 그 땅으로써 후직(后稷)을 봉했던 것 같다.

詳說

○ 張子曰:"贊化育之一端也."

('相…人力之助也') 장자(張子)가 말하였다: "화육(化育)의 일단을 찬미한 것이다."

○ 華谷嚴氏曰:"卽芾草一端, 可以類見."

('相…人力之助也') 화곡 엄씨(華谷 嚴氏)가 말하였다: "풀을 제거하는 측면에

---

585) 정현의 「전(箋)」에서 다음과 같이 말하였다: "후직(后稷)은 백성들이 무성한 풀을 제거하도록 가르치고, 기장을 심게 하였다. 기장이 나서 잘 자라 숙성하면 크게 이루어진다. 이것으로 공적을 이루었기 때문에. 요(堯)가 태(邰)에 고쳐 봉하였으니, 곧 그 나라를 이룬 가문은 바뀜이 없었다.(后稷教民除治茂草, 使種黍稷. 黍稷生則茂好, 孰則大成. 以此成功, 堯改封于邰, 就其成國之家室無變更也..)"
586) 모전(毛傳)에서 말하였다: "요(堯)는 하늘이 태(邰)로 인하여 후직(后稷)을 낳는 것을 보았으므로, 후직에게 태(邰)에서 나라를 만들게 하였고, 명하여 하늘을 섬겨서 신(神)을 드러내고 천명을 따르도록 하였다. (堯見天因邰而生后稷, 故國后稷于邰, 命使事天, 以顯神順天命耳.)"
587) 모전(毛傳)에서 "꽃이 피지 않고 열매를 맺는 것을 수(秀)라고 한다.(不榮而實曰秀)"고 하였다.

관해서는 유추해 볼 수 있다."

○ 臨川王氏曰:"草盛曰芾, 治草亦謂之芾."
('芾, 治也') 임천 왕씨(臨川 王氏)가 말하였다:"풀이 무성한 것을 불(芾)이라고 하고, 풀을 제거하는 것도 역시 불(芾)이라고 한다."

○ 布於所漬處.
('種, 布之也') 물이 담겨 있는 곳에 뿌리는 것이다.

○ 去聲者如字, 而此著音訓者, 恐其與下字相混也.
('種, 布之也') 거성인 것은 본래의 발음대로 읽는데, 여기서 음(音)과 훈(訓)을 보여준 것은 아마도 그것이 다음 글자와 서로 구별되지 않을까봐서이다.

○ 大田以將合言方, 此以將坼言方微不同耳.
('方, 房也') 큰 밭에 장차 모아질 것을 방(方)이라고 하는데, 여기서는 장차 (껍질이) 터질 것을 방(方)이라고 하여 미세하게 같지 않을 따름이다.

○ 音恣.
('此漬其種也'의 '漬') 발음이 자(恣)이다.

○ 諺音誤.
('襃, 漸長也'의 '襃') 언해(諺解)의 발음은 잘못이다.

○ 華谷嚴氏曰:"以上言苗也."
('種…漸長也') 화곡 엄씨(華谷 嚴氏)가 말하였다:"이상은 싹(苗)을 말한 것이다."

○ 華谷嚴氏曰:"以上言秀也."
('發…始穟也') 화곡 엄씨(華谷 嚴氏)가 말하였다:"이상은 이삭을 패는 것을 말하였다."

○ 帶說味.
('好, 形味好也') 이어서 맛(味)을 말하였다.

○ 補履反.
('不秠也'의 '秠') 보(補)와 리(履)의 반절이다.

○ 華谷嚴氏曰: "以上言實也."
('堅, 其實…不秠也') 화곡 엄씨(華谷 嚴氏)가 말하였다: "이상은 열매(實)를 말하였다."

○ 杜氏曰: "武功縣所治, 是也."
('邰, 后稷之母家也') 두씨(두예[杜預])가 말하였다: "무왕(武王)의 공적이 다스린 바에 달려있다는 것이 바로 이것이다."

○ 平聲.
('后稷與'의 '與') 평성이다.

朱註
言后稷之穡如此. 故堯以其有功於民, 封於邰, 使卽其母家而居之, 以主姜嫄之祀. 故周人亦世祀姜嫄焉.
후직(后稷)의 농사가 이와 같았다. 그러므로 요(堯)임금이 그가 백성에 대하여 공(功)이 있다 고하여 태(邰)에 봉하고, 그 모가(母家)에 나아가 거처하면서 강원(姜嫄)의 제사를 주관하게 하였다. 그러므로 주(周) 나라 사람 또한 대대로 강원(姜嫄)을 제사함을 말한 것이다.

詳說
○ 添二句.
('以主姜嫄之祀…世祀姜嫄焉') 두 구(句)를 첨가하였다.

○ 曹氏曰: "周官大司樂享先妣, 而序於先祖之上."
('以主姜嫄之祀…世祀姜嫄焉') 조씨(曹氏)가 말하였다: "주관(周官)의 대사악(大司樂)이 선비(先妣)를 봉향하고 선조의 위에 배열한다."

○ 華谷嚴氏曰: "五章, 述后稷掌稼穡, 而封邰也."
화곡 엄씨(華谷 嚴氏)가 말하였다: "5장은 후직(后稷)이 곡식을 심고 거둠을 관장하여 (그를) 태(邰)에 봉하였음을 기술하였다."

[3-2-1-6]

誕降嘉種, 維秬維秠, 維穈維芑. 恆之秬秠, 是穫是畝, 恆之穈芑, 是任是負, 以歸肇祀.

좋은 종자 내려주시니588) 한 껍질 속 두 알 검은 기장이며 붉은 차조 흰 차조로다. 두 알 드는 검은 기장 두루 심으니 베어다 가리질하며, 붉은 차조와 흰 차조 두루 심으니 메거나 짊어지고 돌아와 처음 제사하였네.589)

朱註

賦也. 降, 降是種於民也, 書曰, 稷降播種, 是也. 秬, 黑黍也. 秠, 黑黍, 一稃二米者也. 穈, 赤粱粟也. 芑, 白粱粟也. 恒, 徧也, 謂徧種之也. 任, 肩任也. 負, 背負也. 旣成則穫而棲之於畝, 任負而歸, 以供祭祀也. 秬秠言穫畝, 穈芑言任負, 互文耳. 肇, 始也. 稷始受國爲祭主, 故曰肇祀.

부(賦)이다. 강(降)은 이 씨앗을 백성에게 내려주는 것이니, 『서(書)』에 이르기를 "직(稷)이 씨앗을 내려주어 파종(播種)하게 했다."는 것이 이것이다. 거(秬)는 검은 기장이고, 비(秠)는 검은 기장이니, 왕겨는 하나인데 쌀알은 두 개인 것이다. 문(穈)은 붉은 차조고, 기(芑)는 흰 차조이다. 항(恒)은 두루이니, 두루 심음을 말한다. 임(任)은 어깨에 메는 것이고, 부(負)는 등에 지는 것이다. 이미 성숙하면 베어서 이랑에 쌓아놓았다가 어깨에 메고 등에 지고서 돌아와 제사에 바치는 것이다. 거비(秬秠)에는 베어 가리질한다고 말하고, 문기(穈芑)에는 어깨에 메고 등에 진다고 말한 것은 호문(互文)이다. 조(肇)는 비로소이니, 후직(后稷)이 처음 나라를 받아 제주(祭主)가 되었으므로 조사(肇祀)라고 말한 것이다.

---

588) 모전(毛傳)에서 "하늘이 좋은 종자를 내려 주었다(天降嘉種)."라고 하였는데, 이것은 '천(天)'이라는 주체가 생략된 것으로 보는 것이다. 정현의 「전(箋)」에서 다음과 같이 말하였다: "하늘이 요(堯)가 후직(后稷)을 드러냄에 응하였으므로, 그를(후직을) 위하여 좋은 종자를 내려준 것이다.(天應堯之顯后稷, 故爲之下嘉種.)" 반면에 주자는 좋은 종자를 내려준 주체를 후직(后稷)으로 보고, 그가 백성들에게 내려 준 것으로 본 것이다.

589) 모전(毛傳)에서 "처음으로 교(郊) 제사를 지내었다.(始歸郊祀也)."라고 하였는데, 공영달(孔穎達)은 「소(疏)」에서 다음과 같이 해석하였다: "위에서 이미 후직(后稷)이 공을 이루어 나라를 받고, 요(堯)가 또한 하늘을 섬길 것을 명령하였다고 말하였다. 여기서는 그 하늘에 지내는 제사의 일을 말하였으니, 아름답고 성대하다고 할 수 있다.(上旣言后稷功成受國, 堯又命使事天. 此言其祭天之事, 可美大矣.)"

詳說

○ 上聲.
('降是種於民'의 '種') 상성이다.

○ 呂刑.
('書曰'의 '書')「여형(呂刑)」이다.

○ 如字, 下同.
('播種'의 '種') 본래의 발음대로 읽고, 아래도 같다.

○ 按毛傳以爲天降, 故此特明之.
('書曰…是也') 모전(毛傳)에서 하늘이 내려준 것이라고 한 것을 살펴보았으므로, 여기서 특별히 밝힌 것이다.

○ 音孚.
('一秠'의 '秠') 발음은 부(孚)이다.

○ 諺音誤.
('恆') 언해(諺解)의 발음은 잘못이다.

○ 安成劉氏曰: "宗廟群神之祀皆如此."
('稷始…故曰肇祀') 안성 유씨(安成 劉氏)가 말하였다: "종묘의 모든 신들에 대한 제사가 다 이와 같다."

○ 華谷嚴氏曰: "六章述后稷敎人種嘉穀, 以供祭祀也."
('稷始…故曰肇祀') 화곡 엄씨(華谷 嚴氏)가 말하였다: "6장은 후직이 사람들이 아름다운 곡식을 심는 것을 가르쳐, 제사에 바치는 것을 기술하였다."

[3-2-1-7]

誕我祀如何, 或舂或揄, 或簸或蹂, 釋之叟叟, 烝之浮浮. 載謀載惟, 取蕭祭脂, 取羝以軷, 載燔載烈, 以興嗣歲.

우리 제사는 어떠한가? 방아 찧고 퍼내어 키질하고 또 찧는다. 물에 싹싹 씻고 김 뭉게뭉게

피어나도록 찐다. (그런 후에) 날 받고 재계하며, 쑥과 기름 태우고 숫양 잡아 노제하며, 꼬치 꿰어 구워내어 새해를 맞이하네.

朱註
賦也. 我祀, 承上章而言后稷之祀也. 揄, 抒臼也. 簸, 揚去糠也. 蹂, 蹂禾取穀以繼之也. 釋, 淅米也. 叟叟, 聲也. 浮浮, 氣也. 謀, 卜日擇士也. 惟, 齊戒具脩也. 蕭, 蒿也. 脂, 膋脊. 宗廟之祭, 取蕭合膋脊爇之, 使臭達牆屋也. 羝, 牡羊也. 軷, 祭行道之神也. 燔, 傳諸火也. 烈, 貫之而加於火也. 四者皆祭祀之事, 所以興來歲而繼往歲也.

부(賦)이다. 우리 제사라는 것은 상장(上章)을 이어 후직(后稷)의 제사를 말한 것이다. 유(揄)는 절구에서 퍼내는 것이다. 파(簸)는 까불러서 겨를 버리는 것이고, 유(蹂)는 벼를 끌어당겨 곡식을 취해서 (다시 절구에) 계속 넣는 것이다. 석(釋)은 쌀을 깨끗이 씻는 것이다. 수수(叟叟)는 쌀 씻는 소리고, 부부(浮浮)는 김이 올라가는 것이다. 모(謀)는 날짜를 점치고 제사할 사람을 선택하는 것이고, 유(惟)는 재계(齋戒)하고 제수를 장만하고 청소하는 것이다. 소(蕭)는 쑥이고, 지(脂)는 발기름과 창자기름이니, 종묘(宗廟)의 세사에 쑥을 취하여 발기름과 창자기름을 합하여 태워서 냄새가 담장과 지붕에 도달하게 하는 것이다. 저(羝)는 숫양이다. 발(軷)은 가는 길의 신(神)에게 제사하는 것이다. 번(燔)은 불에 대는 것이고, 열(烈)은 꼬치에 꿰어서 불에 올려놓는 것이다. 네 가지는 모두 제사(祭祀)하는 일이니, 오는 해를 일으키고 가는 해를 잇는 것이다.

詳說

○ 舂, 諺音誤.
구(舂)에 대한 언해(諺解)의 발음은 잘못이다.

○ 孔氏曰: "抒米以出臼也."
('揄, 抒臼也') 공씨(孔氏[孔穎達])가 말하였다: "쌀을 퍼내어 절구에서 나오는 것이다."

○ 淅聲.
('叟叟, 聲也') 석(淅)의 소리이다.

○ 蒸氣.
('浮浮, 氣也') 증기(蒸氣)이다.

○ 安成劉氏曰: "具謂所當供, 修謂掃除也."
('齊戒具脩也'의 '具'와 '脩') 안성 유씨(安成 劉氏)가 말하였다: "구(具)는 바쳐야 할 바를 말하고, 수(修)는 청소하는 것이다."

○ 音律.
('膟膋'의 '膟') 발음은 율(律)이다.

○ 音聊.
('膟膋'의 '膋') 발음은 료(聊)이다.

○ 音閤.
('取蕭合'의 '合') 발음은 합(閤)이다.

○ 詳見信南山註.
('宗廟之祭…達牆屋也') 자세한 것은 신남산(信南山) 주(註)에 보인다.

○ 孔氏曰: "祭不用牝."
('羝, 牡羊也') 공씨(孔氏[孔穎達])가 말하였다: "제사에는 암소(牝)를 쓰지 않는다."

○ 音附.
('傳諸火也'의 '傳') 발음이 부(附)이다.

○ 廬陵曹氏曰: "取蕭以下, 臨祭時事."
('取蕭…祭祀之事') 여릉 조씨(廬陵 曹氏)가 말하였다: "'취소(取蕭)' 이하는 제사 때 임하는 일이다."

○ 蕭脂爲一事.
('取蕭合膟膋爇之') 소(蕭), 지(脂)는 하나의 일이다.

○ 廬陵曹氏曰: "所以報豐年, 亦所以祈也."
('所以興來歲而繼往歲也') 여릉 조씨(廬陵 曹氏)가 말하였다: "풍년에 보답하는 것은 또한 (다음 해를) 비는 방법이다."

○ 華谷嚴氏曰: "七章述后稷祭祀之事, 總說宗廟及軷祭."
화곡 엄씨(華谷 嚴氏)590)가 말하였다: "7장은 후직(后稷)의 제사에 대한 일을 기술하였고, 총괄적으로 종묘와 발제(軷祭: 道神에게 지내는 제사)를 말하였다.

○ 宗廟, 內祭也. 軷, 外祭也. 各舉其一以該其他耳.
종묘는 안에서 하는 제사이고(內祭)이고, 발(軷)은 밖에서 하는 제사(外祭)이다. 각기 그 한 가지를 들어서 다른 것을 포함하였을 따름이다.

[3-2-1-8]

卬盛於豆, 于豆于登. 其香始升, 上帝居歆. 胡臭亶時. 后稷肇祀, 庶無罪悔, 以迄于今.

우리 음식을 제기에 담으니, 나무 그릇 질그릇이네. 향 내음이 처음 오르니, 상제는 기꺼이 흠향하셨다.591) 어찌 이 향기는 제사 때에만 맞겠는가? 후직(后稷)이 처음 제사한 이후로, 잘못한 일 없어서 지금까지 이어졌네.592)

朱註

賦也. 卬, 我也. 木曰豆, 以薦菹醢也. 瓦曰登, 以薦大羹也. 居, 安也. 鬼神食氣曰歆. 胡, 何. 臭, 香. 亶, 誠也. 時, 言得其時也. 庶, 近. 迄, 至也.

부(賦)이다. 앙(卬)은 우리이다. 나무 그릇을 두(豆)라 하니, 김치와 젓갈을 올리고, 질그릇을 등(登)이라 하니, 태갱(太羹)을 올린다. 거(居)는 편안함이다. 귀신(鬼神)이 기(氣)를 먹는 것을 흠(歆)이라 한다. 호(胡)는 어찌이고, 취(臭)는 향내음이고,

---

590) 송(宋) 나라 때 소무(邵武) 지역 사람으로, 자는 명경(明卿)이다.
591) 정현의 「전(箋)」에서 다음과 같이 말하였다: "우리 후직(后稷)께서는 김치와 젓갈을 나무 그릇과 질그릇에 담았고, 그 향 내음이 비로소 위로 올라가, 상제(上帝)가 편안히 흠향하셨으니, 무슨 향기의 진정성(誠)이 그 적절함을 얻을 수 있었는가? 아름답게 한 것이다.(我后稷盛菹醢之屬當于豆者, 其馨香始上行, 上帝則安而歆享之, 何芳臭之誠得其時平? 美之也)"
592) 정현의 「전(箋)」에서 다음과 같이 말하였다: "후직(后稷)이 비로소 교(郊)에서 상제(上帝)에게 제사를 지냈고, 천하의 백성들이 다 그 있을 곳을 얻었으니 잘못됨이 없다. 자손들이 그 복을 계승하여, 지금에 이르렀으므로, 미루어서 하늘에 짝한 것이다.(后稷肇祀上帝于郊, 而天下眾民咸得其所, 無有罪過也. 子孫蒙其福, 以至于今, 故推以配天焉)"

단(亶)은 진실로이다. 시(時)는 그 때를 얻음을 말한다. 서(庶)는 가까움이요, 흘(迄)은 도달함이다.

詳說

○ 與上章我字之指后稷者, 不同.
('卬, 我也') 윗 장에서 아(我) 자가 후직(后稷)을 가리키는 것과는 같지 않다.

○ 音泰.
('大羹'의 '大') 발음은 태(泰)이다.

○ 孔氏曰: "大古之羹, 不調以鹽菜."
('大羹') 공씨(孔氏[孔穎達])가 말하였다: "아주 오랜 옛날에 국(羹)은 소금과 나물로 간을 조절하지 않았다."

朱註

此章言其尊祖配天之祭. 其香始升, 而上帝已安而享之, 言應之疾也. 此何但芳臭之薦, 信得其時哉. 蓋自后稷之肇祀, 則庶無罪悔, 而至于今矣. 曾氏曰: 自后稷肇祀以來前後相承, 兢兢業業, 惟恐一有罪悔, 獲戾於天. 閱數百年, 而此心不易. 或曰: 庶無罪悔, 以迄於今, 言周人世世用心如此也.

이 장(章)은 그 선조(先祖)를 높여 하늘에 짝하는 제사를 말한 것이다. 그 향내음이 처음 올라가 상제(上帝)가 이미 편안히 흠향하셨으니, 응하기를 빨리함을 말한 것이다. 이 어찌 단지 향기로운 제향을 올림이 진실로 때에 알맞을 뿐이겠는가? 후직(后稷)이 처음 제사함으로부터 거의 죄와 회한(悔恨)이 없어 지금에 이른 것이다. 증씨(曾氏)가 말하였다: "후직(后稷)이 처음 제사한 이래로 앞뒤로 서로 계승하여 조심하고 두려워해서 행여 한 번이라도 죄와 회한(悔恨)이 있어 하늘에 죄를 얻을까 두려워하여 수백 년이 지나도록 이 마음이 변치 않았다. 그러므로 말하기를 '거의 죄와 회한(悔恨)이 없어 지금에 이르렀다.'고 한 것이니, 주(周) 나라 사람이 대대로 마음을 씀이 이와 같았음을 말한 것이다."

詳說

○ 華谷嚴氏曰: "尊后稷以配天也."

○ ('其尊祖配天之祭') 화곡 엄씨(華谷 嚴氏)가 말하였다: "후직(后稷)을 존숭하여 하늘에 짝한 것이다."

○ 卽前章之肇祀.
('蓋自后稷之肇祀'의 '肇祀') 이전 장의 '조사(肇祀)'에 직면해서 말한 것이다.

○ 華谷嚴氏曰: "至今日得成王業而郊天."
('庶無罪悔, 而至于今矣') 화곡 엄씨(華谷 嚴氏)가 말하였다: "오늘 날에 이르러 왕업(王業)을 이루고 하늘에 제사를 지내었다."

○ 論也.
('曾氏曰…用心如此也') 논의(論)이다.

○ 安成劉氏曰: "卒章遂說歸成王祀天之事. 雖未明言尊稷配天, 而一詩之意實爲尊稷配天而推本言之, 以爲受釐之樂歌也.
안성 유씨(安成 劉氏)가 말하였다: "마지막 장에 마침내 말하는 것은 왕이 하늘에 제사 지내는 일을 완성한 것으로 돌아갔다. 비록 후직(后稷)을 존숭하고 하늘에 짝하는 것을 명확하게 말하지 않았다고 하더라도, 하나의 시(詩)의 뜻은 실제로 후직(后稷)을 존숭하고 하늘에 짝하는 것이 되고 근본을 미루어 말한 것이니, 수리(受釐)[593]의 악가(樂歌)로 생각된다."

朱註

生民八章四章章十句四章章八句. 此詩未詳所用, 豈郊祀之後, 亦有受釐頒胙之禮也歟. 舊說第三章八句, 第四章十句. 今按第三章當爲十句, 第四章當爲八句, 則去呱訏路, 音韻諧協, 呱聲載路, 文勢通貫. 而此詩八章, 皆以十句八句相閒爲次. 又二章以後七章以前, 每章章之首, 皆有誕字.

생민(生民) 8장(章)이니, 4장은 장마다 10구(句)이고, 4장은 장마다 8구(句)이다. 이 시(詩)는 어디에 사용한 것인지 상세하지 않으니, 아마도 교사(郊祀)를 지낸 뒤에 또한 복(福)을 받고 음복고기를 나누어주는 예(禮)가 있었던 것이 아닐까? 구설(舊說)에 제 3장(章)은 8구(句)이고, 제 4장(章) 10구(句)라 하였다. 그런데 이제

---

[593] 하늘에 제사 지낼 때, 왕이 사람을 보내어 제사나 제후국의 제사 후에 남은 고기를 왕에게 보내어 복을 받았음을 보이도록 한 것이다.

살펴보건대 제 3장(章)은 마땅히 10구(句)가 되어야 할 것이고, 제 4장(章)은 마땅히 8구(句)가 되어야 하니, 거(去), 고(呱), 우(訏), 노(路)는 음운(音韻)이 맞으며, 우는 소리가 길에 가득하다는 것은 문세(文勢)가 관통된다. 그리고 이 시(詩)는 여덟 장(章)이 모두 10구(句)와 8구(句)로 서로 번갈아 차례를 삼았고, 또 제 2장(章) 이후와 제 7장(章) 이전에는 매 장(章)마다 장(章) 첫머리에 모두 '탄(誕)' 자가 있다.

詳說

○ 禧同.
('受釐'의 '釐') 희(禧)와 같다.

○ 非二事也.
('受釐頒胙') 두 가지 일이 아니다.

○ 慶源輔氏曰: "先生疑此詩專言后稷而不及於天, 則固非可用於郊祀. 上帝之時, 若郊祀後有受釐頒胙之禮, 則用此詩可也."
('此詩未詳…禮也歟') 경원 보씨(慶源 輔氏)가 말하였다: "선생은 이 시가 전적으로 후직(后稷)을 말하고 천(天)에 대해서 언급하지 않았다면, 확실히 교사(郊祀)에 사용될 수 없다고 의심하였다. 상제에게 제사 지낼 때, 만약 교사(郊祀) 후에 복(福)을 받고 음복고기를 나누어주는 예(禮)가 있었다면, 이 시를 사용하였음은 가능할 것 같다.

○ 新安胡氏曰: "郊祀樂歌已見於頌. 郊祀主嚴肅, 故其辭簡. 此殆大臣因祀事之餘, 推原其所以尊者耳."
('此詩未詳…禮也歟') 신안 호씨(新安 胡氏)가 말하였다: "교사(郊祀)의 악가(樂歌)는 이미 송(頌)에 보인다. 교사(郊祀)는 엄숙함을 위주로 하므로 그 말이 간결하다. 여기서는 아마도 대신(大臣)이 제사의 나머지 일로 인하여, 그 존숭하는 것을 미루어 근본으로 하였을 따름이다."

○ 如此則.
('第四章當爲八句則'의 '則') 이와 같다면.

○ 去聲.
('相間'의 '間') 거성이다.

○ 句.
('每章') 여기까지가 구(句)이다.

○ 朱子曰: "生民是序事. 下武、有聲等却有反覆歌詠意思."
주자가 말하였다: "생민(生民)은 일에 순서를 말하고 있는데, 하무(下武), 유성(有聲) 등은 오히려 반복하여 노래를 읊는 뜻을 가지고 있다."

[3-2-2-1]

敦彼行葦, 牛羊勿踐履. 方苞方體, 維葉泥泥. 戚戚兄弟, 莫遠具爾. 或肆之筵, 或授之几.

무성하게 자란 길가의 갈대를 소와 양이 밟지 않는다. 움 트고 크게 자라 그 잎 보드랍고 윤택하도다.594) 화목한 우리 형제 가까이 모두 모이면 자리 펴 앉게 하며 노인께는 안석 드리리라.595)

朱註

興也. 敦, 聚貌, 句萌之時也. 行, 道也. 勿, 戒止之詞也. 苞, 甲而未拆也. 體, 成形也. 泥泥, 柔澤貌. 戚戚, 親也. 莫, 猶勿也. 具, 俱也. 爾, 與邇同. 肆, 陳也.

흥(興)이다. 단(敦)은 모인 모양이니, 싹이 트는 때이다. 행(行)은 길이다. 물(勿)은 경계하여 그치게 하는 말이다. 포(苞)는 껍질이 아직 터지지 않은 것이고, 체(體)는 형체를 이룬 것이다. 예녜(泥泥)는 부드럽고 윤택한 모양이고, 척척(戚戚)은 친함이다. 막(莫)은 물(勿)과 같다. 구(具)는 모두이다. 이(爾)는 이(邇)와 같다. 사(肆)는 폄이다.

---

594) 정현의 「전(箋)」에서 다음과 같이 말하였다: "풀이 무성하게 자라면, 그 끝부분을 가지고 장차 사람을 위하여 사용할 것이므로, 주(周) 나라의 선왕(先王)께서는 이것을 아끼셨으니, 하물며 사람에 있어서랴!(草物方茂盛, 以其終將爲人用, 故周之先王爲此愛之, 況于人乎!)"

595) 정의(正義)에서 말하였다: "선왕(先王)께서는 인자하고 은혜로운 까닭으로, 능히 친척을 진심으로 대할 수 있었고, 그 친척 형제들은 멀지도 않고 가깝지도 않았으니, 왕은 모두 가까이 하여 읍(揖)하고 나아가서, 그들에게 연회를 베풀었다.(正義曰: 言先王有仁恩之故, 能誠心親戚, 其親戚之兄弟, 無遠無近, 王俱爾而揖進之, 與之燕樂.)"

詳說
○ 慶源輔氏曰:"敦然始句萌."
('敦,…句萌之時也') 경원 보씨(慶源 輔氏)가 말하였다: "모여서 처음 싹이 트는 것이다."

○ 萌芽之甲也.
('苞, 甲而未拆也') 새싹의 껍질이다.

○ 萌芽之形也.
('體, 成形也') 새싹의 형체이다.

朱註
疑此祭畢, 而燕父兄耆老之詩, 故言敦彼行葦, 而牛羊勿踐履, 則方苞方體, 而葉泥泥矣. 戚戚兄弟, 而莫遠具爾, 則或肆之筵, 而或授之几矣. 此方言其開燕設席之初, 而殷勤篤厚之意, 藹然已見於言語之外矣. 讀者詳之.
의심컨대 이것은 제사(祭祀)를 마치고 부형(父兄)과 기로(耆老)를 연향(燕享)하는 시(詩)인 듯하므로 말하기를 "무성히게 자란 길가의 갈대를 소와 양이 밟지 않는다면 바야흐로 움이 트고 형체를 이루어 잎이 부드럽고 윤택할 것이고, 화목한 형제(兄弟)들을 멀리하지 아니하고 모두 가까이 한다면 혹은 자리를 펴고 혹은 안석을 줄 것이다."고 한 것이다. 이것은 잔치를 열어 자리를 펴는 처음을 말했는데, 은근하고 두터운 뜻이 살포시 이미 언어(言語)의 밖에 나타나니, 읽는 자는 자세히 살펴보아야 할 것이다.

詳說
○ 以末章曾孫字而可知也.
('疑此祭畢') 마지막 장의 '증손(曾孫)' 자를 가지고 알 수 있다.

○ 慶源輔氏曰:"曰黃耉, 曰台背, 曰壽考, 可見也."
('而燕父兄耆老之詩') 경원 보씨(慶源 輔氏)가 말하였다: "황구(黃耉)라고 하고, 대배(台背)라고 하고, 수고(壽考)라고 하는 것을 볼 수 있다."

○ 射則因燕而行之, 故此不及焉.
('而燕父兄耆老之詩') 활쏘기라면 연회에 따라서 진행하므로 여기서는 언급하지 않았다.

○ 朱子曰:"以行葦興兄弟."
('故言敦彼行葦…葉泥泥矣') 주자가 말하였다: "길가의 갈대(행위[行葦])를 가지고 형제(兄弟)를 흥하게 하였다."

○ 勿、莫二字相應.
('牛羊勿…莫遠具爾') '물(勿)', '막(莫)' 두 글자는 서로 응한다.

○ 鄭氏曰:"稺者設筵, 老者加之以几."
('或肆之筵…几矣') 정씨(鄭氏[鄭玄])가 말하였다: "나이 어린 자가 자리를 만드는데, 나이 많은 자에게 안석으로 더한다."

○ 長樂劉氏曰:"肆筵, 行燕禮也. 授几, 優尊也."
('或肆之筵…几矣') 장락 유씨(長樂 劉氏)596)가 말하였다: "자리를 만드는 깃은 연회의 의례를 행하는 것이고, 안석을 주는 것은 높은 사람을 보살피는 것이다."

○ 音現.
('已見於言語之外'의 '見') 발음이 현(現)이다.

○ 慶源輔氏曰:"一篇之意皆具於此."
('此方言…言語之外矣') 경원 보씨(慶源 輔氏)가 말하였다: "한 편의 뜻이 모두 여기에 구비되어 있다."

○ 四句, 論也.
('此方言…讀者詳之') 네 구(句)는 논의(論)이다.

---

596) 장락 유씨는 이름이 이(彝), 자가 집중(執中)으로 남송(南宋) 사람인데, 『예기(禮記)』를 주해하였다.

[3-2-2-2]

肆筵設席, 授几有緝御. 或獻或酢, 洗爵奠斝. 醓醢以薦, 或燔
或炙. 嘉殽脾臄, 或歌或咢.

자리 위에 방석을 펴고, 안석 주고 시중드네. 술잔을 올리고 답하고 잔 씻어 또 권한다. 육장과 젓갈 올리며 불고기와 산적 요리. 맛 좋은지라 입가의 안주[597], 노래하고 북도 치네.

朱註

賦也. 設席, 重席也. 緝, 續. 御, 侍也. 有相續代而侍者, 言不乏使也. 進酒
於客曰獻, 客答之曰酢. 主人又洗爵醻客, 客受而奠之不擧也. 斝, 爵也, 夏
曰醆, 殷曰斝, 周曰爵. 醓, 醢之多汁者也. 燔用肉, 炙用肝. 臄, 口上肉也.
歌者, 比於琴瑟也, 徒擊鼓曰咢.

부(賦)이다. 설석(設席)은 자리를 이중으로 펴는 것이다. 집(緝)은 계속함이고, 어(御)는 모심이니, 서로 계속하여 교대로 모시는 자가 있다는 것은 심부름할 사람이 부족하지 않음을 말한 것이다. 손님에게 술잔을 올림을 헌(獻)이라 하고, 손님이 답하여 올림을 초(酢)라 한다. 주인(主人)이 다시 술잔을 씻어 손님에게 권하거든 손님은 받아서 놓아두고 들지 않는다. 가(斝)는 술잔이니, 하(夏)나라에서는 잔(醆)이라 하고, 은(殷)나라에서는 가(斝)라 하고, 주(周)나라에서는 작(爵)이라 하였다. 담(醓)은 젓갈 중에 즙이 많은 것이다. 굽는 것은 고기를 쓰고, 산적은 간(肝)을 쓴다. 갹(臄)은 입가의 고기이다. 가(歌)는 거문고와 비파에 맞추는 것이고, 다만 북만 치는 것을 악(咢)이라 한다.

詳說

○ 平聲.
('重席'의 '重') 평성이다.

○ 孔氏曰: "鋪陳曰筵, 在下爲鋪陳. 藉之曰席, 在上人所藉也."

---

597) '가효(嘉殽)'와 관련하여, 일반적으로 이것은 좋은 푸성귀를 의미한다. 정현(鄭玄)은 「전(箋)」에서 "굽는 것(燔)은 고기를 사용하고, 산적(炙)은 간(肝)을 사용하며, 지라를 넣어 첨가하였으므로, 가(嘉)라고 한다. (燔用肉, 炙用肝, 以脾函爲加, 故謂之嘉.)"고 하였는데, 이것은 '가(嘉)' 자를 가(加: 더하다)로 보아서, '가효(嘉殽)'를 첨가한 푸성귀로 해석한 것이다. 이것은 근거가 없다. '가효(嘉殽)'는 소아(小雅)의 「정월(正月)」편과 「거할(車舝)」편에도 나오지만, 정현은 이 두 곳에서 이러한 추측을 하지 않는다.

('設席, 重席也') 공씨(孔氏[孔穎達])가 말하였다: "자리를 까는 것을 연(筵)이라 하고, 아래에 있어서 포진(鋪陳: 바닥에 깔아 놓는 것)이 된다. 그것을 까는 것을 석(席)이라고 하고, 위에 사람이 깔고 앉는 것이다."

○ 慶源輔氏曰: "二句承上章, 而言肆筵授几之際, 其意有加無已也."
('有相…不乏使也') 경원 보씨(慶源 輔氏)가 말하였다: "두 구(句)는 윗 장을 이어서 자리를 펴고 안석을 주는(肆筵授几) 때를 말하였으니, 그 뜻은 더할 나위가 없다."

○ 酬同.
('醻客'의 '醻') '주(酬: 술을 권하다)'와 같다.

○ 阻限反.
('夏曰酨'의 '酨') 저(阻)와 한(限)의 반절이다.

○ 孔氏曰: "斝, 畫禾稼也."
('斝…周曰爵') 공씨(孔氏[孔穎達])가 말하였다: "가(斝)는 벼이삭을 그린 잔이다."

○ 孔氏曰: "所以濡菹有醓必有菹."
('醓…汁者也') 공씨(孔氏[孔穎達])가 말하였다: "김치를 절여서 젓갈을 담그는 법은 반드시 김치가 있어야 한다."

○ 音隻.
('炙用肝'의 '炙') 발음은 척(隻)이다.

○ 必二反.
('比於琴瑟'의 '比') 필(必)과 이(二)의 반절이다.

朱註
言侍御獻酬, 飮食歌樂之盛也.

모시고 술잔을 올리며 음식먹고 노래하고 음악을 연주함이 성대함을 말한 것이다.

> 詳說

○ 豐城朱氏曰:"人不乏禮, 無闕, 物豐, 聲備也."
('言侍御…盛也') 풍성 주씨(豐城 朱氏)가 말하였다: "사람이 예(禮)가 모자람이 없는 것은 빠진 것이 없고, 사물이 풍부하며, 소리가 다 갖추어져 있는 것이다."

[3-2-2-3]

敦弓旣堅, 四鍭旣鈞. 舍矢旣均, 序賓以賢. 敦弓旣句, 旣挾四鍭. 四鍭如樹, 序賓以不侮.

문채(文彩) 나는 활 단단하고598), 네 대의 화살도 바르다. 쏜 화살 모두 명중하니, 많이 맞춘 순서 정하네.599) 새긴 활시위 가득 당겨 네 번째 화살마저 쏘아 네 대 화살 꽂아놓은 듯 공손하게 차례 정하네.

> 朱註

賦也. 敦, 雕通, 畫也. 天子雕弓. 堅, 猶勁也. 鍭, 翦羽矢也. 鈞, 參亭也, 謂參分之一在前, 二在後, 三訂之而平者, 前有鐵重也. 舍, 釋也, 謂發矢也. 均, 皆中也. 賢, 射多中也. 投壺曰: 某賢於某若於純. 奇則曰奇均則曰左右均, 是也. 句, 彀通, 謂引滿也. 射禮, 搢三挾一, 旣挾四鍭, 則徧釋矣. 如樹, 如手就樹之, 言貫革而堅正也. 不侮, 敬也, 令弟子辭, 所謂無憮, 無敖, 無偕立, 無踰言者也. 或曰: 不以中病不中者也, 射以中多爲雋, 不侮爲德.

부(賦)이다. 조(敦)는 조(雕)와 통하니, 문채(文彩)를 새긴 것이다. 천자(天子)의 문채를 새긴 활이다. 견(堅)은 경(勁)과 같다. 후(鍭)는 쇠 화살촉이니, 깃털을 잘라

---

598) 모전(毛傳)에서 '돈궁(敦弓)'을 획궁(畫弓)이라고 하였는데.(敦弓, 畫弓也.) 정의(正義)에서는 다음과 같이 말하였다: "돈(敦)과 조(雕)는 옛날과 지금이 다르다. 조(雕)는 새겨서 장식하는 뜻이므로, '돈궁(敦弓)은 획궁(畫弓)'이다.'라고 하였다.(敦與雕, 古今之異. 雕是畫飾之義, 故云'敦弓, 畫弓也'.)" 결과적으로 '돈(敦)'과 '조(雕)'는 획(畫)의 뜻이다. 이것의 근거는 『순자』의 「대략(大略)」편에서 "천자는 조궁(雕弓)을 쓰고, 제후(諸侯)는 동궁(彤弓: 붉은 색을 칠한 활)을 쓰고, 대부(大夫)는 흑궁(黑弓)을 쓴다.(天子雕弓, 諸侯彤弓, 大夫黑弓.)"라고 한 것이다.

599) 정현의 「전(箋)」에서 다음과 같이 말하였다: "주(周) 나라의 선왕(先王)은 장차 연로한 자들을 돌보려고 하는데, 먼저 여러 신하들과 사례(射禮)를 행함으로써 그 참여 가능한 자들을 택하여 빈(賓)으로 삼았다. (周之先王將養老, 先與群臣行射禮, 以擇其可與者以爲賓.)"

만든 화살이다. 균(鈞)은 3으로 교정(矯正)함이니, 3분의 1은 앞에 있고, 3분의 2는 뒤에 있음을 말하는데, 3등분하여 교정해서 고르게 되는 것은 앞에 쇠가 있어서 무겁기 때문이다. 사(舍)는 놓음이니, 화살을 발사함을 이른다. 균(均)은 모두 맞힘이다. 현(賢)은 활을 쏘아 많이 맞힘이다. 「투호(投壺)」에 이르기를 "아무개가 아무개보다 약간 순(純)을 더 많이 맞혔다 하고, 기(奇)면 기(奇)라고 하고, 같으면 좌우(左右)가 같다고 한다." 한 것이 이것이다. 구(句)는 구(彀)와 통하니, 활을 가득히 당김을 이른다. 「사례(射禮)」에 "화살촉 세 개를 화살통에 꽂고 하나를 잡는다."하였으니, 이미 네 화살촉을 잡았다면 모두 발사한 것이다. 여수(如樹)는 손으로 가서 꽂아놓은 것과 같은 것이니, 가죽을 뚫되 견고하고 바름을 말한 것이다. 불모(不侮)는 공경함이니, 「투호(投壺)」의 자제(子弟)에게 명령한 말에 이른바 "거만하지 말고 오만하지 말고, 등지고 서지 말고 넘어가 말하지 말라"는 것이다. 혹자(或者)는 말하기를 "화살을 맞혔다 하여 맞히지 못한 자에게 피해를 입히지 않는 것이다."하니, 화살을 쏠 때에는 많이 맞히는 것을 준(雋)으로 여기고, 남을 업신여기지 않음을 덕(德)으로 여긴다.

詳說

○ 音話也.
('畫也'의 '畫') 발음은 화(話)이다.

○ 孔氏曰: "用漆又畫飾之."
('天子雕弓') 공씨(孔氏)가 말하였다: "옻칠을 사용하고 또 그림을 그려 장식하였다."

○ 荀子曰: "諸侯彤弓, 大夫黑弓."
('天子雕弓') 순자(荀子)가 말하였다: "제후(諸侯)는 동궁(彤弓: 붉은 색을 칠한 활)을 쓰고, 대부(大夫)는 흑궁(黑弓)을 쓴다."

○ 以鐵爲鍭, 且翦羽飾之之矢也, 謂之鍭者, 蓋主鐵而得名.
('堅…翦羽矢也') 쇠로 화살촉을 만들고 게다가 깃털을 잘라서 장식한 화살인데, 그것을 후(鍭)라고 하는 것은 쇠를 위주로 하여 이름을 얻은 것이다.

○ 諺解避.

('鈞') 언해(諺解)에서는 피휘하였다.

○ 國諱代用斤音.
('鈞') 나라의 피휘에 근(斤) 음을 대신 사용하였다.

○ 音驂.
('參亭'의 '參') 발음은 참(驂)이다.

○ 停通.
('參亭'의 '亭') 정(停)과 통한다.

○ 一作三.
('參分之一'의 '參') 어떤 판본에는 삼(三)으로 되어 있다.

○ 三分而平之.
('參分之一'의 '參') 세 개로 나누어 고르게 하였다.

○ 去聲, 下並同.
('皆中也'의 '中') 거성이고 아래도 다 같다.

○ 『禮記』.
('投壺') 『예기(禮記)』이다.

○ 音全.
('若於純'의 '純') 발음은 전(全)이다.

○ 音箕.
('奇則'의 '奇') 발음은 기(箕)이다.

○ 「投壺」曰: "二算爲純, 一算爲奇."
('奇則'의 '奇') 「투호(投壺)」에서 말하였다: "2산(算)이 순(純)이 되고, 1산(算)이 기(奇)가 된다."

○ 『儀禮』.
('射禮') 『의례(儀禮)』이다.

○ 音晉.
('揖三挾一'의 '揖') 발음은 진(晉)이다.

○ 音浹. 諺音恐誤.
('揖三挾一'의 '挾') 발음은 협(浹)이다. 언해(諺解)의 발음은 잘못인 것 같다.

○ 孔氏曰: "挾謂手挾之射, 用四矢, 故揷三於帶間也."
('揖三挾一'의 '一') 공씨(孔氏[孔穎達])이 말하였다: "협(挾)은 겨드랑이에 낀 활을 말하는데, 네 개의 화살을 사용하므로, 화살통에 세 개를 꽂아놓는다."

○ 不挫敗也.
('貫革而堅'의 '堅') 꺾지 못함이다.

○ 四矢方正.
('正也') 네 화살이 정확하게 똑바른 것이다.

○ 蒙上投壺之文.
('不侮…令弟子辭') 위 「투호(投壺)」의 글을 본받았다.

○ 音呼.
('無憮'의 '憮') 발음은 호(呼)이다.

○ 音傲.
('無敖'의 '敖') 발음은 오(傲)이다.

○ 音佩.
('無偝'의 '偝') 발음은 패(佩)이다.

○ 「投壺」注曰: "憮, 敖慢也. 偝, 立不正向前也. 踰, 言遠談語也."
('所謂無憮,…踰言者也') 「투호(投壺)」 주(注)에서 말하였다: "무(憮)는 오만한 것이다. 패(佾)는 서있는데 바르지 않으면서 앞을 향하는 것이다. 유(踰)는 담론과는 거리가 먼 말이다."

○ 不侮其不中者.
('或曰…不中者也') 맞히지 못한 사람을 업신여기지 않는 것이다.

○ 儁同.
('射以中多爲儁'의 '儁') 준(俊)과 같다.

○ 或說至此.
('射以中…不侮爲德') 혹자가 말한 것은 여기까지이다.

朱註
言旣燕而射以爲樂也.
이미 잔치하고 활을 쏘아 즐거워함을 말한 것이다.

詳說
○ 音洛.
('樂') 발음은 락(洛)이다.

○ 廬陵李氏曰:"燕射主於飮酒, 故於燕旅酬後爲之."
여릉 이씨(廬陵 李氏)가 말하였다: "연회의 활쏘기는 음주(飮酒)에 있어서 주도적이므로, 연회에서 술잔을 돌리고 난 후에 그것을(활쏘기를) 한다."

○ 東萊呂氏曰:"射雖畢, 而燕未終, 舉觶無算爵尙多, 故言酌大斗於旣射之後."
동래 여씨(東萊 呂氏)가 말하였다: "활쏘기를 비록 마쳤다고 하더라도 연회를 아직 마친 것은 아니고, 잔치에서 술잔 수를 셀 수 없는 경우가 오히려 많으므로, 큰 술잔에 술을 따르는 것은 이미 활쏘기를 마친 후에 벌어지는 것을 말한 것이다."

[3-2-2-4]

曾孫維主, 酒醴維醹. 酌以大斗, 以祈黃耇. 黃耇台背, 以引以翼, 壽考維祺, 以介景福.

증손이 주인이 되어600), 맛있는 술이 풍부하다. 대두(大斗)로 술을 떠내서 노인의 장수를 빈다.601) 검버섯이 생긴 노인을 앞에서 곁에서 도와602), 오래오래 장수하시어 경사스러운 복을 크게 하신다.603)

朱註

賦也. 曾孫, 主祭者之稱, 今祭畢而燕, 故因而稱之也. 醹, 厚也. 大斗, 柄長三尺. 祈, 求也. 黃耇, 老人之稱. 以祈黃耇, 猶曰以介眉壽云耳. 古器物欵識云, 用蘄萬壽, 用蘄眉壽, 永命多福. 用蘄眉壽, 萬年無疆, 皆此類也. 台, 鮐也. 大老則背有鮐文. 引, 導. 翼, 輔. 祺, 吉也.

부(賦)이다. 증손(曾孫)은 제사(祭祀)를 주관(主管)하는 자의 칭호이니, 이제 제사가 끝나고 잔치하기 때문에 인하여 칭한 것이다. 유(醹)는 후(厚)함이다. 대두(大斗)는 자루 길이가 3적(尺)이다. 기(祈)는 구함이다. 황구(黃耇)는 노인의 칭호이다. 이기황구(以祈黃耇)는 이개미수(以介眉壽)라는 말과 같다. 『고기물관지(古器物款識)』에 "용기만수(用蘄萬壽), 용기미수(用蘄眉壽), 영명다복(永命多福), 용기미수(用蘄眉壽), 만년무강(萬年無疆)"이라 하였으니, 모두 이러한 따위이다. 태(台)는 복어이니, 사람이 아주 늙으면 등에 복어 무늬가 있게 된다. 인(引)은 인도(引導)함이고, 익(翼)은 보익(輔翼)함이고, 기(祺)는 길(吉)함이다.

詳說

○ 朱子曰: "成王也."

('曾孫, 主祭者之稱') 주자가 말하였다: "성왕(成王)이다."

---

600) 모전(毛傳)에서 '증손(曾孫)'은 성왕(成王)이라고 하였다.
601) 정현의 「전(箋)」에서 다음과 같이 말하였다: "지금 우리 성왕(成王)께서 선왕(先王)의 법도를 계승하여 주인이 되었고, 또한 이미 빈(賓)을 차례 지웠으며, 진하고 풍부한 주례(酒醴)를 가져서, 대두(大斗)로 술을 떠서 맛을 보고 좋았으므로, 노인에게 알리고 가서 보살폈다.(今我成王承先王之法度. 爲主人, 亦既序賓矣, 有醇厚之酒醴, 以大斗酌而嘗之而美, 故以告黃耇之人, 征而養之也.)"
602) 정현의 「전(箋)」에서 다음과 같이 말하였다: "이미 노인들에게 알려, 그들이 오자, 예(禮)로써 맞아들이고, 예(禮)도왔다.(既告老人, 及其來也, 以禮引之, 以禮翼之.)"
603) 정현의 「전(箋)」에서 다음과 같이 말하였다: "노인들을 봉양하여 길함을 얻었으니, 큰 복을 돕는 것이다.(養老人而得吉, 所以助大福也.)"

○ 孔氏曰: "勺五升, 徑六寸."
('大斗, 柄長三尺') 공씨(孔氏[孔穎達])이 말하였다: "작(勺)으로 다섯 되(升)이고 지름이 6촌(寸)이다."

○ 詳見南山有臺註.
('黃考, 老人之稱') 소아(小雅)의 남산유대(南山有臺) 주(註)에 상세히 보인다.

○ 見七月.
('以祈…眉壽云耳') 국풍(國風) 칠월(七月)에 보인다.

○ 音志.
('古器物款識'의 '識') 발음은 지(志)이다.

○ 音祈.
('用蘄萬壽'의 '蘄') 발음은 기(祈)이다.

○ 出『考古圖』伯百父敦銘.
('用蘄萬壽')『고고도(考古圖)』의 백수부대명(伯百父敦銘)에 나온다.

○ 出『考古圖』齊豆銘.
('用蘄眉壽, 永命多福')『고고도(考古圖)』의 제두명(齊豆銘)에 나온다.

○ 出『考古圖』召伯万父壺銘及伯戔頯盤銘.
('用蘄眉壽, 萬年無疆')『고고도(考古圖)』의 소백교부호명(召伯万父壺銘)과 백잔회반명(伯戔頯盤銘)에 나온다.

○ 丂音考, 氣欲舒出貌.
('用蘄眉壽, 萬年無疆') 丂의 발음은 고(考)이고, 기(氣)가 퍼져 나오려고 하는 모양이다.

○ 凡詩中頌壽皆類此.
('皆此類也') 여러 시 중에서 송수(頌壽: 장수를 바라다)는 모두 이것과 같은 부

류이다.

○ 湯來反.
('鮐') 탕(湯)과 래(來)의 반절이다.

○ 一作人.
('大老'의 '大') 어떤 판본에는 '인(人)'으로 되어 있다.

○ 出毛傳.
('大老') 모전(毛傳)에 나온다.

○ 出鄭箋.
('背有鮐文') 정현(鄭玄)의 전(箋)에 나온다.

○ 孔氏曰:"老人氣衰皮膚消瘠, 背若鮐魚也."
('背有鮐文') 공씨(孔氏[孔穎達])가 말하였다: "노인은 기(氣)가 쇠하고 피부가 수척하며, 등이 복어 같다."

朱註
此頌禱之詞, 欲其飮此酒而得老壽, 又相引導輔翼, 以享壽祺介景福也.
이는 송도(頌禱)하는 말이니, 이 술을 마시고 노수(老壽)를 얻으며, 또 서로 인도(引導)하고 보익(輔翼)해서 수기(壽祺)를 누리고 경사스러운 복을 크게 하고자 한 것이다.

詳說
○ 鄭氏曰:"在前."
('引導') 정씨(鄭氏[鄭玄])가 말하였다: "앞에서 (인도[引導]) 하는 것이다."

○ 鄭氏曰:"在旁."
('輔翼') 정씨(鄭氏[鄭玄])가 말하였다: "옆에서 (보익[輔翼]) 하는 것이다."

○ 慶源輔氏曰:"此尤見親愛無窮之意. 相引導, 則不昧於所適, 相輔翼, 則不怠於所行, 相與年尊而德卲也."
('又相引導…景福也') 경원 보씨(慶源 輔氏)가 말하였다: "이것은 또한 친애(親愛)함이 무궁한 뜻을 드러낸 것이다. 도와서 인도하면 가는 곳에 어둡지 않고, 도와서 보익(輔翼)하면 행하는 것에 나태하지 않으니, 도와주니 장수하고 덕이 높아진다."

朱註
行葦四章章八句. 毛, 七章二章章六句五章章四句. 鄭, 八章章四句. 毛首章以四句興二句, 不成文理, 二章又不協韻, 鄭首章有起興, 而無所興, 皆誤. 今正之如此.
여기까지가 행위(行葦) 4장(章)이니, 각 장은 8구(句)이다. 모씨(毛氏)는 "칠장(七章)이니, 두 장(章)은 장(章)마다 육구(六句)이고, 다섯 장(章)은 장(章)마다 사구(四句)이다."라고 하였고, 정씨(鄭氏)는 "여덟 장(章)에 장(章)마다 사구(四句)이다."라고 하였다. 모씨(毛氏)는 "수장(首章)은 사구(四句)로써 이구(二句)를 흥(興)하였다."라고 하였는데, 문리(文理)를 이루지 못하고, 제이장(第二章)은 또 운(韻)이 맞지 않으며, 정씨(鄭氏)는 "수장(首章)에 기흥(起興)이 있다."라고 하였는데, 흥(興)한 바가 없으니, 모두 틀렸다. 이제 바로잡기를 이외 같이 한다.

詳說
○ 豐城朱氏曰: "前兩章未射而飮燕之始也, 故備言其禮樂之盛. 後兩章旣射而飮燕之終也, 故惟致其頌禱之誠, 言固有序也."
('行葦四章章八句') 풍성 주씨(豐城 朱氏)가 말하였다: "이전 두 장은 활쏘기를 아직 하지 않았고 연회의 시작이므로, 모두 그 예악의 융성함을 말한 것이다. 뒤의 두 장은 이미 활쏘기를 마치고 연회의 마지막이므로, 오직 그 송도(頌禱: 장수를 기원하다)의 성실함을 다하였으니, 확실히 질서가 있음을 말하였다."

○ 以四句興二句者, 詩中固有之, 而此篇首章, 若截去末二句, 則語不畢意而不成文理.
('毛首章…不成文理') 사구(四句)로써 이구(二句)를 흥(興)한다는 것은 시 속에 확실히 있지만 이 편 첫 장에서 마지막 두 구(句)를 제외하면 말이 뜻을 마치지 못하여 문리를 이루지 못한다.

○ 几、御之音不協.
('二章又不協韻') 기(几), 어(御)의 발음이 운이 맞지 않는다.

○ 下無所爲興之本事.
('鄭首章有起興, 而無所興') 흥하는 바의 본래 일을 시작하지 않음이다.

○ 慶源輔氏曰: "先儒分章之誤, 皆由不知比興之體, 音韻之節故也. 先生不得不辯之."
('皆誤. 今正之如此') 경원 보씨(慶源 輔氏)가 말하였다: "선유(先儒)의 장을 나누는 오류는 모두 비(比), 흥(興)의 본체와 음운(音韻)의 절도가 있는 연고를 알지 못함에서 연유한다. 선생(주자)은 분별하지 않을 수 없었다."

[3-2-3-1]

既醉以酒, 既飽以德, 君子萬年, 介爾景福.
술에 취하고, 덕에 배부르니604), 군자 만년토록 경사스러운 복을 크게 하소서.

朱註
賦也. 德, 恩惠也. 君子, 謂王也. 爾, 亦指王也.
부(賦)이다. 덕(德)은 은혜(恩惠)이다. 군자(君子)는 왕(王)을 말한 것이다. 이(爾) 또한 왕(王)을 가리킨다.

朱註
○此父兄所以答行葦之詩. 言享其飮食恩惠之厚, 而願其受福如此也.
이는 부형(父兄)이 「행위(行葦)」에 답한 시(詩)이다. 그 음식과 은의(恩意)의 후함을 누리고, 그 복(福)을 받기를 원함이 이와 같다고 말한 것이다.

---

604) 모전(毛傳)에서 본문의 '기(旣)'에 대하여, "그 예(禮)를 다하고 그 일을 마친 것이다.(旣者, 盡其禮, 終其事.)"라고 하였다. 이것과 관련하여 공영달(孔穎達)은 「소(疏)」에서 다음과 같이 말하였다: "모씨(毛氏)는 성왕(成王)이 종묘에서 제사를 지내는데, 모든 신하들이 도우니, 여수(旅酬)에 이르러 술을 떠서, 끝없이 마셔 모두가 취하였다고 생각하였다. 성왕(成王)이 이미 술로 취하고, 또한 제사의 마지막에 선조에게 베푸신 일을 드러내어, 두 가지 덕을 순차적으로 하였으니, 뜻과 의지가 충만하였고, 또한 이것은 덕(德)으로 배부름을 말한 것이다.(毛以爲, 成王之祭宗廟, 群臣助之, 至旅酬而酌酒, 終無筭爵, 而皆醉. 言成王旣醉之以酒矣, 又于祭末見惠施先后歸俎之事, 差次二者之德, 志意充滿, 又是旣飽以德矣.)"

詳說

○ 二其字指王.
   ('言享其飲食…願其受福如此也') 두 기(其) 자는 왕을 가리킨다.

○ 疊山謝氏曰:"願天助以大福."
   ('言享其飲食…願其受福如此也') 첩산 사씨(疊山 謝氏)가 말하였다:"하늘이 큰 복으로 도와주길 원하였다."

○ 慶源輔氏曰:"行葦末章云, 以介景福, 汎禱之辭也. 此言介以景福者, 特禱其君之辭也."
   ('言享其飲食…願其受福如此也') 경원 보씨(慶源 輔氏)가 말하였다:"「행위(行葦)」마지막 장에서 '이개경복(以介景福: 경사스러운 복을 크게하신다.)'라고 하였는데, 일반적으로 비는 말이다. 여기서 '이개경복(以介景福)'이라고 한 것은 특별히 그 군주에게 비는 말이다."

[3-2-3-2]

旣醉以酒, 爾殽旣將, 君子萬年, 介爾昭明.

술에 취하고, 그대의 안주 훌륭하니, 군자 만년토록 경사스러운 복을 크게 하소서.

朱註

賦也. 殽, 俎實也. 將, 行也, 亦奉持而進之意. 昭明, 猶光大也.
부(賦)이다. 효(殽)는 도마에 담아놓는 것이다.[605] 장(將)은 행함이니, 또한 받들어서 올리는 뜻이다. 소명(昭明)은 광대(光大)함과 같다.

詳說

○ 孔氏曰:"牲體."
   ('殽, 俎實也') 공씨(孔氏[孔穎達])가 말하였다:"희생이다."

○ 捧通.

---

605) 정의(正義)에서 말하였다: "귀조(歸俎)라는 것은 희생(犧牲)을 도마에 담아 놓는 것이므로, 또한 조실(俎實)이라고도 한다.(正義曰: 歸俎者, 以牲體實之于俎, 故又謂俎實.)"

('奉持'의 '奉') 봉(捧)과 통한다.

○ 兼二義.
('將…奉持而進之意') 두 뜻을 겸한다.

○ 曹氏曰: "天又大之以昭明."
('昭明, 猶光大也') 조씨(曹氏)가 말하였다: "하늘 또한 밝음으로 크게 하였다."

○ 豐城朱氏曰: "昭明亦指福之高明光大而言耳."
('昭明, 猶光大也') 풍성 주씨(豐城 朱氏)가 말하였다: "'소명(昭明)' 또한 복이 높고 밝으며 광대함을 가리켜 말한 것일 따름이다."

○ 自此以下, 每章首句, 必承上章末句, 如文王下武耳.
여기 이하 매 장의 첫 구(句)는 반드시 윗 장의 마지막 구(句)를 이었으니 마치 문왕지십(文王之什) 편의 하무(文王下武) 장과 같을 따름이다.

[3-2-3-3]

昭明有融, 高朗令終. 令終有俶, 公尸嘉告.

세상 가득 빛나니606) 드높게 끝까지 빛나네. 시작 있어 끝이 아름답다. 공시(公尸)가 고하네.

朱註

賦也. 融, 明之盛也. 春秋傳曰: 明而未融. 朗, 虛明也. 令終, 善終也. 洪範所謂考終命. 古器物銘, 所謂令終令命, 是也. 俶, 始也. 公尸, 君尸也. 周稱王, 而尸但曰公尸, 蓋因其舊. 如秦已稱皇帝, 而其男女猶稱公子公主也. 嘉告, 以善言告之, 謂嘏辭也. 蓋欲善其終者, 必善其始, 今固未終也, 而既其始矣. 於是公尸以此告之.

---

606) 모전(毛傳)에서 '융(融)'을 '장(長: 장구하다)'으로 보았는데, 이 경우에 본문의 구(句)는 "너의 광명이 영원함을 바라본다.(昭明有融)"는 정도로 해석할 수 있을 것이다. 반면에 주자는 '융(融)'을 '밝음의 흥성함(明之盛)'으로 풀어서, 이 경우에는 '융화(融和)'의 의미로 해석할 수 있다. 서한(西漢) 시대 『방언』에 "'융(融)'은 '장(長)'이다.(融, 長也.)"에 대하여, 이선(李善)은 『文選 注』에서 '융(融)'을 '융(肜)'으로 보았다. '융(肜)'은 본래 제사의 다음 날에 또 제사를 지내는 것을 말하여 연장과 계속의 의미를 가지고 있다. 본문의 바로 다음 구(句) '高朗令終'의 '終'과 '융(融)'은 잘 상응하기 때문에, 사실상 '융(融)'을 '융(肜)'의 가차자로 보는 것이 적절할 것 같다.

부(賦)이다. 융(融)은 밝음의 흥성함이다. 『춘추전(春秋傳)』에 이르기를 "밝되 아직 융(融)하지 못하다."라고 하였다. 낭(朗)은 허명(虛明)한 것이다. 영종(令終)은 마침을 잘하는 것이니, 「홍범(洪範)」에 이른바 "고종명(考終命)"이라는 것이고, 옛날의 기물명(古器物銘)에 이른바 "영종(令終), 영명(令命)"이라는 것이 이것이다. 숙(俶)은 비롯함이다. 공시(公尸)는 군시(君尸)이다. 주(周)나라는 왕(王)이라고 칭하였는데, 그 남녀(男女)를 아직도 공자(公子), 공주(公主)라고 칭한 것과 같다. 가고(嘉告)는 좋은 말로 고하는 것이니 가사(嘏辭)를 이른다. 그 마침을 잘하고자 하는 자는 반드시 그 시작을 잘해야 하니, 이제 진실로 아직 마치지 않았으나 이미 그 시작이 있는 것이다. 이에 공시(公尸)가 이것으로써 고(告)한 것이다.

詳說

○ 傳左昭五年.
('春秋傳') 『좌전(左傳)』 소공(昭公) 5년이다.

○ 周書.
('洪範') 「주서(周書)」이다.

○ 豐城朱氏曰: "昭朗, 言其福之光大. 令終, 言其福之悠久."
('朗…善終也') 풍성 주씨(豐城 朱氏)가 말하였다: "'소랑(昭朗)'은 그 복이 광대(光大)함을 말하였고, '영종(令終)'은 그 복이 유구함을 말하였다."

○ 『考古圖』虞敦銘.
('古器物銘') 『고고도(考古圖)』의 우돈명(虞敦銘)이다.

○ 虞音晏, 大貌.
('古器物銘') '虞'의 발음은 안(晏)이고, 큰 모양이다.

○ 有俶.
('以此') 본문의 '유숙(有俶: 아름답다)'이다.

○ 五句, 論也.
('蓋欲善…公尸以此告之') 다섯 구(句)는 논의(論)이다.

○ 東萊呂氏曰: "此上皆祭畢而燕臣, 下報上頌禱之辭也. 以下皆追道祭之受福, 以明頌禱之實也."
('蓋欲善…公尸以此告之') 동래 여씨(東萊 呂氏)가 말하였다: "여기 위에서는 모두 제사를 마치고 신하에게 연회를 베풀었으니, 아래에 있는 사람들이 윗 사람에게 보답하여 기원하는 말이다. 이하는 모두 제사에서 복을 받는 것을 추구하여 기원함의 실질을 밝힌 것이다."

[3-2-3-4]
其告維何, 籩豆靜嘉, 朋友攸攝, 攝以威儀.

(시동이) 고하는 말은 무엇인가? 제수가 정갈한데, 제사에 참석한 친구들도 위의(威儀)를 가지고 돕는 구나.607)

朱註
賦也. 靜嘉, 淸潔而美也. 朋友, 指賓客助祭者, 說見楚茨篇. 攝, 撿也.
부(賦)이다. 정가(靜嘉)는 청결(淸潔)하고 아름다움이다. 붕우(朋友)는 빈객(賓客)으로서 제사(祭祀)를 돕는 자를 가리키니, 해설이 「초자(楚茨)」편에 보인다. 섭(攝)은 검속함이다.

詳說
○ 長樂劉氏曰: "靜, 滌濯且敬也. 嘉, 新美而時也."
('靜嘉, 淸潔而美也') 장락 유씨(長樂 劉氏)가 말하였다: "'정(靜)'은 깨끗하게 씻고 공경히 하는 것이다. '가(嘉)'는 새롭고 아름다우며 때에 적절한 것이다."

○ 安成劉氏曰: "臣謂之賓客. 朋友皆尊之之辭, 所以重祭事也."
('朋友,…說見楚茨篇') 안성 유씨(安成 劉氏)가 말하였다: "신하는 빈객으로 부른다. '붕우(朋友)'는 모두 존경하는 말이니, 제사를 중요하게 여기기 때문이다."

---

607) 모전(毛傳)에서 "서로 돕는 것은 위의(威儀)로써 한 것임을 말한다.(言相佐者, 以威儀也.)"라고 하였다. 이것과 관련하여, 정현의 「전(箋)」에서 다음과 같이 말하였다: "붕우(朋友)는 모든 신하들이 뜻을 같이하여 좋은 것을 말한다. 성왕(成王)의 신하들은 모두 인자하고 효성스러운 선비와 군자의 행동을 하니, 그들이 서로 위의(威儀)의 일을 도운 것을 말한 것이다.(朋友, 謂群臣同志好者也. 言成王之臣, 皆有仁孝士君子之行, 其所以相攝佐威儀之事.)"

朱註

公尸告以汝之祭祀, 籩豆之薦, 旣靜嘉矣. 而朋友相攝佐者, 又皆有威儀當神意也. 自此至終篇, 皆述尸告之辭.

공시(公尸)가 고(告)하였는데, 너의 제사(祭祀)에 변두(籩豆)의 올림이 이미 정갈하고 아름다웠으며, 붕우(朋友)로서 서로 검속하고 돕는 자가 또 모두 위의(威儀)가 있어 신(神)의 뜻에 합당하다고 한 것이다. 이로부터 종편(終篇)까지는 모두 시동(尸童)이 고하는 말을 기술한 것이다.

詳說

○ 慶源輔氏曰: "'其告維何', 問尸告之辭若何也."

('公尸告') 경원 보씨(慶源 輔氏)가 말하였다: "'기고위하(其告維何: 고하는 말은 무엇인가?)'는 시동이 고하는 말이 어떠한가를 묻는 것이다."

○ 孔氏曰: "各自收斂, 以相佐助."

('朋友相攝佐者') 공씨(孔氏[孔穎達])가 말하였다: "각기 스스로 수렴(收斂)하여, 서로 보좌하여 돕는 것이다."

○ 添此句.

('又皆有威儀當神意也') 이 구(句)를 첨가하였다.

○ 論也.

('自此至終篇…尸告之辭') 논의(論)이다.

○ 安成劉氏曰: "此章尸告其儀物之盛也."

('自此至終篇…尸告之辭') 안성 유씨(安成 劉氏)가 말하였다: "이 장은 시동(尸童)이 그 의례에 바치는 것들이 풍성함을 고한 것이다."

[3-2-3-5]

威儀孔時, 君子有孝子. 孝子不匱, 永錫爾類.

위의(威儀)가 때에 맞고, 군자(君子)가 효자(孝子)를 두었도다.[608] 효자(孝子)가 끝나지 않으니, 길이 너에게 복을 주리로다.

朱註

賦也. 孝子, 主人之嗣子也. 儀禮, 祭祀之終, 有嗣舉奠. 匱, 竭. 類, 善也.
부(賦)이다. 효자(孝子)는 주인(主人)의 사자(嗣子)이다.『의례(儀禮)』에 제사를 마침에 사자(嗣子)가 올린 술잔을 든다. 궤(匱)는 다함이고, 유(類)는 좋음이다.

詳說

○ 特牲.
('儀禮')『의례(儀禮)』의「특생궤식례(特牲饋食禮)」편이다.

○ 鄭氏曰: "舉猶飮也."
('有嗣舉奠'의 '舉') 정씨(鄭氏[鄭玄])가 말하였다: "'거(舉)'는 음(飮: 마시다)과 같다."

○ 安成劉氏曰: "祝酌酒奠于神席前, 祭告畢而旅酬主人. 嗣子入尸執前所奠觶飮嗣子."
('孝子…有嗣舉奠')

○ 猶福也.
('類, 善也') 복(福)과 같다.

朱註

○言汝之威儀, 旣得其宜, 又有孝子以舉奠. 孝子之孝, 誠而不竭, 則宜永錫爾以善矣. 東萊呂氏曰: 君子旣孝, 而嗣子又孝. 其孝可謂源源不竭矣.
너의 위의(威儀)가 이미 마땅함을 얻었고, 또 효자(孝子)가 있어 술잔을 올렸다. 효자(孝子)의 효(孝)가 정성스럽고 끝나지 아니하였다면, 마땅히 길이 너에게 좋음을 줄 것이라고 한 것이다. 동래여씨(東萊呂氏)가 말하였다: "군자(君子)가 이미 효도(孝道)하였는데 사자(嗣子)가 또 효도하니, 그 효도가 근원적으로 이어져 다하지 않는다고 이를 만하도다."

---

608) 정현의「전(箋)」에서 다음과 같이 말하였다: "성왕(成王)의 신하들의 위의(威儀)가 매우 그 마땅함을 얻었으니, 모두 군자다운 사람이었고, 효자의 행동을 가지고 있었음을 말한 것이다.(言成王之臣威儀甚得其宜, 皆君子之人, 有孝子之行.)"

詳說

○ 時.
 ('其宜'의 '宜') 시(時: 적절한 때)이다.

○ 藍田呂氏曰: "所以致其傳付."
 ('孝子以擧奠') 남전 여씨(藍田 呂氏)가 말하였다: "그 전함을 다하는 방법이다."

○ 豊城朱氏曰: "嗣子之孝, 誠不竭."
 ('孝子之孝, 誠而不竭') 풍성 주씨(豊城 朱氏)가 말하였다: "계승하는 자의 효가 성실함이 끝나지 않는다."

○ 而字不必泥.
 ('孝子之孝, 誠而不竭') '이(而)'자를 반드시 붙일 필요는 없다.

○ 廬陵彭氏曰: "天錫君以類."
 ('則亞永錫爾以善矣') 여릉 팽씨(廬陵 彭氏)가 말하였다: "하늘이 군주에게 복을 주는 것이다."

○ 論也.
 ('東萊呂氏曰…不竭矣') 논의(論)이다.

○ 廬陵彭氏曰: "下章言胤嗣而卒之以從以孫子, 皆永錫爾類之驗也."
 ('東萊呂氏曰…不竭矣') 여릉 팽씨(廬陵 彭氏)가 말하였다: "다음 장은 계승함을 말하고서 훌륭한 자손을 잇는 것으로 마쳤으니, 모두 '영사이류(永錫爾類: 길이 너에게 복을 주리로다)'의 징험이다."

○ 安成劉氏曰: "此述尸告其嗣子之孝也."
 ('東萊呂氏曰…不竭矣') 안성 유씨(安成 劉氏)가 말하였다: "여기에서 시동(尸童)이 그 자손을 잇는 효를 고함을 기술하였다."

[3-2-3-6]

其類維何. 室家之壼, 君子萬年, 永錫祚胤.

그 복은 무엇인가? 집안 잘 다스리니609) 만년토록 군자에게 길이 복록과 자손 주리라.

朱註

賦也. 壼, 宮中之巷也, 言深遠而嚴肅也. 祚, 福祿也. 胤, 子孫也. 錫之以善, 莫大於此.

부(賦)이다. 곤(壼)은 궁중(宮中)의 골목이니, 심원(深遠)하고 엄숙함을 말한 것이다. 조(祚)는 복록(福祿)이고, 윤(胤)은 자손(子孫)이다. 좋음을 줌이 이보다 큰 것이 없다.

詳說

○ 慶源輔氏曰: "無外虞也."
('言深遠而嚴肅也') 경원 보씨(慶源 輔氏)가 말하였다: "바깥의 근심(外虞)이 없는 것이다.

○ 以論釋之.
('錫之以善, 莫大於此') 논의(論)를 가지고 해석하였다.

○ 孔氏曰: "七章言祚, 八章言胤, 此章擧其目."
('錫之以善, 莫大於此') 공씨(孔氏[孔穎達])가 말하였다: "7장은 복을 말하였고, 8장은 계승하는 것을 말하였는데, 이 장은 그 조목을 제시하였다."

○ 安成劉氏曰: "此章述尸告以錫善之意."
안성 유씨(安成 劉氏)가 말하였다: "이 장은 시동(尸童)이 고하여 좋은 복을 주는 뜻을 기술하였다."

---

609) '곤(壼)'에 대하여, 모전(毛傳)에서 "'곤(壼)'은 넓음이다.(壼, 廣也.)"라고 하였다. 이 경우 해당되는 본문의 구절은 "너의 집이 넓고 크다.(室家之壼)"라는 정도로 번역할 수 있다. 반면에 주자는 '곤(壼)'을 '심원(深遠)하고 엄숙함(深遠而嚴肅)'으로 풀었는데, 사실 『이아(爾雅)』에서 "궁중(宮中)의 골목을 '곤(壼)'이라고 한다.(宮中巷謂之壼.)"는 것을 따르면, '곤(壼)'은 왕궁 안에 있는 많은 골목을 의미한다. 따라서 본문의 구절은 "네가 가진 많은 골목이 있는 집(室家之壼)"으로 해석할 수 있다.

[3-2-3-7]

其胤維何. 天被爾祿, 君子萬年, 景命有僕.

그 자손은 어떠한가? 하늘의 복록을 받아서610) 군자에게 만년토록 천명이 함께하리라.

朱註

賦也. 僕, 附也.
부(賦)이다. 복(僕)은 따름이다.

詳說

○ 孔氏曰:"僕御必附近於人."
('僕, 附也') 공씨(孔氏[孔穎達])가 말하였다: "말을 다루는 사람(僕御)은 반드시 따르고 사람에게 가깝다."

朱註

言將使爾有子孫者, 先當使爾被天祿, 而爲天命之所附屬. 下章乃言子孫之事.
장차 자손(子孫)을 둔 너희로 하여금 먼저 너희가 하늘이 내려준 복록을 받아 천명(天命)이 따르게 하겠다는 것을 말하였다. 아래 장에 가서야 자손(子孫)의 일을 말하였다.

詳說

○ 先釋爾被字以便文.
('先當使爾被天祿') 먼저 '이피(爾被)'자를 해석함으로써 문장에 편하다.

○ 孔氏曰:"前章言祚胤, 此章因其句末, 而轉之, 故云其胤維何, 其實先言祚耳."
('而爲天命之所附屬') 공씨(孔氏[孔穎達])가 말하였다: "이전 장에서는 복록과 자손을 말하였고, 이 장에서는 그 구(句)의 마지막을 인하여 돌아갔으므로 '기윤유

---

610) 정현의 「전(箋)」에서 다음과 같이 말하였다: "하늘이 (성왕의) 여자에게 복을 부여하여 자손에게 이르도록 하였다는 것은 무엇을 말하는가? 하늘이 복록과 여자에게 복록과 지위를 내려, 그 복이 천하에 임하도록 한 것이다.(天予女福祚至于子孫, 云何乎? 天覆被女以祿位, 使祿臨天下.)"

하(其胤維何: 그 자손은 어떠한가?)'라고 하였으니, 실제로는 먼저 복록을 말한 것일 따름이다."

○ 安成劉氏曰: 此章述尸告錫祚之事, 而必發之以其胤. 下章述尸告錫胤之事, 而必發之以其僕. 以見二者相因而兼備, 下章乃言子孫之事.

안성 유씨(安成 劉氏)가 말하였다: "이 장은 시동(尸童)이 복록을 주는 것을 고하여 반드시 그 자손에게 일어나는 것을 기술하였다. 아래 장은 시동(尸童)이 복록을 주는 것을 고하여 반드시 그 따름으로 일어나는 것을 기술하였다. 두 가지가 서로 인하여 두루 갖추어짐을 보고서, 아래 장은 이에 자손의 일을 말하였다.

[3-2-3-8]
其僕維何. 釐爾女士. 釐爾女士, 從以孫子.

따름은 무엇인가? 훌륭한 여인 주도다 훌륭한 여인을 주어서 훌륭한 자손을 이으리라.

朱註
賦也. 釐, 予也. 女士, 女之有士行者, 謂生淑媛使爲之妃也. 從, 隨也, 謂又生賢子孫也.

부(賦)이다. 이(釐)는 줌이다. 여사(女士)는 여자 중에 선비의 행실이 있는 자이니, 숙원(淑媛)을 낳아 배필이 되게 함을 이른다. 종(從)은 따름이니, 또한 어진 자손을 낳음을 이른다.

詳說
○ 音與.
('予也'의 '予') 발음은 여(與)이다.

○ 去聲.
('士行'의 '行') 거성이다.

○ 音院.

('淑媛'의 '媛') 발음은 '원(院)'이다.

○ 音配.
('之妃'의 '妃') 발음은 배(配)이다.

○ 慶源輔氏曰: "觀周自大姜以來之事, 則可見矣."
('從…生賢子孫也') 경원 보씨(慶源 輔氏)가 말하였다: "주 나라 태강(大姜) 이래의 일을 관찰한다면, 알 수 있다."

○ 定宇陳氏曰: "國家千萬世無窮之福, 其基本實在於此, 父兄之意遠矣."
정우 진씨(定宇 陳氏)611)가 말하였다: "국가 천만세 무궁한 복은 그 기틀이 본래 실제로 여기에 있으니, 부형(父兄)의 뜻은 심원하다."

朱註

旣醉八章, 章四句.
기취(旣醉) 여덟 장이니, 장(章)마다 4구(句)이다.

[3-2-4-1]

鳧鷖在涇, 公尸來燕來寧. 爾酒旣清, 爾殽旣馨, 公尸燕飲, 福祿來成.

물오리 갈매기 경수에 노니는데, 공시(公尸)는 잔치에 와 편안하네.612) 그대 내는 술이 맑고 그대 안주 향기로운데, 공시(公尸) 즐겁게 술 마시니 받은 복록이 온전하네.613)

---

611) 진역(陳櫟, 1252~1334)이다. 중국 원(元) 나라의 학자이며, 송(宋) 나라가 멸망한 뒤 은거하면서 주희(朱熹)를 종주(宗主)로 삼고 저술에 전념하였다.
612) 정현의 「전(箋)」에서 다음과 같이 말하였다: "수조(水鳥)가 물에 있는 것은 사람이 공시(公尸)가 되어 종묘에 있는 것과 같으므로, 비유한 것이다. 제사를 이미 마치고, 다음 날에 또 예(禮)를 진설하여 공시(公尸)에게 연회를 베푼 것이다. 성왕(成王) 때, 공시(公尸)가 와서 연회를 베풀었는데. 그 마음이 편안하였고, 자신이 실제로 신하된 연고가 아니어서 스스로 겸손하였다. 이것을 말한 것은 성왕(成王)이 공시(公尸)를 섬기는 예(禮)가 갖추어져 있음을 찬미한 것이다.(水鳥而居水中, 猶人爲公尸之在宗廟也, 故以喩焉. 祭祀旣畢, 明日又設禮而與尸燕. 成王之時, 尸來燕也, 其心安, 不以己實臣之故自謙. 言此者, 美成王事尸之禮備.)"
613) 공영달(孔穎達)은 「소(疏)」에서 다음과 같이 말하였다: "그 연회를 할 적에, (주인인) 왕의 술이 이미 청결하였고, 왕의 안주는 이미 향기로웠으니, 이내 이것을 사용하여 공시(公尸)에게 연회를 베풀어 먹게 한다면 신(神)이 기뻐하게 되니, 이것으로 복록을 다하여 완성을 이루는 것이다.(其燕之時, 爾王酒旣淸潔矣, 爾王之殽旣馨香矣, 乃用之以公尸燕樂而飮之, 則爲神所悅. 以此致福祿而來成.)"

朱註

興也. 鳧, 水鳥, 如鴨者. 鷖, 鷗也. 涇, 水名. 爾, 自歌工而指主人也. 馨, 香之遠聞也.

흥(興)이다. 부(鳧)는 수조(水鳥)이니, 오리와 같고, 예(鷖)는 갈매기이다. 경(涇)은 물 이름이다. 이(爾)는 노래하는 악공(樂工)의 입장에서 주인(主人)을 가리킨 것이다. 형(馨)은 향기가 멀리 풍기는 것이다.

詳說

○ 音謳.

('鷗也'의 '鷗') 발음은 구(謳)이다.

○ 親之之辭.

('爾…指主人也') 친애하는 말이다.

朱註

○此祭之明日, 繹而賓尸之樂. 故言鳧鷖則在涇矣. 公尸則來燕來寧矣. 酒淸 殽馨, 則公尸燕飮, 而福祿來成矣.

이는 제사(祭祀)를 지낸 다음날에 역(繹) 제사를 하여 시(尸)에게 손님의 예(禮)로 잔치하는 음악이다. 그러므로 "물오리 갈매기는(鳧鷖)는 경수(涇水)에 노닐고, 공시(公尸)는 잔치에 와서 편안하네. 술이 맑고 안주가 향기로운데, 공시(公尸)가 잔치에 술을 마시니 주신 복록(福祿)이 온전하다"고 말한 것이다.

詳說

○ 廬陵李氏曰: "尋繹前祭也."

('繹而賓尸之樂'의 '繹') 여릉 이씨(廬陵 李氏)가 말하였다: "이전의 제사를 살피는 것이다."

○ 殷曰肜, 周曰繹.

('繹而賓尸之樂'의 '繹') 은(殷) 나라에서는 융(肜)이라고 하였고, 주(周) 나라에서는 역(繹)이라고 하였다.

○ 朱子曰: "明日煖其祭食, 以燕爲尸之人."
('繹而賓尸之樂') 주자가 말하였다: "다음 날 그 제사의 음식을 따뜻하게 데워서, 잔치를 베풀어 시(尸)의 역할을 한 사람을 위하는 것이다."

○ 慶源輔氏曰: "以賓禮燕尸."
('繹而賓尸之樂') 경원 보씨(慶源 輔氏)가 말하였다: "빈례(賓禮)로 시(尸)의 역할을 한 사람에게 잔치를 베푸는 것이다."

○ 鄭氏曰: "水鳥居水, 公尸在廟."
('故言鳧鷖…來燕來寧矣') 정씨(鄭氏[鄭玄])가 말하였다: "물오리는 물에서 노닐고, 공시(公尸)는 묘당에 있다."

○ 一句興五句.
('酒淸淆馨…而福祿來成矣') 하나의 구(句)가 다섯 구(句)를 흥(興)하게 한다.

○ 慶源輔氏曰: "福祿來成, 就乎尸也. 此乃繹祭燕尸之樂歌, 故不及其他, 但重疊言之, 以極其尊敬頌禱之誠耳."
('酒淸淆馨…而福祿來成矣') 경원 보씨(慶源 輔氏)가 말하였다: "복록이 와서 이루어지고 공시(公尸)에게 이르렀다. 이것은 바로 역(繹) 제사를 지내고 공시(公尸)에게 잔치를 베푸는 음악이므로, 다른 것은 언급하지 않았으나 중층적으로 말함으로써, 그 존경하고 복을 비는 성실함을 극대화한 것일 따름이다."

[3-2-4-2]

鳧鷖在沙, 公尸來燕來宜. 爾酒旣多, 爾殽旣嘉. 公尸燕飮, 福祿來爲.

물오리 갈매기 모래에 있는데, 공시(公尸)는 즐거운 잔치에 왔네.614) 그대 내는 술 많고 그대 안주도 맛있어, 공시(公尸)가 즐겁게 마시니 복록으로 돕는구나.

---

614) 정현의 「전(箋)」에서 다음과 같이 말하였다: "수조(水鳥)는 물속에 있는 것이 일반적인데, 지금 물가에 나와 있으니, 제사 때 사방에서 백가지 물건을 가지고 오는 공시(公尸)를 비유한 것이다. 그들이 와서 연회를 베풀어 주니, 마음은 스스로 합당하다고 여기고, 또한 자신이 실제로 신하로서 스스로 혐오하지 않는다.(水鳥以居水中爲常, 今出在水旁. 喩祭四方百物之尸也. 其來燕也, 心自以爲宜, 亦不以己實臣自嫌也.)"

> 朱註

興也. 爲, 猶助也.
흥(興)이다. 위(爲)는 조(助)와 같다.

> 詳說

○ 慶源輔氏曰:"冝, 稱也."
경원 보씨(慶源 輔氏)가 말하였다: "'의(冝)'는 칭찬함이다."

○ 亦見「天保」.
('爲, 猶助也') 또한 「녹명지십(鹿鳴之什)·천보(天保)」 장에서도 보인다.

[3-2-4-3]
> 鳧鷖在渚, 公尸來燕來處. 爾酒旣湑, 爾殽伊脯. 公尸燕飮, 福祿來下.

물오리 갈매기 모래섬에 있는데, 공시(公尸)는 잔치에 와 편안하네. 그대 내는 술 맑고, 그대 안주 맛있는 육포. 공시(公尸)가 즐겁게 마시니 복록을 내려주네.

> 朱註

興也. 渚, 水中高地也. 湑, 酒之泲者也.
흥(興)이다. 저(渚)는 물 가운데의 높은 땅이다. 서(湑)는 술을 거르는 것이다.

> 詳說

○ 子禮反.
('渚') 자(子)와 체(禮)의 반절이다.

○ 『釋文』曰:"以茅泲之, 去其糟."
('湑, 酒之泲者也') 『석문(釋文)』에서 말하였다: "띠로 술을 걸러 찌꺼기를 제거하는 것이다."

[3-2-4-4]
鳧鷖在潨, 公尸來燕來宗. 旣燕于宗, 福祿攸降. 公尸燕飮, 福祿來崇.

물오리 갈매기 하구에 있는데, 공시(公尸)는 잔치에 와서 존엄하네. 사당에서 잔치하니 복록을 내렸었는데, 공시(公尸)가 즐겁게 마시니 복록 더 많이 쌓이네.

朱註

興也. 潨, 水會也. 來宗之宗, 尊也. 于宗之宗, 廟也. 崇, 積而高大也.

흥(興)이다. 총(潨)은 물이 모임이다. 내종(來宗)의 종(宗)은 높임이고, 우종(于宗)의 종(宗)은 종묘(宗廟)이다. 숭(崇)은 쌓여서 높고 큰 것이다.

詳說

○ 『說文』曰: "小水入大水."
('潨, 水會也') 『설문(說文)』에서 말하였다: "작은 물이 큰 물로 들어감이다."

○ 慶源輔氏曰: "下, 自上而下易辭也. 崇, 則積而極其高大, 後言漸重."
('崇, 積而高大也') 경원 보씨(慶源 輔氏)가 말하였다: "(이전 시에서 나온) '하(下)'는 위에서 아래로 변한다는 말이다. '숭(崇)'은 쌓여서 그 높고 큰 것을 극대화 한 후에 점점 중복됨을 말하는 것이다."

[3-2-4-5]
鳧鷖在亹, 公尸來止熏熏. 旨酒欣欣, 燔炙芬芬. 公尸燕飮, 無有後艱.

물오리 기러기 골짝 어귀에 있는데, 공시(公尸)는 잔치에 와 화락하고 기쁘네. 좋은 술에 즐겁고 구운 고기 향기롭다. 공시(公尸)가 즐거이 마시니 뒤탈이 없으리로다.

朱註

興也. 亹, 水流峽中, 兩岸如門也. 熏熏, 和說也. 欣欣, 樂也. 芬芬, 香也.

흥(興)이다. 문(亹)은 물이 협중(峽中)으로 흘러 두 강안(江岸)이 문(門)과 같은 것이다. 훈훈(熏熏)은 화(和)하고 기쁨고요, 흔흔(欣欣)은 즐거움이며, 분분(芬芬)은 향기로움이다.

詳說

○ 止猶處也.
(본문의) '지(止)'는 처함(處)과 같다.

○ 悅同.
('和說'의 '說') 열(悅)과 같다.

○ 慶源輔氏曰: "上章皆指今日言無後艱, 則言其後日也."
('熏熏…香也') 경원 보씨(慶源 輔氏)가 말하였다: "윗 장에서 다 금일(今日)을 가리켜 뒤탈이 없다고 말하는 것은 그 후일(後日)을 말하는 것이다."

朱註

鳧鷖五章, 章六句.
부예(鳧鷖) 5장이고, 각 장마다 6구(句)이다.

[3-2-5-1]

假樂君子, 顯顯令德. 宜民宜人, 受祿于天. 保右命之, 自天申之.

아름답고 즐거운 군자여, 훌륭한 덕이 빛나도다. 백성들은 흡족하여 하늘의 복록을 받았구나.[615] 도와주고 명하시고, 하늘로부터 거듭 주시네.

詳說

---

[615] 정현의 「전(箋)」에서 다음과 같이 말하였다: "하늘이 성왕(成王)을 아름답고 즐겁게 여겨, 빛나는 선한 덕(德)을 가졌으니, 백성을 편안하게 하고, 사람에게 관직을 주는 것 모두 그 마땅함을 얻어 복록을 하늘로부터 받았다.(天嘉樂成王, 有光光之善德, 安民官人皆得其宜, 以受福祿于天.)" 공영달(孔穎達)의 「소(疏)」에서도 다음과 같이 말하였다: "백성들에게 마땅하여 능히 편안하게 해주었고, 사람에게 마땅하여 능히 관직을 줄 수 있었으니, 이것으로 그 복록을 하늘로부터 받았으니, 이는 하늘이 그(성왕을) 아름답고 즐겁게 여긴 것이다. 사람에게 관직을 주는 일은 왕의 정치에 더욱 중요하므로, 다시 재차 그것을 말하였다.(宜于民而能安之, 宜于人而能官之, 以此能受其福祿于天, 是天嘉樂之也. 官人之事, 王政尤重, 故又更申說之.)"

○ 『春秋傳』左文三年.
『춘추전(春秋傳)』좌씨(左氏)의 글 3년.

朱註
賦也. 嘉, 美也. 君子, 指王也. 民, 庶民也. 人, 在位者也. 申, 重也.
부(賦)이다. 가(嘉)는 아름다움이다.616) 군자(君子)는 왕(王)을 가리킨다. 민(民)은 서민(庶民)이요, 인(人)은 지위에 있는 자이다. 신(申)은 거듭함이다.

詳說
○ 豊城朱氏曰:"可嘉可樂."
('嘉, 美也') 풍성 주씨(豊城 朱氏)가 말하였다:"아름답고 즐거워할 수 있는 것이다."

○ 慶源輔氏曰:"保, 安也. 右, 助也. 命, 命爲天子也."
('君子…在位者也') 경원 보씨(慶源 輔氏)가 말하였다:"'보(保)'는 편안함이다. '우(右)'는 도움이다. '명(命)'은 천자가 될 것을 명한 것이다."

朱註
○言王之德旣宜民人, 而受天祿矣. 而天之於王, 猶反覆眷顧之而不厭, 旣保之右之, 命之而又申重之也. 疑此卽公尸之所以答鳧鷖者也.
왕(王)의 덕(德)이 이미 백성과 신하에게 마땅하여 천록(天祿)을 받았다. 그리고 하늘이 왕(王)에 대하여 아직도 반복하여 돌아보고 싫어하지 않아, 이미 보호해주고 도와주고 명하고, 또 거듭함을 말한 것이다. 의심하건대 이것은 공시(公尸)가 부예(鳧鷖)에 답한 것인 듯하다.

詳說
○ 慶源輔氏曰:"民人皆宜之, 謂心愜之."
('君子…在位者也') 경원 보씨(慶源 輔氏)가 말하였다:"백성들이 모두 마땅하다고 여기는 것을 '마음이 흡족해하다(心愜之)'라고 말한다."

---

616) 모전(毛傳)에서 "'가(假)는 가(嘉)이다.(假, 嘉也.)"라고 하였다.

○ 豐城朱氏曰:"此自其已然者言之."
('而受天祿矣') 풍성 주씨(豐城 朱氏)가 말하였다: "여기서는 그 이미 그러한 것으로부터 말하였다."

○ 音福.
('反覆'의 '覆') 발음은 복(福)이다.

○ 添二句.
('而天…不厭') 두 구(句)를 첨가하였다.

○ 豐城朱氏曰:"此自其無窮者言之."
('旣保之…申重之也') 풍성 주씨(豐城 朱氏)가 말하였다: "여기서는 그 무궁한 것으로부터 말하였다."

○ 慶源輔氏曰:"在己之德不已, 則在天之命無窮."
('旣保之…申重之也') 경원 보씨(慶源 輔氏)가 말하였다: "자신의 덕(德)이 그치지 않으면, 하늘의 명(命)은 무궁하다."

○ 安成劉氏曰:"此與天保二章文意相似."
('旣保之…申重之也') 안성 유씨(安成 劉氏)가 말하였다: "이것은 '천보(天保)' 2장과 글의 뜻이 비슷하다."

○ 此上四篇蓋一時事耳.
('疑此卽…答梟鸞者也') 이 위의 네 편은 대개 같은 때에 일어난 일이다.

[3-2-5-2]

干祿百福, 子孫千億. 穆穆皇皇, 宜君宜王. 不愆不忘, 率由舊章.

온갖 복을 다 받아 자손이 천억이다. 엄숙하고 훌륭하여 제후답고 천자다워, 잘못 없고 틀림없이 선왕의 예악을 따르리로다.

朱註

賦也. 穆穆, 敬也. 皇皇, 美也. 君, 諸侯也. 王, 天子也. 舊章, 先王之禮樂政刑也. 愆, 過, 率, 循也

부(賦)이다. 목목(穆穆)은 공경함이요, 황황(皇皇)은 아름다움이다. 군(君)은 제후(諸侯)이고, 왕(王)은 천자(天子)이다. 건(愆)은 허물이고, 솔(率)은 따름이다. 구장(舊章)은 선왕(先王)의 예악(禮樂)과 정형(政刑)이다.

詳說

○ 由, 用也.
   ('본문의 '率由舊章'의 '由') '유(由)'는 용(用: 사용하다)이다.

朱註

○言王者, 干祿而得百福. 故其子孫之蕃, 至于千億, 適爲天子, 庶爲諸侯, 無不穆穆皇皇, 以遵先王之法者.

왕자(王者)가 녹(祿)을 구하여 백복(百福)을 얻었다. 그러므로 그 자손의 번성함이 천(千)과 억(億)에 이르러, 적자(嫡子)는 친자(天子)가 되고 서자(庶子)는 제후(諸侯)가 되어서, 엄숙하고(穆穆) 훌륭하여(皇皇), 선왕(先王)의 법(法)을 따르지 않는 자가 없음을 말한 것이다.

詳說

○ 承上章君子.
   ('言王者') 윗 장의 '군자(君子)'를 이었다.

○ 補得字.
   ('得百福'의 '百福') '득(得)'자를 보충하였다.

○ 音的.
   ('適爲天子'의 '適') 발음이 적(的)이다.

○ 先釋王以便於事.
   ('宜君宜王'의 '王') 먼저 '왕(王)'을 해석하는 것이 일에 편하다.

○ 此章宜字, 與上章宜字, 微不同.
('宜君宜王'의 '宜') 이 장의 '의(宜)' 자는 윗 장의 '의(宜)' 자와 미세하게 같지 않다.

○ 倒釋二句以便事.
('穆穆皇皇, 宜君宜王') 거꾸로 두 구(句)를 해석하는 것이 일에 편하다.

○ 鄭氏曰: "天子穆穆, 諸侯皇皇."
('穆穆皇皇, 宜君宜王') 정씨(鄭氏[鄭玄])가 말하였다: "천자는 엄숙하고(穆穆) 제후는 훌륭하다(皇皇)."

○ 慶源輔氏曰: "不過乎理, 不忘乎心."
('以遵先王之法者') 경원 보씨(慶源 輔氏)가 말하였다: "이치(理)에 지나치지 않고, 마음(心)에 망령되지 않는다."

○ 疊山謝氏曰: "無聰明亂舊章之過, 常有繼志述事之心."
('以遵先王之法者') 첩산 사씨(疊山 謝氏)가 말하였다: "총명하고 옛 법의 행적을 어지럽힘이 없어서 항상 뜻을 계승하고 일을 기술하는 마음을 가지고 있다."

○ 朱子曰: "上二句, 願其子孫之多. 下四句, 願其子孫之賢."
('其子孫之蕃…以遵先王之法者') 주자가 말하였다: "위 두 구(句)는 그 자손의 많음을 기원하였고, 아래 두 구(句)는 그 자손의 현명함을 기원하였다."

○ 定宇陳氏曰: "上章言今王之顯德固受福, 未若後嗣之多賢, 所以久其福也."
정우 진씨(定宇 陳氏)가 말하였다: "윗 장은 지금 왕의 현명한 덕(德)이 진실로 복을 받음은 아직 뒤를 이를 많은 현명한 자들만큼 되지 않아서 그 복을 오래 하려고 함을 말한 것이다."

[3-2-5-3]
威儀抑抑, 德音秩秩. 無怨無惡, 率由群匹. 受福無疆, 四方之

|綱.|

(2의) 위의(威儀)가 숭고하고, (2의) 덕은 변함없다. 원망도 미움도 없이 현자를 등용한다.617) 가없는 복을 받아 천하의 벼리로다.

|朱註|

賦也. 抑抑, 密也. 秩秩, 有常也. 匹, 類也.
부(賦)이다. 억억(抑抑)은 치밀함이고, 질질(秩秩)은 항상됨이 있는 것이다. 필(匹)은 부류(類)이다.

|詳說|

○ 善類.
('類也') 좋은 부류(類)이다.

|朱註|

○言有威儀聲譽之美, 又能無私怨惡, 以任衆賢. 是以能受無疆之福, 爲四方之綱. 此與下章, 皆稱願其了孫之辭也. 或曰: 無怨無惡, 不爲人所怨惡也.
위의(威儀)와 성예(聲譽)의 아름다움이 있고 게다가 원망과 미움을 사사로이 함이 없이 여러 현자(賢者)들을 임용(任用)하였다. 이 때문에 능히 무궁한 복(福)을 받아 사방의 기강(紀綱)이 되었다고 말한 것이다. 이 장(章)과 다음 장(章)은 모두 자손을 창찬하고 기원하는(稱願)하는 말이다. 혹자(或者)는 말하였다: "무원무오(無怨無惡)는 남에게 미움과 원망을 받지 않는 것이다."

|詳說|

○ 德音.
('聲譽') (본문의) 덕음(德音)이다.

○ 慶源輔氏曰: "盡用天下之賢."

---

617) 정현의 「전(箋)」에서 다음과 같이 말하였다: "성왕(成王)이 조정에 선 위의(威儀)가 은밀함을 다하였고 빠뜨린 것이 없었으며, 명령은 또한 맑고 밝아서 천하 사람들이 모두 즐거이 우러러 보았으니, 원망함과 미워함이 없었다. 모든 신하들을 현자(賢者)로 등용한 것은 그 행위가 자기에게 짝하는 마음에 필적하였다. (成王立朝之威儀致密無所失, 敎令又淸明, 天下皆樂仰之, 無有怨惡. 循用群臣之賢者, 其行能匹耦己之心.)"

('能無私怨惡, 以任衆賢') 경원 보씨(慶源 輔氏)가 말하였다: "천하의 현명한 자들을 다 등용하였다."

○ 上、下章率字義微不同.
('能無私怨惡, 以任衆賢') 위, 아래 장이 글자의 뜻을 따름은 미세하게 같지 않다.

○ 此, 論也.
('是以…其子孫之辭也') 이것은 논의(論)이다.

○ 安成劉氏曰: "上章兼適庶而言. 此及下章, 主適爲天子者言也."
('是以…其子孫之辭也') 안성 유씨(安成 劉氏)가 말하였다: "윗 장은 적자(嫡子)와 서자(庶子)를 겸하여 말하였는데, 여기서부터 다음 장에 이르러, 적자(嫡子)가 천자(天子)가 되는 것을 위주로 하여 말하였다."

[3-2-5-4]

之綱之紀, 燕及朋友, 百辟卿士, 媚于天子. 不解于位, 民之攸墍.

천하의 벼리 되니 신하들이 편안하고, 제후들과 경사들은 천자를 사랑한다. 자신의 지위에 나태하지 않으니 백성들의 안식처가 되리라.

朱註

賦也. 燕, 安也. 朋友, 亦謂諸臣也. 解, 惰, 墍, 息也.
부(賦)이다. 연(燕)은 편안함이다. 붕우(朋友)는 또한 여러 신하를 이른다. 해(解)는 게으름이요, 기(墍)는 쉼이다.

詳說

○ 安成劉氏曰: "『集傳』言亦者, 亦如'旣醉'指助祭之臣也."
('朋友, 亦謂諸臣也') 안성 유씨(安成 劉氏)가 말하였다: "『집전(集傳)』에서 '역(亦)'을 말한 것 또한 '기취(旣醉)'장에서 제사를 돕는 신하를 가리키는 것과 같다."

○ 諺音誤.
('解') 언해(諺解)의 발음은 잘못이다.

○ 諺音誤.
('懈') 언해(諺解)의 발음은 잘못이다.

朱註

○言人君能綱紀四方, 而臣下賴之以安, 則百辟卿士, 媚而愛之. 維欲其不解于位, 而爲民所安息也. 東萊呂氏曰: 君燕其臣, 臣媚其君. 此上下交而爲泰之時也. 泰之時, 所憂者怠荒而已. 此詩所以終於不解於位, 民之攸墍也. 方嘉之, 又規之者, 蓋臯陶賡歌之意也. 民之勞逸在下, 而樞機在上. 上逸則下勞矣. 上勞則下逸矣. 不解于位, 乃民之所由休息也.

인군(人君)이 사방(四方)의 기강(紀綱)이 될 수 있어서 신하들이 그에게 의뢰하여 편안하면, 백벽(百辟)과 경사(卿士)가 그를(천자[天子])를 사랑함을 말하였다. 그 지위에 태만하지 아니하여 백성들이 편안히 쉬는 바가 되게 하고자 한 것이다. 동래여씨(東萊呂氏)가 말하였다: "군주(君主)는 그 신하(臣下)를 편안히 해주고, 신하(臣下)는 그 군주(君主)를 사랑하였다. 이것은 상하(上下)가 사귀어 태(泰)가 되는 때이다. 태(泰)의 때에 근심스러운 것은 태황(怠荒)일 뿐이니, 이 시(詩)가 이 때문에 '지위에 태만하지 아니하여 백성들이 편안히 쉬게 되리라'는 말로 끝을 맺은 것이다. 아름답게 여기면서도 타이른 것은 고요(臯陶)의 갱가(賡歌)의 뜻이다. 백성들의 수고로움과 편안함은 아래에 있지만 추기(樞機)는 위에 달려 있으니, 위가 안일하면 아래가 수고롭고, 위가 수고로우면 아래가 편안하다. 윗 사람이 지위에 태만히 하지 않음은 바로 백성들이 그로 인하여 편히 쉬는 것이다."

詳說

○ 朱子曰: "承上章之意."
('人君能綱紀四方') 주자가 말하였다: "윗 장의 뜻을 이었다."

○ 文勢與桑扈之之屛之翰同.
('人君能綱紀四方') 문세(文勢)는 「상호(桑扈)」편의 '지병지한(之屛之翰: 울타리 되고 담기둥 되다)'과 같다.

○ 補欲其字.

('維欲其不解于位') '욕기(欲其)'자를 보충하였다.

○ 其指君.

('維欲其不解于位'의 '其') '기(其)'는 군주(君)를 가리킨다.

○ 猶依歸也.

('爲民所安息也') 의지하는 것(依歸)과 같다.

○ 見『易·泰·彖傳』.

('此上下交而爲泰之時也') 『역(易)』 태괘(泰卦)의 「단전(彖傳)」에 보인다.

○ 媚.

('方嘉之') 사랑함(媚)이다.

○ 見『書·益稷』.

('方嘉之')『서(書)·익직(益稷)』에 보인다.

○ 勸戒其君.

('方嘉之') 그 군주를 권계함(勸戒)이다.

朱註

假樂四章, 章六句.
가락(假樂) 4장(章)이고, 각 장(章)은 6구(句)이다.

詳說

○ 安成劉氏曰: "首章乃一詩之大旨, 二章之不愆忘, 三章之威儀德音, 所以爲顯顯令德也. 三章之綱, 四章之墍, 所以交民也. 二章之無怨惡由群匹, 四章之燕朋友媚天子, 所以交人也. 二章之干祿千億, 三章之受福, 所謂受祿于天, 自天申之者也."
안성 유씨(安成 劉氏)가 말하였다: "첫 장은 이 시(詩)의 큰 뜻(大旨)인데, 2장의

'불연망(不愆忘: 잘못되고 틀리지 않음)'과 3장의 '위의(威儀)'·'덕음(德音)'은 (첫 장의) '현현령덕(顯顯令德: 훌륭한 덕이 빛나도다)'을 위한 것이다. 3장의 '강(綱: 벼리)'과 4장의 '기(墍: 안식처)'는 (첫 장의) '의민(宐民: 백성을 흡족하게 하다)'하는 것이다. 2장의 '무원악(無怨惡: 원망과 미움도 없다)'·'유군필(由群匹: 현자를 등용하다)'과 4장의 '연붕우(燕朋友: 신하를 편안하게 하다)'·'미천자(媚天子: 천자를 사랑하다)'는 (첫 장의) '의인(宐人: 사람을 흡족하게 하다)'하는 것이다. 2장의 '간록(干祿: 녹을 받다)'·'천억(千億)'과 3장의 '수복(受福: 복을 받다)'은 (첫 장의) '수록우천(受祿于天: 하늘로부터 녹을 받다)'·'자천신지(自天申之: 하늘로부터 거듭 주시네)'를 말하는 것이다."

[3-2-6-1]

篤公劉, 匪居匪康, 迺場迺疆, 迺積迺倉, 迺裹餱糧. 于橐于囊, 思輯用光, 弓矢斯張, 干戈戚揚, 爰方啓行.

돈독하신 공류, 편안하게 지내지 않고618), 농토 관리 잘하셔서, 노적 쌓고 창고 가득히 식량을 담았네. 전대며 자루에다, 백성의 단합과 나라의 영광을 위하여, 활과 화살을 준비하고, 창과 방패와 도끼를 메고, 비로소 길을 나섰네.619)

朱註

賦也. 篤, 厚也. 公劉, 后稷之曾孫也, 事見豳風. 居, 安. 康, 寧也. 場疆, 田畔也. 積, 露積也. 餱, 食. 糧, 糒也. 無底曰橐, 有底曰囊. 輯, 和. 戚, 斧. 揚, 鉞. 方, 始也.

부(賦)이다. 독(篤)은 후(厚)함이다. 공류(公劉)는 후직(后稷)의 증손(曾孫)이니, 일이 빈풍(豳風)에 보인다. 거(居)는 편안함이고, 강(康)은 편안함이다. 역(場)과 강(疆)은 밭두둑이다. 적(積)은 노적(露積)이다. 후(餱)는 마른 식량이고, 양(糧)은 밥쌀이다. 자루 밑이 없는 것을 탁(橐)이라 하고, 밑이 있는 것을 낭(囊)이라 한다.

---

618) 정현의 「전(箋)」에서 다음과 같이 말하였다: "후덕하도다. 공류(公劉)가 군주가 되었다. 거처한 곳을 거처로 여기지 않고, 편안한 곳을 편안하게 여기지 않았다.(厚乎, 公劉之爲君也. 不以所居爲居, 不以所安爲安.)" 공영달(孔穎達)의 「소(疏)」에서도 다음과 같이 말하였다: "모씨(毛氏)는 백성들의 일에 후덕한데, 이것은 공류(公劉)이며, 이내 거처한 곳을 거처로 여기지 않고, 편안한 곳을 편안히 여기지 않았다고 생각하였다. 자기가 편안히 거처하는 것을 고려하지 않고 오직 백성을 이롭게 하는 것을 뜻으로 여김을 말한 것이고, 또한 그 편안히 거처함을 돌보지 않는 일을 말한 것이다.(毛以爲, 厚于民事乎, 此公劉也. 乃能匪以所居爲居, 匪以所安爲安. 言不顧己之安居, 唯以利民爲意. 又言其不顧安居之事.)"
619) 모전(毛傳)에서 다음과 같이 말하였다: "공류(公劉)가 태(邰) 나라에 거주하고 있었는데, 하(夏) 나라 사람들의 난을 직면하여, 공류(公劉)를 핍박하여 내쫓았다. 공류(公劉)가 이에 중국의 혼란을 다스려, 마침내 서융(西戎)을 평정하고 그 백성들을 옮겨 빈(豳) 땅에 도읍을 세웠다.(公劉居于邰, 而遭夏人亂, 迫逐公劉. 公劉乃辟中國之難, 遂平西戎, 而遷其民邑于豳焉.)"

집(輯)은 화(和)함이다. 척(戚)은 부(斧)이고, 양(揚)은 월(鉞)이다. 방(方)은 비로소이다.

詳說

○『釋文』曰: "公爵, 劉名."
('公劉, 后稷之曾孫也') 『석문(釋文)』에서 말하였다: "'공(公)'은 벼슬이고, '유(劉)'는 이름이다."

○ 音現.
('事見'의 '見') 발음은 현(現)이다.

○ 董氏曰: "疆, 田之大界. 場, 小界."
('場疆, 田畔也') 동씨(董氏[董仲舒])가 말하였다: "'강(疆)'은 밭의 큰 경계이고, '역(場)'은 작은 경계이다."

○ 丘, 上聲.
('糗') 발음은 구(丘)이고, 상성이다.

○ 華谷嚴氏曰: "餱, 乾食. 糧, 米食."
('餱…糗也') 화곡 엄씨(華谷 嚴氏)가 말하였다: "'후(餱)'는 마른 양식이고, '양(糧)'은 쌀 양식이다."

○ 孔氏曰: "鉞, 大. 斧, 小."
('戚…鉞') 공씨(孔氏[孔穎達])가 말하였다: "'월(鉞)'은 (도끼 중에서) 큰 것이고, '부(斧)'는 작은 것이다."

朱註

○舊說, 召康公以成王將涖政, 當戒以民事. 故詠公劉之事, 以告之曰: 厚哉公劉之於民也, 其在西戎不敢寧居, 治其田疇, 實其倉廩, 旣富且强. 於是裹其餱糧, 思以輯和其民人, 而光顯其國家. 然後以其弓矢斧鉞之備, 爰始啟行, 而遷都豳焉. 蓋亦不出其封內也.

구설(舊說)에 "소강공(召康公)은, 성왕(成王)이 직접 정사를 하려고 하니, 농사로써 경계해야 하였다. 그래서 공류(公劉)의 일을 읊어 고(告)하였다."라고 하였다. "후(厚)하다. 공류(公劉)가 백성의 일을 대함이여! 그 서융(西戎)에 있을 때에 감히 편안히 거처하지 못하고 전주(田疇)를 다스리고 창고와 노적을 가득 채워 이미 부유해지고 또 강해졌다. 이에 식량과 마른 양식을 싸서 백성들을 모아 국가를 빛낼 것을 생각하였다. 그런 뒤에 활과 화살, 도끼와 날이 둥근 큰 도끼의 장비를 가지고 비로소 길을 떠나 빈(豳) 땅으로 도읍을 옮겼다."라고 하였으니, 이는 또한 그 봉작 받은 경계 안(封內)을 벗어나지 않은 것이다.

詳說

○ 音邵, 下並同.
  ('召康公'의 '召') 발음은 '소(邵)'이고, 아래는 다 같다.

○ 名奭.
  ('召康公') 이름은 '석(奭)'이다.

○ 黃氏曰: "七月之詩、無逸之書, 皆如是也."
  ('舊說…以告之') 황씨(黃氏)가 말하였다: "「빈풍(豳風)」편 '칠월(七月)'의 시(詩)와 「무일(無逸)」편의 『서(書)』는 모두 이와 같다."

○ 疊山謝氏曰: "六章皆曰篤者, 厚之至也."
  ('曰…於民也') 첩산 사씨(疊山 謝氏)가 말하였다: "여섯 장 모두 '독(篤)'을 말하는 것은 후덕함이 지극한 것이다."

○ 復修后稷之業.
  ('其在西戎…治其田疇') 반복해서 후직(后稷)의 사업을 닦은 것이다.

○ 强指八、九句.
  ('旣富且強'의 '強') '강(強)'은 8, 9 구(句)를 가리킨다.

○ 補民人、國家字.
  ('思以輯…顯其國家') '민인(民人)', '국가(國家)' 자를 보충하였다.

○ 添二句.
  ('而遷都豳焉…其封內也') 두 구(句)를 보완하였다.

○ 慶源輔氏曰:"此章總言足食足兵, 然後遷都之事."
  경원 보씨(慶源 輔氏)가 말하였다: "이 장은 식량이 충분하고 무기가 충분한 이후에 도읍을 옮긴 일을 총괄적으로 말하였다."

[3-2-6-2]

篤公劉, 于胥斯原, 旣庶旣繁, 旣順迺宣, 而無永嘆. 陟則在巘,
復降在原. 何以舟之, 維玉及瑤, 鞞琫容刀.

돈독하신 공류, 이곳 평원 살피니, 사람이 많고 번성하며, 두루 편안하여 탄식하는 사람이 전혀 없다.620) 낮은 산에 올라 살피고, 다시 내려와 평원 살핀다. 허리에 차신 것은 옥이며 보석과 장식한 칼이도다.

朱註
賦也. 胥, 相也. 庶繁, 謂來居之者衆也. 順, 安. 宣, 徧也, 言居之徧也. 無永嘆, 得其所不思舊也. 巘, 山頂也. 舟, 帶也. 鞞, 刀鞘也. 琫, 刀上飾也. 容刀, 容飾之刀也. 或曰: 容刀如言容臭, 謂鞞琫之中容此刀耳.
부(賦)이다. 서(胥)는 봄이다. 서(庶)와 번(繁)은 와서 거주하는 자가 많음을 말한다. 순(順)은 편안함이다. 선(宣)은 두루 퍼져 있음이니, 널리 거주함을 말한다. 길이 탄식함이 없다는 것은 살 곳을 얻어서 옛날을 생각하지 않는 것이다. 헌(巘)은 산마루이다. 주(舟)는 허리에 차는 것이다. 비(鞞)는 칼집이고, 봉(琫)은 칼 위의 장식이고, 용도(容刀)는 장식용 칼이다. 혹자(或者)는 말하기를 "용도(容刀)는 용취(容臭)라는 말과 같으니, 칼집 안에 칼을 꽂은 것을 말한 것이다."라고 하였다.

詳說
○ 去聲, 下同.

---
620) 정현의 「전(箋)」에서 다음과 같이 말하였다: "돈독하신 공류(公劉)가 이 평원을 보고 백성들을 거주시켜, 백성들이 이미 많았다. 이미 많아지고, 이미 그 일을 따랐으니, 또한 그들로 하여금 때에 맞게 밭을 갈도록 하였다. 백성들이 모두 지금의 거처를 편안히 여기니, 오랫동안 탄식함이 없이 그 과거를 생각한 것이다.(厚乎公劉之于相此原地以居民, 民既眾矣, 既多矣, 既順其事矣, 又乃使之時耕. 民皆安今之居, 而無長嘆, 思其舊時也.)"

('相也'의 '相') 거성이고, 아래도 같다.

○ 朱子曰: "人從之者盛."
('居之偏也') 주자가 말하였다: "사람들 중에 따르는 자들이 많은 것이다."

○ 毛氏曰: "諸侯之從者, 十八國."
('居之偏也') 모씨(毛氏)가 말하였다: "제후들 중에 따르는 자는 열여덟 나라였다."

○ 毛氏曰: "民無長歎."
('無永嘆…不思舊也') 모씨(毛氏)가 말하였다: "백성들이 오랫동안 탄식함이 없는 것이다."

○ 音笑.
('刀鞘'의 '鞘') 발음은 소(笑)이다.

○ 諺釋與瞻彼洛矣參考.
('鞞…容飾之刀也') 언해(諺解)의 해석은 「첨피락의(瞻彼洛矣)」편을 참고하였다.

○ 見『禮記・內則』.
('或曰: 容刀如言容臭')『예기(禮記)・내측(內則)』에 보인다.

○ 朱子曰: "香囊."
('或曰: 容刀如言容臭') 주자는 말하였다: "향낭(香囊: 향을 넣어서 차는 주머니)이다."

○ 安成劉氏曰: "香囊之中, 容此香物, 而謂之容臭."
('或曰: 容刀如言容臭') 안성 유씨(安成 劉氏)가 말하였다: "향낭(香囊) 속에 이 향기하는 것을 넣어서 용취(容臭)라고 말하였다."

朱註

○言公劉至豳欲相土以居, 而帶此劍佩, 以上下於山原也. 東萊呂氏曰: 以如

是之佩服, 而親如是之勞苦, 斯其所以爲厚於民也歟.
공류(公劉)가 빈(豳)땅에 이르러 토지를 보고 거처하고자 할 적에 이 칼과 패물을 차고서 산과 언덕을 오르내림을 말한 것이다. 동래여씨(東萊呂氏)가 말하였다: "이와 같은 패물과 복식으로써 이와 같은 수고를 친히 하였으니, 이것이 그 백성에게 후(厚)하게 된 소이(所以)일 것이다."

詳說

○ 安成劉氏曰: "此章, 民之居也. 下章, 君之居也."
('公劉至豳欲相土以居') 안성 유씨(安成 劉氏)가 말하였다: "이 장은 백성의 거처함이고, 다음 장은 군주의 거처함이다."

○ 上聲.
('上下'의 '上') 상성이다.

○ 去聲.
('上下'의 '下') 거성이다.

○ 倒釋以便事.
('以上下於山原也') 거꾸로 해석하여 일에 편하다.

○ 論也.
('東萊呂氏曰…爲厚於民也歟') 논의(論)이다.

○ 慶源輔氏曰: "前五句, 言相土以居以後事. 後五句, 言相土以居初時事. 言其後民之所以安, 由公劉初時, 躬執其勞故也."
경원 보씨(慶源 輔氏)가 말하였다: "앞의 5구(句)는 땅을 보고 거처한 이후의 일을 말하였고, 뒤의 5구(句)는 땅을 보고 거처한 초기 때의 일을 말하였다. 그 후 백성들이 편안한 이유는 공류(公劉)가 처음에 몸소 그 수고로움을 실행하였기 때문이다."

[3-2-6-3]

篤公劉, 逝彼百泉, 瞻彼溥原, 迺陟南岡, 乃覯于京, 京師之野.
于時處處, 于時廬旅, 于時言言, 于時語語.

돈독하신 공류, 저 백천(百泉)에 가시고, 넓은 들판을 보시며, 남쪽 산등성에 올라, 높은 구릉을 보시니, 경사의 들판이로다.621) 이 곳에 집을 짓고, 나그네도 자리 잡으며, 하고픈 말 주고받고, 의논도 맘껏 하네.

朱註

賦也. 溥, 大. 覯, 見也. 京, 高丘也. 師, 衆也. 京師, 高山而衆居也. 董氏曰: 所謂京師者, 蓋起於此, 其後世因以所都, 爲京師也. 時, 是也. 處處, 居室也. 廬, 寄也. 旅, 賓旅也. 直言曰言, 論難曰語.

부(賦)이다. 부(溥)는 큼이고, 구(覯)는 봄이다. 경(京)은 높은 언덕이고, 사(師)는 많음이니, 경사(京師)는 산이 높고 많은 사람이 거주하는 것이다. 동씨(董氏)가 말하였다: "이른바 경사(京師)라는 것은 여기에서 기인(起因)하였으니, 후세(後世)에 인하여 도읍하는 곳을 경사(京師)라 한 것이다." 시(時)는 시(是)이다. 처처(處處)는 집에 기처함이나. 여(廬)는 더부살이 하는 것이고, 여(旅)는 손님과 나그네이다. 곧바로 말함을 언(言)이라 하고, 논란함을 어(語)라 한다.

詳說

○ 廣大.
('溥, 大'의 '大') 광대함이다.

○ 廬陵彭氏曰: "山川盤結, 風氣所萃, 亦一都會也."
('京師…衆居也') 여릉 팽씨(廬陵 彭氏)가 말하였다: "산과 강이 얽히고 바람과 공기가 모이는 곳 또한 하나의 도회(都會: 사람이 많이 사는 지역)이다."

○ 上聲.

---

621) 모전(毛傳)에서 다음과 같이 말하였다: "돈독하신 공류(公劉)가 이 평원을 보고, 저 백천(百泉) 사이에 가서, 그 넓은 평원이 거처할 수 있는 장소임을 보고, 이내 그 남산의 구릉에 올라 높은 언덕에 거처할 수 있음을 알았으며, 도읍을 세울 수 있는 곳으로 말하였다.(厚乎公劉之相此原地也, 往之彼百泉之間, 視其廣原可居之處, 乃升其南山之脊, 乃見其可居者于京, 謂可營立都邑之處.)"

('處處'의 뒷 글자) 상성이다.

○ 處其所處, 謂居於室也.
('京師…眾居也') 그 처할 곳에 처하는 것을 집에 거처한다고 말한 것이다.

○ 並去聲.
('論、難') 다 거성이다.

○ 『論語 · 鄉黨』註參看.
('論難曰語')『논어(論語) · 향당(鄉黨)』의 주석을 참고하였다.

朱註
○此章言營度邑居也. 自下觀之, 則往百泉而望廣原. 自上觀之, 則陟南岡而覯于京. 於是爲之居室, 於是廬其賓旅, 於是言其所言, 於是語其所語, 無不於斯焉.
이 장(章)은 살 고을을 설계함을 말한 것이다. 낮은 곳에서 관찰할 때에는 백천(百泉)에 가서 너른 언덕을 바라보고, 높은 곳에서 관찰할 때에는 남쪽 등성이에 올라가 큰 언덕을 본 것이다. 이곳에 거처하는 집을 만들고, 이곳에 나그네들을 붙여 살게 하며, 이곳에서 말할 바를 말하고, 이곳에서 논란할 바를 말해서 여기에서 하지 않음이 없었다는 것이다.

詳說
○ 先總提.
('此章言營度邑居也') 먼저 총괄적으로 제시하였다.

○ 王氏曰:"上章先定民居, 此章乃相宇, 亦厚於民也."
('此章言營度邑居也') 왕씨(王氏)가 말하였다: "윗 장은 먼저 백성들이 거처하는 곳을 정하였고, 이 장은 집을 만들 곳을 보았으니, 또한 백성에게 후덕한 것이다."

○ 館而禮之.
('於是廬其賓旅') 객사(館)에 머물며 예(禮)를 올리는 것이다.

○ 添此句以總申四'于時'.

('無不於斯焉') 이 구(句)를 첨가하여 총괄적으로 (본문의) 네 '우시(于時)'를 확장하였다.

[3-2-6-4]

篤公劉, 于京斯依. 蹌蹌濟濟, 俾筵俾几, 旣登乃依. 乃造其曹, 執豕于牢, 酌之用匏, 食之飮之, 君之宗之.

돈독하신 공류, 이 언덕에 자리 잡았다. 신하들도 의젓한데, 자리와 보궤 준비하게 하니, 자리에 올라 보궤에 기댄다.622) 돼지 잡아 안주 만들고, 바가지를 술잔으로 삼아, 먹고 마시며, 군주며 주인이 되었네.623)

詳說

○ 就用之字, 謂移用上下句末二之字也. 蓋他皆韻在之字上而此不然, 故特明之. 與常棣乎同.

'지(之)'자를 사용한 것은 위, 아래 구(句) 마지막 두 '시(之)' 자를 이용한 것을 말한다. 대개 그것은 모두 운(韻)이 '지(之)'자에 있지만, 여기서는 그렇지 않으므로 특별히 밝힌 것이다. 「녹명지십(鹿鳴之什)」의 '상체(常棣)' 장과 같다.

朱註

賦也. 依, 安也. 蹌蹌濟濟, 群臣有威儀貌. 俾, 使也. 使人爲之設筵几也. 登, 登筵也. 依, 依几也. 曹, 群牧之處也. 以豕爲肴, 用匏爲爵, 儉以質也. 宗, 尊也. 主也, 嫡子孫主祭祀, 而族人尊之以爲主也.

부(賦)이다. 의(依)는 편안함이다. 창창(蹌蹌)과 제제(濟濟)는 군신(群臣)들이 위의(威儀)가 있는 모양이다. 비(俾)는 '하여금'이니, 사람으로 하여금 자리와 궤(几)를 설치하게 한 것이다. 등(登)은 자리에 오름이고, 의(依)는 궤(几)에 의지함이다. 조(曹)는 여러 짐승을 먹이는 곳이다. 돼지로 안주를 만들고 바가지를 사용하여 잔

---

622) 정현의 「전(箋)」에서 다음과 같이 말하였다: "돈독하신 공류(公劉)가 이 언덕에 자리를 잡고 의지하여 궁실(宮室)을 축조하였다. 완성되고 나서, 모든 신하, 선비, 대부들과 술을 마시며 즐겼다.(厚乎公劉之居于此京, 依而筑宮室. 其旣成也, 與群臣士大夫飮酒以樂之.)"

623) 정현의 「전(箋)」에서 다음과 같이 말하였다: "공류(公劉)는 비록 태(邰) 나라를 떠나 천도하였지만, 모든 신하들이 따르고 군주로 여기고 존숭하여 태(邰) 나라에 있는 것 같았다.(公劉雖去邰國來遷, 群臣從而君之尊之, 猶在邰也.)"

을 만든 것은 검소하고 질박한 것이다. 종(宗)은 높이고, 주인(主人)으로 삼는 것이니, 적자손(嫡子孫)이 제사를 주관함에 족인(族人)들이 존중하여 주인(主人)으로 삼는 것이다.

詳說
○ 孔氏曰:"大夫濟濟, 士蹌蹌."
('蹌蹌濟濟…威儀貌') 공씨(孔氏[孔穎達])가 말하였다: "대부(大夫)는 제제(濟濟: 엄숙하다)하고, 사(士)는 창창(蹌蹌: 추창하다)하다.

○ 去聲.
('使人爲之設筵几也'의 '爲') 거성이다.

○ 蒙上筵几之文.
('依, 依几也') 위 '연궤(筵几)'를 이은 글이다.

○ 安成劉氏曰:"二依字義不同."
('依, 安也'의 '依'와 '依, 依几也'의 '依') 안성 유씨(安成 劉氏)가 말하였다: "두 '의(依)'자의 뜻이 같지 않다."

○ 毛氏曰:"曹, 群也."
('曹, 群牧之處也') 모씨(毛氏)가 말하였다: "'조(曹)'는 무리이다."

○ 廬陵李氏曰:"牢閑也."
('曹, 群牧之處也') 여릉 이씨(廬陵 李氏)가 말하였다: "우리(牢)가 한가로운 것이다."

○ 臨川王氏曰:"厚民故也."
('以豕爲淆…儉以質也') 임천 왕씨(臨川 王氏)가 말하였다: "백성들을 후덕하게 한 까닭이다."

朱註
○此章言宮室旣成而落之, 旣以飮食勞其群臣, 而又爲之君, 爲之宗焉. 東萊呂氏曰: 旣饗燕而定經制, 以整屬其民, 上則皆統於君, 下則各統於宗. 蓋古者建國立宗, 其事相須. 楚執戎蠻子, 而致邑立宗, 以誘其遺民, 卽其事也.

이 장(章)은 궁실(宮室)이 이미 이루어져 낙성(落成)할 적에 이미 음식을 먹여 군신(群臣)들을 위로하고 또 군주(君主)로 삼고 종주(宗主)로 삼음을 말한 것이다. 동래여씨(東萊呂氏)가 말하였다: "이미 잔치를 베풀고 나서 제도를 정하여 그 백성들을 정돈하고 소속시켜 위로는 모두 군주(君主)에게 통솔시키고 아래로는 각기 종주(宗)에게 통솔되게 하였으니, 옛날에 나라를 세우고 종통(宗統)을 세움은 그 일이 서로 필요로 하였다. 『좌전(左傳)』에 초(楚) 나라가 융만자(戎蠻子)를 잡으려고 읍(邑)을 이루고 종(宗)을 세워 그 유민(遺民)들을 유도한 것이 바로 그러한 일이다."

詳說

○ 首二句.
('宮室旣成') 첫 두 구(句)이다.

○ 次六句.
('而落之') 다음 여섯 구(句)이다.

○ 去聲.
('勞其群臣'의 '勞') 거성이다.

○ 禮法.
('經制') 예법(禮法)이다.

○ 公劉.
('皆統於君'의 '君') 공류(公劉)이다.

○ 見『左・哀』四年.
('楚執戎蠻子…誘其遺民')『좌전(左傳)・애공(哀公)』4년에 보인다.

○ 朱子曰: "東萊以爲爲之立君立宗, 恐未必如此, 只是公劉自爲君宗耳. 蓋此章言其一時燕享, 恐未說及立宗事也."

('卽其事也') 주자가 말하였다: "동래(동래 여씨[東萊 呂氏])는 백성을 위하여 군주를 세우고 종주(宗主)를 세웠다고 생각하였는데, 아마도 반드시 이와 같지는 않았고, 단지 공류(公劉)가 스스로 군종(君宗)이 되었을 따름이다. 이 장은 그 한 때의 연회를 베푼 것을 말하였으니, 아마도 종주(宗主)를 세우는 일까지 언급한 것은 아닐 것이다."

○ 按『集傳』蓋用東萊分君宗意, 而小註說又如此, 更詳之.
내가 살펴보건대, 『집전(集傳)』은 동래(동래 여씨[東萊 呂氏])가 '군종(君宗)'의 뜻을 나눈 것을 사용하였는데, 소주(小註)의 설(說) 또한 이와 같아서, 다시 살펴보아야 한다.

[3-2-6-5]

篤公劉, 旣溥旣長. 旣景迺岡, 相其陰陽, 觀其流泉. 其軍三單, 度其隰原, 徹田爲糧, 度其夕陽, 豳居允荒.

돈독하신 공류, 개척한 땅 넓고 크다. 해 그림자 살피고 산마루에 올라, 음지와 양지를 살펴보며, 강물의 흐름을 관찰하신다.624) 군대는 삼군이 되고, 습지와 평원을 헤아려, 공동으로 경작하여 식량을 마련하며, 산 서쪽을 헤아리니, 빈(豳)의 영토가 정말로 넓어졌네.

朱註

賦也. 溥, 廣也, 言其芟夷墾辟, 土地旣廣而且長也. 景, 考日景, 以正四方也. 岡, 登高以望也. 相, 視也. 陰陽, 向背寒暖之宜也. 流泉, 水泉灌漑之利也. 三單, 未詳. 徹, 通也. 一井之田, 九百畝, 八家皆私百畝, 同養公田. 耕則通力而作, 收則計畝而分也. 周之徹法自此始, 其後周公蓋因而脩之耳. 山西曰夕陽. 允, 信. 荒, 大也.

부(賦)이다. 부(溥)는 넓음이니, 잡초를 베어내고 개간(開墾)하여 토지가 이미 넓고 또 긴 것을 말한다. 경(景)은 해 그림자를 관찰하여 사방(四方)을 바르게 정하는 것이고, 강(岡)은 높은 곳에 올라가 바라보는 것이다. 상(相)은 봄이다. 음양(陰陽)

---

624) 정현의 「전(箋)」에서 다음과 같이 말하였다: "돈독하신 공류(公劉)가 빈(豳) 땅에 거처하여, 이미 그 땅을 동서로 확장하고, 또 남북으로 연장하여, 해 그림자를 가지고 산의 구릉에 그 경계를 정하였고, 그 음양, 춥고 따뜻함의 적절함과 흐르는 하천이 천천히 흘러들어 이르는 곳을 관찰하였으니, 모두 백성을 이롭게 하고 나라를 부강하게 하기 위함이었다.(厚乎公劉之居豳也, 旣廣其地之東西, 又長其南北, 旣以日景定其經界于山之脊, 觀相其陰陽寒暖所宜、流泉浸潤所及, 皆爲利民富國.)"

은 향배(向背)와 추움과 따뜻함이 적절한 것이다. 유천(流泉)은 농사에 물을 대는 이로움이다. 삼단(三單)은 미상(未詳)이다. 철(徹)은 통(通)함이다. 일정(一井)의 토지는 9백묘(畝)이니, 팔가(八家)가 모두 백묘(百畝)씩을 사전(私田)으로 갖고 함께 공전(公田)을 가꾸어 경작할 때에는 노동력을 통하여 일하고, 수확하게 되면 이랑 수를 계산하여 나누는 것이다. 주(周)나라의 철법(徹法)이 이로부터 시작되었는데, 그 뒤에 주공(周公)이 이것을 이어받아 다스린 것이다. 산(山)의 서쪽을 석양(夕陽)이라 한다. 윤(允)은 진실함이고, 황(荒)은 큼이다.

詳說

○ 廬陵羅氏曰:"東西爲廣, 南北爲長."
('旣廣而且長也') 여릉 나씨(廬陵 羅氏)가 말하였다: "동서로는 넓은 것이 되고, 남북으로 긴 것이 된다."

○ 古影字.
('景') 옛날의 '영(影)' 자이다.

○ 孔氏曰:"民居、田畝皆須正其方面, 故以日景定之."
('景…以正四方也') 공씨(孔氏[孔穎達])가 말하였다: "백성이 거처하는 것, 밭을 경작하는 것 모두 그 방향을 바르게 정해야 하므로 해 그림자를 가지고 결정한다."

○ 音佩.
('向背'의 '背') 발음은 패(佩)이다.

○ 孔氏曰:"山南爲陽, 山北爲陰."
('陰陽…寒暖之宜也') 공씨(孔氏[孔穎達])가 말하였다: "산의 남쪽이 양(陽)이 되고, 산의 북쪽이 음(陰)이 된다."

○ 鄭氏曰:"適滿三軍, 無羨卒也."
('三單, 未詳') 정씨(鄭氏[鄭玄])가 말하였다: "삼군(三軍)에 충분하여 남는 군졸이 없었다."

○ 出『孟子・滕文公』.
('一井之田…同養公田')『맹자(孟子)・등문공(滕文公)』에 나온다.

○ 朱子曰:"或但耕則通力, 而收則各得其畝, 亦未可知也."
('耕則通力…而分也') 주자가 말하였다: "혹은 단지 (밭을) 가는 것은 노동력을 통하지만 수확하는 것은 각자 그 무(畝)에서 얻으니 또한 알 수 없다."

○ 安成劉氏曰:"鄕遂用貢法, 十夫有溝. 都鄙用助法, 八家同井, 總謂之徹."
('周之徹法…脩之耳') 안성 유씨(安成 劉氏)가 말하였다: "도시 근교에서는 공법(貢法)을 사용하여 10명이 도랑(溝)이 있었고, 도시에서는 조법(助法)을 사용하여 여덟 가구가 정전(井)을 공유하였으니, 총괄적으로 철(徹)이라고 하였다."

○ 新安王氏曰:"周家軍制、徹法皆起於此."
('周之徹法…脩之耳') 신안 왕씨(新安 王氏)가 말하였다: "주(周) 나라 가문의 군제(軍制), 철법(徹法)은 모두 여기에서 시작하였다."

○ 廬陵羅氏曰:"夕始得陽."
('山西曰夕陽') 여릉 나씨(廬陵 羅氏)가 말하였다: "저녁에 처음으로 양(陽)을 얻는다."

朱註
○此言辨土宜, 以授所徙之民, 定其軍賦與其稅法, 又度山西之田以廣之. 而豳人之居, 於此盆大矣.
이는 토지의 마땅함을 분별하여 옮겨온 백성들에게 나누어 주고, 그 군부(軍賦)와 세법(稅法)을 정하며, 또 산서(山西)의 토지를 헤아려 넓히니, 빈(豳) 땅 사람의 거처가 이에 더욱 커짐을 말한 것이다.

詳說
○ 安成劉氏曰:"流泉以上."

('此言辨土宜, 以授所徙之民') 안성 유씨(安成 劉氏)가 말하였다: "(본문의) '유천(流泉: 흐르는 샘물)' 이상을 가리킨다."

○ 安成劉氏曰: "其軍以下."
('定其軍賦與其稅法') 안성 유씨(安成 劉氏)가 말하였다: "(본문의) '기군(其軍)' 이하를 가리킨다."

○ 添廣字.
('又度山西之田以廣之') '광(廣)'자를 첨가하였다.

○ 安成劉氏曰: "以邠居允荒一語贊其盛也."
('而豳人…益大矣') 안성 유씨(安成 劉氏)가 말하였다: "'빈거윤황(邠居允荒: 빈(豳)의 영토가 정말로 넓어졌네)' 한 마디로 그 성대함을 찬미하였다."

[3-2-6-6]

篤公劉, 于豳斯館. 涉渭爲亂, 取厲取鍛, 止基迺理, 爰衆爰有. 夾其皇澗, 遡其過澗, 止旅迺密, 芮鞫之卽.

돈독하신 공류, 빈(豳)에 객관을 마련하셨다. 위수 가로질러 건너 숫돌이며 쇠붙이 가져와, 살 터전을 마련하고 농지를 관리하시니, 백성 많아지고 재물이 풍족해지네. 황간 냇물 끼고 살고 과간 냇물 곁에 살아 정착한 무리 날로 많아지니, 예수 가까이 가서 살았네.

朱註

賦也. 館, 客舍也. 亂, 舟之截流橫渡者也. 厲, 砥. 鍛, 鐵. 止, 居. 基, 定也. 理, 疆理也. 衆, 人多也. 有, 財足也. 遡, 鄕也. 皇過, 二澗名. 芮, 水名, 出吳山西北, 東入涇. 周禮職方作汭. 鞫, 水外也.

부(賦)이다. 관(館)은 객사(客舍)이다. 난(亂)은 배로 물을 가로질러 건너가는 것이다. 여(厲)는 숫돌이고, 단(鍛)은 쇠이다. 지(止)는 거처함이고, 기(基)는 정함이다. 이(理)는 강리(疆理)이다. 중(衆)은 사람이 많은 것이고, 유(有)는 재물(財物)이 풍족한 것이다. 역(逆)는 향함이다. 황(皇)과 과(過)는 두 시내의 이름이다. 예(芮)는 수명(水名)이니, 오산(吳山) 서북(西北)에서 나와 동쪽으로 경수(涇水)로 들어가는데, 『주례(周禮)』의 「직방(職方)」에는 예(汭)로 되어 있다. 국(鞫)은 물 밖이다.

> 詳說

○ 截流爲亂而截流之舟亦謂之亂.
('亂…橫渡者也') 물 흐름을 가로지르는 것은 난(亂)이 되지만 물 흐름을 가로지르는 배 역시 난(亂)이라고 말한다.

○ 礪通.
('厲') 여(礪)와 통한다.

○ 去聲.
('遡, 鄕也'의 '鄕') 거성이다.

○ 蓋芮國所在也.
('芮…東入涇') 대개 예(芮) 나라가 있는 곳이다.

○ 夏官.
('職方') 하(夏) 나라 관제(官)이다.

○ 職方氏曰: "雍州其川涇汭."
('周禮職方作汭') 직방씨(職方氏)가 말하였다: "옹주(雍州)는 그 내가 경수와 예수이다."

> 朱註

○此章又總敍其始終. 言其始來未定居之時, 涉渭取材, 而爲舟以來往, 取厲取鍛, 而成宮室. 旣止基於此矣, 乃彊理其田野, 則日益繁庶富足. 其居有夾澗者, 有遡澗者, 其止居之衆, 日以益密, 乃復卽芮鞫而居之, 而豳地日以廣矣.
이 장(章)은 또 그 시(始)와 종(終)을 총괄적으로 서술한 것이다. 처음 와서 아직 거처를 정하지 않았을 때에는 위수(渭水)를 건너가 재목을 자겨와 배를 만들어 왕래하고, 숫돌과 쇠를 취하여 궁실(宮室)을 만들었다. 이미 여기에 살터를 정하고는 이에 그 전야(田野)의 경계를 나누어 관리하니, 날로 더욱 백성이 많아지고 재물이 풍족해졌다. 그 거처함에 시내를 끼고 있는 자도 있으며, 시내를 거슬러 올라간 자도 있어 그 거주하는 무리가 날로 더욱 많아지자, 이에 다시 예수(芮水)의 가에 나아가 거처하니 빈(豳) 땅이 날로 더욱 광대해졌다고 말한 것이다.

詳說
○ 先總提.
('此章又總敍其始終') 먼저 총괄적으로 제시하였다.

○ 慶源輔氏曰: "客寓草創."
('其始來未定居之時') 경원 보씨(慶源 輔氏)가 말하였다: "나그네들의 머무름이 처음 시작된 것이다."

○ 添二字.
('涉渭取材'의 '取材') 두 글자를 첨가하였다.

○ 亂.
('爲舟') 물의 흐름을 가로지르는 것(亂)이다.

○ 添三字以接續上下文意.
('而爲舟以來往'의 '以來往') 세 글자를 첨가하여 위, 아래 글의 뜻을 이었다.

○ 段氏曰: "『史記』言渡渭取材用, 卽此事也."
('取厲取鍛') 단씨(段氏[段玉裁])가 말하였다: "『사기(史記)』에서 위수(渭水)를 건너 재목을 가져와 사용하였다고 말했는데, 바로 이 일이다."

○ 添此句.
('而成宮室') 이 구(句)를 첨가하였다.

○ 安成劉氏曰: "此以上敍其始之定居也."
('而成宮室') 안성 유씨(安成 劉氏)가 말하였다: "이 이상은 처음 거처를 정한 것을 서술하였다."

○ 止基言止而基也. 諺釋作基, 此止恐失文勢.
('旣止基於此矣') '지기(止基)'는 도달하여 살터를 잡은 것이다. 언해(諺解)에서

'작기(作基: 살터를 만들다)'로 해석하였는데, 여기 '지(止)'는 아마도 문세(文勢)를 잃은 것 같다.

○ 補田野字.
('乃疆理其田野'의 '田野') '전야(田野)' 자를 보충하였다.

○ 順水.
('其居有夾澗者') 물에 순응함이다.

○ 逆水.
('有遡澗者') 물을 거스름이다.

○ 旅.
('其止居之衆') 나그네들이다.

○ 去聲.
('日以益密乃復'의 '復') 거성이다.

○ 就也.
('乃復卽芮鞫而居之'의 '卽') 나아감(就)이다.

○ 添居字.
('乃復卽芮鞫而居之') '거(居)' 자를 첨가하였다.

○ 終上章末句之意.
('而豳地日以廣矣') 윗 장 마지막 구(句)의 뜻을 마쳤다.

○ 東萊呂氏曰: "有方興未艾之象, 周之王業兆於此."
('而豳地日以廣矣') 동래 여씨(東萊 呂氏)가 말하였다: "막 흥성하여 아직 다스려지지 않은 모습이 있었으니, 주(周) 나라의 왕업은 여기에서 조짐이 일어났다."

○ 安成劉氏曰: "此以上敍其終之富盛也."

('而豳地日以廣矣') 안성 유씨(安成 劉氏)가 말하였다: "이 이상은 그 마지막의 부유하고 흥성함을 서술하였다."

朱註

公劉六章, 章十句.
여기까지가 공류(公劉) 6장이고, 각 장은 10구(句)이다.

詳說

○ 慶源輔氏曰: "上五章言其自始而終, 故末章總敍其始終也."
경원 보씨(慶源 輔氏)가 말하였다: "위의 다섯 장은 그 처음부터 시작해서 끝날 때까지를 말하였으므로 마지막 장은 총괄적으로 그 시종(始終)을 서술하였다."

○ 永嘉陳氏曰: "七月言先公風化. 公劉, 則言建國君民之事, 風雅之不同如此."
영가 진씨(永嘉 陳氏)가 말하였다: "(「빈풍(豳風)」의) '칠월(七月)'은 선공(先公)의 풍화(風化)가 말미암은 바를 말하였느데 '공류(公劉)'는 나라를 세우는데 군주와 백성의 일을 말하였으니, 풍아(風雅)의 같지 않음이 이와 같다."

[3-2-7-1]

迥酌彼行潦, 挹彼注茲, 可以餴饎. 豈弟君子, 民之父母.

멀리 길바닥에 고인 물도 떠다가 여기에 부으면, 술밥을 찔 수도 있다네.625) 즐거운 우리 군주, 백성들의 부모로세.

朱註

興也. 迥, 遠也. 行潦, 流潦也. 餴, 烝米一熟, 而以水沃之, 乃再烝也. 饎, 酒食也. 君子, 指王也.
흥(興)이다. 형(迥)은 멂이다. 행로(行潦)는 길 바닥에 고인 물이다. 분(餴)은 쌀을

---

625) 공영달(孔穎達)의 「소(疏)」에서 다음과 같이 말하였다: "사람들로 하여금 멀리 가서 길바닥에 고인 물을 떠서, 큰 그릇에 담아 그것이 맑아질 때까지 기다린 후에, 다시 그 큰 그릇의 물을 이 작은 그릇 속에 담아, 쌀을 쪄서 한 번 익히고 물을 부은 다음, 이에 다시 쪄서 술밥으로 만들게 한 것을 말한 것이다. 이것으로 제사를 지낸다면 하늘이 흠향할 것이다.(言使人遠往酌取彼道上流潦之水, 置之于大器而來, 待其淸澄, 又可挹彼大器之水, 注之此小器之中, 以灌沃米餴, 以爲饎之酒食. 以此祭祀, 則天饗之.)"

쪄서 한 번 익히고 물을 부은 다음, 이에 다시 찌는 것이다. 치(饎)는 술밥이다. 군자(君子)는 왕(王)을 가리킨다.

> [詳說]
>
> ○ 流水也已見'采蘋'註.
> ('行潦, 流潦也') 흐르는 물이라는 것이 '채빈(采蘋)'장의 주석에 보인다.

> [朱註]
>
> ○舊說以爲, 召康公戒成王. 言遠酌彼行潦, 挹之於彼, 而注之於此, 尙可以 餴饎. 况豈弟之君子, 豈不爲民之父母乎. 傳曰: 豈, 以強敎之. 弟, 以悅安 之. 民皆有父之尊, 有母之親. 又曰: 民之所好好之, 民之所惡惡之, 此之謂 民之父母.
> 구설(舊說)에서는 소강공(召康公)이 성왕(成王)을 경계한 것이라고 하였다. "멀리 지 길가의 고인 물을 떠서 저기에서 떠다가 여기에 주입하더라도 오히려 술밥을 찔 수 있는데, 하물며 화락하신 군자(君子)가 어찌 백성의 부모(父母)가 되지 아니 하겠는가."라고 말한 것이다. 전(傳)에서 말하기를 "부드러움으로 힘써 기르치고 공경함으로써 기쁘고 편안하게 하면 백성들이 모두 아버지처럼 존중하고 어머니 처럼 친하게 여기게 한다."라고 하였으며, 또 "백성이 좋아하는 바를 좋아하고 백성이 싫어하는 바를 싫어하는 것, 이를 백성의 부모(父母)라고 한다."라고 하였 다.

> [詳說]
>
> ○ 酌也.
> ('挹之'의 '挹') 작(酌: 따르다)이다.
>
> ○ 鄭氏曰: "大器."
> ('挹之於彼'의 '彼') 정씨(鄭氏[鄭玄])가 말하였다: "큰 그릇이다."
>
> ○ 鄭氏曰: "小器."
> ('而注之於此'의 '此') 정씨(鄭氏[鄭玄])가 말하였다: "작은 그릇이다."

○ 三句興二句.
('尚可以餕饎…民之父母乎') 세 구(句)가 두 구(句)를 흥하게 한다.

○ 豈可以君子而不如行潦乎.
('尚可以餕饎…民之父母乎') 어찌 군자(君子)이고서 고인 물만 같지 않을 수 있겠는가?

○ 『禮記・表記』及毛傳.
('傳曰'의 '傳') 『예기(禮記)・표기(表記)』와 모전(毛傳)이다.

○ 如字, 又上聲.
('以強敎之'의 '強') 본래의 발음대로 읽고, 또한 상성이다.

○ 慶源輔氏曰: "強敎故尊, 悅安故親, 此以成民才而言."
('敎之…有母之親') 경원 보씨(慶源 輔氏)가 말하였다: "힘써 가르치므로 존경하고, 기쁘고 편안하게 하므로 친하게 여기는 것, 이것은 백성의 재능을 완성함으로써 말한 것이다."

○ 大學.
('又曰'의 '又') 『대학(大學)』이다.

○ 去聲.
('好之'의 '好') 거성이다.

○ 去聲.
('惡之'의 '惡') 거성이다.

○ 二說, 論也.
('傳曰…此之謂民之父母') 두 가지 설(說)은 논의(論)이다.

○ 慶源輔氏曰: "此以體民心而言."
('傳曰…此之謂民之父母') 경원 보씨(慶源 輔氏)가 말하였다: "이것은 백성의 마

음을 본체로 하여 말한 것이다."

[3-2-7-2]
洞酌彼行潦, 挹彼注兹, 可以濯罍. 豈弟君子, 民之攸歸.

멀리 길바닥에 고인 물도, 떠다가 여기에 부으면, 술독을 씻을 수 있다네. 즐거운 우리 군주, 백성들이 돌아가는 곳이네.

朱註
興也. 濯, 滌也.
흥(興)이다. 탁(濯)은 씻음이다.

詳說
○ 慶源輔氏曰: "民所歸往, 民所安息, 皆所以終首章父母之義也."
경원 보씨(慶源 輔氏)가 말하였다: "백성들이 돌아가는 곳, 백성들이 편안히 쉬는 곳은 모두 첫 장 부모의 뜻을 마친 것이다."

[3-2-7-3]
洞酌彼行潦, 挹彼注兹, 可以濯溉. 豈弟君子, 民之攸墍.

멀리 길바닥에 고인 물도, 떠다가 여기에 부으면, 씻을 수도 있다네. 즐거운 우리 군주, 백성들의 안식처로세.

朱註
興也. 溉, 亦滌也. 墍, 息也.
흥(興)이다. 개(溉) 또한 씻음이다. 게(墍)는 쉼이다.

詳說
○ 濯、溉總上饎、罍.
('溉, 亦滌也') '탁(濯)', '게(溉)'는 위의 '치(饎)', '뢰(罍)'를 포괄한다.

朱註

泂酌三章, 章五句.
여기까지가 형작(泂酌) 3장이고, 각 장은 5구(句)이다.

[3-2-8-1]
有卷者阿, 飄風自南. 豈弟君子, 來游來歌, 以矢其音.

감돌아 굽은 큰 언덕에, 남쪽에서 회오리 불어오네.626) 즐거운 우리 군주, 노니시며 노래하여, 그 음을 펼치셨네.

朱註

賦也. 卷, 曲也. 阿, 大陵也. 豈弟君子, 指王也. 矢, 陳也.
부(賦)이다. 권(卷)은 굽음이다. 아(阿)는 큰 구릉이다. 개제군자(豈弟君子)는 왕(王)을 가리킨다. 시(矢)는 베풂이다.

詳說

○ 曹氏曰: "樂循理, 平易近民, 人君之德, 故詩人美君德, 必以豈弟言之."
('豈弟…指王也') 조씨(曹氏)가 말하였다: "음악이 이치를 따라 평이하게 백성에 다가감은 군주의 덕(德)이므로, 시(詩)에서 군주의 덕을 찬미함은 반드시 '기제(豈弟)'를 가지고 말한다."

朱註

○此詩舊說亦召康公作. 疑公從成王游歌於卷阿之上, 因王之歌, 而作此以爲戒. 此章總敍以發端也.
이 시(詩)는 구설(舊說)에 "또한 소강공(召康公)이 지은 것이다."라고 하였으니, 의심컨대 공(公)이 성왕(成王)을 따라 권아(卷阿)의 위에서 놀고 노래하다가, 왕(王)의 노래를 인하여 이를 지어 경계한 듯하다. 이 장(章)은 전체의 뜻을 서술하여

---

626) 모전(毛傳)에서 "표풍(飄風)은 회오리바람이다. 나쁜 사람들이 덕에 감화되어 소멸되는 것은 마치 회오리바람이 굽은 구릉에 들어오는 것과 같다.(飄風, 回風也. 惡人被德化而消, 猶飄風之入曲阿也.)"라고 하였는데, 이것과 관련하여 정현의 「전(箋)」에서 다음과 같이 말하였다: "(이 시가) 흥(興)인 것은 왕이 마땅히 몸을 굽혀 현자(賢者)를 대우하고, 현자(賢者)는 신속히 나아가는 것이 마치 회오리바람이 굽은 구릉으로 들어가는 것 같기 때문이다. 그가(현자가) 오는 것은 백성들을 오래 돌보기 위함이다.(興者, 喩王當屈體以待賢者, 賢者則猥來就之, 如飄風之入曲阿然. 其來也, 爲長養民.)"

단서(端緖)를 보인 것이다.

詳說

○ 遊卷阿歌南風.
('疑公從成王游歌於卷阿之上') 굽은 구릉에서 노닐며 남풍(南風)을 노래하였다.

○ 來歌, 王之事. 矢音, 召公之事.
('因王之歌, 而作此') 와서 노래하는 것은 왕의 일이고, 음(音)을 펼치는 것은 소공(召公)의 일이다.

○ 小序曰: "戒成王求賢用吉士."
('以爲戒') 소서(小序)에서 말하였다: "성왕(成王)이 현자를 구하고 길사(吉士)를 등용하도록 경계하였다."

○ 慶源輔氏曰: "卷阿言其地, 南風言其時, 遊歌矢音言其事. 遊卷阿, 有風自南, 王樂而歌之, 故公因陳此詩以戒."
('此章總敍以發端也') 경원 보씨(慶源 輔氏)가 말하였다: "굽은 구릉은 그 땅을 말하고, 남쪽의 바람은 그 때를 말하며, 노닐며 노래하고 그 음(音)을 펼치는 것은 그 일을 말한다. 굽은 구릉에서 노니는데, 남쪽에서 바람이 불어와, 왕은 즐거이 노래하므로, 공(公)은 인하여 이 시(詩)를 진설하여 경계한 것이다."

○ 與舜之南風歌、皐陶之賡載歌, 其事相類.
('此章總敍以發端也') 순(舜)이 남풍(南風)을 노래하고, 고요(皐陶)가 이어서 지은 노래와 그 일이 서로 비교된다.

[3-2-8-2]

伴奐爾游矣, 優游爾休矣. 豈弟君子, 俾爾彌爾性, 似先公酋矣.

한가로이 노닐며 여유롭게 쉬신다.[627] 즐거운 우리 군주, 수명을 잘 마치시어, 선군처럼 잘

---

627) 정현의 「전(箋)」에서 다음과 같이 말하였다: "현자(賢者)가 이미 왔고, 왕은 재능에 따라서 관직을 배치하

마치리라.

朱註

賦也. 伴奐優游, 閒暇之意. 爾君子, 皆指王也. 彌, 終也. 性, 猶命也. 酋, 終也.
부(賦)이다. 반환(伴奐)과 우유(優游)는 한가한 뜻이다. 이(爾)와 군자(君子)는 모두 왕(王)을 가리킨다. 미(彌)는 마침이다. 성(性)은 명(命)과 같다. 추(酋)는 마침이다.

詳說

○ 句, 或云優遊句.
('伴奐') 여기까지가 구(句)인데, 혹자는 '우유(優遊)'까지가 구(句)라고 한다.

○ 詩中有此一性字而專以氣言, 與四書言性不同. 壽命蓋亦屬氣質事耳.
('性, 猶命也') 시(詩) 속에 이 하나의 '성(性)'자를 가지고 있지만 전적으로 기(氣)를 가지고 말하였으니, 사서(四書)에서 성(性)을 말하는 것과 같지 않다. 수명(壽命)은 대개 또한 기질(氣質)의 일일 따름이다.

朱註

○言爾旣伴奐優游矣, 又呼而告之. 言使爾終其壽命, 似先君善始而善終也. 自此至第四章, 皆極言壽考福祿之盛, 以廣王心而歆動之. 五章以後, 乃告以所以致此之由也.
"그대가 이미 한가로이 노닐었다."라고고 말하고, 또 불러 고(告)하여 "그대로 하여금 그 수명(壽命)을 잘 마쳐서 선군(先君)처럼 시작을 잘하고 마침을 잘하게 할 것이다"라고 말한 것이다. 이로부터 제4장까지는 모두 수명과 복록(福祿)의 성대함을 극언(極言)해서 왕(王)의 마음을 넓혀 감동하게 하였고, 5장 이후에야 이것 (수명과 복록)을 이루게 된 이유를 말하였다.

詳說

여, 각자가 그 직(職)을 맡았다.(賢者旣來, 王以才官秩之, 各任其職.)

○ 承上章遊歌句.
('言爾旣伴奐優游矣') 윗 장의 '유가(遊歌)' 구(句)를 이었다.

○ 終必有始, 故帶說始.
('言使爾終…善終也') 마침은 반드시 시작을 가지므로, 덧붙여 시작(始)을 말하였다.

○ 東萊呂氏曰: "俾爾者祝辭也. 祝之所以戒之也."
('言使爾終…善終也') 동래 여씨(東萊 呂氏)가 말하였다: "'비이(俾爾)'라는 것은 축(祝)의 말이다. 축(祝)이 경계한 것이다."

○ 由, 得賢也.
('致此之由也'의 '由') 이유는 현명한 자를 얻었기 때문이다.

○ 此, 論也.
('五章…致此之由也') 이것은 논의(論)이다.

○ 慶源輔氏曰: "召公可謂能盡師保誘掖之道矣."
('五章…致此之由也') 경원 보씨(慶源 輔氏)가 말하였다: "소공(召公)은 능히 가르치고 돌보아서 이끌고 도와주는 도(道)를 다할 수 있다고 말할 만하다."

[3-2-8-3]

爾土宇昄章, 亦孔之厚矣. 豈弟君子, 俾爾彌爾性, 百神爾主矣.

영토를 크게 밝게 다스리니, 은혜가 매우 두텁구나.628) 즐거운 우리 군주, 수명을 잘 마치시어, 모든 신의 주인이 되리라.

朱註

賦也. 昄章, 大明也. 或曰: 昄當作版, 版章, 猶版圖也.

---
628) 정현의 「전(箋)」에서 다음과 같이 말하였다: "'토우(土宇)'는 백성들을 토지와 집으로 거처하게 하는 것을 말한다.(土宇, 謂居民以土地屋宅也.)"

부(賦)이다. 판장(昄章)은 크게 밝음이다. 혹자(或者)는 말하기를 "판(昄)은 마땅히 판(版)이 되어야 하니, 판장(版章)은 판도(版圖)와 같다."라고 하였다.

詳說
○ 毛氏曰: "昄, 大也."
('昄章, 大明也') 모씨(毛氏)가 말하였다: "판(昄)은 큼이다."

朱註
○言爾土宇昄章, 旣甚厚矣. 又使爾終其身, 常爲天地山川鬼神之主也.
그대의 사는 강토(疆土)가 크게 밝아 이미 매우 (은혜가) 후하고, 또 그대로 하여금 몸을 마치도록 항상 천지산천(天地山川) 귀신(鬼神)의 주인(主人)이 되게 하리라고 말한 것이다.

詳說
○ 謂福祿厚.
('言爾…旣甚厚矣') 복록이 후함을 말한 것이다.

○ 性.
('其身') (본문의) '성(性)'이다.

[3-2-8-4]
爾受命長矣, 茀祿爾康矣. 豈弟君子, 俾爾彌爾性, 純嘏爾常矣.
받은 수명 장구하니, 복록도 강녕하시네.629) 즐거운 우리 군주, 수명을 잘 마치시어, 큰 복 항상 누리리라.

朱註

---
629) 정현의 「전(箋)」에서 다음과 같이 말하였다: "네가(군주가) 현자(賢者)를 얻어, 그와 함께 천지를 잇고 따른다면, 오랜 장수의 명을 받고, 복록 또한 너를 편안히 할 것이다.(女得賢者, 與之承順天地, 則受久長之命, 福祿又安女.)"

賦也. 茀嘏, 皆福也. 常, 常享之也.

부(賦)이다. 불(茀)과 가(嘏)는 모두 복(福)이다. 상(常)은 항상 누림이다.

詳說

○ 東萊呂氏曰: "自二章至此皆歎美之辭, 雖未及於求賢, 然王所以彌爾性似先公主百神而常純嘏者, 果何以致之乎?"

동래 여씨(東萊 呂氏)가 말하였다: "2장부터 여기까지 모두 기뻐 찬미하는 말이니, 비록 현명한 자를 구하는 데는 아직 미치지 못한다고 하더라도, 왕이 수명을 잘 마치기를 마치 선공(先公)처럼 하시고 모든 신의 주인이 되어 항상 복을 누리는 것은 결과적으로 어떻게 이르렀겠는가?"

[3-2-8-5]

有馮有翼, 有孝有德, 以引以翼, 豈弟君子, 四方爲則.

의지할 이 보좌할 이 있고, 효자와 덕 지닌 이도 있어, 앞에서 좌우에서 인도하면630), 즐거운 우리 군주, 사방에서 본받으리라.

朱註

賦也. 馮, 謂可爲依者. 翼, 謂可爲輔者. 孝, 謂能事親者. 德, 謂得於己者. 引, 導其前也. 翼, 相其左右也. 東萊呂氏曰: 賢者之行非一端, 必曰有孝有德, 何也. 蓋人主常與慈祥篤實之人處, 其所以興起善端, 涵養德性, 鎭其躁而消其邪, 日改月化, 有不在言語之閒者矣.

부(賦)이다. 빙(馮)은 의지할 만한 자를 말하고, 익(翼)은 도움받을 만한 자를 말한다. 효(孝)는 어버이를 잘 섬기는 자를 말하고, 덕(德)은 (행하여) 자기 몸에 얻은 자를 말한다. 인(引)은 그 앞에서 인도함이고, 익(翼)은 그 좌우(左右)에서 돕는 것이다. 동래여씨(東萊呂氏)가 말하였다: "현자(賢者)의 행실이 한 가지가 아닌데도 반드시 '유효(有孝), 유덕(有德)'이라고 말한 것은 어째서인가? 인주(人主)가 항상 자상하고 독실한 사람과 거처하면 선한 단서(端緖)를 일으키고 덕성(德性)을 함양하여, 조급한 성질을 진정하고 간사한 마음을 사라지게 해서 날로 고치고 다달이

---

630) 정현의 「전(箋)」에서 다음과 같이 말하였다: "'유효(有孝: 효가 있다)'는 성왕(成王)을 가리키고, '유덕(有德: 덕이 있다)'은 모든 신하를 말한다. 왕의 제사에서 현자(賢者)를 선택하여 공시(公尸)로 삼고 존중한다.(有孝, 斥成王也. 有德, 謂群臣也. 王之祭祀, 擇賢者以爲尸, 尊之.)"

변화함을 말할 필요가 없을 것이다."

詳說

○ 皆指賢者.
 ('翼, 謂可爲輔者') 모두 현자(賢者)를 가리킨다.

○ 安成劉氏曰: "行道而得於己."
 ('德, 謂得於己者') 안성 유씨(安成 劉氏)가 말하였다: "도(道)를 행하여 자기 몸에 얻은 것이다."

○ 慶源輔氏曰: "如引君以當道之引."
 ('引, 導其前也') 경원 보씨(慶源 輔氏)가 말하였다: "마치 군주를 인도하는 데 마땅한 도(道)의 인도함으로써 하는 것과 같이 한다."

○ 慶源輔氏曰: "如予欲有爲汝翼之翼."
 ('翼, 相其左右也') 경원 보씨(慶源 輔氏)가 말하였다: "마치 내가 가지고자 한 것이 네가 도운 보좌함이 되는 것이다."

○ 去聲.
 ('賢者之行'의 '行') 거성이다.

○ 孝.
 ('慈祥') 효(孝)이다.

○ 德.
 ('篤實') 덕(德)이다.

○ 上聲.
 ('慈祥篤實之人處'의 '處') 상성이다.

○ 疊山謝氏曰: "取其孝, 正求其忠也. 有德, 則才在其中."
 ('蓋人主常…言語之閒者矣') 첩산 사씨(疊山 謝氏)가 말하였다: "그 효(孝)를 취

함은 그 충(忠)을 올바로 구함이다. 덕(德)이 있다면, 재능(才)은 그 속에 있다."

朱註
○言得賢以自輔如此, 則其德日脩, 而四方以爲則矣. 自此章以下, 乃言所以致上章福祿之由也.
현자(賢者)를 얻어 스스로 보필(輔弼)하기를 이와 같이 하면, 그 덕(德)이 날로 닦아져 사방에서 법(法)으로 삼을 것이라고 말한 것이다. 이 장(章)으로부터 이하는 이에 윗 장의 복록(福祿)을 이루게 되는 이유를 말하였다.

詳說
○ 上三句.
('言得賢以自輔如此') (본문의) 앞 세 구(句)이다.

○ 指王.
('其德'의 '其') 왕을 가리킨다.

○ 添此句.
('則其德日脩') 이 구(句)를 첨가하였다.

○ 論也.
('言得賢…福祿之由也') 논의(論)이다.

○ 與二章註末相照應.
('言得賢…福祿之由也') 2장 주(註)의 마지막과 서로 조응한다.

○ 天台潘氏曰: "詩中旣醉、假樂凡稱頌人君福祿必歸於得人之盛."
('言得賢…福祿之由也') 천태 반씨(天台 潘氏)가 말하였다: "시(詩) 가운데, '기취(旣醉)', '가락(假樂)'은 군주의 복록이 반드시 사람을 얻는 성대함으로 돌아감을 칭송하였다."

[3-2-8-6]
顒顒卬卬, 如圭如璋, 令聞令望. 豈弟君子, 四方爲綱.

장중하고 위엄 있고, 순결하고 옥과 같아631), 훌륭한 명예와 덕망이시니,
즐거운 우리 군주, 천하의 벼리로다.

朱註
賦也. 顒顒卬卬, 尊嚴也. 如圭如璋, 純潔也. 令聞, 善譽也. 令望, 威儀可望法也.

부(賦)이다. 옹옹(顒顒), 앙앙(卬卬)은 존엄(尊嚴)함이고, 여규여장(如圭如璋)은 순수하고 깨끗함이다. 영문(令聞)은 좋은 명예이고, 영망(令望)은 위의(威儀)가 바라볼 만하고 본받을 만한 것이다.

詳說
○ 望而法之.

('令望, 威儀可望法也') 바라보고 본받는 것이다.

朱註
○承上章言得馮翼孝德之助, 則能如此, 而四方以爲綱矣.

윗 장을 이어 빙(馮), 익(翼), 효(孝), 덕(德)의 도움을 얻으면, 능히 이와 같이 되어 사방(四方)에서 벼리로 삼을 것이라고 말한 것이다.

詳說
○ 慶源輔氏曰:"如是然後, 爲人君之全德."

('承上章…則能如此') 경원 보씨(慶源 輔氏)가 말하였다: "이와 같은 연후에 군주의 덕(德)을 온전히 할 수 있다."

---

631) 정현의 「전(箋)」에서 다음과 같이 말하였다: "왕에게 현명한 신하가 있어, 그와 더불어 예(禮)와 의(義)로 서로 갈고 닦으면, 몸과 용모가 존엄하게 되어 경순(敬順)하게 되고, 의지(志)와 기운(氣)은 근엄하게 높아져, 마치 옥의 규장(圭璋)과 같다.(王有賢臣, 與之以禮義相切瑳, 體貌則顒顒然敬順, 志氣則卬卬然高朗, 如玉之圭璋也.)"

[3-2-8-7]

鳳凰于飛, 翽翽其羽, 亦集爰止. 藹藹王多吉士, 維君子使, 媚 于天子.

봉황이 나네, 훨훨 날개 짓 하여, 하늘까지도 이른다. 많고 많은 왕의 길사(吉士), 왕께서 명하시니, 백성을 사랑하네.632)

朱註

興也. 鳳凰, 靈鳥也, 雄曰鳳, 雌曰凰. 翽翽, 羽聲也. 鄭氏以爲, 因時鳳凰至, 故以爲喩, 理或然也. 藹藹, 衆多也. 媚, 順愛也.

흥(興)이다. 봉황(鳳凰)은 신령한 새이며, 수컷을 봉(鳳)이라 하고, 암컷을 황(凰)이라 한다. 홰홰(翽翽)는 날개 치는 소리이다. 정씨(鄭氏)는 "이 때에 봉황(鳳凰)이 마침 이르렀기 때문에 인하여 비유로 삼은 것이다."라고 하였는데, 이치(理致)가 혹 그럴 듯 하다. 애애(藹藹)는 많음이다. 미(媚)는 순종하고 사랑함이다.

詳說

○ 兼賦, 兼比.

('興也') 부(賦)를 겸하였고, 비(比)도 겸하였다.

○ 『說文』曰: "五色備擧, 出於東方君子之國. 見, 則天下安寧. 飛, 則群鳥從以萬數."

('鳳凰, 靈鳥也') 『설문(說文)』에서 말하였다: "다섯 가지 색이 갖추어져 일어나며, 동방의 군자의 나라에서 나왔다. 출현하면, 천하가 평안하고, 날면 (다른 새들이 따라) 수만을 이룬다."

---

632) 정현의 「전(箋)」에서 다음과 같이 말하였다: "왕의 조정에 많은 좋은 선비들이 모여 있고, 군주는 윗 자리에서 거느려 교화시켜, 그들로 하여금 천자를 친애하고 직(職)을 받들어 최선을 다하게 한다.(王之朝多善士藹藹然, 君子在上位者率化之, 使之親愛天子, 奉職盡力.)" 공영달의 「소(疏)」에 따르면, 정현은 "봉황이 와서 나는 때에는, 그 날개를 '홰홰(翽翽)'하여 소리를 내며, 또한 여러 새들과 함께 머무는 곳에 멈춘다. 봉황이 있는 곳에 여러 새들이 사모하여 따르므로, 봉황 또한 그들과 같이 머무르는데, 현자(賢者)가 와서 관직을 맡는 것을 흥하게 할 때에도 또한 여러 선비들이 군주의 조정에 모인다. 현자(賢者)가 있는 곳에 여러 선비들이 사모하여 나아가므로, 현자(賢者)도 또한 그들과 조정을 같이 하는 것이다.(鳳皇往飛之時, 翽翽其羽爲聲, 亦與衆鳥集于所止. 鳳皇所在, 衆鳥慕而從之, 故鳳皇亦與之同止, 興賢者來仕之時, 亦與衆鳥集于君朝. 賢者所在, 群士慕而就之, 故賢者亦與之同朝.)"라고 생각하였다.

○ 諺音恐合, 要商.
('翙翙') 언해(諺解)의 발음은 합당한 듯하나, 더 살펴보아야 한다.

○ 九峯蔡氏曰: "時周方隆盛, 鳴鳳在郊. 鳴于高岡者, 乃咏其實也."
('鄭氏以爲…理或然也') 구봉 채씨(九峯 蔡氏)가 말하였다: "당시에 주(周) 나라가 융성하여, 우는 봉황은 교(郊)에 있었다. 높은 언덕에서 우는 것은 바로 그 실질을 읊은 것이다."

○ 慶源輔氏曰: "後世多以鳳比賢人, 蓋本於此."
('鄭氏以爲…理或然也') 경원 보씨(慶源 輔氏)가 말하였다: "후세에 많은 사람들이 봉황을 가지고 현인(賢人)을 비유하였으니, 여기에 근본하고 있다."

朱註
○鳳凰于飛, 則翙翙其羽, 而集於其止矣. 藹藹王多吉士, 則維王之所使, 而皆媚於天子矣. 旣曰君子, 又曰天子, 猶曰王于出征, 以佐天子云爾.
봉황(鳳凰)이 날면 날개 짓을 하여 앉아야 할 곳에 앉고, 왕(王)에게 길사(吉士)가 많으면 왕(王)이 이들을 부려 모두 천자(天子)를 사랑한다. 이미 군자(君子)라 말하고 또 천자(天子)라 말했으니, "왕명(王命)으로 출정(出征)하여 천자(天子)를 돕는다."는 말과 같은 것이다.

詳說
○ 定宇陳氏曰: "卽前所謂孝德也."
('王多吉士') 정우 진씨(定宇 陳氏)가 말하였다: "이전에 효와 덕을 말한 바에 입각하였다."

○ 慶源輔氏曰: "一聽其使令."
('維王之所使') 경원 보씨(慶源 輔氏)가 말하였다: "그 사령(使令)에게 듣는 것이다."

○ 疊山謝氏曰: "愛君也."

('媚于天子矣') 첩산 사씨(疊山 謝氏)가 말하였다: "군주를 사랑함이다."

○ 見六月.
('王于…天子云爾') 소아(小雅)「유월(六月)」편에 보인다.

○ 其疊擧之語勢同.
('王于…天子云爾') 그 중첩되어 제시된 어세(語勢)가 같다.

○ 此, 論也.
('王于…天子云爾') 이것은 논의(論)이다.

○ 東萊呂氏曰: "此以下廣言人材之盛."
('王于…天子云爾') 동래 여씨(東萊 呂氏)가 말하였다: "이 이하는 인재의 융성함을 일반적으로 말하였다."

[3-2-8-8]

鳳凰于飛, 翽翽其羽, 亦傅于天. 藹藹王多吉人, 維君子命, 媚于庶人.

봉황이 나네, 훨훨 날개 짓 하여, 하늘까지도 이르네. 많고 많은 왕의 복된 사람들, 왕께서 명하시니, 백성을 사랑하네.

朱註
興也. 媚于庶人, 順愛于民也.
흥(興)이다. 미우서인(媚于庶人)은 백성들에게 순(順)하게 하고 사랑하는 것이다.

詳說
○ 鄭氏曰: "命, 猶使也."
(본문의 '維君子命'의 '命') 정씨(鄭氏[鄭玄])가 말하였다: "'명(命)은 사(使: 부리다)와 같다."

○ 疊山謝氏曰: "愛其民也."

('媚于…于民也') 첩산 사씨(疊山 謝氏)가 말하였다: "그 백성을 사랑함이다."

[3-2-8-9]
鳳凰鳴矣, 于彼高岡, 梧桐生矣. 于彼朝陽, 菶菶萋萋, 雝雝喈喈.

봉황이 우네, 저기 언덕에서, 오동이 자랐네. 저기 산 동쪽에, 울창한 오동나무, 울음소리 어울리네.

朱註
比也, 又以興下章之事也. 山之東曰朝陽. 鳳凰之性, 非梧桐不棲, 非竹實不食. 菶菶萋萋, 梧桐生之盛也. 雝雝喈喈, 鳳凰鳴之和也.
비(比)이고, 또 다음 장의 일을 흥(興)하였다. 산의 동쪽을 조양(朝陽)이라 한다. 봉황(鳳凰)의 성질은 오동나무가 아니면 깃들지 않고, 대나무 열매가 아니면 먹지 않는다. 봉봉(菶菶), 처처(萋萋)는 오동(梧桐)나무가 무성하게 자란 것이고, 옹옹(雝雝), 개개(喈喈)는 봉황(鳳凰)이 화답하며 우는 것이다.

詳說
○ 永嘉陳氏曰: "比賢者必聚於有道之朝."
('比也') 영가 진씨(永嘉 陳氏)가 말하였다: "현자(賢者)를 비유한 것은 반드시 도(道)가 있는 조정에 모이기 때문이다."

○ 此章下句不說出本事, 故爲全章之比.
('比也') 이 장의 다음 구(句)는 본래의 일을 말하지 않았으므로, 전체 장의 비(比)가 된다.

○ 以上章興下章. 此, 則詩之罕例也. 蓋就此章而觀其文義, 則當爲比. 通下章而考其文勢, 則亦可依上二章之例而爲興, 故特發二例云.
('又以興下章之事也') 이상의 장은 다음 장을 흥(興)한다. 여기서는 시(詩)의 드문 예이다. 이 장에서 그 글의 뜻을 보면 마땅히 비(比)인데, 다음 장을 통하여

그 문세(文勢)를 고려하여 또한 위 두 장의 예에 의존하여 흥(興)이 될 수 있으므로, 특별히 두 예를 들어 말하였다.

○ 孔氏曰:"朝先見日."
('山之東曰朝陽') 공씨(孔氏[孔穎達])가 말하였다: "아침에 먼저 해를 본다."

○ 二物實一事.
('非梧桐不棲') 두 가지 사물은 실제로 하나의 일이다.

○ 因梧而並及竹.
('非竹實不食') 오동나무를 인하여 아울러 대나무를 언급하였다.

○ 承生字而先言之.
('菶菶…生之盛也') '생(生)' 자를 이어서 먼저 말하였다.

○ 慶源輔氏曰:"比賢者之來集王朝, 而王朝之禮遇賢者, 兩得其宜也.
('雝雝…鳴之和也') 경원 보씨(慶源 輔氏)가 말하였다: "현자(賢者)가 와서 왕의 조정에 모이고, 왕의 조정이 현자(賢者)를 예우하는 것을 비유한 것인데, 둘은 그 마땅함을 얻었다."

[3-2-8-10]

君子之車, 既庶且多. 君子之馬, 既閑且馳. 矢詩不多, 維以遂歌.

우리 군주의 수레, 많고도 많다. 우리 군주의 말, 길 잘 들어 잘 달린다.633) 많은 노래 바치려 함이 아니라, 군주의 노래에 화답할 뿐이네.

朱註

---

633) 정현의 「전(箋)」에서 다음과 같이 말하였다: "지금 현자(賢者)가 지위에 있고, 왕이 그 수레를 준 것이 많으니, 그 말들은 또한 편안히 위의(威儀)에 길들어 달릴 수 있는 것이다.(今賢者在位, 王錫其車眾多矣, 其馬又閑習于威儀能馳矣.)"

賦也, 承上章之興也. 菶菶萋萋, 則雝雝喈喈矣, 君子之車馬, 則旣衆多而閑習矣. 其意若曰: 是亦足以待天下之賢者, 而不厭其多矣. 遂歌, 蓋繼王之聲而遂歌之, 猶書所謂賡載歌也.

부(賦)이니, 윗 장의 흥(興)을 이은 것이다. 오동나무가 봉봉처처(菶菶萋萋)하게 자라면 봉황(鳳凰)의 울음소리는 옹옹개개(雝雝喈喈)하고, 군자(君子)의 거마(車馬)는 이미 많고 잘 길들었다 하였으니, 그 뜻은 "천하(天下)의 현자(賢者)를 충분히 대우할 만하여, 그 많음을 싫어하지 않는다."라고 말한 것과 같다. 수가(遂歌)는 왕(王)의 노래를 뒤이어 마침내 노래한 것이니, 『서경(書經)』「익직(益稷)」에 이른바 "이어서 노래를 이어 한다."는 것과 같다.

詳說

○ 與上註又以句相照應.
('承上章之興也') 윗 주(註)와 또한 구(句)로 서로 조응한다.

○ 旣已成之爲興, 故依他興之例釋之.
('菶菶⋯喈喈矣') 이미 흥(興)으로 이루어졌으므로, 그 흥(興)의 예에 의존하여 해석하였다.

○ 車馬.
('是亦足以待'의 '是') 수레와 말이다.

○ 以論補其言外意.
('其意若⋯其多矣') 논의(論)를 가지고 그 언외의 뜻을 보충하였다.

○ 龍舒王氏曰: "詩非不多也以爲不多者, 愛君之心無已也."
('遂歌⋯賡載歌也') 용서 왕씨(龍舒 王氏)가 말하였다. "시(詩)가 적지 않음을 많지 않다고 여긴 것은 군주를 사랑하는 마음이 끝이 없는 것이다."

○ 新安胡氏曰: "詩雖不多, 亦遂歌之而致其咏歎陳戒之意而已."
('遂歌⋯賡載歌也') 신안 호씨(新安 胡氏)가 말하였다. "시(詩)가 비록 많지 않다고 하더라도, 또한 마침내 불러서 그 영탄과 경계의 의미를 다하였다."

○ 慶源輔氏曰:"先言矢音, 卽其歌而言也. 終言矢詩不多, 卽其實而言也."
('遂歌…賡載歌也') 경원 보씨(慶源 輔氏)가 말하였다: "먼저 '시음(矢音: 음[音]을 펼치다)'을 말한 것은 그 노래에 직면하여 말한 것이다. 마지막으로 '시시부다(矢詩不多: 시[詩]를 펼침이 많지 않다)'를 말한 것은 그 실제에 직면하여 말한 것이다."

朱註
卷阿十章, 六章章五句, 四章章六句.
권아(卷阿) 10장이니, 6장은 장마다 5구(句)이고, 4장은 장마다 6구(句)이다.

詳說
○ 正大雅止此.
대아(大雅)가 여기서 그침을 바로 잡았다.

[3-2-9-1]

民亦勞止, 汔可小康. 惠此中國, 以綏四方. 無縱詭隨, 以謹無良, 式遏寇虐, 憯不畏明, 柔遠能邇, 以定我王.

이다지도 백성이 힘드니, 조금이라도 편안하게 해야 할 것이다. 이 중국을 사랑하여, 주변 사방을 안정시킬지어다.634) 함부로 남을 따르지 않고, 불량한 자를 단속하며, 천명을 두려워 않는, 포학한 자들 막아, 먼 곳은 편안히 하고 가까운 곳은 친애하여, 우리 왕실 안정케 되리라.635)

朱註
賦也. 汔, 幾也. 中國, 京師也. 四方, 諸夏也. 京師, 諸夏之根本也. 詭隨,

---

634) 정현의 「전(箋)」에서 다음과 같이 말하였다: "지금 주 나라 백성들이 피로한데, 왕은 조금이라도 그들을 편안하게 할 수 있을까? 경사(京師)의 사람들을 사랑하여 천하를 편안하게 하니, 경사(京師)라는 것은 제하(諸夏)의 근본이다.(今周民罷勞矣, 王幾可以小安之乎? 愛京師之人以安天下, 京師者, 諸夏之根本.)"
635) 공영달의 「소(疏)」에 따르면, "모씨(毛氏)는 목왕(穆王)이 왕에게 간언하였다고 생각하여, 지금 주(周) 나라 백성들이 또한 피로하고, 위기에 처해있을 뿐이라서 거의 사망에 가깝다고 말한 것이다. 왕은 조금이라도 부역을 덜어 백성들을 편안하게 하고, 중앙에 수도를 가진 나라와 경사(京師)의 사람들을 사랑하여서, 천하 사방의 나라들을 편안히 할 것이다.(毛以爲, 穆王諫王, 言今周民亦皆疲勞止, 而又危耳, 近于喪亡. 王可以小省賦役而安息之, 愛此中畿之國、京師之人, 以安天下四方諸夏之國.)"

不顧是非, 而妄隨人也. 謹, 斂束之意. 憯, 曾也. 明, 天之明命也. 柔, 安也. 能, 順習也.
부(賦)이다. 흘(汔)은 거의이다. 중국(中國)은 경사(京師)이고, 사방(四方)은 제하(諸夏)이니, 경사(京師)는 제하(諸夏)의 근본(根本)이다. 궤수(詭隨)는 시비(是非)를 돌아보지 않고 망령되이 남을 따르는 것이다. 근(謹)은 단속의 뜻이다. 참(憯)은 일찍이이다. 명(明)은 하늘의 명명(明命)이다. 유(柔)는 편안함이고, 능(能)은 따르고 익숙한 것이다.

詳說

○ 音祈.
('幾') 발음은 기(幾)이다.

○ 安成劉氏曰: "三章又曰, 惠此京師."
('中國, 京師也') 안성 유씨(安成 劉氏)가 말하였다: "3장에서 다시 '혜차경사(惠此京師: 이 경사[京師]를 사랑하여)'라고 하였다."

○ 所以先言惠中國, 而後言綏四方也.
('四方…諸夏之根本也') 중국을 사랑함을 먼저 말하고, 이후에 주변 사방을 편안히 함을 말한 것이다.

○ 華谷嚴氏曰: "心知其非而懷詐, 以從此奸人也.『書』所謂面從;『孟子』所謂面諛也."
('詭隨…妄隨人也') 화곡 엄씨(華谷 嚴氏)가 말하였다: "마음(心)이 그 잘못됨을 알고 거짓을 품어, 이것으로부터 사람을 속이는 것이다.『서(書)』에서 이른바 '명종(面從: 그 사람이 보는 앞에서만 순종함)'이라고 하였고,『맹자(孟子)』에서 이른바 '면유(面諛: 눈 앞에서 아첨함)'라고 하였다."

○ 又見『書・舜典』.
('謹…順習也') 또한『서(書)・순전(舜典)』에 보인다.

朱註

○序說以此爲召穆公刺厲王之詩, 以今考之, 乃同列相戒之詞耳. 未必專爲刺王而發. 然其憂時感事之意, 亦可見矣. 蘇氏曰: 人未有無故而妄從人者. 維無良之人, 將悅其君而竊其權, 以爲寇虐, 則爲之. 故無縱詭隨, 則無良之人肅, 而寇虐無畏之人止. 然後柔遠能邇, 而王室定矣. 穆公, 名虎. 康公之後. 厲王, 名胡. 成王七世孫也.

서설(序說)에는 이것을 소목공(召穆公)이 려왕(厲王)을 풍자한 시(詩)라고 하였는데, 지금 상고해 보건대 이것은 바로 같은 반열에 있는 사람이 서로 경계한 말이지, 꼭 왕(王)을 풍자하기 위하여 말한 것만은 아니다. 그러나 그 세상을 걱정하고 일에 감동한 뜻을 또한 볼 수 있다. 소씨(蘇氏)가 말하였다: "사람은 연고 없이 망령되이 남을 따르는 자가 없지만, 선량하지 못한 자가 그 군주(君主)를 기쁘게 하여 권력을 도둑질해서 포악한 정치를 하려 하면 이런 짓을 한다. 그러므로 함부로 남을 따르지 않는다면 선량하지 못한 사람이 자숙하게 되고, 포악한 정치를 하고 두려움이 없는 자가 그칠 것이다. 그런 뒤에야 멀리 있는 자를 편안하게 하고 가까이 있는 자를 친근히 하여 왕실(王室)이 안정되는 것이다." 목공(穆公)의 이름은 호(虎)이니, 강공(康公)의 후손이요, 려왕(厲王)의 이름은 호(胡)이니, 성왕(成王)의 7세손(世孫)이다.

詳說

○ 去聲.
('專爲刺王'의 '爲') 거성이다.

○ 諷王之意.
('然其憂時感事之意') 왕을 풍자하는 뜻이다.

○ 華谷嚴氏曰: "言以定我王、以爲王休、戎雖小子、王欲玉女, 皆語同列之詞, 以時之亂戒同列, 所以刺王也."
('序說…亦可見矣.') 화곡 엄씨(華谷 嚴氏)가 말하였다: "'이정아왕(以定我王: 우리 왕실 안정케 하리라)', '이위왕휴(以爲王休: 왕의 즐거움 될 지어다)', '융수소자(戎雖小子: 네가 비록 나이는 어리나)', '왕욕옥녀(王欲玉女: 왕이 그대를 보배로 여기니)' 모두 같은 반열을 언급하는 말이니, 당시의 혼란으로 같은 반열을 경계하여 왕을 풍자하는 것이다."

○ 廬陵彭氏曰:"未能遽望其太平, 但庶幾小康耳."
 ('序說…亦可見矣') 여릉 팽씨(廬陵 彭氏)가 말하였다: "급박하게 그 태평함을 바랄 수는 없고, 단지 조금이라도 작은 편안함을 바랄 따름이다."

○ 肆也.
 ('無縱詭隨'의 '縱') 마음대로 하는 것이다.

○ 謹.
 ('無良之人肅'의 '肅') 삼가는 것이다.

○ 遏.
 ('無畏之人止'의 '止') 막음이다.

○ 廬陵彭氏曰:"朝廷之上, 無使小人亂政."
 ('蘇氏曰…無畏之人止') 여릉 팽씨(廬陵 彭氏)가 말하였다: "조정에서 소인배들이 정치를 어지럽히지 못하게 하는 것이다."

○ 以論釋之.
 ('然後…王室定矣') 논의(論)로써 해석하였다.

○ 見江漢.
 ('穆公, 名虎') 대아(大雅) 「탕지십(蕩之什)」편 '강한(江漢)'에 보인다.

○ 孔氏曰:"康公十六世孫."
 ('康公之後') 공씨(孔氏[孔穎達])가 말하였다: "강공(康公) 16세손이다."

○ 此則序之註也.
 ('厲王…成王七世孫也') 이것은 서(序)의 주석이다.

○ 此詩在厲王之世, 故爲變大雅之始.
 이 시(詩)는 려왕(厲王)의 시대이므로, 대아(大雅)를 변화시키는 시작이 된다.

[3-2-9-2]

民亦勞止, 汔可小休. 惠此中國, 以爲民逑. 無縱詭隨, 以謹惛怓, 式遏寇虐, 無俾民憂. 無棄爾勞, 以爲王休.

이다지도 백성들 괴로우니 조금이라도 쉬게 할 것이다. 중국을 사랑하여 백성들 모이게 할 것이다. 함부로 남을 따르지 말고, 혼란 야기한 자636) 단속하며, 포학한 자 등용을 막아, 백성들 근심 없게 하라. 지난 날 너의 공 지켜서 왕의 즐거움 될지어다.637)

朱註

賦也. 逑, 聚也. 惛怓, 猶讙譁也. 勞, 猶功也, 言無棄爾之前功也. 休, 美也.

부(賦)이다. 구(逑)는 모임이다. 혼뇨(惛怓)는 소란스럽게 하는 것과 같다. 노(勞)는 공(功)과 같으니, 너의 이전에 세운 공을 버리지 말라고 말한 것이다. 휴(休)는 아름다움이다.

詳說

○ 慶源輔氏曰: "中國者, 民之所聚."
('逑, 聚也') 경원 보씨(慶源 輔氏)가 말하였다: "중국(中國)이라는 것은 백성들이 모이는 곳이다."

○ 音昏.
('惛怓'의 '惛') 발음은 혼(昏)이다.

○ 讙、喧二音.
('歡譁'의 '歡') 환(歡), 훤(喧) 두 개의 발음이다.

○ 慶源輔氏曰: "詭隨者之態."
('惛怓, 猶讙譁也') 경원 보씨(慶源 輔氏)가 말하였다: "함부로 따르는 자의 태도

---

636) 정현의 「전(箋)」에서 다음과 같이 말하였다: "혼뇨(惛怓)는 소란스럽게 하는 것과 같으니, 쟁송을 좋아하는 자들을 말하는 것이다. (惛怓, 猶讙嘩也, 謂好爭訟者也.)"
637) 공영달(孔穎達)의 「소(疏)」에서 다음과 같이 말하였다: "왕이 만약 선한 정치를 베풀려고 하면, 마땅히 죄가 있는 것을 규찰하여 함부로 남의 선함을 속이고 남의 악을 따르게 하는 자들이 없도록 하여, 이것으로써 그 쟁송하기를 좋아하여 큰 악이 되는 자들을 삼가고, 또한 함부로 하지 않는 일을 사용하여 그 포학한 해악을 막고, 이런 포학함을 만나는 근심이 없도록 해야 할 것이다.(王若施善政, 當糾察有罪, 無得縱此詭人之善、隨人之惡者, 以此敕愼其讙嘩爲大惡者, 又用此無縱之事, 止其寇虐之害, 無使有遭此寇虐之憂.)"

이다."

○ 鄭氏曰:"誘掖之也."
('勞…前功也') 정씨(鄭氏[鄭玄])가 말하였다: "사람을 이끌어 도와주는 것이다."

○ 安成劉氏曰:"二休字異義."
('休, 美也') 안성 유씨(安成 劉氏)가 말하였다: "두 휴(休) 자가 다른 뜻이다."

○ 曹氏曰:"二章以下皆衍, 而成篇以暢其意不甚相遠也."
조씨(曹氏)가 말하였다: "2장 이하 모두 중복되어 있는데, 편을 이루는데 그 뜻을 확장함으로써 서로 매우 거리가 멀어진 것은 아니다."

[3-2-9-3]

民亦勞止, 汔可小息. 惠此京師, 以綏四國. 無縱詭隨, 以謹罔極, 式遏寇虐, 無俾作慝, 敬愼威儀, 以近有德.

이다지도 백성들 괴로우니, 조금이라도 쉬게 할 것이다. 가까이 서울부터 사랑하여, 주변의 나라를 편하게 할 것이다. 함부로 남을 따르지 말고, 못할 짓 없는 자를 단속하며, 포학한 자 등용을 막아, 나쁜 짓 못하게 하고[638], 몸가짐 공경하고 삼가, 덕 있는 사람을 가까이 하리라.

朱註

賦也. 罔極, 爲惡無窮極之人也. 有德, 有德之人也.
부(賦)이다. 망극(罔極)은 악(惡)을 하는 것이 끝이 없는 사람이다. 유덕(有德)은 덕(德)이 있는 사람이다.

詳說

○ 慶源輔氏曰:"詭隨者之證."
('罔極.…窮極之人也') 경 보씨(慶源 輔氏)가 말하였다: "함부로 남을 따르는 자를 증명한 것이다."

---

638) 정현의 「전(箋)」에서 다음과 같이 말하였다: "'망(罔)'은 무(無)이고, '극(極)'은 중(中)이니, 무중(無中)은 행한 바가 마음 속의 바름을 얻지 못한 것이다.(罔, 無. 極, 中也. 無中, 所行不得中正.)"

○ 豐城朱氏曰:"修身以爲本; 親賢以爲輔."
('有德…之人也') 풍성 주씨(豐城 朱氏)가 말하였다: "자신의 몸을 닦는 것을 근본으로 하고, 현명한 자를 친히 하는 것으로 보완한다."

○ 東萊呂氏曰:"此章言當遠小人, 近君子也."
('有德…之人也') 동래 여씨(東萊 呂氏)가 말하였다: "이 장은 소인을 멀리하고 군자를 가까이 하여야함을 말하였다."

[3-2-9-4]
民亦勞止, 汔可小愒. 惠此中國, 俾民憂泄. 無縱詭隨, 以謹醜厲, 式遏寇虐, 無俾正敗. 戎雖小子, 而式弘大.

이다지도 백성들 괴로우니, 조금이라도 쉬게 할 것이다. 가까지 중국부터 사랑하여 백성들 근심 없게 할 것이다. 함부로 남을 따르지 말고, 추악한 자 단속하며, 포학한 자 등용을 막아, 정도를 지키도록 하라. 네가 비록 나이는 어리지만, 하는 일 매우 중요하니라.639)

朱註
賦也. 愒, 息. 泄, 去. 厲, 惡也. 正敗, 正道敗壞也. 戎, 汝也, 言汝雖小子, 而其所爲甚廣大, 不可不謹也.
부(賦)이다. 게(愒)는 쉼이고, 설(泄)는 제거함이며, 여(厲)는 악(惡)함이다. 정패(政敗)는 정도(正道)가 파괴되는 것이다. 융(戎)은 너이니, "네 비록 소자(小子)이지만 그 하는 바는 매우 광대(廣大)하여, 삼가지 않으면 안 된다."고 말한 것이다.

詳說
○ 式.
('所爲'의 '爲') (본문의) '식(式)'이다.

---

639) 공영달(孔穎達)의 「소(疏)」에서 다음과 같이 말하였다: "모씨(毛氏)는 '백성들도 또한 피로하여 괴로운 것은 더욱 위험할 따름이니, (백성들이) 쉽게 할 수 있다. 먼저 중국의 수도를 아끼고, 제하(諸夏)의 백성들을 편하게 하여, 그 근심을 제거해야 한다. 또한 함부로 따르는 사람들이 없게 해야 하니, 이것으로 사람들이 위태롭게 행동하는 자가 되지 않도록 삼가고, 또한 이것을 사용하여 그 포학한 해악을 막아 왕이 올바른 도(道)가 파괴되지 않도록 해야 한다.'라고 생각하였다.(毛以爲, 民亦疲勞止, 又危耳, 可以此息之. 先愛此中國之京師, 便諸夏之民, 其憂寫泄而去. 又當無縱詭隨之人, 以此敕愼衆爲危殆之行者, 又用此止其寇虐之害, 無使王之正道敗壞也.)"

○ 添此句.
  ('不可不謹也') 이 구(句)를 첨가하였다.

○ 慶源輔氏曰:"以小子稱同列, 必是長老者之辭. 觀下篇四章, 可見是王所寵任之臣也."
  ('言汝雖小子…不可不謹也') 경원 보씨(慶源 輔氏)가 말하였다: "'소자(小子)'로 같은 반열을 부르는 것은 필시 나이 낮은 자의 말이다. 다음 편 4장을 보건대, 이는 왕이 총애하여 직책을 맡은 신하임을 알 수 있다."

[3-2-9-5]

民亦勞止, 汔可小安. 惠此中國, 國無有殘. 無縱詭隨, 以謹繾綣, 式遏寇虐, 無俾正反. 王欲玉女, 是用大諫.

이다지도 백성들 괴로우니, 조금이라도 편하게 할 것이다. 가까운 중국부터 사랑하여, 나라에 잔혹함을 없게 할 것이다.640) 함부로 남을 따르지 말고, 아첨하는 자 조심하고, 포학한 자 등용을 막아, 정도에 위반되지 않게 하라. 왕이 그대를 아끼니, 그 뜻을 따라 충고를 하노라.641)

詳說
○ 『春秋傳・左』成八年.
  『춘추좌씨전(春秋左氏傳)』 성공(成公) 8년이다.

朱註
賦也. 繾綣, 小人之固結其君者也. 正反, 反於正也. 玉, 寶愛之意. 言王欲以女爲玉, 而寶愛之, 故我用王之意, 大諫正於女, 蓋托爲王意以相戒也.
부(賦)이다. 견권(繾綣)은 소인(小人)으로서 그 군주(君主)에게 굳게 결탁한 자이다. 정반(正反)은 정도(正道)에 위반됨이다. 옥(玉)은 보배로 여기고 사랑하는 뜻이다.

---

640) 정현의 「전(箋)」에서 다음과 같이 말하였다: "왕이 이 서울의 사람들을 아낀다면, 천하의 모든 나라의 군주들은 잔인하고 가혹하게 되지 않을 것이다.(王愛此京師之人, 則天下邦國之君不爲殘酷.)"
641) 이어서 정현의 「전(箋)」에서 다음과 같이 말하였다: "옥이라는 것은 군자에 대하여 덕에 비교될 수 있다. '왕이시여! 내가 당신으로 하여금 옥처럼 여기므로, 이 시(詩)를 지어 크게 간언하여 당신을 바로 잡으려고 합니다.' 이것은 목공(穆公)이 지극히 충성하는 말이다.(玉者, 君子比德焉. 王乎! 我欲令女如玉然, 故作是詩, 用大諫正女. 此穆公至忠之言.)"

왕(王)이 너를 옥(玉)으로 여겨 보배로 여기고 사랑하고자 하므로, 나는 왕(王)의 뜻을 써서 너에게 크게 간(諫)하여 바로잡는다고 말한 것이니, 왕(王)의 뜻에 의탁하여 서로 경계한 것이다.

詳說

○ 殘, 害也.
(본문의 '國無有殘'의 '殘') (본문의) '잔(殘)'은 해악이다.

○ 華谷嚴氏曰: "無良、惛怓、罔極、醜厲、繾綣皆極小人之情狀, 而總之以詭隨. 蓋小人媚君子, 其始皆以詭隨入之."
('繾綣…其君者也') 화곡 엄씨(華谷 嚴氏)가 말하였다: "'무량(無良)', '혼뇨(惛怓)', '망극(罔極)', '추려(醜厲)', '견권(繾綣)'은 모두 소인(小人)의 심정을 극대화하여 '궤수(詭隨: 함부로 따름)'로 총괄하였다. 대개 소인(小人)이 군자에게 아첨하는 것, 그 시작은 모두 함부로 따르면서 들어간다."

○ 慶源輔氏曰: "又甚於正敗."
('正反…正也') 경원 보씨(慶源 輔氏)가 말하였다: "또한 정도(正道)를 그르친 것보다 더 심한 것이다."

○ 廬陵彭氏曰: "每章言愈切, 而意愈深."
('正反…正也') 여릉 팽씨(廬陵 彭氏)가 말하였다: "매 장(章)은 말이 더욱 절실하면서 의미는 더욱 깊다."

○ 添此句.
('言王欲…我用王之意') 이 구(句)를 첨가하였다.

○ 補此女字.
('大諫正於女') 여기에 '여(女)'자를 보충하였다.

朱註

民勞五章, 章十句.
여기까지가 민로(民勞) 5장이고, 각 장은 10구(句)이다.

> 詳說

○ 藍田呂氏曰:"皆丁寧反覆使之去危, 卽安去惡從善也."

남전 여씨(藍田 呂氏)가 말하였다: "모두 정녕으로 반복하여 위험을 제거하도록 하였으니, 곧 편안히 악을 제거하고 선을 따르는 것이다."

[3-2-10-1]

上帝板板, 下民卒癉. 出話不然, 爲猶不遠. 靡聖管管, 不實於亶. 猶之未遠, 是用大諫.

상제가 상도를 뒤집어642), 백성들 모두 괴롭다. 하는 말을 다 틀리고, 계책은 원대하지 못하다.643) 성인도 무시하고 저 혼자 잘나서, 진실에 힘쓰지 않는다. 계책이 원대하지 못하기에, 이 때문에 크게 간한다.

> 朱註

賦也. 板板, 反也. 卒, 盡. 癉, 病. 猶, 謀也. 管管, 無所依也. 亶, 誠也.

부(賦)이다. 판판(板板)은 번복함이다. 졸(卒)은 모두이고, 단(癉)은 병듦이며, 유(猶)는 계책이다. 관관(管管)은 의거하는 바가 없는 것이다. 단(亶)은 성실함이다.

> 朱註

○序以此爲凡伯刺厲王之詩, 今考其意, 亦與前篇相類, 但責之益深切耳. 此章首言天反其常道, 而使民盡病矣. 而女之出言, 皆不合理, 爲謀又不久遠, 其心以爲無復聖人, 但恣意妄行, 而無所依據, 又不實之於誠信, 豈其謀之未遠而然乎. 世亂乃人所爲, 而曰上帝板板者, 無所歸咎之詞耳.

서(序)에 이것을 범백(凡伯)이 려왕(厲王)을 풍자한 시(詩)라 하였는데, 이제 그 뜻을 살펴보건대 또한 전편(前篇)과 서로 유사하며, 다만 질책함이 더욱 깊고 간절

---

642) 정현의 「전(箋)」에서 '상제(上帝)'에 대하여 왕(王)을 가리키는 것으로 보았다. 그러나, 본문의 '판판(板板)'은 「소아(小雅)」 '빈지초연(賓之初筵)' 편 노시(魯詩)에 나오는 '위의판판(威儀板板)'의 '판판(板板)'과 같은 용법으로 볼 수 있고, 여기서 '판(板)'은 '판(昄): 크다'의 가차자이다. 따라서 '판(板)'은 '반(反: 반하다)'의 의미가 아니다. 이렇게 본다면, '상제(上帝)'도 은밀하게 왕을 가리키는 것이 아니라, 상제 그 자체를 가리킨다고 볼 수 있다. 따라서 본문 첫 구절 '상제판판(上帝板板)'은 상제는 위대하다는 뜻으로 볼 수 있다. 가공할만한 위력을 가진 상제이지만 백성들에게는 변덕스러운 존재로 여겨진 하늘의 상제이다.
643) 정현의 「전(箋)」에서 다음과 같이 말하였다: "왕이 정치를 하는 것이 선왕(先王)과 하늘의 도(道)에 반하여, 천하의 백성들이 다 병들고, (왕이) 선한 말을 내어도 (백성들이) 실천하지 않는 것이다. 이것은 (왕이) 계책을 도모함이 멀리 바라볼 수 없어서 재앙이 장차 닥쳐올 것을 알지 못하는 것이다.(王爲政反先王與天之道, 天下之民盡病, 其出善言而不行之也. 此爲謀不能遠圖, 不知禍之將至.)"

히 했을 뿐이다. 이 장(章)은 첫 번째로 하늘이 그 상도(常道)를 뒤집어서백성들로 하여금 모두 병들게 하였는데, 너의 말을 냄이 모두 이치(理致)에 합하지 못하고, 계책을 도모함이 또 원대하지 못하여, 그 마음에 생각하기를 다시는 성인(聖人)이 없다 해서 다만 자기 멋대로 망령되이 행하여 의거하는 바가 없으며, 또 성실함에 진실하지 아니하니, 아마도 그 계책이 원대하지 못하여 그런가보다 라고 말한 것이다. 세상이 어지러움은 바로 사람이 한 것인데, 상제(上帝)가 판판(板板)했다고 말한 것은 허물을 돌릴 곳이 없어서 한 말이다.

詳說

○ 鄭氏曰: "周公之胤入爲卿士."
('序以此爲凡伯') 정씨(鄭氏[鄭玄])이 말하였다: "주공(周公)의 후손이 들어가 경사(卿士)가 되었다."

○ 華谷嚴氏曰: "切責僚友用事之人, 而義歸於刺王."
('刺厲王…深切耳') 화곡 엄씨(華谷 嚴氏)가 말하였다: "동료와 일을 할 사람들을 절실히 질책하여, 의의는 왕을 풍자하는데로 돌아간다."

○ 新安王氏曰: "不直諫王, 而姑責同僚, 使之聞之, 豈非以監謗之故耶? 召凡二公, 忠愛之懷, 益可見矣."
('刺厲王…深切耳') 신안 왕씨(新安 王氏)가 말하였다: "곧바로 왕에게 간언하지 않고 잠시 동료를 질책하여 그들로 하여금 듣게 한 것은 어찌 비방하는 자를 감시하려는 까닭이겠는가? 두 공(公)을 부른 것에 대해서는, 충실하고 친애함을 품었음을 더욱 알 수 있다."

○ 反而又反, 非一反也.
('天反其常道') 뒤집고 다시 뒤집은 것이니, 한번 뒤집은 것이 아니다.

○ 音汝.
('女之出言'의 '女') 발음은 여(汝)이다.

○ 然.
('合理'의 '理') 옳음이다.

○ 帶說久.
('爲謀又不久遠'의 '遠') '구(久)'를 이어서 말하였다.

○ 去聲.
('復聖人'의 '復') 거성이다.

○ 一作己.
('恣意'의 '意') 어떤 판본에는 '기(己)'로 되어 있다.

○ 添此句.
('妄行') 이 구(句)를 첨가하였다.

○ 慶源輔氏曰: "所爲皆是虛妄."
('無所依據又不實之於誠信') 경원 보씨(慶源 輔氏)가 말하였다: "하는 바가 모두 허망한 것이다."

○ 三山李氏曰: "言爲猶不遠, 又言猶之未遠, 蓋反覆言之. 自下文以至卒章, 皆是大諫也."
('豈其謀之未遠而然乎') 삼산 이씨(三山 李氏)가 말하였다: "계책을 도모함이 원대하지 않음을 말하고, 다시 계책이 원대하지 않음을 말하였는데, 대개 반복하여 그것을 말한 것이다. 다음 글에서 마지막 장까지 모두 크게 간언한 것이다."

○ 上篇以此句終之, 此篇以此句始之, 二篇蓋相爲表裏耳.
('豈其謀之未遠而然乎') 이전 편은 이 구(句)로 끝나고, 이 편은 이 구(句)로 시작하니, 두 편은 대개 서로 표리(表裏)가 될 따름이다.

○ 照節南山註.
('世亂乃…歸咎之詞耳')「기보지십(祈父之什)」편 '절남산(節南山)' 장 주(註)에 조응하였다.

[3-2-10-2]

天之方難, 無然憲憲. 天之方蹶, 無然泄泄. 辭之輯矣, 民之洽矣. 辭之懌矣, 民之莫矣.

하늘이 재난을 내리니, 그리 기뻐하지 말게나. 하늘이 동요하려는데, 그리 해이하지 말게나.644) 부드럽게 옳은 말하면, 백성들 화합할 것이며, 위에서 기쁘게 말하면, 백성들 안정될 것이네.

朱註

賦也. 憲憲, 欣欣也. 蹶, 動也. 泄泄, 猶沓沓也, 蓋弛緩之意. 孟子曰: 事君無義, 進退無禮, 言則非先王之道者, 猶沓沓也. 輯, 和. 洽, 合. 懌, 悅. 莫, 定也. 辭輯而懌, 則言必以先王之道矣, 所以民無不合, 無不定也.

부(賦)이다. 헌헌(憲憲)은 흔흔(欣欣)함이다. 궐(蹶)은 동(動)함이다. 예예(泄泄)는 답답(沓沓)과 같으니, 이완(弛緩)의 뜻이다. 맹자(孟子)가 말씀하시기를 "군주(君主)를 섬김에 의(義)가 없고 나아가고 물러감에 예(禮)가 없으며, 말하면 선왕(先王)의 도(道)를 비난하는 자가 답답(沓沓)과 같다."고 하였다. 집(輯)은 화(和)함이고, 흡(洽)은 화합함이며, 예(懌)는 기쁨이고, 막(莫)은 정함이다. 말을 조화롭게 하고 기쁘게 하면, 말은 반드시 선왕(先王)의 도(道)로 할 것이니, 이 때문에 백성들이 화합하지 않는 이가 없고 안정되지 않는 이가 없는 것이다.

詳說

○ 朱子曰: "天方艱難, 人當憂懼, 今乃欣欣然, 自以爲適."

('憲憲, 欣欣也') 주자가 말하였다: "하늘이 재난을 내려, 사람은 당연히 근심하고 두려워하니, 지금 기뻐하는 것은 스스로 적이 되는 것이다."

---

644) 정현의 「전(箋)」에서 다음과 같이 말하였다: "하늘이 왕을 배척한 것이다. 왕이 막 천하의 백성들을 어렵게 하고 곤란하게 만들려고 하고, 또한 막 선왕(先王)의 도(道)를 변경하려고 하니, (하늘이) 신하들이여! 너희들은 기뻐하고 해이해져, 그를 위하여 법도(法度)를 제정하고, 그 뜻을 알아서 그 악함을 이룸이 없어야 한다.(天斥王也. 王方欲艱難天下之民, 又方變更先王之道. 臣乎, 女無憲憲然, 無沓沓然爲之制法度, 達其意, 以成其惡.)" 이에 대하여 공영달(孔穎達)의 「소(疏)」에서 다음과 같이 말하였다: "왕이 막 포학한 정치를 하여 천하의 백성들을 곤란하고 어렵게 만드니, 너희 신하들은 기쁘게 (왕을) 권면함이 없어야 한다. 왕이 막 선왕(先王)의 도(道)를 바꾸어 사벽한 정치를 하니, 너희 신하들은 해이해져서 (왕을) 도움이 없어야 한다. 그들을 경계하여 왕을 위하여 법도를 제정하고, 왕의 뜻을 통달하여 왕이 악을 행함이 없도록 한 것이다. 그러므로 자신의 뜻을 말하여 신하들이 법도를 제작하지 않도록 한 것은 나라의 안위가 바로 명령을 내는 데 있기 때문이다.(言王之方行暴虐之政, 以艱難天下之民, 汝臣等無得如是欣欣然喜樂而勸之. 王之方欲動變先王之道, 而行邪僻之政, 汝臣等無得如是沓沓隨從而助之. 戒之使得無爲王制作法度, 以通達其意, 使王成惡. 故又言己之意, 所以不欲令臣制作法度者, 以國之安危在于出令.)"

○ 出『孟子』.
 ('猶沓沓也')『맹자(孟子)』에 나온다.

○ 音始.
 ('蓋弛緩之意'의 '弛') 발음은 시(始)이다.

○ 朱子曰: "天方蹶動, 欲顛覆周室, 群臣無得泄泄然, 不急救正之."
 ('蹶…弛緩之意') 주자가 말하였다: "하늘이 바야흐로 동요하여 주실(周室)을 전복시키려고 하니, 모든 신하들은 기뻐할 수 없고 급히 구제하여 바로잡지 못하였다."

○ 離婁.
 ('孟子')「이루(離婁)」편이다.

○ 又訓沓沓.
 ('孟子曰…猶沓沓也') 다시 '답답(沓沓: 해이하다)'으로 풀이히였디.

○ 朱子曰: "非訛毀也."
 ('孟子曰…猶沓沓也') 주자가 말하였다: "비방하고 헐뜯는 것이 아니다."

○ 錯釋.
 ('辭輯而懌') 번갈아 해석하였다.

○ 慶源輔氏曰: "合乎理而異於不然者."
 ('辭輯而懌') 경원 보씨(慶源 輔氏)가 말하였다: "이치(理)에 합하고 틀린 것과 다른 것이다."

○ 照『孟子』文.
 ('則言必以先王之道矣')『맹자(孟子)』의 글에 조응하였다.

○ 和也.

('所以民無不合') 조화로움이다.

○ 因訓而遂釋之.
('無不定也') 훈(訓: 풀이하다)에 따라 해석하였다.

○ 華谷嚴氏曰: "首章責同僚, 出話不然, 爲猶不遠, 故二章因戒之以言論和協. 民庶可安然愚而自用, 終不能舍己從人, 故三章言聽我囂囂. 四章言匪我言耄、爾用憂謔, 五章言夸毗、載尸皆說朋友議論. 不協猶小旻, 詩皆說謀猶不臧."

화곡 엄씨(華谷 嚴氏)가 말하였다: "첫 장은 동료를 질책하는데, 하는 말은 다 틀리며, 계책을 도모함이 원대하지 못하므로, 2장에서 그것을 조화와 협력을 논의함으로써 훈계하였다. 백성들이 나태하게 우매하여 스스로 쓸모있다고 여기고, 끝내 자신을 버리고 남을 따를 수 없으므로, 3장에서 '청아효효(聽我囂囂: 내가 한 말 건성으로 들었네)'를 말하였다. 4장에서 '비아언모(匪我言耄: 내 노망한 말이 아니다)', '이용우학(爾用憂謔: 그대 비웃고 조롱한다)'을 말하고, 5장에서 '과비(夸毗: 큰소리치거나 아첨하다)', '재시(載尸: 말하지 않고 일하지 않으며 음식만 먹는자)'를 말하는 것은 모두 친구에게 제기하여 논한 것이다. 협력하지 않음이 '소민(小旻)'장 같아서, 시(詩)가 모두 계책을 도모함이 감추지 않는 것과 같음을 말한 것이다."

[3-2-10-3]

我雖異事, 及爾同僚. 我卽爾謀, 聽我囂囂. 我言維服, 勿以爲笑. 先民有言, 詢于芻蕘.

나의 직책은 그대와 다르지만, 그대와 같은 군주의 신하이다. 내 그대 찾아서 의논했지만, 내가 한 말 건성으로 들었네.645) 내가 하는 말 시급한 일이니, 우스갯소리로 듣지 말라. 선현

---

645) 정현의 「전(箋)」에서 다음과 같이 말하였다. "나는 비록 너와 같은 맡은 일이 다르지만, 너와 같은 관료이니, 모두가 경사(卿士)이다. 내가 너에게 가서 도모하고, 충심으로 선한 도(道)를 가지고 알렸지만, 너는 도리어 나의 말을 듣고, 오만하게 받아들이지 않았다.(我雖與爾職事異者, 乃與女同官, 俱爲卿士. 我就女而謀, 欲忠告以善道. 女反聽我言, 謷謷然不肯受.)" 또 『정의(正義)』에서 다음과 같이 말하였다: "위는 대신(大臣)을 경계하였으나 대신(大臣)이 받아들이지 않았음을 말한 것이다. 이것은 또한 그들을 질책하여 말하기를 '나는 너와 그 맡은 바의 일이 다르지만 핵심은 너와 같은 관료이다. 같은 관료로서 마땅히 서로 그 언어를 사용해라. 내가 지금 너에게 다가가 모의하고 생각하여 선한 도(道)를 가지고 이것을 말하는데, 너는 나의 말을 듣기를 도리어 오만하게 받아들이지 않으니, 왜인가? 나의 말한 바가 오직 지금의 급한 일에 직면하였으니, 너는 틀렸다고 생각하여 비웃지 말라.'라고 하였다.(正義曰: 上言戒語大臣, 而大臣不受. 此又責之, 言我雖與汝異其所職之事, 要乃與汝同其官寮. 以同官之類, 當相用其言語. 我今就汝謀慮, 告此以

들께서 말하지 않았던가, 나무꾼에게도 물어보라고.646)

朱註
賦也. 異事, 不同職也. 同僚, 同爲王臣也. 春秋傳曰: 同官爲僚. 卽, 就也. 囂囂, 自得不肯受言之貌. 服, 事也, 猶曰我所言者, 乃今之急事也. 先民, 古之賢人也. 芻蕘, 採薪者. 古人尙詢及芻蕘, 況其僚友乎.

부(賦)이다. 이사(異事)는 직책이 같지 않은 것이고, 동료(同僚)는 함께 왕의 신하(王臣)가 된 것이다. 『춘추전(春秋傳)』에 이르기를 "동관(同官)을 요(僚)라 한다."라고 하였다. 즉(卽)은 나아감이다. 효효(囂囂)는 자득(自得)하여 기꺼이 말을 받아들이지 않는 모양이다. 복(服)은 일이니, 내가 말하는 것은 바로 지금 당장에 시급한 일이라고 말함과 같은 것이다. 선민(先民)은 옛 현인(賢人)이다. 추요(芻蕘)는 나무를 하는 자이다. 옛 사람은 오히려 나뭇꾼에게도 물었으니, 하물며 같은 동료(僚友)에 있어서랴.

詳說

○ 左文七年.
('春秋傳') 『좌전(左傳)・문공(文公)・7년』이다.

○ 定宇陳氏曰: "觀此言, 則其爲同列, 相戒甚明."
('同官爲僚') 정우 진씨(定宇 陳氏)가 말하였다. "이 말을 보면, 그들은 같은 반열이라서 서로 훈계함이 매우 명확하다."

○ 與車攻者不同, 而於孟子者爲近.
('囂囂…受言之貌') 전차로 공격하는 자들과는 같지 않으나 맹자에게는 비슷하였다.

○ 豊城朱氏曰: "淺近之言至理存焉."
('古人尙詢及芻蕘') 풍성 주씨(豊城 朱氏)가 말하였다. "천박한 말에도 지극한

善道, 而汝聽我言, 反囂囂然不肯受用. 何也? 我之所言, 維是當今急事, 汝勿以爲非而笑之.)"
646) 이어서 정현이 또 다음과 같이 말하였다: "옛날에 현자(賢者)의 말이 있는데, 의심나는 일은 마땅히 나무꾼과 도모해 보아야 한다. 필부필부(匹夫匹婦)가 혹 알아서 이른다면, 하물며 나에게 있어서랴!(古之賢者有言, 有疑事當與薪采者謀之. 匹夫匹婦或知及之, 況于我乎!)"

리(理)가 존재한다."

○ 補此句.
('況其僚友乎') 이 구(句)를 보충하였다.

[3-2-10-4]
天之方虐, 無然謔謔. 老夫灌灌, 小子蹻蹻. 匪我言耄, 爾用憂謔, 多將熇熇, 不可救藥.

하늘이 학대하고 있으니, 그리 시시덕대지 말라. 늙은 내가 정성을 다하는데, 젊은 그대는 교만하구나.647) 내 노망한 말 아니지만, 그대 비웃고 조롱하니, 불꽃 활활 타오른 뒤에는, 다시 구원할 약이 없을 것이다.648)

朱註
賦也. 謔, 戲侮也. 老夫, 詩人自稱. 灌灌, 款款也. 蹻蹻, 驕貌. 耄, 老而昏也. 熇熇, 熾盛也.

부(賦)이다. 학(謔)은 희롱하고 업신여기는 것이다. 노부(老夫)는 시인(詩人)이 자신을 칭한 것이다. 관관(灌灌)은 정성스러움이고, 갹갹(蹻蹻)은 교만한 모양이다.649) 모(耄)는 늙어서 혼몽한 것이다. 학학(熇熇)은 불길이 치솟는 것이다.

詳說
○『說文』曰: "擧足高."
('蹻蹻, 驕貌')『설문(說文)』에서 말하였다: "다리를 높이 든 것이다."

---

647) 정현의「전(箋)」에서 다음과 같이 말하였다: "지금 왕은 막 모질고 포학한 정치를 하는데, 너는 희롱하여 속이고 감추며 돕는다. 노부(老夫)가 너에게 간언함이 정성스러우니, 자연스럽게 말한 것이다. 너는 도리어 교만하게 어린 아이처럼 나의 말을 듣지 않는다. 今王方爲酷虐之政, 女無謔謔然以讒慝助之. 老夫諫女款款然, 自謂也. 女反蹻蹻然如小子, 不聽我言.)"
648) 정현의「전(箋)」에서 다음과 같이 말하였다: "지금 나의 말은 늙은이가 실언함이 아니고, 너에게 앞으로 근심할 말한 일을 알려주는데, 너는 비웃고 조롱하듯이 반대하여 불이 활활 타오르는 것 같은 부끄럽고 나쁜 악생을 많이 하니, 누가 그 재앙을 멈추겠는가?(今我言非老耄有失誤, 乃告女用可憂之事, 而女反如戲謔, 多行熇熇慘毒之惡, 誰能止其禍?)"
649) 모전(毛傳)에서 "'관관(灌灌)'은 '관관(款款)'과 같다(灌灌, 猶款款也.)"라고 하였는데, 모씨(毛氏)는 표면적으로는 발음이 가까운 것을 사용하여 해석하고 있다. 그러나 '관(灌)'과 '관(款)'은 실제로는 발음 상 가차인 경우가 없고, 오히려 '관(灌)'은 '환(喚)'의 가차자이며, 이 경우에 '노부환환(老夫喚喚)'은 노부(老夫)가 떠들썩하게 부르는 의미이다.

朱註

○蘇氏曰: 老者知其不可, 而盡其款誠以告之. 少者不信而驕之. 故曰: 非我老耄而妄言, 乃汝以憂爲戲耳. 夫憂未至而救之, 猶可爲也. 苟俟其益多, 則如火之盛, 不可復救矣.

소씨(蘇氏)가 말하였다. "늙은 자는 그 불가함을 알고 정성을 다하여 말하는데, 젊은 자는 믿지 않고 교만하게 한다. 그러므로 말하기를 '내 늙어 정신이 혼미하여 허튼 말을 하는 것이 아니거늘 마침내 너는 근심할 일을 농담으로 여긴다.'라고 한 것이다. 근심스러운 일이 닥치기 전에 바로잡으면 그래도 다스릴 수 있지만, 만일 그 더욱 많아지기를 기다린다면 마치 치솟는 불길과 같아서 더는 구원할 수 없을 것이다."

詳說

○ 首二句.
('老者知其不可') (본문의) 첫 두 구(句)를 가리킨다.

○ 慶源輔氏曰: "慢天."
('老者知其不可') 경원 보씨(慶源 輔氏)가 말하였다: "하늘을 업신여긴 것이다."

○ 去聲.
('少者不信'의 '少') 거성이다.

○ 添二字.
('少者不信'의 '不信') 두 글자를 첨가하였다.

○ 音扶.
('夫憂未至'의 '夫') 발음은 부(扶)이다.

○ 先正說二句.
('夫憂…猶可爲也') 먼저 두 구(句)를 바로 말하였다.

○ 指憂.

('苟侯其益多'의 '其') '우(憂: 근심)'를 가리킨다.

○ 去聲.
('不可復救矣'의 '復') 거성이다.

○ 略藥字.
('不可復救矣') '약(藥)' 자를 생략하였다.

○ 慶源輔氏曰: "此章責之又深矣."
경원 보씨(慶源 輔氏)가 말하였다: "이 장은 질책함이 더욱 깊다."

[3-2-10-5]

天之方懠, 無爲夸毗, 威儀卒迷, 善人載尸. 民之方殿屎(히), 則莫我敢葵, 喪亂蔑資, 曾莫惠我師.

하늘이 진노하고 계시니, 잘난 체 하거나 아첨하여, 끝내 문란하게 행동하며, 선한 사람이 일을 못하게 말지어다. 백성들 신음하고 있는데, 헤아려 주는 이 없으니, 이 혼란 한란만 나오는데, 백성들 아끼는 이가 없네.

朱註

賦也. 懠, 怒. 夸, 大. 毗, 附也. 小人之於人, 不以大言夸之, 則以諛言毗之也. 尸, 則不言不爲, 飲食而已者也. 殿屎, 呻吟也. 葵, 揆也. 蔑, 猶滅也. 資, 與咨同, 嗟歎聲也. 惠, 順. 師, 衆也.

부(賦)이다. 제(懠)는 노함이고, 과(夸)는 큰 체함이며, 비(毗)는 붙음이다. 소인(小人)은 사람에 대하여 큰 소리쳐서 과시하지 않으면 아첨하는 말로 빌붙는다. 시(尸)는 말하지 않고 일하지 않고 음식만 먹을 뿐인 자이다. 전시(殿屎)는 신음이다. 규(葵)는 헤아림이다. 멸(蔑)은 멸(滅)과 같다. 자(資)는 자(咨)와 같으니, 한탄하는 소리이다. 혜(惠)는 순함이고, 사(師)는 무리이다.

朱註

○戒小人毋得夸毗, 使威儀迷亂, 而善人不得有所爲也. 又言民方愁苦呻吟,而莫敢揆度. 其所以然者, 是以至於散亂滅亡, 而卒無能惠我師者也.
소인(小人)들이 잘난 체하고 빌붙어 혼란스럽게 행동하여 선한 사람이 아무 일도 못하게 하지 말라고 경계한 것이다. 또 "백성들이 시름에 잠기고 고통에 빠져서 신음하는데 감히 그 까닭을 헤아리는 자가 없다. 이 때문에 혼란에 빠지고 멸망함에 이르렀는데도 끝내 우리 무리를 아끼는 자가 없다."라고 한 것이다.

詳說

○ 濮氏曰: "威儀盡亂."
('威儀迷亂') 복씨(濮氏)가 말하였다: "위의(威儀)가 전부 혼란스러웠다."

○ 濮氏曰: "如尸."
('善人不得有所爲也') 복씨(濮氏)가 말하였다: "죽은 사람 같다."

○ 入聲.
('揆度'의 '度') 입성이다.

○ 我爲民言也.
('又言…其所以然者') 자신이 백성을 위하여 말한 것이다.

○ 莫敢者畏禍也.
('又言…其所以然者') 감히 그 까닭을 헤아리지 않는 자는 화(禍)를 두려워하는 것이다.

○ 略資字.
('是以至於散亂滅亾') '자(資)'자를 생략하였다.

○ 慶源輔氏曰: "順我衆之意也. 此以下譏刺漸及於君."
('惠我師者也') 경원 보씨(慶源 輔氏)가 말하였다: "우리 무리를 따르는 뜻이다. 이 이하는 헐뜯고 비꼬아 말하는 것이 점차로 군주에게 이른다."

[3-2-10-6]

天之牖民, 如壎如篪, 如璋如圭, 如取如攜, 攜無曰益, 牖民孔易. 民之多辟, 無自立辟.

하늘이 백성을 인도하심이, 질나팔 젓대소리 같으며, 장을 나눈 듯 규를 맞추듯, 골라 갖고 구해 얻듯 하니650), 얻는 데 더 힘쓸 것이 없어, 백성을 인도함이 매우 쉽다 하네. 백성들 부정한 이 많으니, 부정으로 인도하지 말라.651)

朱註

賦也. 牖, 開明也, 猶言天啟其心也. 壎唱而篪和. 璋判而圭合. 取求攜得而無所費, 皆言易也. 辟, 邪也.

부(賦)이다. 유(牖)는 열어 밝힘이니, "하늘이 그 마음을 열어주었다."라고 말하는 것과 같다. 질나발이 선창(先唱)하면 젓대는 화답하고, 장(璋)처럼 갈라지고 규(圭)처럼 합쳐지며, 취하여 구하고 쥐어 얻음에 허비하는 바가 없으니, 모두 쉬움을 말한 것이다. 벽(辟)은 사벽(邪僻)함이다.

詳說

○ 程子曰: "室暗, 故設牖以通明."
('牖, 開明也') 정자(程子)가 말하였다: "내실이 어두워서 창을 설치하여 밝음을 통하게 한다."

○ 諺音誤.
('壎唱'의 '壎') 언해(諺解)의 발음은 잘못이다.

○ 去聲.
('篪和'의 '和') 거성이다.

○ 孔氏曰: "半圭爲璋, 合二璋而成圭."

---

650) 정현의 「전(箋)」에서 다음과 같이 말하였다: "왕이 예의(禮義)로써 백성을 인도한다면, 백성들이 화합하고 그를 따르는 것이 이와 같다.(王之道民以禮義, 則民和合而從之如此.)"

651) 이어서 정현이 또 다음과 같이 말하였다: "백성의 행동이 사벽함이 많은 것은 바로 너희 군주와 신하의 잘못이니, 스스로 만들어 법이라고 말하는 것이 없다.(民之行多爲邪辟者, 乃女君臣之過, 無自謂所建爲法也.)"

('璋判而圭合') 공씨(孔氏[孔穎達])가 말하였다: "반쪽 홀이 장(璋)이 되고 두 장(璋)을 합하여 규(圭)를 이룬다."

○ 安成劉氏曰: "言求之卽得, 而無費於己以益之也."
('取求攜得而無所費') 안성 유씨(安成 劉氏)가 말하였다: "구하여 곧 얻고 자신에게 허비함이 없어서 보태는 것을 말하였다."

○ 通三事言.
('皆言易也') 세 가지 일을 통괄하여 말하였다.

朱註
○言天之開民, 其易如此, 以明上之化下, 其易亦然. 今民旣多邪辟矣. 豈可又自立邪闢以道之耶.
하늘이 백성의 마음을 열어줌이 이처럼 쉽다는 것을 말해서 윗사람이 아랫사람을 교화함도 그처럼 쉬움을 밝힌 것이다. 이제 백성들이 사벽(邪僻)함이 이미 많은데, 어찌 또 스스로 사벽(邪僻)함을 세워서 인도한단 말인가.

詳說
○ 補正意.
('言天之開民…其易亦然') 뜻을 보정(補正)하였다.

○ 立以爲表準.
('今民旣…道之邪') 세워서 표준으로 삼은 것이다.

○ 去聲.
('道之'의 '道') 거성이다.

○ 補道字.
('道之耶'의 '耶') '도(道)'자를 보충하였다.

○ 慶源輔氏曰: "此與七章分明是譏及於王也."
경원 보씨(慶源 輔氏)가 말하였다: "이것과 7장에서는 분명히 헐뜯는 말이 왕에게 이르렀다."

[3-2-10-7]
价人維藩, 大師維垣, 大邦維屏, 大宗維翰. 懷德維寧, 宗子維城, 無俾城壞, 無獨斯畏.

큰 덕을 지닌 자는 울타리이고, 많은 백성들은 담장이며, 강한 제후의 나라는 병풍이고, 강한 종족은 중심의 기둥이다. 덕의 정치는 편안히 하고, 종친은 이 나라의 성이니, 성이 무너지는 일 없게 하여, 혼자되는 두려움을 없게 하라.

朱註
賦也. 價, 大也. 大德之人也. 藩, 籬. 師, 衆. 垣, 牆也. 大邦, 强國也. 屏, 樹也, 所以爲蔽也. 大宗, 强族也. 翰, 榦也. 宗子, 同姓也.

부(賦)이다. 개(价)는 큼이니, 큰 덕을 지닌 사람이다. 번(藩)은 울타리고, 사(師)는 무리이며, 원(垣)은 담장이다. 대방(大邦)은 강한 나라이다. 병(屛)은 병풍이니, 가리개를 하는 것이다. 대종(大宗)은 강한 종족이다. 한(翰)은 중심 기둥이다. 종자(宗子)는 동성(同姓)이다.

詳說
○ 安成劉氏曰: "所謂樹塞門也."
('屛…爲蔽也') 안성 유씨(安成 劉氏)가 말하였다: "이른바 병풍을 하여 문을 가리는 것이다."

○ 一作幹.
('翰, 榦也'의 '榦') 어떤 판본에는 '간(幹)'으로 되어 있다.

○ 董氏曰: "恃以爲築."
('翰, 榦也') 동씨(董氏[董仲舒])가 말하였다: "지지하여 건물을 만든다."

朱註
言是六者, 皆君之所恃以安, 而德其本也. 有德, 則得是五者之助, 不然, 則親戚叛之而城壞. 城壞, 則藩垣屏翰, 皆壞而獨居, 獨居而所可畏者至矣.
이 여섯 가지는 모두 군주(君主)가 믿어 편안할 수 있는 것임을 말하였는데, 덕(德)이 그 근본이다. (군주(君主)가) 덕(德)이 있으면 이 다섯 가지의 도움을 얻을 것이고, 그렇지 못하면 친척이 이반하여 성(城)이 파괴될 것이다. 성(城)이 파괴되면 울타리와 담과 병풍과 정간(楨幹)이 모두 무너져 홀로 거처하게 될 것이니, 홀로 거처하면 두려워할 만한 일이 이를 것이다.

詳說

○ 君之德.
('德其本也'의 '德') 군주의 덕이다.

○ 董氏曰: "懷諸侯者在德."
('是六者…而德其本也') 동씨(董氏[董仲舒])가 말하였다: "제후들을 품는 것은 덕에 있어서이다."

○ 三山李氏曰: "苟懷之以德, 則無不寧矣. 詩人以懷德維寧間於中, 則宗子維城亦當以德懷之也."
('是六者…而德其本也') 삼산 이씨(三山 李氏)가 말하였다: "만일 덕으로 그들을 품으면 편안하지 않음이 없다. 시인(詩人)이 '회덕유령(懷德維寧: 덕을 품어 편안하다)'으로 마음에 두고 있다면 '종자유성(宗子維城: 종친은 이 나라의 성이다)' 또한 당연히 덕으로 품는 것이다."

○ 廬陵彭氏曰: "王者之治親親爲大. 曰大宗, 曰宗子, 其意反覆言同姓之至重至切. 蓋垣重於藩屛, 不可以無翰而城又大而且重. 然在人者皆有形之勢, 而德之在我乃無形之勢, 故獨曰維寧."
('是六者…而德其本也') 여릉 팽씨(廬陵 彭氏)가 말하였다: "왕된 자의 다스림은 친친(親親)이 가장 크다. '대종(大宗)'이라고 하고, '종자(宗子)'라고 한 것은 그 뜻이 반복하여 동성(同姓)이 지극히 중요하고 절실함을 말한 것이다. 담이 울타리와 병풍보다 더 중요한 것은 중심 기둥이 없으면서 성이 더욱 크고 무거울 수 없는 이유이다. 그러나, 사람에게는 모두 유형의 기세가 있으나 덕이 나에게 있는 것은 오히려 무형의 기세이므로 단지 '유령(維寧: 편안히 하다)'이라고 한 것이다."

○ 諺音恐誤.
('城壞'의 '壞') 언해(諺解)의 발음은 잘못인 것 같다.

○ 慶源輔氏曰:"禍亂."
('獨居而所可畏者') 경원 보씨(慶源 輔氏)가 말하였다: "재앙과 혼란이다."

○ 以論釋之.
('有德,…所可畏者至矣') 논의(論)를 가지고 해석하였다.

[3-2-10-8]

敬天之怒, 無敢戲豫, 敬天之渝, 無敢馳驅. 昊天曰明, 及爾出王. 昊天曰旦, 及爾游衍.

하늘의 진노를 경외하고, 감히 함부로 희희낙락하지 말며, 하늘의 변고를 경외하고, 감히 제멋대로 하지 말라. 하늘의 굽어보심은 매우 밝아, 그대 밖에 나가도 훤히 알며, 하늘의 살핌은 매우 밝아, 그대 방종함도 훤히 안다네.652)

朱註

賦也. 渝, 變也. 王, 往通, 言出而有所往也. 旦, 亦明也. 衍, 寬縱之意.
부(賦)이다. 유(渝)는 변함이다. 왕(王)은 왕(往)과 통하니, 나가서 갈 곳이 있음을 말한 것이다. 단(旦) 또한 밝음이다. 연(衍)은 방종하다는 뜻이다.

詳說

○ 毛氏曰:"馳驅, 自恣也."
(본문의 '馳驅') 모씨(毛氏)가 말하였다: "'치구(馳驅: 말이나 수레를 타고 빨리 달리다)'는 스스로 방자한 것이다."

○ 朱子曰:"旦與明只一意."

---

652) 『正義』에서 말하였다: "위에서 이미 왕에게 덕(德)을 조화롭게 하여 나라를 안정시키도록 권면하였으므로, 다시 하늘을 경외하여야 하고, 하늘의 위협과 노함을 경외하여, 스스로 엄숙하게 경계하고 감히 태만하고 함부로 희희낙락해서는 안됨을 말하였다.(正義曰: 上既勸王和德以安國, 故又言當畏敬上天, 當敬天之威怒, 以自肅戒, 無敢忽慢之而戲謔逸豫.)"

('旦, 亦明也') 주자가 말하였다: "'단(旦)'과 '명(明)'은 단지 하나의 뜻이다."

朱註

言天之聰明, 無所不及, 不可以不敬也. 板板也, 難也, 蹶也, 虐也, 憯也, 其怒而變也甚矣, 而不之敬也, 亦知其有曰監在茲者乎. 張子曰: 天體物而不遺, 猶仁體事而無不在也. 禮儀三百威儀三千, 無一事而非仁也, 昊天曰明, 及爾出王, 昊天曰旦, 及爾游衍, 無一物之不體也.

하늘의 총명(聰明)함이 미치지 않는 곳이 없으니, 공경하지 않을 수 없음을 말한 것이다. 상도를 뒤집는 것과 어려움과 동(動)함과 포학함과 노여움은 하늘이 노하여 변한 것이 심한데도 경외하지 아니하니, 역시 하늘이 날로 살피는 것이 이 점들에 있다는 것을 아는 것이겠는가. 장자(張子)가 말씀하였다: "하늘이 만물의 체(體)가 되어 (어떤 물건이든) 빠뜨리지 않음은, 마치 인(仁)이 일의 체(體)가 되어 (어떤 일이든) 있지 않음이 없는 것과 같은 것이다. 예의(禮儀) 삼백(三百)과 위의(威儀) 삼천(三千)이 한 가지 일도 인(仁) 아님이 없으며, 호천(昊天)이 매우 밝아 네가 나가는 곳마다 미치고, 호천(昊天)이 매우 밝아 너의 방종함까지도 미쳐서, 한 가지 사물에도 체(體)가 되지 않음이 없는 것이다."

詳說

○ 帶說聰.
  ('無所不及') '총(聰: 총명함)'을 이어서 말하였다.

○ 倒釋以便事.
  ('不可以不敬也') 거꾸로 해석하는 것이 편하다.

○ 見頌敬之.
  ('亦知其有曰監在茲者乎') 송경(頌敬)함을 보는 것이다.

○ 以論申釋之.
  ('亦知其有曰監在茲者乎') 논의(論)로 확장시켜 해석하였다.

○ 慶源輔氏曰: "此又專戒其同列."

('亦知其有曰監在茲者乎') 경원 보씨(慶源 輔氏)가 말하였다: "여기서 또한 온전히 그 같은 반열의 사람들을 훈계하였다."

○ 見『中庸』.
('天體物而不遺')『중용(中庸)』에 보인다.

○ 朱子曰: "物物各有天理, 事事皆有仁. 天體於物, 仁體於事, 物以天爲體, 事以仁爲體. 緣從上說, 故如此下語."
('張子曰…無不在也') 주자가 말하였다: "사물마다 각기 천리(天理)를 가지고 있고, 일마다 모두 인(仁)이 있다. 하늘은 사물의 체(體)가 되고, 인(仁)은 일의 체(體)가 되니, 사물은 하늘을 체(體)로 하고, 일은 인(仁)을 체(體)로 한다. 위에서 말한 것을 이었으므로, 이처럼 말한 것이다."

○ 出『中庸』.
('禮儀三百威儀三千')『중용(中庸)』에서 나왔다.

○ 豊城朱氏曰: "一出入之際而天必與之俱; 一動息之頃而天必與之同, 此君子所以必戒懼愼獨也."
('無一事而非仁…及爾游衍') 풍성 주씨(豐城 朱氏)가 말하였다: "한번 나고 드는 동안에 하늘은 반드시 그것과 함께 하고, 한번 움직이고 쉬는 동안에 하늘은 반드시 그것과 함께 하니, 이것이 군자가 반드시 경계하고 두려워하면 홀로 있을 때 조심하는 까닭이다."

○ 蒙上天字而此句略之.
('無一物之不體也') 위의 '천(天)'자를 이어서 여기 구(句)에서는 생략하였다.

朱註

板八章, 章八句.
여기까지가 '판(板)' 8장(章)이고, 각 장(章)은 8구(句)이다.

詳說

○ 華谷嚴氏曰: "五章以上皆切責僚友, 六章以下皆責僚友而因以戒王."

화곡 엄씨(華谷 嚴氏)가 말하였다: "5장 이상은 모두 동료를 절실히 질책하였고, 6장 이하는 모두 동료를 질책하여 그것으로 인하여 왕을 경계하였다."

朱註

生民之什十篇, 六十一章, 四百三十三句.
생민지십(生民之什) 10편이니, 61장(章)이고, 433구(句)이다.

연구번역자 소개

신창호(申昌鎬)
현) 고려대학교 교수, 고려대학교 박사(동양철학/교육사철학 전공), 고려대학교 교육문제연구소 소장, 한국교육철학학회 회장, 한중철학회 회장 역임, 현) 한국학중앙연구원 이사
저서에는 「『중용』교육사상의 현대적 조명」(박사학위논문), 『유교의 교육학 체계』외 다수의 논문·번역·저서가 있음

김학목(金學睦)
전) 고려대학교 연구교수, 건국대학교 박사(한국철학 전공), 해송학당 원장(동양학·사주명리 강의)
저서에는 「박세당의『신주도덕경』연구」(박사학위논문), 『한국주역대전』외 다수의 논문·번역·저서가 있음

빈동철(賓東哲)
현) 고려대학교 철학연구소 연구교수, 미국 인디애나대학 박사(동아시아 언어와 문화/고대 중국 전공)
저서에 「Calligraphy and Scribal Tradition in Early China」(박사학위논문), 「문헌 전통의 물줄기, 그 생성과 저장에 대한 비판적 접근: '논어'의 경우」외 다수의 논문·번역·저서가 있음

조기영(趙麒永)
전) 고려대학교 연구교수, 연세대학교 박사(한문학 전공), 서징대 교수·연세대국학연구원 연구원
저서에 「하서 김인후 시 연구」(박사학위논문), 『한국시가의 정신세계』외 다수의 논문·번역·저서가 있음

김언종(金彦鐘)
현) 고려대학교 명예교수, 國立臺灣師範大學(韓國經學 전공), 한국고전번역원 이사 및 고전번역학회 회장 역임, 현) 한국고전번역원장
저서에 「丁茶山論語古今注原義總括考徵」(박사학위논문), 『(역주)시경강의』외 다수의 논문·번역·저서가 있음

임헌규(林憲圭)
현) 강남대학교 교수, 한국학중앙연구원 박사(동양철학 전공), 동양고전학회 회장 역임, 현) 강남대학교 참인재대학장
저서로『유가의 심성론 연구-맹자와 주희를 중심으로』(박사학위논문), 『공자에서 다산 정약용까지 - 유교인 문학의 동서철학적 성찰』외 다수의 논문·번역·저서가 있음

허동현(許東賢)
현) 경희대학교 교수. 고려대학교 박사(한국근대사 전공). 경희대학교 학부대학 학장·한국현대사연구원 원장 역임. 현) 국사편찬위원장
저서로「1881년 조사시찰단 연구」(박사학위논문), 『한국의 국가 형성과 민주주의』외 다수의 논문 번역 저서가 있음

시집전상설 7

초판 1쇄 | 2024년 8월 15일

책임역주(주저자) | 신창호
전임역주 | 긴하목 빈동철·조기영
공동역주 | 김언종·임헌규·허동현
편   집 | 강완구
디자인 | S-design
브랜드 | 우물이있는집
펴낸곳 | 써네스트
펴낸이 | 강완구
출판등록 | 2005년 7월 13일 등록번호 제2017-000293호
주   소 | 서울시 마포구 망원로 94, 203호
전   화 | 02-332-9384   팩   스 | 0303-0006-9384
이메일 | sunestbooks@yahoo.co.kr
홈페이지 | www.sunest.co.kr
ISBN 979-11-94166-18-4 94140 값 24,000원
       979-11-94166-11-5 94140 (전 9권)
* <우물이 있는 집>은 써네스트의 인문브랜드입니다.

이 책은 신저작권법에 따라 보호받는 저작물이므로 무단 전재와 복제를 금하며, 내용의 전부 또는
일부를 재사용하려면 반드시 저작권자와 도서출판 써네스트 양측의 동의를 받아야 합니다.
정성을 다해 만들었습니다만, 간혹 잘못된 책이 있습니다. 연락주시면 바꾸어 드리겠습니다.